어서 와,
이런 이야기는
처음이지?

어서 와, 이런 이야기는 처음이지?

옛날, 옛날에 동양 여성들은 이렇게 살았다네

E. B. 폴라드 지음 | 이미경 옮김

책읽는귀족

1. 『어서 와, 이런 이야기는 처음이지?』의 번역의 저본은
   E. B. 폴라드의 1908년 저작 『Oriental Women』을 따른다.

2. 『어서 와, 이런 이야기는 처음이지?(Oriental Women)』는
   미국 Rittenhouse Press에서 총 10권으로 출간한
   'Woman : In All Ages and In All Countries' 시리즈의 제4권에 해당한다.

WOMAN IN ALL AGES AND IN ALL COUNTRIES SERIES

20년 전이나, 200년 전이나, 지금이나

국내 최초로 번역되는 이 책(원제 : Oriental Women)에는 동양의 여러 나라 여성들의 옛날이야기가 나온다. 이 책은 지난해까지도 미국에서 계속 출판되고 있을 만큼 지속적으로 관심을 받고 있다. 이 책에는 바로 우리의 뿌리인 조선의 여성과, 또 우리와 지리적으로 가깝고 역사적으로도 밀접한 관련이 있는 일본, 중국의 여성들 이야기도 담겨 있어 더 흥미를 끌게 한다.

그뿐만 아니라, 이스라엘, 그리스, 등 동방의 여러 여성들의 이야기들은 전설과 신화, 그리고 각종 문학과 어우러져 단지 이야깃거리로 읽을 수도 있을 만큼 재미있다. '이런 일이 정말 있었단 말이지?'라는 생각이 절로 들게 할 만큼, 역사 속 여성들의 삶은 그만큼 치열하고, 살아 있는 것처럼 생생하게 느껴진다. 상상력으로 지어낸 이야기가 아니라, 모두 역사적인 사실이니까 그럴 것이다.

이 책을 기획하게 된 이유를 밝히기 전에, 약 20여 년 전 우리나라 어느 지방의 대학교 구내식당에서 일어난 일을 이야기해볼까 한다. 이 작은 사건은 이 책이 단지 수백 년 전의 동양 여성들의 삶에 관한 이야기만은 아니라는 사실을 우리에게 일깨워준다.

어느 햇살 좋은 날 이른 아침이었다. 구내식당의 문도 열기 전에, 공부를 하거나 수업을 들으러 나온 학생들이 아침 식사를 위해 줄을 서 있었다. 그런데 배식 시간이 시작되자, 하얀 모자를 쓴 배식 담당 아주머니가 맨 앞에 줄을 서 있는 여학생이 아니라, 몇 명이나 뒤에 서 있는 남학생에게 앞으로 나오라는 손짓을 하였다. 맨 앞에 서 있던 여학생은 황당해하며 아주머니에게 항의한다.

"제가 먼저 왔어요. 제가 맨 앞에 서 있는데, 왜 새치기를 하게 하시는 거죠?"

그러자 아주머니가 단호한 어조로 말하였다.

"남자가 먼저 시작해야지, 어디 여자가 먼저. 그럼 재수 없어. 남자 꼭지가 우선 끊어야 하는 거지."

그 말을 들으면서 갑자기 불려나가는 남학생은 '이게 웬 떡이야' 하는 표정으로 정체 모를 미소까지 머금은 채, 배식 판을 내민다. 아주머니 역시 의기양양한 웃음을 띤 채, 밥주걱과 국자로 부지런히 음식을 퍼 나른다.

한참 뒤에 서 있던 남학생이, 그저 남자라는 이유 하나만으로 일찍부터 줄을 서 있던 여학생보다 먼저 밥을 타간 그 사건 뒤에는 더 충격적인 일이 숨겨져 있다. 줄을 길게 늘어선 그 누구도 더 이상 아무

어서 와,
이런 이야기는 처음이지?

저항도 하지 못하였다는 것이다. 물론 사소한 일이라고 생각하여 더 이상 분란을 만들지 않으려는 무기력함도 숨어 있을 것이다. 그러나 누구보다도 더 불의에 맞서야 할 학생들이 모두 가만히 있었던 것이다. 단지 순서를 빼앗긴 그 여학생만 아줌마에게 몇 번 더 항의 섞인 말을 해봤지만, 소용없었다. 밥주걱과 국자를 쥔 사람은 그 식당 아줌마였으니까 말이다.

물론 작은 에피소드라고 할 수도 있는 이 사건은 20여 년 전에 일어났다. 하지만 그 자리에서 아무 항의도 못하였던 수많은 사람들 중 한 사람의 마음속에는 지워지지 않는 '마음의 빚'으로 남아 있다.

그 당시도 대학교 강의실에는 여성학 수업이 꽤 인기리에 열리고 있었다. 또한 우리 사회에는 더 이상 남녀 차별 따위는 존재하지도 않는다, 존재해서도 안 된다, 존재할 수도 없다는 '집단적 주문' 비슷한 분위기가 있었다. 현실과는 다르게, 사회가 무의식적으로 강요하는 신기루 같은 인식이 팽배하던 시절이었다.

20여 년이 지난 지금 무엇이 달라졌을까. 단지 서울보다 더 보수적인 지방이라는 지역적 특성 때문만은 아니었을 것이다.

대한민국에는 아직도
수많은 '귀남이와 후남이'들이 살고 있다네

지금 이 순간에도 대한민국의 여성들이 아는 남자, 혹은 모르는 남자에 의해 죽임을 당하는 사건이 뉴스를 장식한다. 그 통계를 봐도 적지 않은 숫자다.

아무리 여성 권리가 신장되었다고 하고, 예능 프로그램에서는 아저씨들이 나와서 아내에게 '삼식이'라고 불리며 짓눌려 산다고 귀여운 투정을 부리고 있지만, 여전히 대한민국에선 여성이 약자다. 예능은 예능이고, '아줌마의 힘' 따위는 사실 신기루에 불과할 뿐이다. 결국 집안의 큰 결정은 아직도 남자의 몫이고, 여자들은 이 책 속 수백 년 전의 동양 여성들과 마찬가지로, 부수적인 존재일지도 모른다.

대한민국에서는 '집안엔 여전히 아들이 있어야 한다'는 사고방식이 존재한다. 또 TV에 나와서 '딸은 비행기를 태워준대'라며 딸이 좋다고 떠드는 사람들도, 결국 그런 말을 왜 강조해야만 하는 걸까. 진짜 부자는 자기가 돈이 많다고 자랑을 잘 하지 않듯이, 아들이 있는 집에서는 아들보다는 딸이 좋다고 너스레를 떨곤 한다. 하지만 마음속에는 아들에 대한 자부심이 역시나 대단하다.

이것은 많이 배운 집안이나 아닌 집이나 마찬가지인 것 같다. 어떤 예능 프로그램에 나왔던 소위 우리나라에서 상류 계층이라고 하는, 어느 의사 집안의 이야기도 대한민국이 아직도 '남녀 차별의 현재 진

어서 와,
이런 이야기는 처음이지?

행형'인 공간이라는 것을 뼈저리게 느끼게 해준다. 지금 이 시대에도 대한민국의 어린 소녀들은 여전히 막내아들에 의해 차별을 받고, 울먹이는 모습을 보여줄 수밖에 없는 것이다.

부유하고, 배울 만큼 배운 여성도 집안의 최고 권력자인 남편에게서 자신의 지위를 안전하게 보장받기 위해 '귀남이'인 아들에게 집착한다. 20년 전이나, 200년 전이나 대한민국의 딸들은 여전히 같은 대접을 받고 있는 셈이다. 그녀들은 바로, 오래 전 한때, 많은 사람들에게 공감을 주었던 TV 드라마 〈아들과 딸〉의 또 다른 '후남이들'이다.

이 책의 저자가 "딸들은 태어나면서부터 남자 형제보다 열등한 존재로 여겨지고 그렇게 취급당한다. 동양의 모든 여성은 이런 열등한 대접을, 하늘이 그들을 남자가 아닌 여자로 만들었기 때문에 치러야 하는 일종의 형벌이라 여기며 참으로 잘 견뎌온 듯하다"라고 100여 년 전에 말하였다. 그런데 이 저자의 말이 오늘날 대한민국의 땅에서도 역시 낯설지 않은 건 왜일까.

아직도 대한민국의 어떤 여성들은 '차별 좀 받는 건 당연하다'고 생각한다. 집안에서나, 사회에서나 사소한 차별쯤은 그냥 넘긴다. 괜히 말하였다간 까다로운 사람으로 찍히는 사회 분위기 탓이기도 하다. 또한 차별에 너무 익숙해져서, 그게 원래 그런 줄 알지도 모른다. 자신이 차별을 당하고 살아도, "그게 무슨 차별이야?"라고 반문하는 여성들도 더러 본 적이 있다. 그 '당연하다'는 인식이 수백 년 전의 이 책에 나오는 동양 여성들의 삶과 근본적으로 뭐가 다른가.

그 옛날 동양의 여성들도 노예는 아니었다. 하지만 여전히 그때나 지금이나, 대한민국 대부분의 여성들이 꿈꾸는 중요한 목표는, 결혼해서 아이를 낳아주고 기르는 일이다. 그런 모든 생각들이 '관습'과 '전통'이라는 이름으로 그럴듯하게 포장된다. 하지만 이 책을 모두 다 읽고 나면, 몹시 큰 충격에 빠질 것이다.

우리가 마치 '신줏단지'처럼 모시고 있고, 또 '당연히' 지켜야 할 전통과 관습이라고 생각해온 것들이 어디서부터 비롯되었는지 그 실체를 알게 된다면 말이다. 그리고 우리만의 고유한 문화라고 생각하던 것들이, 그 출발점은 동양의 다른 나라와 비슷한 이유에서 지켜지고 있다는 사실을 깨닫고 나면 역시 소름이 돋을지도 모른다.

예를 들어, 우리나라의 장례 문화 역시, 장례식을 주도하는 상주 역할을 하는 아들이 반드시 집에 있어야 한다는 걸 확인시켜주는 전통이기도 하다. 상주 중심의 장례문화는 여전히 여자는 대한민국에서 아직까지도 '2등 국민', '2등 시민', '2등 가족 구성원'이라는 타이틀을 영원히 떼어낼 수 없는 족쇄처럼 만들어 놓는 것이다. 과학기술이 발전하고 사람들의 인식이 변해가도, 문화의 틀이 고정되어 있으면 그 공간에서는 다시 옛날로 돌아갈 뿐이다.

게다가 여전히 대한민국에선 여성 국회의원의 숫자도 가뭄에 콩 나는 수준이다. 그리고 그건 사회 지도층도 마찬가지다. 각종 국가 기관도 그렇다. 그런데도 우리 사회에는 "남녀 차별? 그건 옛날 호랑이 담배 피던 시절 이야기 아니야?"라고 되묻는 이상한 세뇌가 되어

있다.

이 책이 몇 백 년 전의 단지 옛날이야기라고? 그 시대에는 동양 여성들이 정말 노예처럼 사고파는 존재로 살아서 신기하다고? 과연 옛날이야기일까? 이 책을 읽으면서, '오십 보, 백 보'가 아닌지 잘 생각해 보길 바란다. 결코 세상은 근본적으로 바뀐 게 없을지도 모른다. 특히 동양 여성, 한국 여성의 처지가 더 그렇다고 한다면?

역사는 해답을 알려준다네

"남편을 잃었거나 아버지가 없는 자들은 법적으로 특별한 배려를 받았다. 사람들은 흥에 겨운 축제 때나 땅을 더 늘린 기쁨에 들떠 있어도 남편이 없는 과부들을 잊지 않았다. 상거래를 할 때도 과부들이 부당한 대우를 받지 않도록 조심하였다. 결코 과부들의 의복을 저당 잡지 않았으며, 판관들은 과부들의 권리가 침해되지 않도록 세심하게 살펴야 하였다. 추수 밭에 쓰러져 있는 짚단, 따지 않고 지나간 올리브 나무의 열매들, 그리고 떨어진 포도 열매를 그들에게서 빼앗을 수 없었다."

이 내용은 본문 중 일부인데, 히브리에서 어떤 방식으로 과부나 아버지가 없는 자식들을 배려하였는지 잘 보여주는 대목이다. 이 책을 통해 보면, 역사 속에서도 소외된 계층을 잘 챙기고 배려한 나라가 더 잘 발전해왔다는 사실을 알 수 있다. 『어서와, 이런 이야기는 처음이지?』를 출판하는 이유는, '우리는 역사를 통해 배워야' 하기 때문이다. 지나간 과거는 앞으로 다가올 미래의 열쇠이므로, 우리는 과거의 오류를 되풀이해서는 안 된다.

이 책의 저자는 "그리스 여성들의 열등한 위치는 그 대단하였던 나라가 쇠락의 길을 걷게 되었던 한 가지 원인이었다. 로마에서 느낄 수 있는 여성들에 대한 모독은 로마 권력의 하락을 부채질하였다. 그러나 히브리의 아내와 미망인들을 보호하던 문화는 이스라엘의 생존을 뒷받침하는 거대한 원동력이 되었다"고 강조한다.

이처럼 역사적으로 봐도 힘 있는 집단만이 재물과 권력을 독점하고 있다가는, 결국은 쇠퇴하여 파멸로 치달았다. 반면에, 힘이 없고 약자인 구성원들까지 보살피는 시스템이 있는 집단은, 오랫동안 존속하고 발전하며 힘이 더 강해졌다. 결국은 우선 내부를 잘 다지고, 보살펴야 한다는 교훈을 남겨준다. 그래야 외부에 대고 큰소리를 칠 수 있는 집단이나, 조직이나, 국가가 될 수 있다는 역사의 가르침인 셈이다.

이 책은 동양 여성에 대한 옛날이야기기도 하지만, 역사에 관한 이야기다. 일화나 전설 같은 옛날이야기 식으로 서술되어 있어, 재밌고 흥미롭기도 하다. 그것은 이 책의 장점이다. 전혀 무겁지 않으면서도 우리가 과거를 되돌아볼 수 있는 좋은 기회를 선사해준다. 또한 미래

를 바라볼 수 있는 안목을 길러준다.

다시 한 번 강조하지만, 현재와 미래의 해답은 역사에 있다. 가장 약자였던, 그리고 지금도 여전히 약자이기도 한, 동양 여성에 대한 이야기를 통해 현실에 대한 뼈아픈 인식을 하기 바란다. 대한민국의 여성들은 아직도 길거리에서 담배를 피우면 건방져 보인다는 인식을 간직한 대다수의 남성들과 함께하고 있다. '여자가 어디서', '여자가 감히' 이런 말이 대한민국의 그 어떤 남성이나, 여성의 입에서 완전히 뿌리가 뽑히지 않는 한, 대한민국은 여전히 수백 년 전의 동양 여성의 위치를 과거의 일이라고 치부해버릴 수는 없을 것이다.

현대 사회에서조차, 단지 이슬람교에 속하는 여성들처럼 몇몇 국가들에서만 여성이 철저하게 차별받고 있다고 말할 수 없다. 과연 지금 이 순간, 하늘을 우러러 한 점 부끄럼 없이 우리는 단언할 수 있는가. 우리나라의 여성은 남성과 똑같이 동등한 권리와 차별 없는 삶을 살고 있다고, 과연 말할 수 있을까.

우리 삶의 미세한 틈 사이로 아직도 교묘히 흐르는 남녀 차별은, 큰 강을 이루어 여성들의 인생에 굴곡을 드리우고 있다. 이 책은 이러한 현실에 대해, 다시 한 번 자각하게 해주는 의미 있는 독서의 기회를 제공해줄 것이다. 더불어, 세계사에 대한 지식도 덤으로 안겨줄 것이다.

2016년 2월
조선우

디오니소스 프로젝트

책읽는귀족은
『어서 와, 이런 이야기는 처음이지?』를
여섯 번째 주자로 '디오니소스 프로젝트'를 이어간다.
'디오니소스'는 니체에게 이성의 상징인
아폴론적인 것과 대척되는 감성을 상징한다.
'디오니소스 프로젝트'는 고대 그리스 신화에서는
축제의 신이기도 한 디오니소스의 특성을
상징적으로 담아내려는 시도로,
우리의 창조적 정신을 자극하는 책들을 중심으로
디오니소스적 세계관에 의한, 디오니소스적 앎을 향한
출판의 축제를 한 판 벌이고자 한다.
니체는 디오니소스를 통해
세상을 해방시키는 축제에 경탄을 쏟았고,
고정관념의 틀을 깨뜨릴 수 있는 존재로
디오니소스를 상징화하였다.
자기 해체를 통해 스스로를 극복하는 존재의 상징이기도 한
디오니소스는 마치 헤르만 헤세의
"새는 알에서 나오려고 발버둥 친다. 알은 새의 세계다.
태어나려고 하는 자는 하나의 세계를 파괴해야 한다"는
의미와 맞닿아 있다.
이제 여러분을 '디오니소스의 서재'로 초대한다.

여성의 지위에 따라
그 나라의 문화 수준이 보이네!

　어느 나라에서나 여성의 상대적 지위는 나라의 문화 수준을 보여주는 지표이다. 그리고 이러한 잣대를 동양에 적용해보면 아직 가야할 길이 멀다는 결과가 드러난다. 여성이 성서에 자주 등장한다는 것은 히브리 여성의 사회적 위상이 높았다는 사실을 입증하기에 충분하다. 롯과 에스터, 리브가 등의 여성들은 지금도 유명한 성서 속 인물들이다. 이세벨 같은 사악한 여성들도 등장하긴 하였지만, 다행히도 이들의 영향은 오래 지속되지 않았다.

　히브리인들은 어떤 고대인들보다 여성의 정절을 소중한 덕목으로 꼽았다. 아이를 낳아 어머니가 되는 것은 신의 은총이며, 아이를 낳지 못하는 것은 신의 저주로 여기기도 하였다. 가정은 그야말로 순수와 애정이 충만한 공간이었다. 게으름은 죄악으로 개탄의 대상이 되었으며, 모든 아이는 제 손으로 일하기를 힘쓰도록 배웠다.

　바빌론과 아시리아인들이 섬기는 신들 중에는 여신도 있었다. 이슈타르는 그리스 로마 신화에 나오는 사랑의 여신 비너스에 해당하였으며, 바빌론의 하데스 역시 여신이 지배하였다. 그러나 여성이 누릴 수 있는 사회적 자유는 계급에 따라 결정되었다. 최하위 계층의 여성은 자유롭게 오갈 수 있었지만, 상류층 여성은 고립된 생활을 해야 하였다. 이집트 여왕의 위상은 여왕을 위한 추모 신전이나 기념물들의 존재로 증명되기도 한다. 여왕은 남편을 도와 국사에 관여하기도 하였고, 종교의식에서도 해야 할 소임이 주어졌다.

동양 여성의 염원이 이루어지기를

브라만교나 이슬람교를 주요 종교로 삼고 있는 나라에서는 여성의 지위가 상대적으로 낮은 편이다. 힌두 여성은 남편과 분리된 자기만의 영적 생활이 없다. 남편과의 일심동체를 통해서만 궁극의 행복을 기원할 수 있을 뿐이다. 첩을 여럿 거느릴 수 있는 하렘 풍습이 여전히 성행하고 있을 뿐만 아니라, 여성은 남자에게 종속된 노예와 같은 존재다.

일본 여성은 이런 나라들과 중국의 여성들과는 전혀 다른 지위를 차지하고 있다. 그러나 아직은 서양 여성들과 같은 수준의 존중을 받고 있지 않다. 하지만 점진적으로 존중받아 마땅한 존재로 인정받게 될 것이다. 그러나 일본에는 도덕적으로 문란하다는 특성이 여전히

남아있는 데다, 좋은 아내란 정조를 팔아서라도 빚 때문에 감옥에 갈 처지에 놓인 남편을 구해야 한다는 인식이 아직도 당연하고도 올바른 생각으로 여겨지고 있다. 그러나 상류 계급에서는 여성을 존중하는 태도가 동양의 전반적인 수준에 비해 뚜렷하게 개선되고 있다.

여성의 지위 향상 과정은 반드시 점진적으로 이루어져야 한다. 거대한 개혁은 쿠데타가 아닌, 계몽과 교육에 따른 개선 효과를 통해서만 달성되기 때문이다. 또한 그래야만 노예와 다름없는 현재의 처지에서 해방되는 동양 여성의 염원이 이루어지게 될 것이다.

1908년
E. B. 폴라드

CONTENTS

Part 6 나일 강에는 수련 같은 여인들이 살았다네

Part 7 힌두의 여인들은 문학 속에서만 사랑을 받았다네

Part 14 문명의 흐름에서 빗겨난 여성들도 살고 있었다네

Oriental Women

Part I
태초에 여인들이 있었다네

최초의 여성, 아담의 아내 '이브'

구약성서와 셈족 신화에 등장하는 최초의 여성 이야기는 널리 알려진 친숙한 내용이다. 최초의 여성에 대한 이야기가 찾아보기 힘든 성서와는 달리 유대교와 기독교 문헌에서는 히브리 민족의 태동기에 나타난 이 여성의 역할에 대해 자주 언급하고 있다.

최초의 여성을 창조하였다는 창세기 내용은 여성이라는 생명체가 지구상에 최초로 등장한 사건을 다룬 과학 논문으로는 크게 주목받지 못하였던 것 같다. 하지만 히브리 여성들의 삶과 특징이 발전하게 된 중심 사상을 밝히는 매우 중요한 자료임에는 틀림없다. 특히 유일신(만물의 탄생 때 여신은 존재하지 않았다는 믿음)과 높은 도덕성, 결혼과 모성에 대한 존엄성은 히브리 여성들이 다른 나라 여성들에 비해 상당히 유리한 위치에 서게 된 근간이 되었다.

히브리 역사서에 따르면, '사람이 혼자 지내는 건 좋지 않다'는 점은 아주 초기에 밝혀졌다. 처음에는 이런 사실이 적지 않은 암시를 통해 드러난다. 사람은 하늘과 땅과 바다의 수많은 피조물 속에서 속마음을 털어놓고 오래도록 행복하게 지낼 수 있는 동반자를 찾을 수 있을까? 하나님이 자신이 만든 사람을 실험해 본다.

사람이 자신보다 하등한 동물을 동료나 친구로 받아들일 수 있을까? 개와 낙타나 총애하는 말을 제압하고 지배하여 유익한 조력자나, 자신의 인간적 열망을 충족시킬 수 있는 상대로 만들 수 있을까? 절대 불가능하다! 살아있는 생물들이 엄정한 순서에 따라 한 마리씩 자기 앞을 지나가는 순간, 자신이 붙인 이 존재들의 이름을 보며 아담은 그 모든 무리 속에서는 자신에게 맞는 진정한 배필을 찾을 수 없다는 사실을 깨달았다.

"아담은 모든 가축과 공중의 새와 들판의 야생동물에게는 일일이 이름을 붙여주었지만, 그를 돕는 배우자는 찾지 못하였다."

아담이 신기원을 열었다는 그 유명한 '깊은 잠'에 빠지자, 그의 갈비뼈를 꺼내 최초의 여성을 창조한 후 상처를 다시 봉합하니, 아담의 배필이 탄생하였다는 이 모든 내용은 누구나 아는 성서 속 이야기다. 이 내용이 말 그대로, 역사인지 아닌지는 이 책에서는 그다지 중요하지 않다.

'아담과 이브'에 대한 비하인드 스토리

랍비들에 이어 매튜 헨리를 비롯한 성서 주석가들은 이 이야기가 담고 있는 본질적 의미를 다음과 같이 아주 아름답게 설명하고 있다.

남성 위에 군림하도록 여성을 아담의 머리에서 취한 것도 아니며, 발밑에서 짓밟히도록 그의 발에서 취한 것도 아니다. 여성을 아담의 옆구리에서 취하였다는 것은 아담과 동등한 사람이라는 의미이며, 아담의 겨드랑이에서 취하였다는 것은 그의 보호를 받으며, 아담의 심장 근처에서 꺼냈다는 것은 그녀를 소중히 여기고 사랑한다는 의미다.

"이것은 이제 내 뼈에서 나온 뼈요, 내 살에서 나온 살로서 앞으로 '이쉬솨(여자)'로 불릴 것이다."

즉 남자가 '이쉬'라면, 그와 동등하다는 의미에서 여자는 '이쉬솨'가 되는 것이다.

이후 최초의 동양 여성 이브에 얽힌 전설이 수없이 생겨났다. 탈무드에 나오는 어느 유대 전설은 이렇게 전하고 있다.

아담은 처음에 아주 거대한 몸을 지니고 있었다. 그가 두 다리로 일어서면 머리가 하늘까지 닿았고, 자리에 누우면 거인 같은 몸집이 온 세상을 뒤덮을 정도였다.

하지만 하나님이 내린 잠에 아담이 곯아떨어지자 그의 신체 부위로 이브를 만들었다. 이브를 만들고 난 이후, 아담은 예전의 거대한 몸집을 다시는 되찾지 못하였다. 일부 유대 랍비들은 최초의 인간인 아담에게는 후손보다 하나 더 많은 열세 개의 갈비뼈가 있었으며, 바로 이 뼈가 창조주의 손에 의해 모든 인류의 어머니를 창조하게 된 물리적 토대였다고 가르쳤다.

남자는 들판에 사는 짐승이나 온갖 자연의 힘을 통제하고 지배할 권한을 위임받았다. 그랬기에 이 남자를 길들일 수 있는 능력을 가진 여성을 창조하였다는 사상을 함축한 이야기도 있다.

이런 이야기가 사실이든 아니든, 히브리 역사를 공부하는 사람들에게 히브리인이 종교와 도덕의 스승이라는 역사적 위치를 자지하게 된 것은 물론, 독특하면서도 변함없는 하나의 민족으로 거듭나게 한 보수적 기질 역시 이스라엘 여성 덕분이라는 사실을 보여줄 만한 증거로 부족하지는 않을 것이다.

두 번째 발자국

'사건 뒤에는 반드시 여자가 있다'

여성을 아담의 갈비뼈로 창조하였다는 성서 이야기에 주석을 달던 옛 랍비 가운데 한 명은 "그것은 마치 아담이 흙 단지를 보석과 바꾼 것 같다"고 하였다. 독실한 신자로 현대의 발전론적 관점에 휘둘리지 않은 신학자, 로버트 사우스 박사는 "아리스토텔레스도 아담의 부스러기에 지나지 않았다"고 말한 것으로 유명하다. 그렇게 말한다면 이브는 뭐였겠는가!

최초의 여성이 얼마나 아름다웠는지에 관해 성서는 아무 설명도 하고 있지 않다. 하지만 밀튼이 자신의 대서사시 『실락원』에서 이브를 빼어난 육체적 매력의 소유자로 묘사하는데 조금도 주저하지 않는 걸 보면, 그녀가 나르시스처럼 자기 자신의 매력에 흠뻑 빠졌을 가능성도 있다. 시인들 역시 서슴지 않고 이브에 대한 찬사를 늘어놓고 있다.

세상은 슬펐고, 동산은 황량하였으며
사나이 은둔자도 한숨을 내쉬었다, 여자가 미소를 지을 때까지.

히브리인들이 최초의 여자에게 붙인 '이브'라는 이름에는 요즘 말로 해석해 볼 때, '생명이 깃든 모든 것의 어머니'라는 의미가 담겨있다. 그러나 히브리 역사서는 인간에게 죽음과 고통의 세계가 도래한 것을 이브의 탓으로 돌리고 있다. 떠들썩하게 즐기고 있는 그리스 인들에게 던져진 사과가 불러일으킨 불화는, 에덴동산의 초기 원주민에게 금지되었던 치명적 열매인 선악과로 빚어진 불화와는 비교도 되지 않았다.

대지는 상처를 느꼈고, 자연은 제 자리에서
자신이 지은 삼라만상을 통해 한숨지으며, 비탄해 하니
모든 것을 잃었도다.

'사건 뒤에는 반드시 여자가 있다'라는 프랑스 속담은 어떤 형태로든 태초부터 인간의 입에 오르내렸던 내용이었다. '당신이 제게 주신 여자'라는 구절은 아담이 자신의 잘못을 교묘하게 주신 자 하나님과, 하나님이 주신 여성에게 전가함으로써 자신의 나약함을 비루하게 사죄하는 표현이다. 최초의 여성이 세상에 남긴 유산에 대한 그런 부정적 견해와는 달리, 하늘을 뒤덮은 구름 사이로 반짝이는 햇살처럼 '여자의 씨가 뱀의 머리를 상하게 할 것이다'라는 최초의 약속을 담은 구절도 있다. 따라서 '여성은 모든 위대한 것의 근원이다'라는 라마르틴의 말은 진리라 해도 과언이 아니다.

"내가 약속된 자를 얻었도다"

어느 어머니의 아들이 세상을 마음대로 돌아다니는 사악한 괴물을 처단하게 될 것이라는 오래된 약속이 있었다. 이에 대한 믿음이 이스라엘 어머니들에게 끼친 영향은 가늠조차 하기 어렵다. 수많은 히브리 어머니들은 자기 자식이 사악한 뱀을 목 졸라 죽일 영웅이 될 것이라고 믿었다. 이러한 믿음을 바탕으로 어머니의 역할은 더욱 중요해졌고, 나아가 이 믿음은 모든 히브리 여성의 목표가 되었다.

최초의 여성이 첫 아이를 품에 안고 엄마를 찾는 아이의 첫 울음소리를 들었을 때, 온몸으로 느꼈을 모성애를 다시 그려보면 어떨까? 이와 관련해 상당히 흥미로운 히브리 이야기가 있다. 이브가 자신의 첫 아들을 낳고, 감격에 겨워 탄성을 터트렸다고 한다. 이 탄성을 히브리 학자들은 "내가 약속된 자를 얻었도다"라는 말이었을 것으로 해석한다. '여자의 씨에 관심을 갖겠노라'고 하였던 여호와의 약속이 이제야 실현되었다고 믿으며, 이브가 내뱉은 말이었다는 이야기다. 그러나 첫아들은 첫 번째 동생을 살해함으로써 어머니의 영혼에 씻을 수 없는 상처를 안겨준다. 그 첫 죽음을 맞이해야 하였던 어머니의 심정을 감히 누가 표현할 수 있겠는가? 그러나 죽은 아벨을 대신해 선한 아들 셋이 태어나 어머니의 마음을 어루만져준다.

선과 악의 투쟁은 히브리 역사를 망라해 끊임없이 등장하며, 이 속에서 여성은 자신이 처한 위치에서 정의로운 힘을 발휘한다.

세 번째 발자국

최초의 사악한 여자, '릴리스'

누군가에게 잡혀 최초의 남자, 아담의 아내가 되었던, 최초의 사악한 여자 릴리스에 얽힌 흥미로운 이야기들이 전설로 전해지고 있다. 후세 랍비들이 남긴 문헌을 보면, 이와 관련된 이야기들이 상당히 많다. 릴리스는 바람이라는 뜻의 '릴루(lilu)'가 어원이라는 주장이 있긴 하지만, 바빌로니아인과 아시리아인 사이에서는 이름의 어원에 따라 '밤의 요정'으로 통하였다.

히브리인들에겐 릴리스를 밤의 여자 악령으로 여기는 미신이 있었다. 그런데 이런 미신이 그들의 조상인 아브라함 이전의 메소포타미아 계곡에서 살던 초기 시절에 시작되었는지, 아니면 바빌론 유수기에 그 지역과의 접촉을 통해 전해진 것인지는 확실치 않다. 무엇보다 아이들을 위협하는 존재로 여겨졌기 때문에 라틴어로 번역된 불가타 성서에는 아이들에게 해를 끼친다고 생각하였던 마귀할멈이나 마녀라는 뜻의 '라미아'로 번역되었다. 물론 이 성서에는 어른도 마녀의 사악한 힘을 조심해야 한다는 말도 덧붙여져 있다.

'릴리스'라는 이름은 성서에 단 한 번 등장한다. 이후

예언자 이사야가 고대왕국 에돔이 곧 폐허로 변할 것임을 끔찍하게 묘사하는 장면에서 다시 나타난다. 에돔은 "사막의 들짐승들이 늑대를 만나고, 사티로스(고대 그리스 신화에 나오는 숲의 신. 남자의 얼굴과 몸에 염소의 다리와 뿔을 가진 모습 - 옮긴이 주)가 종족을 부르며 울부짖고, 릴리스('가면올빼미'라거나 '밤의 괴물'로 번역된 경우도 있음)가 옮아 붙는 곳"이 되어 멸망할 것이다.

탈무드에 곧잘 등장하는 유대 전설처럼 릴리스에 얽힌, 또 다른 초기 이야기가 특히 흥미롭다. 릴리스는 아담의 첫 번째 아내였지만, 화가 난 상태로 달아나 밤의 악령이 되었다는 것이다. 그러나 세상은 아마 최초의 여성이 사악한 여자였다는 사실을 결코 인정하려고 하지 않을 것이다.

'하나님의 아들'과 '인간의 딸'

사악한 여자가 지닌 묘한 매력이 로세티(단테 가브리엘 로세티, 영국의 시인 - 옮긴이 주)의 『에덴 바우어』에 등장하는 '에덴의 달콤한 뱀'의 모티브로 쓰였는지는 모르지만, "그녀의 피는 단 한 방울도 인간의 것이 아니었다"는 그의 단언에 마음을 쓸어내리기도 한다. "카인의 아내는 누구였는가?"라는 질문은 사람들을 당혹스럽게 하는 성경 속 난제에 해당한다. 작고한 윈첼 교수는, 아담 이전에 인간이 존재하였다고 믿었다. 그리고 상당수 사람들은 인간의 기원을 여러 관점으로 바라보는 이론을 지지하기도 한다. 이런 견해를 지닌 사람들에게 카인의 결혼은 풀기 어려운 문제가 아니다. 그러나 인류의 모든 혈통이 단 한 부부로부터 출발하였다는 이론을 지지하는 사람들은, 그들의 이론과 성서의 내용에 좁혀지지 않는 간극이 존재한다고 생각한다. 또한 초기의 인간에게는 오늘날의 도덕적 정서와 어긋나는 근친혼이 필요하였으리란 주장도 마지못해 인정하고 있다.

창세기에는 '하나님의 아들들'이 '인간의 딸들'과 결혼하였다는 흥미로운 구절이 있다. 말하자면, 옛날에는 신들과 인간이 서로 결혼하였으며, 그런 결합을 통해 위대한 영웅이 탄생하였다는 오래된 전설을 되풀이 하고 있는 셈이다. '하나님의 아들들'과 '인간의 딸들'이란 구절을 세상에 사악한 힘이 널리 퍼졌다는 설명과 연결해 보자. 그러면 '인간의 이 딸들'은 사람을 죽인 카인의 부성한 혈통에서 태어난 여자들이다. 더불어 '하나님의 아들들'이란 정통성이 강한 셋(Seth)의 가통을 이어받은 남자들로 해석되기도 한다.

그러나 당시에는 지구상에 거인들이 살았다는 이야기가 있었다. 이와 밀접한 관계가 있다고 보는 사람들은 아주 일반적인 전설의 흔적이라고 해석하기도 한다. 즉, 아주 먼 옛날 인간의 딸들과 사랑에 빠진 상대는 바로 신들의 자손으로 태어난 위대한 영웅과 거인들이었다는 것이다. 그러나 히브리인들은 유일신 사상이 강하였기 때문에 후자의 이론은 힘을 거의 상실한 것으로 보인다.

네 번째 발자국

일부다처제 속의 여인들

초기 히브리 역사서에 담긴 사회상을 보면, 일부다처제가 보편적이었다는 사실을 짐작할 수 있다. 히브리 역사서에도 기록되지 않은 먼 옛날에는 일부다처제가 아닌 일처다부제가 성행하였다는 흔적이 히브리 풍습에 남아있다는 주장도 있다. 히브리인들 사이에 널리 퍼져있던 역연혼(죽은 자의 형이나 아우가 그 미망인과 결혼하는 풍습 - 옮긴이 주)은 그들이 일처다부제와 모권(母權)이 강하였던 사회에 살고 있었다는 것을 보여주는 강력한 증거일 수도 있다.

당시 히브리인들은 다른 민족들과 마찬가지로 일부다처제의 사회였다. 초기의 가부장적 시기를 제외하면 하나님의 가르침에 따라 일부다처제를 분명하게 반대하였는데도, 이런 풍습은 기독교 시대까지 이어졌다. 모세의 율법은 아내를 여럿 거느리는 풍습을 금하지는 않았지만 사라져야 할 풍습으로 여겼다. 무엇보다 왕이 '여러 명의 부인을 거느리는' 일을 금하였다.

히브리 역사서에서 언급하는 일부다처제의 초기 모습은 초기 인류의 가장 독특하고 흥미로운 가족 형태 가운데 하나다. 카인의 자손인 라멕에게는 아다와 씰라라는 다소 감미로운 이름을 지닌 부인 둘이 있었다고 한다. 여기서 매우 비범한 집안이 탄생한다.

히브리 역사에 기록되어 있듯이, 라멕은 운문에 뛰어났다. 그리고 아다와 씰라는 재능이 특출한 자식들을 두었다. 아다의 아들 자벨은 '천막에 거주하며 가축을 키우는 자들의 아버지'였고, 또 다른 아들 주발은 하프와 피리의 수호천사로 이 악기들을 만들어낸 장본인이었다.

씰라는 최초의 대장장이 투발카인의 어머니였다. 라멕은 아들이 주조한 검을 이용해 원수에게 복수를 가하며, 〈검의 노래(Lay of the Sword)〉의 구절로 보이는 기록상 최초의 시구를 입 밖으로 읊어댔다. 이 투박한 시는 라멕이 자기 부인들에게 바친 것으로서, 초기 셈 족에게는 영웅이 용맹을 떨치는 장면을 목격하도록 아내들을 불러 모으는 게 특이한 일이 아니었다.

아다와 씰라여, 내 목소리를 들으라,
그대 라멕의 아내들이여, 내 말에 귀를 기울이라,
내 직접 내게 상처를 준 자를 처단하였으니
상처를 입힌 벌로 어린 자를 죽였도다.
카인의 복수를 일곱 배로 되갚는다면,
라멕을 위해서는 일흔일곱 배가 되리라.

어서 와,
이런 이야기는 처음이지?

한창 무미건조한 가계도를 작성하던 창세기의 저자가 잠시 하던 일을 중단하고, 이 사상 초유의 집안 이야기를 꺼낸 것도 이상한 일은 아니다. 이 독특한 가계의 여성인 아다와 씰라, 그리고 씰라의 딸 나아마도 집안 남자들과 마찬가지로 재능이 뛰어났는지에 대한 이야기는 전해진 바 없다. 하지만 능력이 출중하였던 여성들이었던 것은 분명하다. 집안의 선조격인 이 여성들은 시와 음악 같은 예술에 능하였던 것은 물론, 가축을 키우고 금속가공 같은 일도 훌륭히 해냈다.

초기 히브리인들은 유목민이었다. 언뜻 보면 이런 체제의 사회에서 여성이 할 수 있는 역할이란 보잘 것 없고, 여성의 활동도 남성에 비해 미미하였을 것으로 생각하기 쉽다. 그러나 이런 견해는 오해다. 유목 생활의 경우, 남자들이 도적들의 약탈과 들짐승의 습격에서 가축을 지키는 동안 집안일을 도맡아 가정을 꾸려나간 사람은 바로 여성들이었기 때문이다.

오티스 루프턴 메이슨은 자신의 저서 『원시 문화에서의 여성의 역할(Woman's Share in Primitive Culture)』에서 문명의 일대기를 투쟁 시기와 산업 시기로 분리한 허버트 스펜서의 이론을 언급하였다. 이때 적어도 인류의 초기 역사에서는 인간을 '투쟁의 성(性)'과 '산업의 성'으로 분리한 그의 주장이 사실과 맞지 않을 수도 있다는 의문을 제기한다. 히브리 여성들은 천막 안에 있든, 천막 입구에 앉아있든 불을 보살폈다. 그러면서 남자들이 돌아오기 전까지 다양한 수공예품들도 만들었다.

히브리인 최초의 어머니, 사라 이야기

매우 오랜 세월동안 남자 가장의 삶을 소재로 한 이야기는, 수많은 젊은 이들의 마음을 설레게 하고 영향을 미쳐왔다. 동양 민족들의 초창기 역사에서 그들이 담당하였던 역할을 보라! 남자 가장은 자기 가족과 씨족의 아버지였을 뿐만 아니라, 왕이자 제사장이었다. 그렇다면, 여자 가장들은 어떤 역할을 하였을까.

초기 사회에서 어머니의 역할이 중요하지 않았다고 생각하는 것은 오해다. 이는 수많은 히브리 여성들의 삶을 통해 쉽게 입증할 수 있다. 구약성서를 아는 사람이라면 금방이라도 사라, 리브가, 라헬, 미리암, 훌다 등의 이름이 수도 없이 떠오를 것이다.

고위 계층인 족장의 아내이자 동반자의 전형적인 삶은, 히브리의 위대한 조상이었던 '충직한 아브라함'의 아내 사라의 삶 속에서 찾아볼 수 있다. 유목 생활을 하던 유일신교의 조상 아브라함은 메소포타미아 계곡에 있던 아내의 조상들의 땅에서 그녀를 데려왔다.

남편을 공경하는 사라의 마음은 일화로 전해질 정도로 유명하다.

어서 와,
이런 이야기는 처음이지?

남편을 존경하는 마음에 이은 그녀의 정숙한 행동은, 이스라엘의 가정생활에서 가장 훌륭한 본보기로 간주되었다. 막벨라 동굴에 사라의 시신이 매장된 이후의 2천년을 기록한 히브리서에서 베드로는 이렇게 말한다. 아브라함과 사라에게서 구현된 이상적인 부부관계를 간략하게 언급하면서 말이다. 그는 여성들에게 보석이나 화려한 의상이 아닌, 그의 표현을 빌자면 '마음에 숨은 사람'에게 찾을 수 있는 '온화하고 안정한 심령'을 갖추도록 명하며 이렇게 말하였다.

"전에 하나님을 믿었던 거룩한 여자들도 이와 같이 자신을 단장하고 그들의 남편에게 순종하였다. 사라가 아브라함을 주인이라고 부르며 순종하였던 것과 같다. 여러분도 선을 행하는 한, 사라의 딸인 것이다."

이렇게 하여 사라의 미덕은 이후 오랜 세월 동안 여성들에게 깊은 인상을 남겼다.

사라는 성격이 강한 부류의 여자는 아니었다. 히브리 민족의 여러 전설에서 그녀가 남편처럼 우두머리 자리에 오르지 못한 걸 보면, 엄밀히 말해 남자 같은 여자는 아니었을 것이다. 그녀의 남편은 모든 히브리인의 '아버지 아브라함'으로 민족의 선조이자 가장 중요한 인물이었다.

따라서 모든 유대인은 자신의 머리를 아브라함의 품에 묻어야 행복한 미래가 보장된다고 믿을 정도였다. 고대 전설에 따르면, 아브라함이 모리아 산에서 이삭을 희생양으로 바칠 것이라는 얘기를 들은 사라는 억장이 무너지는 충격에 죽고 말았다고 한다. 아브라함은 자신의 외아들을 죽이지 않고 함께 돌아왔지만, 사라는 이미 죽고 난 뒤였다.

자신이 없는 동안 그렇게 죽어버린 아내였지만, 아브라함은 '돌아와 사라의 죽음을 애도하며 눈물을 흘렸다'고 분명하게 이 이야기는 전하고 있다. 여성을 존중하는 히브리인들의 태도는 헷족에게 사들인 동굴에서 사라의 장사를 성대하게 치렀다는 이야기 속에 잘 드러나 있다(이곳은 사라가 매장되었다는 이유로, 여러 세기 동안 이스라엘 민족의 숭배를 받았다).

질투에 얽힌 두 여자, 사라와 하갈

히브리인 최초의 어머니였던 사라도 오점은 있었다. 정숙한 아내이며, 헌신적인 어머니였던 사라도 성급하고 시기심 어린 성격과 잔인한 행동을 서슴지 않고 저지른 단 한 번의 예외가 있었다. 히브리 가정에서 주요 행사로 여기던 이유기, 즉 외아들이 바로 젖을 떼는 시기로 접어든 날이었다.

집안 잔치가 한창 흥겹게 벌어지고 있는데, 사라가 직접 아브라함에게 아내로 바쳤던 이집트 여종 하갈이 자신을 조롱하는 모습을 목격하고 만다. 사라는 그 즉시 하갈과 그녀의 아들 이스마엘을 집에서

쫓아내라고 불같이 호령하였다. 아브라함 역시 이 명령을 따를 수밖에 없었다.

당시 늙긴 하였지만, 사라 역시 여느 여성과 마찬가지였다. 자신에게 덤비는 어떤 연적도 집안에 머물도록 용납하지 않았다. 그뿐 아니라, 여성 특유의 본능에 따라 이렇게 가차 없고 단호한 처분만이 자신의 잔인한 행동보다 더 고통스러운 가정불화를 미연에 방지할 수 있다고 판단하였던 것이다.

쫓겨난 하갈은 메마른 황야에 머물며, 죽어가는 아이를 덤불 아래 내려놓았다. 어미로서 도저히 자신의 눈으로, 차마 자식의 죽음을 마주할 수 없었던 것이다. 하갈이 멀찌감치 자리를 뜬 순간, 실로 자신이 전능하신 신을 감동시킨 것 같은 예술적 상상에 사로잡혔다는 기록이 전해지고 있다.

하갈은 '일곱 개의 우물'을 품은 지역이라던 베르셰바 황야를 떠돌고 있었는데도, 물을 찾을 수 없었다. 한 모금의 물을 마셔본 지 언제였던가. 그러나 바로 근처였다. 아, 이제야 그녀의 눈이 우물에 닿았으니, 하갈과 아이는 죽을 것 같던 갈증을 해소하게 되었다.

이렇게 생명을 보전한 아이는 이스마엘 사람의 선조가 되었으며, 이스마엘 민족은 '그들의 손이 모든 사람을 치고, 모든 사람의 손은 그들을 치게 되리'란 운명을 짊어지게 되었다. 그날 아브라함의 막사에서 시작된 주인과 하녀였던 두 아내 사이의 갈등의 골은 깊고 깊어 변치 않았으니, 시인 나다니엘 P. 윌리스는 황야에서의 하갈의 심정을 이렇게 묘사하였다.

> 경멸당한 여인이 몸을 돌려
> 덩굴이 되어 참나무가 떨쳐내도
> 기울어가는 그녀의 믿음에 다시 몸을 살짝 굽혀야 하나요?
> 아, 싫어!

랍비의 구비설화에 정통한 어느 사도는 사라의 이야기를, 율법의 원칙과 은총의 계율과의 끊임없는 간극을 보여주는 전형으로 설명하기도 한다.

어서 와,
이런 이야기는 처음이지?

이삭과 리브가의 사랑 이야기

한 민족의 일상생활에서 결혼만큼 흥미로운 풍습도 없을 것이다. 또한 고대와 현대를 막론하고, 이삭과 리브가의 사랑만큼 인간의 상상력을 불러일으키고 호기심을 자극하는 관계도 없을 것이다. 영문 기도서는 예식에서 서로에게 충실하였던 이삭과 리브가를 후세의 젊은 부부들이 영감을 얻고 본보기로 삼아야 하는 이상적인 부부로 선택하고 있다.

아름답고 낭만적이기도 한 이삭과 리브가의 사랑 이야기는 영원히 그 매력을 잃지 않을 것이다. 리브가는 우물가에서든, 가정에서든 그녀만의 여성스런 우아함과 아름다움을 선사하였다.

아득한 옛날, 리브가를 향한 이삭의 구애는 세세한 점까지는 아니더라도, 동양의 결혼을 특징지을 수 있는 여러 요소를 포함하고 있다. 결혼 성사 과정에 부모가 적극적으로 참여하는 모습도 특이한 점이라 할 수 있다. 그러나 이삭이나 리브가가 강요에 의한 선택을 하였다고 말하기는 힘들다.

이삭과 그의 부모는 리히터의 표현대로 '아내가 없다면 남자는 경건하게 살 수도, 정의롭게 죽을 수도 없다'는 결론에

도달하였다. 그러자 신복 엘리에셀에게 주인의 허벅지 아래로 손을 밀어 넣고, 이삭이 주위 사람들의 딸이 아닌 아람 지역에 사는 일가친척 여인과 결혼할 수 있도록 신부를 구해오겠다는 맹세를 하게 한다.

당시는 부족 내의 결혼이 히브리 관습으로 확고하게 뿌리 내렸던 때였다. 이곳에서는 화려하고 값비싼 결혼 선물을 주는 일은 결혼 자체만큼이나 오래된 풍습이었다. 그러나 리브가와 그녀의 오빠 라반이, 리브가의 구혼자가 지닌 재물에 어느 정도의 영향을 받았는지는 전해지고 있지 않다.

이처럼 라반이 결혼을 두고 하는 거래에서 맡았던 역할은 아주 흔히 볼 수 있는 일이었다. 왜냐하면 동양에서는 결혼식과 같은 행사에서 남자 형제들이 중요한 역할을 하는 경우가 많았기 때문이다. 야곱의 딸 디나와 결혼하고 싶어 하였던 히비(Hivite)사람 세겜은, 야곱은 물론 디나의 남동생들과도 의논하였다. '노래 중의 노래(구약성서 중의 아가 – 옮긴이 주)'를 보면, 여주인공의 남자 형제들이 이렇게 고민하는 대사가 나온다.

"여동생이 결혼을 하면 뭘 해줘야 할까?"

첫눈에 반해서 사랑에 빠지는 경우는

결혼을 위해 낯선 자의 낙타를 타고 먼 나라로 떠났던 리브가의 결단력을 주목해 볼만 하다. 리브가의 성품이 지극히 우아하고 온유하긴 하였지만, 무엇보다 그녀의 용기를 칭찬하지 않을 수 없다. 디킨스의 말로 표현하면 이렇다.

"젊은 숙녀가 사냥감만큼 온순하고, 사냥감이 그녀만큼 온순하다면 더 이상 청할 게 없다. 기대 이상이다."

그러나 세상이 시작된 이래 '첫눈에 반해서 사랑에 빠지는' 경우는 수많은 만남 가운데 하나에 불과하며, 애정은 세월이 흐를수록 돈독해진다! 그래서 '결혼은 결국 복권이나 마찬가지'라는 냉소 섞인 흔한 말에, 오래도록 공감이 가는지도 모르겠다. "아내를 맞이하고 싶거나, 말을 사고 싶거나, 멜론에 투자하고 싶을 때 현명한 사람이라면, 섭리에 따라 모자로 눈을 가릴 것이다"라는 프란체스코 스포르차의 말처럼, 이삭은 감정에 휘둘려 행동하지 않았다.

이삭은 주변에 있던 헷과 가나안의 딸들은 마음에 들지 않았고, 신의 섭리에 따라 얼굴 한번 보지 못한 리브가('연결하다'라는 뜻의 이름)를 평생의 은총으로 애타게 그리워하였다. 성서에는 배필 선택에 대한 그의 지혜를 이렇게 표현하고 있다.

"그리고 이삭은 리브가를 사랑하였으니, 어머니 사망 후에 위로를 얻었더라."

이삭은 아버지로서의 성격에 결함이 있었듯이, 아내이자 어머니로서의 리브가에게도 하나의 약점이 있었다고 한다. 고대 동양의 제도 자체에 내재된 구조적 결함 때문이기도 하였다. 동양에서는 예로부터 아버지는 물론, 어머니들의 자식에 대한 편애가 정상 수준을 넘었기 때문이다. 양부모 모두 주로 아들인 한 자식을 총애하면 다른 자식들에게는 상처가 되었다. 그리고 양친이 서로 다른 자식을 편애하면 가족의 행복이 흔들렸다. 리브가는 작은 아들 야곱을 사랑하였고, 이삭은 큰 아들 에서를 사랑하였다.

이렇게 어긋난 부모의 사랑은 형제의 다툼과 오랜 별거로 이어졌다. 그리고 고대 이스라엘에서 가장 중요한 두 여성인 레아와 라헬이 히브리 역사에 등장하는 원인이 되었다. 여기서, 같은 부족 사람들 속에서 부인을 찾았던 히브리인들의 관습을 다시 살펴보기로 하자.

일곱 번째 발자국

옛날 결혼은 두 명 이상의
남자 사이에 이루어진 계약

히브리인들에게는 아내를 얻으려면 돈이나 노동을 제공해야 하는 풍습
이 있었다. 대체로 결혼을 흥정하는 데, 어린 소녀의 동의가 반드시 필요
하였던 것 같지는 않다. 아버지는 가장 높은 금액을 부른 입찰자에게 노
예를 팔아넘기듯, 딸을 구혼자에게 데려갔다. 이 결혼에서 여성 자신은
단지 부수적인 대상에 불과하였다.

옛날에는 결혼은 당연히 남자와 한 여자가 아닌, 두
명 이상의 남자 사이에서 이루어진 계약에 따라 성사되
었다. 그러나 고대 이스라엘에서 딸들을 신붓감으로 팔
아버리긴 하였지만, 아니 좀 더 부드럽게 말해 보수를
받고 넘겨버리긴 하였지만, 아내를 어떤 의미로든 노예로 생각하였
다는 흔적은 전혀 없다. 또 남편이 대가를 받고 아내를 팔아넘긴 사
례도 전혀 없었다.

결혼을 흥정하는 주체는 대개 부모였다. 그러나 야곱과 라헬의 경
우에는 양친이 서로 멀리 떨어져 살았기 때문에, 부모가 결혼을 성사
시킨 것 같지는 않다. 야곱은 해질 무렵, 아버지를 모시고 집 근처에

있는 우물로 향하던 라헬을 처음 본 순간 사랑에 빠졌다.

라헬의 아버지, 라반은 아내를 살만한 돈이 없던 야곱에게 7년 동안 자기를 위해 일한다면 딸을 넘겨주겠다고 약속한다. 그러나 약속한 날짜가 다가오자, 교활한 라반은 말을 바꾸었다. 딸들은 나이 순서대로 결혼해야 한다는 당시의 관습법을 이용해, 장녀인 레아를 야곱에게 넘겼다. 그리고 7년을 더 일해야 라헬을 소유할 수 있다는 말을 덧붙였다. 이후 7년을 더 참고 견딘 야곱이 마침내 라반의 두 딸을 소유하게 된다. 하지만 승리는 투쟁으로 점철된 인생의 시작일 뿐이었다. 따라서 누군가는 이렇게 표현하였다.

"나는 결혼식 음악을 들을 때마다 전투에 참가하는 병사들의 군가가 떠오른다."

야곱 역시 마찬가지였다. 야곱은 외삼촌이자 장인인 라반과 갈등을 겪게 되었다. 이런 일들이 벌어지사, 라반의 두 딸은 아버지 대신 남편의 편을 든다. 그리고 결국 자신들의 운명이라 믿은 남자를 따라 부모의 집을 떠난다. 이삭은 자신의 형, 에서와도 투쟁을 일으켜 어머니와 자식들을 크나큰 어려움에 빠뜨린다. 실제로 야곱의 아내들은 평생을 우여곡절에서 헤어나지 못하였다. 뿐만 아니라, 서로 경쟁하던 어머니들에게서 태어난 아들들도 치열한 투쟁을 벌이게 된다.

어서 와,
이런 이야기는 처음이지?

'아이가 없어 눈물을 흘리는 라헬'

아브라함의 아내 사라('왕비'라는 뜻)가 히브리인들의 전설과 전통 속에서, 그들의 조상 아브라함의 위치까지는 오르지 못하였다는 사실을 이미 언급한 적이 있다. 이스라엘 백성들은 스스로를 레아와 라헬의 자손이라 생각하고 있다.

또한, 성서의 롯기에는 두 여성이 이스라엘의 집(하나님을 아버지로 하는 '이스라엘 백성'을 일컫는 비유적 표현 - 옮긴이 주)을 건설하였다고 적고 있다. 더불어 레아와 라헬은 열두 족장의 어머니이기도 하였으며, 이후 이들 열두 족장의 이름을 붙인 열두 부족이 탄생하였다.

특히 라헬이 높은 위치를 차지하였다. 왜냐하면 그녀가 야곱이 가장 총애하였던 아내였을 뿐만 아니라, 무엇보다 백성들의 시적이고 종교적인 상상력을 불러일으키는 성품 때문이었다.

시인이자 예언자였던 예레미야는, 바빌론 왕 네브카드네자르의 침략과 잔인함 때문에 발생한 이스라엘 후손의 인명 손실을 기록하였다. 그 기록에서 끔찍한 재난에 직면한 이스라엘 백성의 슬픔을, '아이가 없어 눈물을 흘리는 라헬'에 비유한다. 초기에 아이를 낳지 못하였던 라헬이 이후 이집트에서 그녀의 두 아들 요셉과 베냐민을 모두 잃었다는 사실을 암시하였을 듯한 대목이다. 이 구절이 새로운 힘을 얻게 된 것은, 예수가 탄생하였다는 소식에 헤롯왕이 '영아 살해'를 명령하였던 사건에서 다시 인용되고 있기 때문이다.

 Oriental Women

Part 2
이스라엘에 영웅이 살았다네

첫 번째 발자국

동생 모세를 살린 미리암 이야기

> 히브리 초기 역사를 보면, 히브리인들이 자유롭게 떠돌아다니는 유목생활을 하였다는 사실을 알 수 있다. 물을 쉽게 구할 수 없는 지역, 말하자면 가축들의 목을 축여주던 오늘의 개울이, 내일이면 바위가 드러난 메마른 협곡으로 돌변할 수 있는 환경에서는 일정하게 지낼 곳이 딱히 필요하지는 않았을 것이다.

가정을 지키던 여성 역시 베두인족(아라비아의 유목민 – 옮긴이 주)의 생활 방식을 따랐다. 리브가와 라헬 같은 수많은 딸들이 그들의 아버지처럼 양과 염소 떼를 몰았다. 이스라엘 민족은 비옥한 나일 강 계곡에서는 가나안 땅에서 살 때보다 기근을 면할 수 있었기에, 이집트로 내려오게 되었다.

그러나 양치기들을 업신여긴 이집트인들의 편견 때문에, 양치기라는 직업을 다소 부끄럽게 여겼다고 한다. 하지만 떠나온 고국에서 양치기는 자랑스러운 직업이었고, 오히려 상인들이 무시를 당하였다. '꼴 보기 싫은 가나안 사람'이란 '상인'을 두고 하는 말이 될 정도였으니까 말이다.

이후 이어진 유배 생활과, 여기저기 흩어져 사는 위태로운 시기를 거치며, 유대인들은 사고파는 장사를 할 수밖에 없었다. 또한 세상이 자신들에게 강요하는 교훈을 아주 제대로 익히게 되었다. 그러나 초기에는 그렇지 못하였다. 이스라엘은 열두 부족이 이집트에 마련한 그들의 고향 고센 땅에 정착한 이후에도, 줄곧 양 떼를 몰며 파라오의 왕국에서 그들 고유의 생활 방식을 발전시켰다.

이스라엘의 영웅시대를 살았던 주요 여성 중에서도 미리암 만큼은 잊지 말고 기억해야 한다. 그녀는 파라오가 히브리의 사내아이를 죄다 없애버리려고 하였을 당시, 갓난아기였던 동생 모세를 나일 강의 갈대숲에 숨겨 살렸다는 감동적인 일화의 주인공이다. 12년 동안 어린 동생 곁에 머물면서 정성껏 보살피며, 들짐승이 오면 쫓아냈다. 그리고 마침내 동생이 살아있는 보물이 되어 친어머니의 품으로 돌아가게 될 때까지, 누이로서 보여준 그녀의 애정과 헌신은 놀라웠다. 이런 미리암의 이야기는 문학에 있어서 여성적 기지와 누이의 헌신을 보여주는 최고의 본보기 가운데 하나로 손꼽힌다.

나일 강의 아이, 파라오의 딸은 성스런 냇가에서 물을 가두고 빨래와 목욕을 하다, 모세와 미리암의 어머니 요게벳이 빈틈없이 세워놓은 계획에 눈 깜짝할 사이에 걸려들고 만다. 그것도 아주 기꺼이 말이다. 파라오의 계획이 역풍을 맞은 격이었으니, 고대 역사에 새로운 장이 열렸다.

위대한 여성도 실수를 하기 마련

모세가 최초의 예언자로 불리고, 또 다른 동생 아론도 최초의 제사장 자리에 올랐듯이, 미리암 역시 이스라엘 최초의 여성 예언자로서 두각을 나타낸다. 당시 미리암의 나이가 100세에 가까웠다는 기록에도, 그녀는 다루기 힘든 이스라엘 민족을 이집트의 속박에서 가나안 땅으로 인도하는 여정에서 상당히 큰 역할을 담당하였던 게 분명하다.

시인이자 음악가이기도 하였던 미리암의 지위가 보통은 아니었던 것 같다. 이스라엘 민족은 무사히 내해(內海)를 건넜다. 반면, 파라오의 명을 받고 쫓아오는 이집트 군대는 바닷물이 범람하여 길이 막혀버렸다. 그러자 미리암이 소고를 들고 앞에 나갔다. 그리고 위대한 승리를 이룬 군중들의 환호에 맞춰 여성들이 후렴구를 번갈아 노래하도록 이끌었다. 그랬더니 동행하던 이들도 소고를 들고 춤추며, 그녀의 뒤를 따랐다고 전해진다.

이 고령의 여인은 백성들에게 승리를 장담할 정도로, 음악적 열정과 뜨거운 애국심이 늘 자신의 영혼 속에서 불타오르고 있었다. 그녀가 부른 이 히브리 노래는, 출애굽기에 이 사건을 계기로 발전하였다고 기록되어 있다. 이 노래는 독립선언을 표현한 일종의 시로써, '이스라엘의 탄생 축가'로 불린다. 또한 같은 소재를 다룬 무어의 시보다 훨씬 더 웅장하다.

소고를 크게 울려라, 이집트의 검은 바다를 넘어
여호와께서 승리하였으니, 그의 백성이 해방되었도다.

코란은 딱 한 번의 혼동으로 모세의 누이, 미리암을 예수의 어머니 마리아와 같은 인물로 보고 있다. 왜냐하면 알렉산드라에서 약 70명의 유대인이 약 70일 동안 그리스어로 번역한 구약성서뿐만 아니라, 신약성서에서도 이 두 여성의 이름을 모두 '미리암'으로 적고 있기 때문이다.

그러나 위대한 남성들과 마찬가지로, 위대한 여성들도 실수를 하기 마련이다. 또한 그러한 실수는 이들이 위대함을 갖추려는 순간 드러나는 법이다. 미리암의 비범함은 동생의 사명을 깊이 인식하고, 그의 대의에 사심 없이 헌신한다는 점이었다. 그러나 미리암은 모세의 결혼을 못마땅해 하였다. 그래서 모세의 사명을 방해하고, 그의 영도력을 무너뜨려 불행을 당하게 하였던 것이다.

결국 미리암은 나병이란 하늘의 형벌에 처해졌다. 그러나 진영 전체가 그녀의 재앙을 애통해하였다. 또한 이후 백성들이 그녀를 외면하였던 일을 안타까워하였다. 그리하여 "미리암을 다시 불러들일 때까지 여정을 떠나지 않겠다"고 말한 걸 보면, 그녀에 대한 존경이 회복되었을 것이라고 보여진다.

미리암은 이스라엘이 배출한 최초의 여성 예언자이자, 영향력이 가장 강하였던 여성 중 한 명이었다. 그녀는 황야를 떠돌던 시기에 사망

어서 와,
이런 이야기는 처음이지?

하여, 요르단 서쪽 지역에 매장되었다. 그리고 여러 세대 동안 그녀의
무덤은 모아브 국에 있는 것으로 전해졌다.

반면, 기독교 성직자 제롬은 논란이 많던 그녀의 무덤 위치를 아라
비아의 페트라 근처로 보았다. 그러나 자신보다 더 유명하였던 동생
의 무덤 위치와 마찬가지로 "오늘날까지 그 누구도 알지 못한다."

히브리인들만큼 민족의식이 철저하거나 뿌리 깊은 민족도 없다.
그래서 이스라엘 여성들의 뜨거운 애국심이 놀랄 만한 일은 아니다.
히브리 코먼웰스(연방, 조직화된 정치 공동체 - 옮긴이 주) 건국에 있어
서, 미리암의 역할은 이미 주목하였던 바였다.

매춘부, 라합 이야기

히브리인들은 광야를 유랑하던 탓에 이스라엘 신 여호와를 숭배하려면 임시 성막(聖幕, 성전이 있기 전까지 사용한 대형 천막-옮긴이 주)을 세울 수밖에 없었다. 이 시기에 여성들은 기꺼이 귀걸이를 빼고, 팔과 팔목에서 장신구를 풀어 임시 예배당을 운영하는 데 바쳤다. 또한 푸른색, 자주색, 진홍색 실로 짠 올 고운 아마 섬유로, 사막의 임시 예배당에서 사용할 벽걸이 천을 만들기도 하였다.

신권정치에서는 신앙심과 애국심은 하나였다. 살아서든 죽어서든 아들이 전쟁에서 돌아오기를 기원하였던 스파르타 어머니도, 자신의 머리카락을 뽑아 활의 시위를 만들었던 카르타고의 여성들도, 민족의 독립과 정치적 영광을 위해 자신을 기꺼이 희생하였던 이스라엘 여성에는 미치지 못하였다. 옥타비아(고대 로마 공화정 말기의 옥타비아누스의 누이이자, 안토니우스의 아내 – 옮긴이 주)가 살던 시절에, 로마의 장관들은 외국에서 치르는 전쟁 때문에 로마에 남은 부인들에게 세금을 부과하고 보석을 헌납하도록 요구하였다. 그러자 로마 여성들은 공공장소에서 이런 세금 징수에 강력히 반대하는 시

위를 벌여, 자신들의 의사를 고위직 인사들에게 전달하였다. 결국 로마 여성들은 자신의 장신구를 뺏기지 않을 수 있었다.

그러나 이스라엘 여성들에게는 공공의 행복을 위해 장신구를 내놓도록 촉구할 필요가 없었다. 가나안 정복 전쟁이 처음 벌어진 이후, 여호수아가 전쟁을 승리로 이끌도록 도운 첫 인물도 여성이었다. 바로 여리고의 여인, 라합이었다.

과거의 행실이 좋지 않았던 라합은 이스라엘 사람들을 운명의 민족으로 여겼던 것으로 보인다. 그래서 가나안 땅을 살피러 온 히브리 첩자들을 숨겨주고, 성벽을 타고 내려가도록 허락하여 목숨을 살려주었던 것이다. 결국 여리고의 매춘부, 라합은 여호수아가 승리자로 도시에 입성하였을 때까지 목숨을 부지하였다. 그리고 이스라엘 백성들의 인정을 받고 난 이후에는 그들의 위대한 왕 다윗의 조상이 되었다. 또한 다윗의 후손 예수의 조상이 되었다.

그 당시 이스라엘인들은 단순한 유목 집단 단계에서는 벗어나 있었다. 하지만 하나의 민족이라는 강력한 일체감이나, 공동의 필요성을 아직 인식하지 못하였던 때였다. 그리하여 여성들의 삶은 참혹하리만큼 고달프고 힘들었다.

이스라엘 부족은 체제가 잡히지 않은 상태에서 농사와 목축으로 먹고살았다. 그러나 호전적인 부족과 도시와 요새에 둘러싸여 있던 탓에, 독수리가 먹잇감에 달려들듯 걸핏하면 약탈자들과 이웃 부족의 군대들이 쳐들어왔다.

이런 여건 하에서 여성들은 말할 수 없는 수모와 고통을 당하였다. 여자와 아이들은 잡혀가 해안의 상인들에게 노예로 팔렸다. 그 이후에는 이집트와 그리스 항구로 넘겨졌다. 이처럼 히브리인들은 전 세계 곳곳으로 흩어지고 있었다. 기원전 8, 9세기에 아시리아와 바빌로니아의 왕들 때문에 야곱의 자손들이 뿔뿔이 흩어지기 전에도 말이다.

이스라엘에서 가장 용감한 여성, 드보라

이스라엘 민족이 팔레스타인 땅에 들어간 직후라고 일컫는 과도기이자 혼란의 시기에, 이스라엘에서 가장 용감한 여성이 민족의 진정한 구세주로 등장한다. 여성 예언자의 지위가 주어진 두 번째 여성이었다. 기록에 따르면, 이 여성은 매우 용맹하였을 뿐만 아니라 이스라엘의 종교적 지도자였다고 한다.

당시 아브라함의 자손들은 암울한 처지에 놓여 있었다. 그때까지 약 20년 동안 '9백 개의 철갑마차'를 보유한 야빈(가나안의 왕. 여호수아에게 패해 살해됨 – 옮긴이 주)이 병기도 부족하고 조직도 허술한 히브리인들을 공포에 떨게 하였기 때문이다. 그러나 에브라임 산지 라마(베냐민 지파의 성읍 – 옮긴이 주)와 벧엘(예루살렘 북쪽 지역 – 옮긴이 주) 사이의 '종려나무 밑에' 살던 한 여인이 의지와 지혜의 힘을 빌려 이스라엘 민족을 심판하였다.

"나, 드보라가 일어나기까지, 이스라엘의 어머니인 내가 일어나기까지, 이스라엘에서는 용사가 끊어졌다."

이 여인에게서 마음의 안식을 얻게 된 후, 가나안 왕으로부터 목숨을 건지는 사건이 봇물 터지듯 일어났다. 그녀는 '횃불 혹은 불꽃의 여자'란 뜻의 드보라로 불렸다. 아마도 그녀가 그 당시 성전에서 사용하던 램프의 심지를 만들었기 때문일 것이다. 혹은 그녀의 성격이 불같이 격렬하였기 때문일 수도 있다. 어쨌든 그녀는 마음이 따뜻하고 조국애가 뜨거웠던 것만큼은 분명하였다.

드보라는 납달리(이스라엘의 12부족의 하나 — 옮긴이 주) 족장 바락을 다급히 불렀다. 그리고 1만여 명의 군사를 조직하여 기손 강둑에서 시스라가 이끄는 야빈의 군대를 맞도록 명한다. 바락은 주저하며 마침내 이렇게 대답한다.

"드보라, 그대도 간다면 나도 가겠소."

사람을 끄는 힘이 강하였던 용감한 이 여인의 존재가 성전(聖戰)에 임할 군사들을 불러 모으는 데 그만큼 긴요하였던 것 같다. 드보라는 이런 난국에 조금도 움츠러들지 않았다. 드디어 군대가 모아졌고, 전투는 시작되었다.

시스라의 군대가 이스라엘 앞에서 당황한다. 군대를 이끌던 대장도 승자 앞에서 도망자로 전락한다. 그러나 아직 끝난 게 아니다. 또 한 명의 여성이 이 비극의 무대 위로 등장한다.

도망가던 시스라는 야엘의 천막으로 몸을 숨긴다. 기진하였던 적의 대장은 야엘이 갈증을 해소하도록 건네준 버터밀크를 들이키고 더욱 깊은 잠에 빠진다. 그러자 야엘이 천막의 말뚝과 방망이로 한 치의 흔들림도 없이 잠자던 시스라의 관자놀이를 힘껏 내리쳤다. 시

스라는 맥없이 더러운 천막 바닥에 쓰러졌다.

이것은 피비린내 나는 끔찍한 짓이었지만, 이스라엘 초기 서사시 가운데 하나인 '드보라의 노래'를 탄생하게 한 용감한 행동이었다. 드보라의 노래는 훌륭한 시로써, 판관기(사사기, 구약성서에서 여호수아로부터 사무엘 시대까지의 역사를 기록한 책 - 옮긴이 주)에 내용 전체가 실려 있다.

40년에 걸쳐 구원자 역할

드보라의 노래에서는 여호와의 구원과 시스라를 죽인 야엘을 찬양한다. 구약성서의 초기 작품으로 생각되는 이 서사시의 몇몇 시구에는, 정치적 혼란기 속에서 이스라엘 여성들이 보여준 애국심이 고스란히 담겨 있다. 이스라엘 민족은 외딴 종려나무 아래 살았던 용감한 여성에게 큰 소리로 이렇게 외쳤다고 한다.

깨어나라, 깨어나라, 드보라여,
깨어나라, 깨어나서 노래하라.

드보라가 이 참담한 부름에 나타난다. 사람들이 서둘러 그녀를 돕기 위해 모이지만, 주저하는 이들도 있다.

그대는 왜 양치는 들판에 머물러 있소,
양떼의 울음소리를 듣기 위해서인가?

길르앗[1]은 요르단 너머에 머물러 있고
그런데 왜 단[2]은 아직도 배에 있는가?

전투가 시작되었다. 가나안 땅은 당대 여인의 추종자들 앞에서 패배하고 만다.

제 길을 가던 별들도 시스라에 대항하였다.
기손 강도 그들을 휩쓸어 버렸고,
그 고대의 강, 기온 강이여.
아, 내 영혼이 힘차게 앞으로 행진하는구나.

그때, 뒤로 물러서며 자유를 위한 가격을 거부하며 꾸물대는 이 무심한 무리에게 몸을 돌려 여류 시인은 이렇게 외친다.

너 메로스[3]를 저주하니, 주(主)의 사자가 말하였도다,
그곳 백성에게도 지독한 저주를 내리노니,
하나님을 도우러 오지 않았기 때문이며,
용자에 반항하고 하나님을 돕지 않았기 때문이다.

어서 와,
이런 이야기는 처음이지?

흔들림 없는 손으로 일격을 가해 죽음을 선사한 그녀를 두고, 여류 시인은 이렇게 노래한다.

신의 가호가 어떤 여성보다 야엘에게 있을 것이니,
겐 사람[4] 헤벨의 아내다.
천막에 있던 어떤 여성보다 그녀를 축복할 것이다.

그가 물을 청하였으나
그녀는 우유를 주었고,
귀족에게 어울릴 듯한 그릇에 버터를 내왔도다.
천막의 말뚝이 이스라엘을 억압하던 자의 관자놀이를 관통하였도다.
그녀의 발밑에서 그가 몸을 숙이고, 넘어져, 쓰러졌다,
그녀의 발밑에서 그가 몸을 숙이고 쓰러졌다,
그가 몸을 숙이고 쓰러져 죽었도다.

시의 구절이 격렬해진다. 순간 시스라의 어머니를 떠올린다. 아들이 전투에서 금의환향하기를 학수고대하던 그녀는 오래도록 아들이 나타나지 않자, 격자 모양의 거처 밖을 살피며 이렇게 묻는다.

그의 마차가 돌아오는데 왜 이리 오래 걸리는가,

그의 마차 바퀴가 왜 그리 꾸물거리는가?

그러나 시스라는 어머니의 집으로 다시는 돌아오지 않는다. 그 후 40년간 백성들은 드보라의 구원 덕분에 쟁취한 자유를 만끽하였으며, 이 여인의 영향력은 그녀의 '종려나무 안식처'에서 비롯되었다.

일반적으로 판관 시대로 알려진 이 시기에는 '모든 사람이 자신이 옳다고 생각하는 대로 행동하였다'고 한다. 말하자면, 정치적으로 볼 때 무정부 상태였다. 정말 그랬다. 사람마다 제각기 자기가 옳다고 생각하는 행동을 하였기 때문에, 서로 '옳다'고 생각하는 경우가 자주 발생하여 사회적 혼란이 끊임없이 이어졌다. 이 시기에 살던 한 여성이 40년에 걸쳐 구원자 역할을 수행하였다. 그러나 부족들과 그 지도자들이 단합하여 국가를 제대로 운영하지 못한 탓에, 수많은 여성들은 1백 년 이상 말할 수 없는 고통에 시달렸다.

어서 와,
이런 이야기는 처음이지?

네 번째 발자국

이웃, 블레셋의 딸들

아들은 어머니 성격을 닮고, 딸은 아버지의 특성을 닮는다고도 한다. 이 정치적 혼란기에 단 족 출신의 마노아라는 사람의 아내로서 이름이 알려지지 않은 한 여성이 어느 거인의 어머니로 선택되었다. 초기 팔레스타인 점령 시기와는 달리, 이제는 이스라엘에서 거인족을 찾아보기 힘들어졌다.

네피림과 '아낙(고대 유명한 거인족으로 네피림의 후손으로 여겨짐 - 옮긴이 주)의 아들들'은 당시 히브리인들의 원수로 언급되고 있다. 기록에 따르면, 그들의 거대한 몸집은 이스라엘의 평화에 위협이 되었다. 또한 이런 괴물 같은 모습에 비해 이름 없는 여인의 아들들은 '메뚜기'에 불과하였다고 한다.

아직 아이가 없던 이 이름 없는 여인인 마노아의 아내에게 어느 날 천사가 나타나 이렇게 알려주었다.

"앞으로 태어날 아들을 잘 키우면 훗날 역사에 길이 남을 뛰어난 인물이 될 것이야."

그리고 아이가 태어나면 포도주를 포함한 어떤 다른

술도 금하고, 나사렛 사람들처럼 금욕생활을 해야 한다는 말도 덧붙였다. 여인은 천사의 목소리가 명한 대로 따랐다.

그녀는 남편과 함께 감사의 마음으로 번제(짐승을 통째로 태워 제물로 바치는 제사 - 옮긴이 주) 제물을 여호와께 바쳤다. 드디어, 아들이 태어났다. 그에게 입에는 술을, 머리에는 칼을 대지 않도록 가르쳤다. 길게 자란 머리카락이 그 맹세를 대변해주었다. 그러나 이 거인 청년을 괴롭히는 유혹은 포도주만이 아니었다. 이웃, 블레셋의 딸들이 그의 눈에는 스쳐 지나가는 유혹 그 이상이었다.

이 젊은 여성들은 크레타 섬을 떠나 가나안 해안에 발을 내디딘 이후, 서서히 셈족의 언어와 문명을 받아들였던 조상을 두었다. 이 사실로 보아, 그녀들은 고대 그리스 미인들의 특징을 빼어 닮았을 것으로 추정된다. 바로 이러한 그녀들의 외모가, 겉모습은 근육질로 건장하였지만 속은 여리디여린 히브리 청년의 마음을 격렬하게 흔들었다. 이 머리를 길게 기른 나사렛 청년이 주역을 맡은 사랑 이야기를 잘 살펴 보자. 그러면 기원전 1천 년 경에 초기 서부 팔레스타인의 혼란기를 살던 여성들의 삶을 적어도 어느 정도는 엿볼 수 있을 것이다.

"여성을 간파하기란
남성을 간파하는 것만큼 쉽지 않다"

심금을 울리는 이 사랑은 어느 날 젊은이가 그의 아버지와 어머니한테 털어놓은 고백으로 드러났다. 팔레스타인의 팀나 시에 사는 아름다운 처녀가 요새처럼 굳건한 청년의 마음을 사로잡았던 것이다. 부모의 반대도, 같은 민족의 처녀들이 지닌 미덕에 대한 부모의 조심스러운 찬사도, 이 젊은이의 마음을 바꾸지 못하였다.

그의 마음은 확고하였다. 집에 있는 부모도, 신부를 찾아가던 길에 만났던 사자도, 그의 굳은 의지를 꺾을 수 없었다. 그 순간만은 어머니도, 아버지도 까맣게 잊었다. 그리고 사자는 젊은 거인의 괴력에 갈가리 찢겼다. 이 모든 장애를 극복하고 델릴라는 삼손의 품에 안겼다.

이제 '여성을 간파하기란 남성을 간파하는 것만큼 쉽지 않다'는 다소 진부한 조루즈 상드(프랑스 낭만주의 시대의 대표적인 여성 작가 - 옮긴이 주)의 표현이 정확하게 들어맞았다. 삼손은 자신이 사랑하는 여자의 간계를 꿰뚫어보지 못하였다. 그녀의 아름다움에 눈이 먼 삼손은 결국 무너지고 말았다.

푸아티에의 디아나(앙리 2세가 사랑하던 절세미인으로, 달의 여신 '다이애나'에 비유되기도 함 - 옮긴이 주)의 표현대로 '아름다운 여인의 속삭임은 임무를 행하라는 외침보다 더 크게 들린다'고 하지 않았던가. 그렇게 강렬하게 약속하였던 나사렛의 맹세를 손에 넣자, 데릴라는 포로로 잡힌 거인의 양팔을 묶은 실가지보다 더 힘이 없는 그의 머리카락을 움켜쥐었다. 로버트 번스(영국의 시인 – 옮긴이 주)는 삼손을 추모한다고 해도 좋을 특유의 시를 남겼다.

> 아버지 아담이 처음 속았던 것처럼,
> 아직도 흔하디흔한 일이구나
> 여기 있는 남자는 여자가 지배하고
> 악마는 그 여자를 지배하도다.

블레셋 사람, 데릴라는 전형적인 히브리 여성과는 사뭇 달랐다. 히브리 여성들은 어떤 고대 여성들보다 순결을 소중히 여겼을 뿐만 아니라, 남편과 조국에 대한 남다른 헌신으로 히브리인들을 전 세계에 견실하고 끈질긴 민족으로 각인시켰던 것이다.

예프타의 용감무쌍한 딸

블레셋의 마녀, 데릴라와 극명한 대조를 이루는 여성이 바로 예프타의 용감무쌍한 딸이었다. 그녀의 순수함과 조국애와 깊은 신앙심은 데릴라와는 정반대였다. 영국 시인 리 헌트는 "위대한 여성은 자기희생이란 역사의 일부분이다"라고 말하였다. 그렇다면 예프타의

딸은 희미한 고대 역사에서 자기 헌신으로 찬란하게 빛나는 영웅으로, 위대한 여성들의 반열에 반드시 올라야 할 것이다.

예프타는 부족의 분열과 정치적 혼란기에 이스라엘을 구해낸 인물 중 한 명이었다. 그는 호전적인 암몬인들을 상대로 승리를 거두고 집으로 돌아가던 중이었다. 그런데 고향에 닿자마자 자신을 맞이하러 나온 첫 번째 피조물을, 자신에게 승리를 허락한 여호와께 제물로 바치기로 한다.

하지만 소고를 들고 춤을 추며 달려 나와 그를 맞이한 것은 다름 아닌 하나뿐인 그의 딸이었다. 그의 눈에는 '여신처럼 키가 크고, 여신처럼 아름다운 신들의 딸'이었다. 그가 맹세를 깰 것인가? 히브리의 알케스티스(그리스 신화에 등장하는 공주 – 옮긴이 주)인 이 젊은 여성은 희생을 거부할까?

"내 아버지, 당신은 신께 약속하셨고, 당신이 약속한 말씀대로 저는 따르겠습니다."

이스라엘에서는 여성이 자녀 없이 죽는 것을 재앙이자, 신의 불만을 나타내는 표시로 여겼다. 하지만 예프타의 딸은 처녀였다. 그래서 그녀는 하녀들을 데리고 근처 산속에 들어가, '자신의 처녀성을 애통'해 할 수 있도록 두 달의 유예기간을 간절히 청하였다.

약속한 날짜가 다가오자, 아버지 집으로 돌아온 예프타의 딸은 조국애가 강한 아버지의 성급하였지만 선의였던 맹세대로 자신을 제물로 바친다. 그녀의 지극한 효성과 조국애에 깊이 감동한 이스라엘의 딸들은 해마다 나흘 동안 길르앗 사람 예프타의 딸을 기리며, 밖에 나와 애통해 하였다고 한다. 그녀에 대해 N. P. 윌리스(미국의 작가이자 시인 – 옮긴이 주)는 다음과 같은 찬사의 글을 적고 있다.

이제는 죽어야 할 그녀, 누구보다 침착하게
이스라엘에서 그 시간에 홀로 일어나
해가 지기를 기다렸다. 그녀의 얼굴은
창백하나 너무나 아름다웠고, 그녀의 입술은
더욱 섬세하게 도드라졌고, 색조는
더욱 깊어졌다. 그러나 그녀의 얼굴은
천사처럼 장엄하였도다!

어서 와,
이런 이야기는 처음이지?

다섯 번째 발자국

레위 사람의 아내와
베냐민 여자들

고대인들에게 여성들의 순결에 대한 애착만큼 철저하고 무조건적인 미덕은 없었다. 베냐민의 남자들이 아내를 얻는 교묘한 방법보다 더 훌륭하게 이런 사실을 보여주는 것도 없을 것이다. 당시 베냐민 사람들은 멸족 위기에 처해 있었다.

나이가 꽤 많은 어느 레위 사람에게 정숙하지 못한 아내가 있었다. 하지만 온갖 고초를 겪으며 아내를 되찾아 함께 집으로 돌아오던 도중, 베냐민 땅을 지나가게 되었다. 에부스 시(나중에 이스라엘 후기 역사의 중심지 예루살렘으로 명명됨)에 당도하였는데, 의례적이나마 맞이하러 나오는 사람이 한 명도 없었다.

결국 사내와 아내는 노숙을 해야 할 처지가 되었다. 나그네를 환대하던 당시의 풍습으로 보자면, 이런 일은 에부스 시의 입장에선 수치스러운 일이 아닐 수 없었다. 그러자 에부스에 임시로 거처하던 사람이 자신의 집으로 부부를 청하였다. 베냐민 사람들은 그들이 집안으로 들어가는 걸 보고는 여자를 끌어다 겁탈하였다. 그리고 아침이 되자 여자를 갖다 버렸다.

이런 끔찍한 짓에 격노한 레위 사람은 여자를 토막 내 죽이고, 그 시체 조각을 부족 전체에 돌리며, 베냐민의 일부 자손들의 행동을 고발하였다. 이스라엘인들이 이집트에 머물던 시절 이래, 이 땅에서 발생한 가장 끔찍한 사건이 명백하였다. 이스라엘 부족 전체가 분노로 발칵 뒤집혔다. 이들은 여러 부족 출신으로 군대를 결성한 후, 베냐민의 형제들과 전쟁을 벌여 베냐민 부족을 멸족 위기로 몰아넣었다.

특히 베냐민 여자들이 참혹하게 죽어갔다. 전장의 흙가루가 날리면 어떤 일이 벌어질지 뻔하지 않은가? 이렇게 한 부족이 이스라엘에 무릎을 꿇을 것인가? 정녕 그래서는 안 된다. 성수(聖數)는 보전되어야 한다.

빠져나갈 한 가지 묘책

베냐민 사람들은 과연 아내를 구할 수 있을까. 모든 이스라엘 부족은 베냐민 족에게 응분의 처벌을 내렸다. 그 잔학한 죄악 탓에, 베냐민의 아들들에게는 결코 딸을 주지 않겠노라는 엄숙한 맹세를 하였던 것이다. 이로써 급기야 모든 부족의 원로들이 모여 회의를 한다. 비유대인과의 결혼은 물론 허락되지 않았고, 이스라엘의 모든 부족

도 딸들을 베냐민에게 내주려 하지 않았다.

그러나 빠져나갈 한 가지 묘책이 있었다. 누군가 해마다 추수철이 되면 실로에서 축제가 열린다는 사실을 떠올린다. 종교적이면서도 흥겨운 춤을 추는 히브리 처녀들이 많이 모이는 곳이었다. 베냐민의 아들들이 근처 포도밭에 몸을 숨기고 있다가, 처녀들이 춤을 추면 한 사람씩 달려 나가 아내로 삼을 여자를 붙잡아 재빨리 고향으로 돌아 오자고 입을 모았다.

그러나 도둑맞은 처녀들의 아버지와 남자 형제들이 베냐민 젊은 이들의 이런 강압적 방식을 뭐라 하지 않겠는가? 그렇게 되면 원로 들이 개입하여 모두에게 조용히 넘어가자고 제안하기로 의견을 모 았다.

사람들이 자신의 맹세를 어긴 것은 아니기 때문이었다. 딸들을 베 냐민 사람들에게 준 게 아니라 도둑맞은 것이 아닌가! 그렇게 베냐 민 사람들은 아내를 얻었고, 이 부족의 존재는 유괴한 사빈족의 여자 들로 로마가 존속되었던 것과 동일한 방식으로 유지되었다.

여섯 번째 발자국
사무엘의 어머니, 한나

이스라엘이 세계적으로 높이 평가받는 것도 모두 독실한 이스라엘 여성들 덕분이다. 종교는 이스라엘 민족의 직감과 감정의 근원으로 뿌리 깊게 자리 잡고 있다. 독일의 철학자 슐라이어마허의 말처럼, 종교는 적어도 신들에 대한 의존심에서 비롯된 이스라엘 민족의 원동력이었다.

　여성이 남성보다 직감과 감정에 훨씬 더 충실하고 의존심도 훨씬 높았기 때문에, 전 세계 어디서나 여성들이 남성들보다 신앙심이 더 투철한 것도 이상한 점은 아니다. 고대의 여성들 가운데 가장 믿음이 강하였던 여성으로는 사무엘의 어머니, 한나를 꼽을 수 있다.
　성서에 나오는 여성들의 특징으로 아이를 낳지 못하는 불임이 자주 언급된다는 사실이, 처음에는 놀랍게 느껴질 수도 있다. 그중에서도 사라, 리브가, 라헬, 마노아의 이름 모를 아내, 한나, 그리고 세례 요한의 어머니 엘리사벳은 모두 불임으로 널리 알려진 여인들이다. 그러나 다른 민족과 마찬가지로, 히브리인들에게도 불임은 그리 흔한 일은 아니었을 것

어서 와,
이런 이야기는 처음이지?

이다.

이스라엘에서는 전능하신 신이 직접 찾아와 계시한 경우가 아니라면, 불임은 재앙으로 간주되었다. 따라서 독실한 여성들은 하나같이 그런 저주에서 해방되기를 소원하였다. 여성들 스스로 자식으로 축복받지 못한 여성들을 조롱하고 경멸하기를 서슴지 않았다.

게다가 모든 히브리 남성은 자신의 자손들과 함께 살기를 원하였다. 그들에겐 자식이 없이 살다가 죽는다는 것은, 세상과 완전히 '단절'되어 영원히 잊힌다는 의미였다. 이 세상에서 영원히 살고자 하는 인간의 열망이 또 다른 형태로 나타난 것이나 마찬가지인 셈이다.

아이를 낳지 못하는 여인의 고통

최근의 발굴 작업으로 드러난 바와 같이, 불멸은 이집트인들의 교리뿐 아니라 이집트 문명의 발전에도 커다란 영향을 미쳤다. 이집트인들의 불멸에 대한 강한 애착과는 달리, 히브리 성서에서는 불멸을 별달리 강조하고 있지 않아 많은 이들의 궁금증을 자아낸다.

히브리인들은 내세의 불멸에 별로 관심이 없었다. 그들의 선지자들은 이승에서의 올바른 삶이 중요하다고 역설하는 일에 평생을 바쳤다. 그리고 백성들은 이승에서의 불멸, 즉 후대에 길이 남을 수 있는 능력을 중요하게 여겼다.

이러한 히브리인들의 공통된 생각을 시편 128편의 저자는 '진실로 행복한 자의 축복'으로 표현하면서 이렇게 말하였다.

"네가 네 손이 수고한 대로 먹을 것이라. 네가 복되고 형통하리로다. 네 집 안방에 있는 너의 아내는 열매를 맺은 포도나무 같을 것이며, 너의 식탁에 둘러앉은 자식들은 어린 감람나무 같을 것이다."

또 다른 시편 저자 역시 같은 생각으로 이렇게 기도한다.

"우리 아들들은 어리다가 장성한 나무들 같으며, 우리 딸들은 궁전의 양식대로 아름답게 다듬은 모퉁잇돌 같을 것이다."

구약성서에는 이런 이상적인 말들이 수없이 등장한다. 시편의 저자는 다시 이렇게 적고 있다.

"젊어서 낳은 자식은 용사의 손에 들린 화살과 같다. 화살 통에 화살이 가득한 사람은 복이 있는 사람이다. 그리하여 그들이 성문에서 원수들과 담판할 때에 수치를 당하지 아니 할 것이다."

그리고 선지자 사가랴(세례 요한의 아버지 - 옮긴이 주)가 당시의 고통을 잠재워줄 예루살렘의 영광이 다가오고 있음을 예고하며, 축복을 내린다.

"성읍 거리에 소년과 소녀들이 가득하여 그곳에서 뛰놀게 하리라."

따라서 한나처럼 독실한 여성들이 아이가 없는 자신의 처지를 어떻게 생각하였을지는 쉽게 짐작할 수 있다. 다만, 이스라엘에서 아이를 낳지 못하는 여인의 고통이 아무리 심하다 해도, 아이를 낳지 못하면 내쫓겨 비참하게 살아가야 하는 호주 원주민 여성의 고통보다

는 나을 것이다. 하지만 그렇다고 해도, 불임의 이스라엘 여성들은 신이 어떤 이유에서인지 자신을 저주하는 것만 같고, 남편은 마음 속 깊이 자신을 경멸할 것이라는 참담한 심정으로 살아갔을 것이다.

올리버 웬델 홈스(미국의 수필가이자 의학자 – 옮긴이 주)는 "지적인 여인은 감성적인 여자만큼 우리의 관심을 끌지 못한다. 흰 장미가 붉은 장미보다 흥미롭지 않기 때문이다"라고 말하였다. 한나는 유난히 감성적인 여자였다. 열렬한 헌신을 담은 붉은 피가 그녀의 혈관을 타고 흘렀다. 마침내 쓰디쓴 고통 속에 올린 그녀의 기도가 이루어졌다. 하늘에서 한나에게 아들을 내렸다.

그녀는 '하나님께서 들으셨다'는 의미로 아들에게 사무엘이란 이름을 붙였다. 그리고 성막에서 행한 예배를 통해 아들을 온전히 여호와께 바쳤다. 젖을 뗄 시기가 되자, 한나는 아들과 함께 안식의 장소, 실로로 향하였다. 당시의 관습대로 데리고 간 그녀의 제물을 자신의 신 여호와께 영원히 '빌려주었다.'

"아버지들이 지은 죄뿐만 아니라, 어머니들이 쌓은 덕도 때로는 자식들에게 되돌아온다'는 말이 어디엔가 분명 기록되어 있을 것이다."

디킨스의 이 말은 어머니의 선행이 자식에게 되돌아온 것처럼 보이는 한 가지 사례를 암시하고 있는 듯하다. 사무엘이 여러 세기 동안 이스라엘의 영도자였던 수많은 예언자들을 대표하는 초대 선지자가 되었기 때문이다.

또한 기록상 최초의 신학교 '선지자 학교'를 세우기도 하였다. 아들이라는 소중한 선물로 하나님이 축복을 내리자, 한나가 감사 기도를 올렸다. 이 감사 기도는 마리아가 위대한 아들을 잉태할 것이란 말을 듣고 부른, 성모 마리아 찬가에 영향을 미쳤다. 그뿐만 아니라, 사가랴가 천사를 통해 아들 세례 요한의 잉태 소식을 듣고 부른 찬가에도 영향을 끼쳤다고 한다.

일곱 번째 발자국
여성들의 우정과 의리,
롯과 나오미의 사랑

역사서에는 다윗과 요나단이나 다몬과 피티아스처럼 사나이들의 우정을 보여주는 일화가 등장하기도 한다. 이에 비해, 여성들의 우정은 찾아보기 힘든 것 같다. 사실, 그런 우정은 불가능하다는 주장도 있다. 그러나 모든 문학 범주에서 롯과 나오미의 사랑보다 여성들의 의리를 더 훌륭하게 보여주는 이야기는 없을 것이다.

　　롯기는 초기 히브리인들의 삶을 아름답게 묘사해낸 목가 문학에 해당하며, 여기에 등장하는 여주인공은 시련을 견디고 이겨낸다. 이스라엘에서 판관이 통치하던 시기의 장면이다. 초기 팔레스타인 시절처럼 역사적인 사건은 기근에서 탄생하였다. 엘리멜렉은 아내 나오미와 두 아들 말론, 기룐과 함께 배고픔을 피해 모압 땅으로 떠난다. 이후, 죽음이 남편과 시아버지를 덮치고 홀로 된 나오미는 두 아들과 함께 낯선 땅에 남겨진다. 말론과 기룐은 이제 장성하여 오르바와 롯이라는 모압의 처녀들과 결혼한다.

　　어느덧 10년의 세월이 흐르고, 두 아들도 사망한다. 가족을 여의

고 상심한 나오미는 결국 자신의 고향인 유대 언덕으로 돌아가기로 결심한다. 며느리들이 자신을 따라오겠다고 나서자, 나오미는 그녀들을 설득한다. 자신을 따라와 봐야 먹고살 일이 확실하지도 않으니, 부디 각자 친정어머니 집으로 돌아가도록 말이다. 이 이야기에 따르면, "그랬더니 며느리들이 소리 높여 울부짖었다."

오르바는 마지못해 시어머니의 말을 따랐다. 하지만 룻은 누구도 넘볼 수도, 잊을 수도 없는 말로 애원하며 시어머니에게서 떨어지지 않았다. 룻기의 저자는 이 이야기를 히브리 식으로 녹여낸다.

> 내게 당신을 떠나라 강권 마세요,
> 당신을 따르지 말고 돌아가라 강권 마세요,
> 당신이 어디를 가든, 나도 가겠어요.
> 당신이 묵는 곳에 나도 묵을 거예요.
> 당신 백성이 나의 백성이 될 것이며,
> 당신의 하나님이 나의 하나님이며
> 당신이 죽는 곳에서 나도 죽어
> 그곳에 묻힐 거예요.
> 주께서 내게 벌을 내리시고 더 내리실 거예요,
> 죽음 외에 어떤 것이 당신과 나를 갈라놓는다면.

"환하게 빛나는 여인의 얼굴은 하나의 예언이며, 슬픔 속에 잠긴

어서 와,
이런 이야기는 처음이지?

얼굴은 역사다."

　팔레스타인을 향한 채 서 있던 이 두 여성 중 한 사람에게는 슬픈 역사가 쓰였고, 또 다른 한 여성에게는 새로운 날을 알리는 일출이 빛을 내렸다. 제레미 테일러(영국 국교회 주교이자 작가 – 옮긴이 주)가 천명하였듯이, 여자에게 친구가 있다면 여자는 "로마의 기사는 물론 친구를 위해서도 죽을 수 있다"고 하지 않았던가. 죽더라도 나오미를 따르겠다고 결심한 모압의 젊은 과부에게 새로운 인생이 시작되었다. 결국 그녀는 유다 왕국의 조상이 되어 다윗 왕의 증조모가 되었다.

애정이 어린 음모

　한편의 시 같은 롯의 이야기 속에는 고대 이스라엘 민족의 흥미로운 결혼 풍습도 기록되어 있다. 과부들이 여생을 견딜 수 없는 고통 속에 살아야 하였던 힌두족의 관습과는 크게 달랐다. 과부라는 처지가 가능한 일시적 상태가 되도록 히브리에서는 법적 조치를 마련해 놓았던 것이다.

　이스라엘에는 죽은 남편의 형제나 가까운 친척이 형제의 미망인을 아내로 맞이해야 하는 역연혼의 관습이 있었다. 이 관습은 형제의 후계자와 이승에의 기억이 후세까지 전해지도록 하기 위한 장치였다. 롯의 죽은 남편은 조상의 재산을 물려받을 권리가 있었다. 그리고 히브리의 법은 가능한 재산이 원래 주인의 손에서 벗어나지 않도록 세심한 배려를 하였다.

과부 룻이 남편의 백성들의 옛 고향인 베들레헴에 갑자기 나타난다. 때는 보리 수확기였다. 시어머니인 나오미가 음모를 꾸민다. 아름다운 젊은 며느리의 남편을 자신의 친척 중에서 구하면, 잃어버린 아들에게는 그를 추모하는 후계자가 생길 것이다. 또 자신의 남편 엘리멜렉의 재산도 일부 되찾게 될 것이란 생각에서다. 이 애정이 어린 음모에 따라, 부유한 농부이자 엘리멜렉의 가까운 친척인 보아스의 들판으로 룻을 내보내 추수꾼들이 남긴 이삭을 줍게 한다.

당시에는 추수꾼들이 지나간 후, 가난한 자들이 주운 이삭을 빼앗지 못하게 하는 법이 있었다. 계획은 빠르게 성공을 거두었다. 보아스는 첫눈에 이 낯설지만 아름다운 여인에게 마음을 빼앗겨버린다. 그래서 추수꾼들에게 평소보다 많은 이삭을 남겨두도록 명하는 아량을 베풀기도 한다. 또한 식사 때에는 추수꾼들과 함께 바싹 말린 옥수수를 먹도록 청하기도 한다.

보아스는 만약 이 젊은 여인을 먼저 아내로 맞이해야 할 가까운 친척이 없다면 자신이 직접 그녀를 아내로 맞이하기로 한다. 이 모든 일이 순식간에 감동적으로 연이어 일어난다. 잘 살펴보면 '여성은 자신의 연약함으로 스스로를 무장할 때 가장 강하다'는 말이 사실인 것 같다.

보아스는 즉시 이 여인의 친구이자 보호자가 되겠다고 맹세한다.

가장 가까운 친척이 있었지만, 그는 연역혼의 거래에 필수조건이었던 엘리멜렉의 땅을 차지하는 일에 관심이 없었다. 그런 까닭에 젊은 과부에 대한 자신의 권리를 포기한다. 따라서 보아스는 법에 따라 죽은 형제의 땅을 물려받고 그를 대신해 후계자를 키우는 일을 사양한 가까운 친척이 되는 젊은 남자를 법정으로 불러낸다.

이곳에 열 명의 원로가 증인으로 참석하여 이 거래를 합법화한다. 사람들이 모인 곳에서 거절한 친척의 신발 한 짝을 그의 발에서 벗겨 보아스에게 넘기는데, 이는 해당 땅에 대한 모든 권리의 포기를 상징하였다. 그러고 나서는 '헐렁한 신발을 신은 남자'의 얼굴에 침을 뱉는 행위가 이어진다.

이는 비난의 표현으로써 죽은 친척을 위해 역연혼의 의무를 다하지 않은 남자에게 행해지는 풍습이었다. 시간이 흘러 고령이 된 나오미(그녀의 어머니가 '나의 기쁨'이라는 의미로 붙인 이름)는 오벳(보아스와 롯 사이의 아들로 다윗 왕의 조부 – 옮긴이 주)을 품에 안은 채 말년의 쓸쓸함을 잊고 지낸다. 오벳에게서 나오미는 아들의 가문이 계속 이어질 것이란 맹세와, 그의 이름이 백성들에게 널리 알려질 것이란 예언을 목격하며 크게 기뻐한다.

"오벳은 이새를 낳고, 이새는 다윗 왕을 낳았도다!"

 Oriental Women

Part 3
옛날, 옛날에 왕들이 살았다네

율법에서 내세운 여성의 위상

불안정한 판관 시대를 지나고 이스라엘이 확실한 모습을 갖추기 시작한
연방시대로 접어들면, 히브리 여성들의 삶에서도 그에 상응하는 변화가
나타났다. 여성의 장점이 빛을 발하는 영웅적 행동을 여전히 쉽게 찾아
볼 수 있었지만, '영웅의 시대'가 저물어 감에 따라 여성들이 현격하게 두
각을 나타내는 기회는 줄어들었다.

이스라엘 역사 전체를 살펴보면, 러스킨의 말이 정말 옳
다는 생각이 든다.

"여성은 결정적 역할이 아닌, 인도하는 역할을 수행한다."

새로운 시대를 열었던 여성들이 역사 초기에 간간이 등장
하긴 하지만, 사회질서가 공고해짐에 따라 그런 여성들의 등장조차
점차 줄어들었다. 광범위한 의미에서 모세의 율법이 백성들의 삶과
행동에 지대한 영향을 끼칠 수 있었던 '왕들의 시대'가 오면서 달라
졌다. 체계가 잡히지 않은 사회, 말하자면 '모든 사람이 제각기 옳다
고 생각하는 대로 행동하였다'는 사회에서는 비록 사람들이 모세의
율법을 알고 있다고 해도, 이 법을 제대로 집행하는 일은 불가능하였

을 것이다.

이제 모세의 율법은 이스라엘 여성들에게 연방의 높은 위치를 부여할 때 가장 강력한 하나의 근거가 되었다. '십계명' 중 다섯 번째 계명은 전체 계명 발전의 핵심으로, 그 내용은 이렇다.

"너의 아버지와 너의 어머니를 공경하라. 그리하면 너의 주인되신 하나님이 네게 주는 땅에서 네 날들이 길리라."

이처럼 사람이 지켜야 할 의무를 최초로 명시한 계명의 내용을 보면, 어머니를 공경하는 의무는 아버지를 공경하는 의무와 마찬가지였다. 이스라엘이 하나의 민족으로 보여준 놀라운 영속성과 지속성은 가정의 행복에서 그 원인을 찾을 수 있다. 이런 건강한 가정생활은 대체로 어떤 다른 고대국가보다 남녀 관계에 대한 이해를 진정으로 할 수 있었기 때문이라는 사실을 확인할 수 있다.

부모에 대한 이러한 공경이 한 민족의 영속성으로 발전한다는 사실은 그 근거도 충분하고, 역사적으로도 확인된다. 조상을 섬기는 국가라면 어느 국가나 조상들의 유지(遺旨)를 받들려고 한다. 다른 면에서 중국의 한계가 드러나고 있다. 하지만 중국이 오랜 세월 동안 건재하며, 강대국들의 흥망성쇠를 지켜볼 수 있었던 것도 조상들을 숭배한 풍습 덕분이다.

마찬가지로, 이스라엘 민족이 여기저기 흩어져 살면서도 힘을 유지할 수 있었던 것은 부모를 공경하는 관습을 오랫동안 지켜왔기 때문이다. 그들의 대다수 아들과 딸들이 '그들의 주(主) 하나님께서 그

들에게 주신 땅에서' 더 이상은 살고 있지 않지만, 그들은 여전히 조상의 믿음과 이상을 놀랍도록 고수하고 있다. 또한 여성에 관한 모세의 율법은 이스라엘 민족이 이토록 훌륭하게 존속해온 데 적잖은 영향을 미쳤다.

딸들도 상속을 받을 수 있었다

율법에서 내세운 여성의 위상 덕분에 히브리 여성들은 그 밖의 다른 셈족이나 동양 민족의 여성들에 비해 상당한 우위에 서게 되었다. 모세의 율법으로 여성이 겪는 불평등이 상당히 완화되고, 이들의 어려움이 해소되기도 하였다. 전쟁 중에 포로로 잡혀간 여성도 억류자들의 변덕에 희생되는 일이 없도록 보호를 받았다.

율법 하에서는 여성의 삶도 남성의 삶과 마찬가지로 소중하였다. 따라서 여성의 생명을 앗아가는 행위는 남성을 살해한 범죄와 마찬가지로 혹독하게 처벌되었다. 특히 임신한 여성의 안녕을 세심히 배려하였다. 그리고 남편을 잃은 여성의 슬픔과 고립에 따른 어려움도 상당 부분 해소해주었다.

이혼은 대개 남자의 뜻에 따라 발생하였지만, 어떤 절차도 없이 부인을 곧바로 집에서 쫓아낼 수는 없었다. 남자는 이 여자가 자신의 아내였다는 사실을 진술한 '이혼 증서'를 부인에게 주어야 하였다.

이런 방식을 통해 여자는 법을 어기며 어떤 남자와 살았다는 의심에서 보호받았다. 종복의 아내들은 일한지 7년이 되면, 남편과 함께 자유롭게 풀려났다. 그러나 주인이 직접 종에게 주었던 아내인 경우에는 예외였다. 이런 경우, 여자와 그녀의 자식은 여전히 주인의 소유였다.

아들뿐만이 아니라 딸들도 상속을 받을 수 있었다. 그러나 왕들의 시대 이전의 초기 시절에는 아들이 없는 경우에만 딸들이 아버지의 재산을 물려받았다. 아버지는 장남의 어머니가 자신의 눈 밖에 났다고 해서, 맏아들을 제쳐두고 다른 아들에게 유산을 물려줄 수는 없었다. 그러나 부정과 부도덕한 행위를 금지하는 법들은 노골적이고 가혹하였다. 어떤 이가 다른 사람의 딸을 겁탈하였다면 그녀와 결혼해야 하는 것은 물론, 그녀의 아버지에게 통상적인 지참금을 지불해야 하였다. 그렇게 하지 않으면 처녀들의 일반적인 결혼 지참금에 해당하는 은화 50셰켈(이스라엘의 통화 단위 - 옮긴이 주)을 벌금으로 내야 하였다.

과부와 아버지 없는 아이들도 잊지 않았다

남편이 아내가 자신에게 정절을 지키지 않는다고 의심하는 경우, 부인은 가혹하지는 않아도 까다로운 시련을 당해야 하였는데, 소위

'질투의 독약 마시기'였다. 아내가 이 관문을 무사히 통과하면 남편에게는 더 이상 그녀를 처벌할 권한이 없었다. 하지만 통과하지 못한 아내는 수모를 당해야 하였다.

남편을 잃었거나 아버지가 없는 자들은 법적으로 특별한 배려를 받았다. 사람들은 흥에 겨운 축제 때나, 땅을 더 늘린 기쁨에 들떠 있어도 남편이 없는 과부들을 잊지 않았다. 상거래를 할 때도 과부들이 부당한 대우를 받지 않도록 조심하였다. 결코 과부들의 의복을 저당 잡지 않았으며, 판관들은 과부들의 권리가 침해되지 않도록 세심하게 살펴야 하였다. 추수 밭에 쓰러져 있는 짚단, 따지 않고 지나간 올리브 나무의 열매들, 그리고 떨어진 포도 열매를 과부들에게서 빼앗을 수 없었다.

과부에 대한 이런 의무감이 얼마나 뿌리 깊었는지는 욥기에 잘 드러나 있다. 알 수 없는 슬픔에 젖어 있는 욥을 찾아 온 친구들은 이 허리 굽은 죄인에게 혹독한 신의 형벌이 가해진 원인을 달리 찾을 수가 없었다. 과부를 홀대하였거나 그녀를 담보로 잡아놓은 것 외에는 말이다. 과부에 대한 관습법의 태도에서 비롯된 영향 가운데 하나가 마카베오서 제2권에 가장 뚜렷하게 나타난다. 이 책에 따르면, 기원전 150년경에는 남편 없는 과부와 아버지 없는 아이들을 구제하기 위해 신전 보관함에 많은 돈을 넣어 두는 것이 관례였다고 한다.

히브리 여성들의 사회적 지위

미리암과 드보라와 같은 여성들은 그들이 살던 시대의 정치적인 움직임에 있어서 무시할 수 없는 존재로 여겨졌다. 일반적으로 여성 예언자들도 마찬가지였다. 위대한 남자 예언자들이 정치에 관여하였듯이, 여자 선지자들 역시 시대가 낳은 정치 문제에서 결코 자유로울 수 없었기 때문이다. 남녀 선지자 모두 여호와의 대변인으로서 선택받은 자로 간주되었다. 이 때문에 훌다는 여호와의 개혁이 요시야 집권기에 실시될 때, 수상이자 왕과 제사장들의 자문관 비슷한 역할을 수행하였다.

여성들이 일반적으로 정치 문제에 깊은 관심이 있었다는 이야기는 사울의 별이 시고 다윗의 별이 수평선 위로 떠오르던 시기에, 다윗의 위업과 마찬가지로 여성들의 상상력에서 기인하였을 수도 있다. 악기를 들고 노래를 부르며, 영웅이자 왕을 맞이하러 나간 건 젊은 여성들이었기 때문이다. 노래의 후렴은 이렇다.

사울은 수천 명을 죽이고,
다윗은 수만 명을 죽였도다.

어서 와,
이런 이야기는 처음이지?

여성들의 힘은 이스라엘 자체를 일반적으로 젊은 여성으로 생각하였던 사실에서도 여실히 드러난다. 예언도 하고, 시도 지었던 선지자들은 대개 시인들로서 이스라엘 백성을 '시온의 딸'로 일컫는 경우가 많았다.

임박한 바빌론 군대의 파멸을 예언하면서 선지자 예레미야는 이렇게 이야기하였다.

"나는 '시온의 딸이 침략자들에게 유린당할 처지에 놓인 아름답고 어린 여성'과 같다고 생각한다."

또한 백성들이 바빌론 유수에서 돌아올 날이 머지않았음을 예언하며 이사야가 외친다.

"속박에서 벗어나라, 아 포로가 된 '시온의 딸'이여!"

태어난 땅에 대한 애정은 남성들뿐 아니라 여성들도 강하였다. 롯의 아내는 호기심 때문에 뒤돌아본 것이 아니라, 그곳에 대한 강한 애착 때문이었다. 그녀는 버려져 불타오르는 집을 안타깝게 뒤돌아보았다. 고향에 쳐들어온 시리아군에 짓밟힌 어린 히브리의 여종은 자신의 새로운 주인 나병환자 나아만에게 고국의 미덕에 대해 언급한다. 그러면서 이스라엘의 선지자, 엘리사를 찾아가야 한다고 말하였다.

그런데도 결혼은 주로 부모의 손에 달려있었다

히브리 여성들의 사회적 지위는 이례적일 정도로 자유롭고 독립적이었다. 비록 딸의 결혼 계획이 주로 아버지와 남자 형제의 손에 달려있었고, 부인들이 남편들을 몹시 공경하였던 것 같지만 말이다. 그러나 여성들의 독립적 행동과 영향력을 보여주는 역사적 사례들은 여성들이 남성과 동등한 사회적 지위와 힘을 지녔다는 사실을 밝혀주고 있다. 또한 이것은 남성의 통제나 지배가 별로 없는 요즘에서나 찾아볼 수 있을 법한 수준이었다.

드보라는 병사들을 이끌지는 않았다고 해도, 그들과 함께 전장에 나가 승리를 쟁취하도록 용기를 북돋았다. 실로의 딸들은 동반자 없이 매년 베냐민의 포도밭에서 열린 축제에 참석해 춤을 추곤 하였다. 여성들은 어떤 보호도 받지 않은 채 어렵고 위험한 임무를 수행하기도 하였다. 또 여성 선지자들이 막강하면서도 결정적인 영향력을 발휘하는 일도 흔하였다.

'왕의 시대'에 히브리인들의 결혼 풍습은 동시대 다른 동양 민족의 풍습과 크게 다르지 않았다. 초기의 결혼 풍습과 다소 달라졌을 뿐이다. 사랑으로 발전하는 결혼도 많이 있기는 하였지만, 대체로 결혼은 충동적인 마음으로 성사되는 일이 아니었다.

장 폴 리히터(독일의 낭만주의 문학가─옮긴이 주)의 표현대로, '자연이 사랑이란 지참금과 함께 신부를 세상에 보냈다면' 이스라엘에 행

복한 부부가 많다는 사실에 대한 설명이 되어줄 것이다. 그런데도 결혼은 주로 부모의 손에 달려있었다. 딸은 성년이 되기 전까지 아버지의 소유였다. 성년이 지났을 때는 딸이 동의한 경우가 아니면 정혼이 성사되지 않았다. 히브리인들에게 정혼은 깨뜨릴 수 없는 성격의 계약이었고, 이혼을 해야만 무효가 되었다. 초기 시대에는 그렇지 않았지만, 후기 히브리 역사를 보면 양측의 상호 동의를 진술한 정혼 증서가 남아있다.

이후 역시 문서로 작성된 혼인 계약서가 등장하였다. 처녀를 데려오기 위해 지불되는 액수는 2백 데나르(주로 중동 지역에서 사용하는 화폐 단위 - 옮긴이 주)에 달하였다. 이는 과부의 절반에 해당하는 금액이었다. 한편, 신부 아버지는 자기 능력에 따라 딸의 결혼 지참금을 마련해야 하였으며, 부모 없는 처녀의 지참금은 지역 사회에서 마련해 주었다.

세 번째 발자국
이스라엘 여성의 결혼식

결혼식은 신부를 친정집에서 신랑 집으로 데려오는 행사로 구성되었다. 예식은 축제와 축하로 가득하였다. 처녀의 결혼식은 통상 수요일 저녁에 열렸으며, 과부의 결혼식은 목요일에 열렸다. 축하객들을 칭하는 '신부실의 아이들'은 결혼식 연회에 참석해 즐거운 시간을 보냈다. 결혼식에서 연회는 빠지지 않고 열렸으며 며칠이나 이어졌다. 신부 집에서 신랑 집에 이르는 길에 행렬이 지나가면 길가에 있던 사람들도 함께 축하하며 즐겼다.

옥수수 알갱이, 견과, 등 여러 먹을거리가 색종이 가루처럼 신혼부부에게 기분 좋게 뿌려졌나. 이세 결혼 전의 삶은 사라지고, 신부가 새로운 영역으로 들어간다는 뜻으로 휘멘(그리스 신화에 나오는 혼인의 신 – 옮긴이 주)의 제단에서 유리잔을 깨던 풍습이 오늘날까지 유대인들에게 전해지고 있다.

대다수 고대 민족 가운데 히브리인들이 결혼한 여성들의 권리를 가장 잘 보호한 것으로 보인다. 부인의 재산은 주로 남편들이 관리하였지만, 지참금은 그게 돈이든 땅이든 보석이든 상관없이 아내의 소유로 여겼다. 남편은 아내를 그녀 조상들의 땅에서 억지로 제외시킬 수는 없

었다. 따라서 여러 면에서 여성 개인의 권리가 보호되었다.

이와는 달리, 그리스 여성들의 열등한 위치는 그 대단하였던 나라가 쇠락의 길을 걷게 되었던 한 가지 원인이었다. 로마에서 느낄 수 있는 여성들에 대한 모독은 로마 권력의 하락을 부채질하였다. 그러나 히브리의 아내와 미망인들을 보호하던 문화는 이스라엘의 생존을 뒷받침하는 거대한 원동력이 되었다. 여성에 대한 그리스인의 태도는 다음과 같은 속담에 그대로 반영되어 있는 것 같다.

"입에 오르내리지 않는 여성이 가장 많은 찬사를 받는다."

로마의 쇠퇴기에는 사교나 공적인 모임에서 눈에 잘 띄는 여성들을 천박하다고 여겼다. 이와는 반대로, 히브리의 잠언 속 현자는 남편이 극구 칭찬하는 여성을 가리켜 덕망 있는 여성이라 부르고 있다.

에델샤임(오스트리아의 성경 학자 - 옮긴이 주)은 지혜문서(구약성서의 욥기, 잠언, 전도서 등을 가리킴 - 옮긴이 주)에서 발견되는 여성에 관한 두 개의 성경 구절 속에 '찾다(find)'라는 단어들이 보이는 약간의 차이에서 어떤 풍습을 암시하고 있다는 데 주목한다. 첫 구절은 이렇다.

"아내를 얻는(find) 자는 복을 얻는다(find)."(잠언 18장 22절)

두 번째 구절은 또 이렇다.

"마음이 올무와 그물 같은 여인은 죽음보다 더 쓰다는 사실을 내가 알았도다(find)."

그래서 갓 결혼한 남자에게 "착한 여자 얻었어? 아니면 죽음보다 더 쓴 여자 얻었어?"라고 묻는 풍습이 생겼다.

"남자는 성이나 궁전을 세울 수 있지만, 불쌍한 존재다!"

결혼 대상자를 자기 부족으로 제한하는 이스라엘의 관습은 계속되었다. 상속법은 이런 풍습에 힘을 더하였다. 따라서 아주 가까운 친척들이 가장 먼저 결혼 상대로 꼽혔다. 야곱은 두 명의 사촌과 결혼하였다. 아브라함과 사라, 이삭과 리브가의 결혼도 이와 비슷하였다. 남편들은 특별한 상황에 처한 경우, 아내를 자기 '누이'라고 주장하였으며, 아내도 마찬가지였다.

그러나 엄밀한 의미에서 여자 형제라는 말은 아니었다. 가부장적 형태의 사회에서는 같은 집안이나 씨족에 속한 사람은 모두 형제와 누이였기 때문이다. 부모가 같은 형제와 누이는 결혼하지 않았던 것 같지만, 이복형제와 누이, 특히 어머니가 다른 경우의 결혼은 전적으로 부적절하게 여겨지지는 않았던 것 같다.

암논과 다말의 일화는 이런 점을 명확히 밝히고 있다. 뿐만 아니라, 부모가 같은 친형제자매는 형제가 누이를 보호한다는 점에서, 이복형제자매 간의 관계와는 상당히 달랐다는 사실을 보여준다.

다윗의 아들 암논은 이복누이인 다윗의 딸 다말에게 첫눈에 반하고 만다. 그래서 음흉한 계획을 세워 아름다운 처녀 다말을 자기 방으로 오게 한다. 다말의 오빠이자 암논의 이복형제인 압살롬은 누이가 그렇게 겁탈 당하였다는 소식을 듣고는 이복형제를 죽여 그녀의

어서 와,
이런 이야기는 처음이지?

명예를 회복하겠다고 맹세한다. 그리곤 양털 깎는 곳으로 왕자들을 초청하여, 그 잔치에서 암논을 죽였다.

이스라엘은 물론 다른 모든 지역에도, 프란시스 파워 콥(아일랜드 저술가 - 옮긴이 주)의 다음과 같은 말은 적용된다.

"남자는 성이나 궁전을 세울 수 있지만, 불쌍한 존재이다! 솔로몬처럼 현명하고 크로이소스처럼 부유해도 성이나 궁전을 가정으로 만들지는 못한다. 어떤 남자도 불가능하다. 여성, 오직 여성만이, 하여야 하고, 혹은 그렇게 원하면 어느 누구의 도움 없이 혼자 힘으로 집을 가정으로 변모시킬 수 있다."

이스라엘의 독특한 가정 문화도 주로 히브리의 아내와 어머니 때문이었다. 그러나 아들이 없을 때 가정을 지키는 일이 여성의 의무였다거나, 그런 일을 선호하였던 것 같지는 않다.

네 번째 발자국
히브리의 어머니들

아이들의 탄생은 언제나 경사로 여겨졌다. 히브리 여성들은 대체로 활동적이고 강하였으며, 생활 방식은 자유로웠다. 여성이 출산 중 사망한 경우는 성서에 단 두 번 등장한다. 한 번은 라헬의 죽음으로, 그녀는 남편과 더불어 가족과 고된 여행을 하던 중에 베냐민을 낳다 사망하였다. 또 다른 경우는 피니어스의 아내다. 그녀는 출산 중에 비보를 접하였다. 블레셋인들이 이스라엘에 승리를 거두어 여호와의 궤를 빼앗기고, 친정아버지 엘리와 남편이 전사하였다는 소식을 들었던 것이다. 이에 그녀는, '영광이 이스라엘에서 떠났다'는 의미로 아이의 이름을 이가봇이라 지었다.

히브리 어머니들은 자식 이름을 지을 때 고차원적인 시적 상상력을 동원하였던 것 같기도 하다. 이런 점에서 히브리 언어는 유용하였다. 그리고 이에 관해 누군가는 다음과 같이 언급하였다.

"단어 하나하나가 하나의 그림이다."

가젤의 반짝이는 눈망울과 우아한 자태는 다비다의 딸의 이름을 연상시켰다. 그녀의 이름 도르가는 그리스어로 영양이란 말이었다. 십보라는 작은 새라는 뜻이었고, 드보라는 분주히 일하는 벌, 에스더는 별, 다말은 종려나무, 씰라는 그늘, 사라는 여왕, 그두라는 유향, 하닷사는

어서 와,
이런 이야기는 처음이지?

도금양(상록 관목 – 옮긴이 주)이었다.

따라서 모습이 약간 닮았다거나, 자녀를 출산할 때나, 어떤 사실 혹은 후에 일어날 사건으로 어머니에게 떠오른 시적 연상에 따라 어린 자식의 이름이 정해졌다. 이름 하나에 어떤 비극이나, 어머니의 슬픈 인생사가 담기는 경우도 빈번하였다.

야곱이 총애한 아내 라헬은 생명을 위협하는 산고 속에 둘째 아들을 낳았다. 그러자 옆을 지키고 있던 여인이 둘째 아들의 탄생은 그녀를 축복하기 위한 것이라며 라헬을 위로하였다. 그때 라헬이 마지막 숨을 희미하게 내쉬며 이렇게 답하였다.

"그의 이름을 베노니(내 슬픔의 아들)라 부르라."

그러나 이런 식으로 아내의 고통을 영원히 기억하고 싶지 않았던 남편은 아들을 베냐민(내 오른손의 아들)으로 불렀다.

한편, 남편과 아들들을 잃고 과부가 된 나오미의 이름에 얽힌 이야기는 이렇다. 그녀는 오랜 타지 생활과 슬픔을 접고, 고향 베들레헴으로 돌아가는데, 그녀를 맞이하러 나온 여자들이 물었다.

"당신이 나오미입니까?"

그녀가 그들에게 답하였다.

"나를 나오미(기쁨)라 부르지 말고, 마라(괴로움)라고 부르라. 전능하신 신께서 나를 가혹하게 대하셨기 때문이다."

아이의 교육은 증조모에게서 시작해야 한다

히브리 사람들은 이렇게 남자든 여자든 태어날 때 이름이 붙여질 뿐만 아니라, 위기의 순간이나 인생에서 특이한 경험을 겪은 후 이름이 바뀌게 되는 경우도 많았다. 그러나 아들의 이름은 대체로 어떻게든 하나님과 연관해서 짓는 것을 선호하였다.

한나가 아들의 이름을 사무엘('하나님께서 들으셨도다'라는 의미)로 짓고, 야곱(대신하는 자)의 이름이 이스라엘(하나님의 황태자)로 바뀐 경우들이 그렇다. 여성들은 이름이 '엘(el, 하나님)'이나 '아자(ajah, 여호와)'로 끝나는 경우가 극히 드물었고, 시적 연상이나 출생의 사연을 담은 이름으로 불렸다.

히브리 어머니들은 자식을 양육하는 데 있어서, 자신이 다한 소임보다 더 낳은 칭송을 걸고 누리시 못하였다. 유대교 율법이 히브리 젊은이들을 교육하는 책임을 아버지에게 부여하고는 있었다. 하지만 사실상 더 많은 책임이 어머니에게 주어졌다. 히브리 아이의 경우 다른 모든 국가와 마찬가지로, 아이의 교육이 어디에서 시작되는지를 정확하게 말하기란 불가능하다. "아이를 제대로 된 방식대로 가르치려면, 증조모에서 시작해야 한다"는 유명한 잠언은 이스라엘인들에게는 특별한 의미가 있다. 유대의 여성들은 자녀 교육에 있어서는 존경스런 위치에 있었다.

아이는 걷거나 말을 떼기 전부터, 어머니 품에 안긴 채 어떤 광경을 지켜보는 데 익숙하다. 아이들은 어머니가 집안의 이 방, 저 방을 지나다 걸음을 멈추고, 문설주에 붙은 '메주자[5]'를 만지며, 그곳에 새겨진 성스런 율법 구절을 어루만졌던 손에 입을 맞추는 모습을 자주 보곤 하였다. 그래서 그런지 어린아이도 자연스레 작은 손을 내밀어 문설주에 부착된 성스런 통의 구멍을 만지고는, 그 손을 작은 입술에 대고 입 맞추는 방법을 수월하게 익힌다.

다섯 번째 발자국
이스라엘 어머니의 모정

이제 히브리 선조들의 법에 담긴 최초의 교훈을 살펴보자. 아득히 먼 옛날, 어머니는 자신의 아기를 신전에 가져다 제물로 바쳤다. 특히 맏이의 탄생이 중요하였다. 맏아들은 짐승과 가축무리의 첫 새끼와, 땅에 열리는 첫 과실과 마찬가지로 여호와의 소유였기 때문이다. 이렇게 처음 얻은 것들은 여호와의 제단에 제물로 바쳐야 하였다. 그러나 다행스럽게도 첫 아들 대신 양을 제물로 바쳐도 구원될 수 있었다.

가난한 어머니는 첫 아들 대신 멧비둘기 한 쌍이나 어린 비둘기 두 마리를 제난에 바쳤다. 이런 식으로 아들을 제물로 바쳤던 젊은 어머니는 아기를 다시 가슴에 품을 수 있었다. 제물을 바치던 시대부터 어머니들은 계속해서 어린 이스라엘인들의 삶을 형성하는 데 지대한 기여를 하였다. 성서 역시 아이들의 교육에서 중요한 역할을 하였다. 그러나 랍비들은 여성이 난해한 율법을 제대로 파악한다고는 결코 생각하지 않았다.

랍비 사이에서는 "여성들은 심성이 가볍다"란 말이 회자되었다. 틀림없이 적절한 언급이었을 것이다. 랍비식 구비설화의 상당 부분이 형언할 수 없을 정도로 무거운 내용인 것은 분명한 사실이기 때문이

다. 하지만 성서와 랍비의 교리에도 조예가 깊은 여성들이 적지 않았다. 유대교 회당은 여성에게도 개방되어 있었으며, 그곳에서 여성들은 남자들과 칸막이로 분리된 자리에 앉았다.

여성들은 대규모 축제에도 참석하여 풍습, 전통, 교리와 관련된 많은 것을 익혔으며, 조상의 종교를 배울 수 있는 기회를 얻기도 하였다. 기독교 사도 바울은 자신의 어린 친구 디모데가 어렸을 때부터 어머니 유니게와, 할머니 로이스로부터 성서를 배워 알고 있었다는 사실에 크게 기뻐하였다. 수준 높은 어머니들의 전형적인 모습이었다. 부유한 가정에서는 성서 전체를 베낀 사본을 두고 있었다. 하지만 대다수 가정에서도 성서의 일부를 담은 두루마리가 적어도 한 개 이상은 있었다.

이스라엘 어머니보다 모정이 더 강한 지역은 어디에도 없었다. 리스바의 정신이 그들 대다수의 정신을 반영하였다. 다윗이 왕권을 잡은 이후 들이닥친 기근으로, 사울과 리스바의 아들 둘을 포함한 일곱 명이 죽음을 당하는 일이 벌어졌다. 이들의 시신이 내걸리자, 리스바는 베옷을 가져다 근처 돌에 깔아놓았다. 그리고 첫 보리 수확이 시작됐을 때부터 하늘에서 비가 쏟아질 때까지 낮에는 새들로부터, 밤에는 들짐승들로부터 시체가 훼손되지 않도록 지켰다.

동양의 여성들이 치러야 하는 일종의 형벌

오늘날 팔레스타인 히브리인들의 가정생활에는 2천 년 전의 생활 모습이 상당 부분 뚜렷하게 남아있다. 그러므로 현재의 예루살렘의 가정생활과 관련된 일부 사실들을 살펴보면, 과거의 가정생활에 대해 많은 것을 알게 될 것이다. 예루살렘 토박이 가정의 90퍼센트가 검소하고, 변변치 않고, 불편하며 빈곤하게 보일런지도 모른다.

이곳 사람들은 오랫동안 집안에서 절약의 미덕을 배워왔다. 아버지, 어머니, 그리고 유대 가정에서 흔한 많은 자식들은 두세 개 방에서 오붓하게 함께 생활하는 것을 불편하게 여기지 않는다. 이렇게 하면 요리, 식사, 잠자는 공간뿐 아니라, 가사 일을 하는 공간이 넓어진다. 그리고 동양의 특정으로 유명한 손님 접대가 가능해지기 때문이다.

아무 때나 별일 없이 들려도 하인이 없는 경우에는 여주인이 직접 포도주나 커피 한잔을 내올 것이다. 손님이 방문 이유를 말하기도 전에 말이다. 너무 가난해서 손님에게 식사를 대접할 형편이 아닌 집안도 마찬가지다. 이때, 여주인이 뭔가 애써 준비한다는 것을 알고도 대접받기를 거절하면 심하게 결례를 범하는 것이다.

가사 일을 가장 많이 하는 사람은 물론 아내이자 어머니다. 오늘날 팔레스타인 여성의 지위가 유대 가족 사이에서조차 이스라엘의 독립과 힘을 보였던 시절만큼 높은 것 같지는 않다. 아버지가 집안의

가장으로서 많은 공경을 받는 것과 달리, 어머니는 자식의 노예에 지나지 않는 경우도 허다하다.

특히 아들들에게서 예전에는 의문의 여지없이 당연하다고 여겼던 어머니에 대한 공경이 사라졌다. 딸들은 태어나면서부터 남자 형제보다 열등한 존재로 여겨지고 그렇게 취급당한다. 동양의 모든 여성은 이런 열등한 대접을, 하늘이 그들을 남자가 아닌 여자로 만들었기 때문에 치러야 하는 일종의 형벌이라 여기며 참으로 잘 견뎌온 듯하다. 젊은 여성들의 결혼은 결코 그들의 손에 달려있지 않다. 어떤 평가도, 의문도 없이 자신에게 마련된 중매결혼을 순순히 받아들여야 한다. 그리고 남편이 모든 일에서 자신의 상전이라 생각한다.

요즘의 팔레스타인 여성에 대한 교육도 어떻게 할 수 없을 정도로 방치되어 있다. 하지만 영국과 미국에서 온 교사들이 부족함을 메우거나 무관심을 일깨우려는 노력을 기울이고 있다. 여성들이 격조 있고 세련된 일들을 경험할 가능성이 거의 없는 탓에, 가정생활과 집안일이 재미없고 불행하다고 느껴도 그리 놀랄 일은 아니다.

유대 처녀들은 열 살이나 열두 살의 어린 나이에 부인이 되기도 하고, 열네 살에 결혼하는 경우도 많다. 따라서 가정생활이 종종 불행해지기도 하고 이혼도 흔하다. 이렇게 이른 나이에 결혼을 하면, 흔히 육체적이고, 정신적이며, 도덕적인 고통으로 이어지곤 한다. 결혼을 하면 사교 모임이 주는 즐거움과도 단절되어, 결혼을 앞둔 어린 유대 처녀는 생기를 잃는다. 그리고 결혼 후에는 암울하게 변해버린

생활에서 빠져나올 수가 없는 것이다.

행복한 결혼이 전혀 없다는 말은 아니다. 그러나 안타깝게도 오늘날 팔레스타인의 유대인들 사이에서 이혼은 흔한 일이 되었다. 남편에게는 아주 사소한 일로도 자신을 아내에게 묶어 놓은 계약을 깨뜨릴 수 있는 거의 무한대의 힘이 있기 때문이다. 물론 랍비들에게 그런 관계의 파경을 인정받아야 하고, 30피아스터(중동 국가의 화폐 단위 – 옮긴이 주)의 대가를 지불해야 하기도 한다. 이런 풍습은 리브가와 라헬이 숭배하던 나라에서 살아가는 지금의 유대 여성들에게 참으로 불행한 영향을 미치고 있다.

히브리 여성들이 하는 일은 수없이 많았다

고대 이스라엘의 가정생활은 특이할 정도로 감미롭고 순수하고 일이 많았다. 가족은 사회적 단위인 동시에 종교적 단위였다. 집안에서 게으름은 죄악으로 간주되었다. 모든 아이는 정신을 수련하는 것은 물론 기술도 부지런히 익혔다.

여성들이 하는 일은 수없이 많았고 다양하였다. 동양 어디서나 자수를 놓는 것은 예전이나 지금이나 여성들이 해야 할 상당히 중요한 일로 여겨진다. 어머니들은 아주 어린 나이의 딸들에게도 자수를 가르쳤기 때문에 솜씨가 빼어난 경우도 많았다. 가난한 여성일수록 결

혼 지참금을 제 손으로 마련하기 위해 자수를 한다. 또한 결혼을 해서도 칩거 생활을 하는 하렘의 아내들은 언제나 여가 시간을 즐기는 취미로 자수 등의 바느질을 생각하였다.

가죽, 점토, 금속을 다루는 일은 남성들이 맡았던 반면에, 히브리 여성들은 주로 음식을 만들고 옷을 지었다. 게다가 농사일도 돕고 원시적인 돌절구와 절굿공이로 곡식을 빻기도 하며 빵도 구웠다. 시리아와 이집트에 아직도 남아 있는 방추를 이용하여 실도 뽑고 베도 짰다는데, 이집트에서는 기술이 필요한 이런 수공예 일은 남녀가 함께하였다. 그리스인들과 마찬가지로 히브리인들에게도 클로토(생명의 실을 잣는 운명의 여신 - 옮긴이 주)는 여성이었다.

잠언에서 이상적으로 묘사하고 있는 덕이 있는 여성은 이렇다. 좋은 양털과 아마로 기꺼이 물레 일을 하면, 실패와 방추는 그녀의 손가락을 따라 날아다닌다. 그렇게 하면 식구들은 전부 진홍색 옷을 두 겹으로 입을 수 있었다. 고운 아마도 집에서 만들었으며, 화려한 허리띠는 상선(商船)으로 보냈다. 이뿐만이 아니다. 여성들은 들판과 포도밭을 탈바꿈시켜 수익이 나게 하고, 멀리서 음식을 들여온다. 따라서 히브리 여성은 양을 치든, 이삭을 줍든, 음식이나 천을 만들든 같은 여성들 사이에서 존경을 받는 게 당연하였다.

여성들이 특별히 즐겨하였던 오락은 음악과 춤이었다. 이런 오락거리에는 종교적 성격이 들어있거나, 최소한 조금은 종교적 색채를 띠고 있었다. 여성들은 남성들이 있는 연회에서는 대체로 앉아있기보다는 비스듬히 누워있었다. 춤과 노래는 여성들끼리 하는 게 일반적이었고, 춤을 추는 상대는 평소 모르던 남성이었다. 이때 악기를 동원해 노래하는 경우가 많았는데, 탬버린이나 소고 같은 것을 가장 선호하였다.

이스라엘 여성들의 종교적 위상

여성들은 장례 풍습에서도 중요한 역할을 담당하였다. 장례식의 일부로 서럽게 울부짖으며 거리를 오르내리도록 여자 문상객을 고용하기도 하였다. 선지자 나훔은 니네베(아시리아의 마지막 수도-옮긴이 주)의 멸망을 통곡하는 모습에 비유해 예언하기도 한다.

"그녀의 하녀들이 비둘기 소리처럼 제 가슴들을 치며 그녀를 이끌 것이다."

여성들의 종교적 위상은 이스라엘 역사상 가장 중요한 사실 가운데 하나다. 아버지가 집안의 제사장이었던 가부장 시대를 벗어나 보다 복잡한 시대로 접어들자, 여성들이 종속적인 위치에 처하게 된 것은 놀랄 바가 아니다. 게다가 히브리인들은 종교적 과오를 범하였던 시대를 제외하고는 어떤 여신도 숭배하지 않았다. 그러나 이스라엘 여성들은 그들의 신 여호와께 제물을 바치고 기도를 올리며 예배의식을 행하는 일에 참여하는 경우가 많은 듯하다.

연례 축제에는 남성들만 참가하게 되어 있었다. 하지만 여성들도 많이 참가하였다는 기록이 있다. 히브리식 예배에 대한 설명을 보면 여성들의 참석을 추정할 수 있다. 그러나 매년 예루살렘을 방문하는 종교 순례는 여성들이 반드시 수행해야 할 의무는 아니었다.

신전에는 여성들이 예배를 드리는 별도의 공간이 있었으며, 남성들이 사용하는 공간보다 성단 내부에서 더 멀리 떨어져 있었다. 제물로 만든 음식을 함께 먹을 수는 있었지만, 속죄를 위한 제물은 남성들만 먹을 수 있었다. 성소(聖所)의 공식적인 의무는 남성들이 수행하였지만, 성소 구역의 하찮은 일들은 '여자 수종들'이 도맡아하였다.

신전의식이 복잡해지자 여성들은 신전 합창단에 속해 노래를 부르기도 하고, 음악 연주를 돕거나 하였다. 국가적인 대규모 축제가 열릴 때에는 노래도 하고 춤도 추었다. 히브리 사람들이 신의 계시를 '딸의 목소리'라고 한 것도 그런 점을 어느 정도 암시하는 것이다.

이스라엘에서 종교적 비밀주의가 일반화되고, 그때까지 여호와만을 경배하던 사람들이 분열하기 시작하였다. 다른 신이나 심지어는 여신을 숭배하기 시작하는 시대가 된 것이다. 그러자 여성들이 우상 숭배 의식에서 두각을 나타냈다. 페니키아의 여신 아스다롯을 섬겼던 이세벨은 바알을 숭배하던 성직자들과 꼭두각시들의 수호자였다. 뿐만 아니라, 선지자들을 파멸시켜 여호와 숭배를 와해시키려고도 하였다. 남부 유다왕국 아사왕의 어머니 마아가는 아시리아의 여신 아스타르테를 숭배하였다. 바빌론의 최고 여신 이슈타르의 숭배는 선지자 예레미야가 있던 예루살렘에서 유행처럼 번졌다.

예레미야에 따르면, 히브리 여성들이 달의 여신인 '하늘의 여왕'

이슈타르를 경배하기 위해 밀가루를 반죽하여 은빛 달 모양으로 빵을 구웠다고 한다. 또는 혹자의 주장처럼 수성(水星)을 숭배하는 행위일 수도 있다. 아라비아에서 수성의 여신 알루자에게 바치는 제물과 비슷한 제물을 바쳤기 때문이다. 아테네 사람들 역시 달의 여신 아르테미스에 대한 경의의 표시로, 보름달 모양의 빵을 제물로 바쳤다고 한다.

신탁을 받는 여성들

예루살렘이 최후로 몰락하기 이전, 바빌론 유수기 동안 선지자 에스겔은 예루살렘의 여성들이 지하 세계로 가게 됐던 바빌론의 아도니스격인 탐무즈를 숭배한다고 힐책한다.

"저기 앉아 있는 여자들이 이슈타르의 죽은 남편 탐무즈를 그리며 울부짖는구나."

이스라엘인들은 여성을 숭배한 적이 없었다. 튜턴 부족에서는 경외에 가까운 여성 숭배 현상이 뚜렷하였으며, 이러한 숭배로 여성은 자연을 매개하는 신탁의 역할을 하게 되었다. 이스라엘은 물론 세계 어디서나 여성들의 본능과 직관은 남자들에 의해 발견되었다.

그러나 신탁을 받는 여성들은 따로 떨어져 고립된 생활을 하는 특별한 인물들이었다. 다만, 마녀들은 엄하게 금지되었다. 이스라엘에서 정신적 영향력과 지도력이 가장 높았던 사람은 선지자였다. 선지자는 이교도 사이에서 신탁에 해당하는 높디 높은 계시를 받는 자리이기도 하였지만, 무엇보다 하나님의 대변인으로 여겨졌기 때문이다.

이런 존엄하고 막강한 지위를 여성도 차지할 수 있었을까? 이스라엘 문헌에서 이런 지위를 차지하였다고 언급되는 첫 번째 여성은 선지자 미리암이다. 군주제가 실시되기 이전의 정치적 혼란기에는 여선지자 드보라가 일어났다. 요시야 왕이 도입한 개혁을 주도하였던 인물은 여선지자 훌다였다.

이 시기에는 여호와의 숭배가 정화되었고, 신전도 보수되었으며, 모세 율법을 지키려는 태도도 회복되었다. 종교의 쇠퇴기에는 남자들이 가짜 선지자 노릇을 하였던 것처럼 노아댜 같은 가짜 여선지자들도 등장하였다. 노아댜는 느헤미아의 개혁을 방해하고 그의 생명을 노리기도 하였다. 초기 시절에는 선지자의 가면을 쓴 여성, 즉 마녀나 여주술사가 팔레스타인 땅에 널리 알려지기도 하였다.

사울 왕 자신도 신분을 숨기고 엔돌의 마녀에게 자문을 구하기도 하였지만, 그런 여성들에 대한 법의 처벌은 매우 혹독하였다. 성서는 이렇게 적고 있다.

"마녀를 살려두어서는 안 된다."

이 말은 1백여 년 전 뉴잉글랜드에서 마녀를 화형에 처하는 것을 허용하는 근거로 여겨졌다.

일곱 번째 발자국

다윗 왕과 솔로몬 왕의 아내들

왕들의 시대를 살던 여성들에 대한 기록을 살펴보면, 이스라엘을 처음으로 정치적으로 안정시켰던 다윗의 시대를 주목하지 않을 수 없다. "위대한 인물이 항상 현명한 것만은 아니다"라는 유명한 속담은 다윗 왕의 결혼에 얽힌 일화 속에 훌륭하게 반영되어 있다.

다윗은 결혼을 여러 번 하였다. 그런데 다윗의 아내들 중 주목할 만한 네 명의 아내가 있다. 우선 다윗이 젊었을 때 사랑하였던 아내이자 사울의 딸이기도 한 미갈이다. 다음은 남성들의 감탄을 자아내는 아내 아비가일이며, 세 번째는 욕정의 아내 바셋바, 그리고 마지막으로는 반역자 압살롬을 낳았다는 이유로 '고령의 슬픔'으로 불리는 아내, 마아가가 있다.

갑자기 등장한 젊은 다윗은 왕보다 더한 예우를 받던 가드의 골리앗을 죽이는 출중한 기량을 선보이며, 얼떨결에 백성들이 부여한 위험한 지위를 거머쥐었다. 젊은 공주 미갈도 신선하고 젊은 영웅을 향한 열정을 숨기지 못하였다. 그러나 사울 왕은 다윗이 살아 돌아오지 못할 것으로 예상하였다. 그래서 미갈을 차지하려면 블레셋인 1백 명을 죽이고 오라는 명을 내린다. 그러나 젊은 다윗은 2백 명을 죽이고 신부를 차지하였다.

아버지가 젊은 다윗의 목숨을 노린 음모를 꾀하는 동안, 미갈은 한 발 먼저 그를 구하려는 계획을 세우고 있었다. 그녀는 아버지가 자신의 남편이자 연인을 죽이라는 명령을 내렸다는 소식을 전해들었다. 이에 미갈은, 이불 속에 다윗의 인형을 숨겨 놓고 그를 창문으로 도망치게 하였다. 미갈은 다윗을 사울 왕에게 끌고 가려고 온 부하들에게 그가 아프다는 핑계를 둘러댈 만큼 현명하였다고 한다. 아버지와 남편 중 한 명을 선택해야 하였던 미갈은 결국 남편을 선택하였다. 그녀는 다윗이 사울왕과 전쟁을 벌이는 동안 그와 오래도록 떨어져 있기도 하였다. 하지만 마침내 왕위에 오른 다윗은 자신의 첫사랑 미갈을 되찾았고, 미갈은 다시 다윗의 아내가 되었다.

그러나 이스라엘에는 정조와 헌신의 여성뿐 아니라, 불륜으로 유명한 여성들도 있었다. 나발의 아내 아비가일이 다윗의 아내가 된 사연은 독특하다. 아비가일은 우아하고 재치 있는 여성적 성격이었다. 여기에다가 처세술과 용기가 더해져 남자의 마음을 흔들어 놓는 매력적인 여성이었다. 이 이야기에는 이러한 여성의 힘을 유쾌하게 그리고 있다. 또 아비가일 이야기는 히브리 땅에서 여성의 자립성에 대해 기록하고 있는 훌륭한 사례들 중 하나다.

어서 와,
이런 이야기는 처음이지?

700명의 아내를 둔 솔로몬의 외교혼

바셋바와 다윗과의 결혼은 이미 널리 알려진 이야기다. 다윗 왕은 바셋바의 아름다운 자태를 보고 사랑에 빠졌다. 다윗 왕은 바셋바의 남편의 생명을 노리고 그를 전투의 최전선에서 싸우게 하였다. 결국 그녀의 남편이 전투에서 목숨을 잃자, 바셋바를 데려다 아내로 삼았다. 마아가는 자기 아버지의 가슴에 못을 박게 될 아들의 어머니가 되었다. 바셋바에게 결혼을 안겼던 사악함은 모든 문헌을 망라해 참회의 괴로움을 가장 고통스럽게 표현하는 원인이 되기도 하였다.

시편 51편의 도입부에 담겨있는 고대의 전통을 보면, 심장을 에이는 듯한 슬픔을 노래한 이 시편의 사연을 알 수 있다. 바로 선지자 나단이 다윗 왕에게 히타이트인 우리아에게 지은 죄로 치르게 될 끔찍한 죗값을 예언하였을 때 기록되었다는 사실이다.

외교를 위한 결혼도 이스라엘의 고대 공동체에서는 드문 일은 아니었다. 모세의 율법에 외교혼을 명시하고 있지는 않았다. 그러나 실제로는 천재적인 모세 율법과 이에 기초하여 바람직하게 제정된 법률 모두 외교혼을 분명하게 금지하고 있다. 하지만 나라의 평화를 보장하기 위해 외교상의 정략결혼을 허가하였던 유력한 인물은, 다름 아닌 솔로몬 왕이었던 것으로 전해진다.

동양뿐 아니라 유럽 국가들을 망라한 국가들도 딸들을 교환하여 정치적 우의를 공고히 하였다. 이것은 고대의 전통을 악용하는 사례로 언급되기도 한다. 텔 엘 아마르나(이집트 지방에 있던 고대 도시 아케타톤의 폐허와 무덤 유적지 - 옮긴이 주)의 유적에는 동양의 왕들이 주고받았던 외교 문서가 수없이 들어있다. 이 문서에는 친선을 조인하는 방식으로 딸들을 형제 군주에게 아내로 바치는 사안을 논하였던 내용이 있었다.

외교혼은 히브리법으로 금지되어 있었다. 또한 선지자들도 이 외교혼을 비난하며 종교를 빌어 금지시켰다. 하지만 거의 보편적 풍습이 되어버린 외교혼은 이스라엘에서 드물지 않게 찾아볼 수 있다. 그러나 이스라엘 왕국의 초대 왕 사울이 여러 부족을 결합하여 안정되고 인정받는 하나의 국가를 이룩하였던 인물로는 평가되지 않는 것 같다.

반면, 사울의 후계자요, 전사였던 다윗의 성공은 외교적 수완보다는 군사력에서 나왔다. 이스라엘의 제3대 왕, 솔로몬은 아버지의 뛰어난 손으로 이룩된 국가를 물려받았다. 히브리 국가는 당시 동시대 민족들에게 대국으로 인정받지 못하였다. 강력하고 평화를 수호하는 국가로 인정받게 된 것은 팔레스타인 지역에서의 통치 기간이었다.

'솔로몬의 지혜' 뒤에 숨겨진 하렘의 건설자

　평화를 사랑하였던 솔로몬은 전쟁보다는 외교술을 발휘하여 왕위를 장악하고 왕권을 강화하였다. 이런 외교술에는 현명한 처세로 수없이 결혼하는 방법도 포함되었다. 그 유명한 하렘을 팔레스타인에 도입한 장본인이 바로 솔로몬이다. 솔로몬 왕에게 살아있는 아내가 7백 명에 달하였다는 이야기는 백성들이 '다른 모든 나라처럼' 왕이 있었으면 좋겠다는 기도에 대한 대답이었다는 걸 보여준다. 여기에 바로 일부 선지자들의 생각처럼, 이후 이스라엘의 파멸과 궁극적으로 실패한 왕국으로 이어진 시작점이 있었다.

　백성들에게 여호와는 그들을 하나로 묶는 이유였다. 또한 국가의 완전성과 같은 민족으로서의 그들의 존재를 유지하기 위한 위대한 힘이었다. 그런데 솔로몬 왕이 왕궁으로 외국의 아내를 타국의 신들과 함께 불러들여, 장차 그들의 왕이 될 인물의 어머니로 허락한 것은 본질적으로 왕국의 종교를 더럽히는 일이었다. 또 여호와께 보호막이 되어야 할 그의 집에서 예배하는 의식을 훼손하는 일이기도 하였다.

　솔로몬 왕의 재위기간에는 이론상의 지혜와 실질적 어리석음, 개인생활과 공적인 행동 사이에서 생긴 이상한 모순이 수없이 발견된다. 고대의 어떤 사람도 솔로몬보다 여성을 더 잘 이해하고, 그들에 관해 현명한 말을 남긴 사람은 없을 것 같다. 한 아이를 두고 서로 자신의 아이라는 주장을 펼쳤던 두 어머니의 사건을 명쾌하게 처리하고, 난해한 시바 여왕의 질문에 현명하게 답할 수 있었던 솔로몬의 지혜는 지금도 유명하다. 그러나 솔로몬은 자기 집안을 다스리는 데 필요한 지혜는 모자랐던 모양이다. 결국 그 탓에, 이후 커다란 고통에 이어 파멸을 불러왔던 불화와 파국의 씨앗을 뿌리고 말았기 때문이다.

 Oriental Women

Part 4
고인 물은 썩는다네

첫 번째 발자국

나쁜 여자, 이세벨

히브리 공동체 역사상 가장 찬란하였던 시기는 솔로몬이 통치한 시대였다. 아버지 다윗의 군사적 용맹과 솔로몬 자신의 외교적 수완으로 외국과는 평화로운 관계를 수립하였고, 국내적으로는 눈부신 성장을 이루었다. 그러나 이제 서서히 부패의 냄새가 감지되기 시작하였다.

이교도 왕의 딸과 외교적으로 정략결혼을 맺는 풍습은 히브리 여성의 삶에도 큰 영향을 주기 시작하였다. 히브리의 민족성이었던 사회적·정치적·종교적 강인함을 해칠 수밖에 없었던 사치스런 생활양식이 들어옴에 따라, 히브리 여성의 삶과 성격에도 엄청난 파도를 몰고 왔다. 으레 이 시점에서 나약함이 그 실체를 드러내곤 하기 때문이다. 하렘과 함께 부도덕과 사치스러움, 그리고 나약함이 흘러들어왔다. 그리고 여러 나라의 여성들이 들여온 이교도 신들에 대한 숭배 방식은 서서히 유대의 전통을 잠식하기 시작하였다. 이러한 일들은 당연한 결과였다.

율법으로 왕이 '여러 아내'를 두지 못하도록 금하였던 것은, 바로 이 모든 위험을 예상하였기 때문이다. 솔로몬 왕이 이스라엘에 만들었고, 결국 그가 죽은 후에는 왕국이 적대적인 두 지역으로 갈라지는 분열을 초래한 제도를 유지하기 위해 세금을 늘려야 하였던 일은 역사에 두고두고 기억될 것이다. 이후에 북부 이스라엘 왕국이 가장 고통스러운 투쟁과 잔인한 학살 전쟁을 겪었던 것도 모두 이러한 율법을 어겼기 때문이다. 그 결과, 비참한 민족의 참상이 수도 없이 벌어졌다.

아합 왕은 페니키아의 공주이자, 시돈의 왕 에스바알의 딸과 결혼하였다. '시돈'의 공주였던 이세벨과 함께 들어온 신 바알은 아버지 에스바알의 이름에 새겨진 바로 그 신의 이름이었다. 성격이 강한 것으로 말하자면, 이세벨은 성서에서 타의 추종을 불허할 것이다. 그러나 그 성격은 안타깝게도 악랄함이었다. 몰리에르는 "왕국을 통치하는 것보다 한 여자를 지배하는 일이 더 어렵다"고 단언한다.

아합 왕도 분명 그렇게 느꼈을 것이다. 그래서 그 두 가지 일을 모두 이세벨에게 넘겼다. 프리드리히 대왕에게도 자신의 방앗간을 팔지 않았던 포츠담의 그 유명한 방앗간 주인처럼, 나봇은 아합 왕에게 그가 탐내는 포도밭을 팔지 않겠다고 하였다. 그러자 이세벨은 낙담해 속을 태우는 남편에게 비웃듯 이렇게 말한다.

"당신이 이스라엘 왕국을 다스리는 왕이 아니었던가요?"

맥베스 부인은 이렇게 외친다.

"나에게 단검을 달라!"

어서 와,
이런 이야기는 처음이지?

'천벌'이라는 이름의 인과응보

이세벨은 아주 성대한 잔치를 열었다. 그리고 나봇을 주빈으로 초대해서 거짓 고발로 죽게 만든다. 비로소 이세벨이 의기양양하게 남편에게 그렇게 탐내던 포도밭을 선사할 수 있게 된 것이다.

하지만 선지자들은 경고를 하였다. 예후가 몰고 올 혁명으로 이세벨이 끔찍한 죽음을 맞이할 것이란 예언이었다. 그 예언은 후세대에 대한 경고이기도 하였다. 결국 이세벨의 시신은 땅에 묻히지도 못한 채, 떠돌이 개에 의해 갈가리 찢어발겨졌다. 그 후 아무도 그녀를 추모하지도 않았고, '이것이 이세벨이다'라고 할 만한 것은 그 어디에도 남지 않았다.

예후가 일으킨 혁명에서 이세벨의 아들 요람의 최후도 끔찍하였다. 소위 역사에 흔히 등장하는 '천벌'이란 이름으로 나봇의 포도밭에서 살해되었던 것이다. 그러나 이세벨의 이름이 히브리인들의 마음에 깊이 새겨진 이유는 계시록에서 찾아볼 수 있다.

이세벨이 죽고 나서 약 1천 년 후, 계시록에서 우상을 숭배하는 이단적 폐단을 그녀의 이름을 빌어 이렇게 적고 있다. '하인들에게 서로 간음하고, 우상에 바친 제물을 먹도록 가르친 자칭 선지자였던 그 여자 이세벨'로 계시록에 기록되었던 것이다.

'라헬의 딸들'의 일반적인 특징이었던 헌신적인 모성은 아달랴의 비정상적인 모성과는 뚜렷하게 상반된다. 하지만 그녀가 이세벨의 딸이라는 사실을 감안하면 조금도 이상한 일이 아니다. 역사적으로 보면, "여자는 언제나 극단적이다. 따라서 남성보다 선하든지 또는 더 악랄하다"라는 라브뤼예르(프랑스의 풍자 작가 - 옮긴이 주)의 명언이 종종 들어맞기도 한다.

두 번째 발자국
왕좌를 꿈꾸던 여성들

대체로 왕좌 뒤에 앉는 것에 만족하던 여성이 때로는 왕좌에 오르고자
하는 야심을 품기도 한다. 아달랴가 그랬다. 아들과 더불어 딸의 상속
을 명시한 조항을 만들기도 하였던 히브리의 율법이 여왕의 지배를 고려
한 것은 아니었다. 히브리 역사상 왕위에 오른 여성은 오로지 단 한 사람
이었다.

유다 왕국의 아하시야 왕은 이스라엘의 요람 왕
을 제거하려는 반란에서 예후의 손에 살해당하였다.
그러자 아하시야의 어머니 아달랴는 스스로 왕이
되려는 야심에 사로잡혀, 왕위를 계승할 수 있는 모
든 후계자를 몰살시켰다.

그러나 죽은 아하시야 왕의 누이가 그의 아들들 가운데 갓난아기
한 명을 무자비한 학살 현장에서 구해내 성전에 숨겼다. 이로써 다윗
왕조는 안도의 한숨을 내쉴 수 있었다. 때가 무르익자, 제사장 여효
야다는 막강한 세력을 등에 업고, 이제 일곱 살이 된 어린아이를 내
세워 왕으로 천명하였다. 아달랴는 충격에 휩싸여 끝내 죽임을 당하

였으나, 유다 왕국에 6년이란 부당한 통치 기간을 남겼다.

두 여인의 도덕성 부족보다는 이세벨이 북부 왕국에 미친 종교적 영향과, 그녀의 딸 아달랴가 남부 왕국에 끼친 종교적 영향이 당대의 역사 형성에 더 큰 결과를 초래하였다. 이세벨은 바알 신을 열렬히 숭배하였으며, 이스라엘에서 우상숭배를 할 수 있도록 보호막 역할을 한 바알 선지자들을 적극 후원하였다. 그녀를 반대하였던 선지자 엘리야는 잃어버린 희망을 대변하는 것 같았다.

이세벨은 여호와의 선지자들을 깊은 땅속 굴로 내쫓았다. 일반적으로 남자들은 여자들보다 더 악하고, 여자들은 남자들보다 더 편협하다고 한다. 그러나 네로에 관한 말을 살짝 수정해서 "그녀를 이세벨이라고 하는 것보다 그녀를 더 잘 설명하는 말은 없다"고 할 수 있을만한 여자가 여기 있다.

튤립과 같은 여성이 인기를 끌 때

바알 숭배는 아시리아의 왕, 살만에셀에 전복될 때까지 이스라엘에서 상당히 수월하게 자리 잡았다. 이세벨이 이 바알 숭배를 조성하여 신성을 모독하였는데, 천박한 자연숭배로 남성성을 파괴하고, 여성성을 모독하는 경향이 있었던 것이다. 이스라엘에 이세벨을 위해 건립된 기념비는 하나도 없지만, 그녀의 삶이 미친 악영향이 사라지

어서 와,
이런 이야기는 처음이지?

기까지는 여러 세대가 지나야만 하였다.

만약, 딘 스탠리(영국 국교회의 주석가 - 옮긴이 주)가 지적한 대로, 히브리의 결혼 축가인 시편 45편이 이세벨과 아합과의 결혼을 축하하기 위해 쓰인 것이라 해도, 갓 탄생한 여왕과 관련된 시편의 이상향들은 그 어떤 것도 이스라엘에서 실현되지 않았다. 그녀가 역사에서 차지하는 위치는 "여로보암이 이스라엘로 하여금 죄를 짓게 하였도다"라는 말 속에 그의 영원한 업적이 드러나는 여로보암과 같다.

엘리야를 죽이려고 하였던 오만하고 잔혹한 여왕과는 달리, 여호와를 숭배하며 엘리야를 보호하고 위로하였던 사람들은 모두 미천한 여성들이었다. 새커리(영국의 소설가 - 옮긴이 주)는 이렇게 말한다.

"소박한 제비꽃이나 데이지 같은 여성이 무시당하는 시절에는 튤립과 같은 여성이 인기를 끌 것이다."

사르밧의 이름 없는 과부를 잊는 것으로 이 말 속에 담긴 비난을 피해 가면 안 된다. 그녀는 달아나던 선지자 엘리야를 자신의 초라한 집에 숨겨주었다. 그리고 단지에 남은 마지막 몇 줌의 밀가루와 약간의 기름으로 음식을 만들어 그를 대접하였다고 한다. 엘리야는 1년 동안 그 과부의 집에 머물렀다. 그리하여 긴 가뭄 끝에 단비가 내려 기근이 끝날 때까지도, 과붓집에는 음식과 기름이 끊이질 않는 기적이 함께하였다.

시온의 딸들

> 한 민족의 종교는 그 민족의 여성들에게 순식간에 흔적을 남기곤 한다. 셈족의 생각을 가장 잘 읽을 수 있는 방법은 결혼이란 모습을 통해 한 민족과 그들의 신, 아니면 더 정확하게 말해서, 한 나라와 이를 지배하는 신과의 관계를 설명하는 데서 찾아볼 수 있다. 이런 전반적인 개념은 남편 혹은 주인이란 의미의 '바알'이란 말에 가장 잘 나타난다. 즉, 신은 아버지로 인식되며, 나라는 백성과 땅에서 나는 모든 산물의 어머니로 인식된다.

바알 숭배가 이스라엘 사회, 그리고 무엇보다 여성에 미친 영향을 파악하려면 바알 숭배의 본질을 이해해야 한다. 내면에서 우러난 자신의 성스런 충동에 이끌린 시골 출신 선지자 아모스가, 지팡이에 기대 북쪽으로 나아가 하나님의 말씀을 전하던 모습을 떠올려 보라.

아모스는 이스라엘 왕국 남부의 벧엘에 당도하게 된다. 아득한 옛날부터 안식처로 여겨졌던 성읍이었다. 그는 종교의 이름으로 그곳 제단에서 벌어지고 있는 난장판에 깜짝 놀란다. 바알 신과 풍요의 여신 아스다롯의 이름으로 난잡하고 음란한 행위가 난무하며, 남자와 여자들이 낯 뜨겁게 흥청거리고 있었다. 아마도 농지 확장을 축하하고 다

산을 상징하는 의미였을 것이다. 그런 짐승 같은 숭배 의식과 타락한 여성들을 보며, 비탄에 잠긴 아모스가 소리 높여 예언한다.

처녀 이스라엘이 쓰러졌으니,
다시는 일어나지 못하리로다.
자기 땅에 버려졌으니
일으킬 자 없으리로다.

선지자 호세아의 가정생활은 종교적 쇠퇴에 이어 도덕적으로도 타락한 이 시기에, 이스라엘 여성들이 처하였던 암울한 상황을 가장 잘 보여주는 사례일 것이다. 종교가 제단에서의 윤락행위를 인정하자 문란함은 더 이상 비정상적인 게 아니었다. 호세아는 디블라임의 딸 고멜과 결혼하였다. 고멜은 이내 자신의 결혼서약을 잊고 음행을 일삼는다. 당시에는 선지자가 아니었던 호세아는 자신의 사랑을 버린 부정한 아내를 되찾아오곤 하였다. 하지만 그때마다 아무 소용이 없었다. 그의 가정은 무너졌다. 호세아는 가정의 행복을 무너뜨린 치명적 불행의 의미를 고민한 끝에, 그 같은 악과 고통을 조장하는 사회적 여건을 바로잡으라는 신의 명령으로 받아들인다.

호세아는 자신과 백성들이 치른 치욕을 교훈으로 삼아, 자기 자식들부터 바로 잡기 시작한다. 이것을 보면, 그가 맡은 성직의 의미는 자신의 고통스러운 경험을 확대 재생산한 것에 불과한 것이다.

그 시절이 지금보다 훨씬 더 나았다고

신과 신의 땅은 남편과 아내와 같은 관계였다. 이 생각은 주변 국가들은 물론, 이스라엘에서도 매우 익숙한 개념이었다. 대선지자 이사야도 히브리의 땅은 '기혼'이라는 뜻의 뿔라로 불려야 한다고 주장하였다. 즉, 순결하고 영원한 사랑으로 여호와와 결혼한 땅이었다. 그러나 '주인'과 '남편'이라는 의미의 바알 숭배가 지속되자, 남녀 사이에서 벌어지는 가장 비도덕적인 행태들이 이스라엘에 고착되었다. 바로 히브리 땅과 결혼한 바알 신을 숭배하는 의식이었다.

호세아는 자신의 가슴 아픈 경험 속에서 여호와로부터 변절한 이스라엘의 축소판을 본 것이다. 이스라엘은 순결을 지키는 아내로서 신과의 약속을 지켜야 하였지만, 대신 다른 신들과 어울리며 첫사랑을 버리고 매춘부 같은 짓을 일삼고 있었다. 그녀를 되찾아오는 거듭된 노력에도, 이제 그녀는 자신의 미덕을 바알의 제단에 제물로 바침으로써 악의 구렁텅이로 떨어지고 만다.

그것은 호세아의 경험에서 비롯된 분노와 눈물로 뒤범벅된 무시무시한 비난이다. 우리가 호세아 자신의 비탄이란 비유를 통해 말하는 것처럼, 호세아의 다음과 같은 말은 그 자체가 당시 사회의 모습을 그대로 재현한 것이다.

"네 어머니에게 간청하고 간청하라. 그녀는 내 아내가 아니고 나는 그녀의 남편이 아니다. 그러므로 그녀가 자신의 부정행위를 보이지

어서 와,
이런 이야기는 처음이지?

않게 지워버리고, 그 유방 사이에서 음란을 제거하게 하라."

이는 순결한 이스라엘과 여성성의 회복을 원하는 간곡한 애원인 것이다. 상심한 선지자는 앞으로의 일을 이렇게 예언한다.

"그녀가 애인들을 쫓아가도 결코 그들을 따라잡지는 못할 것이다. 그제야 그녀는 첫 남편에게 되돌아가겠다고 할 것이다. 그 시절이 지금보다 훨씬 더 나았다고 한탄하면서 말이다."

여호와를 대신해 그가 말한다.

"곡식과 포도주와 기름은 내가 그녀에게 준 것이며, 저들이 바알을 위해 마련한 수많은 은과 금도 내가 그녀에게 내렸던 것이거늘, 그녀는 알지 못하도다."

이 외로운 선지자는 여성을 타락시키는 바알에 대한 관능적 숭배가 이스라엘에 더 이상 발붙이지 못하게 될 날을 학수고대하였다. 그리고 여호와를 대변한 선지자가 다시 결혼에 빗대 이스라엘에 대해 이렇게 이야기한다.

"나는 너와 영원히 약혼할 것이다. 그렇다, 정의와 법과 사랑과 자애로써 너와 약혼할 것이다. 진실함으로 너와 약혼할 것이고, 그러면 네가 여호와를 알게 되리라. 여호와께서 이르시되, 그날에 내가 응답하리라. 나는 하늘에 응답하고, 하늘은 땅에 응답하고, 땅은 곡식과 포도주와 기름에 응답할 것이다."

시온의 딸들이 거만하여

여성의 미덕을 타락시켰던 자연 숭배가 드디어 종말을 맞이하였다. 그때는 기원전 586년, 네부카드네자르가 예루살렘을 함락시킨 이후 히브리인들의 유배생활이 이어진 즈음이었다.

유다 왕국의 웃시야 왕과 이스라엘 왕국의 여로보암이 집권하였던 기원전 8세기에는 두 왕국 모두 국내외로 번창하여 백성들에게 상당한 부를 안겨주었다. 시리아는 오랫동안 아시리아의 확장세를 막는 방파제나 다름없었다. 그러는 동안에 국내의 발전과 상업적 확장을 꾀하고, 부를 축적할 수 있는 기회가 그 어느 때보다 높았다. 부의 축적은 사치를 낳았고, 상업을 통해 백성들은 전혀 다른 사회적 · 종교적 이상들을 더 쉽게 받아들였다.

느니어 새롭고 설득력 있는 목소리가 등장하였다. 백성들이 선조와 선지자의 이상을 되찾아야 한다며 개혁을 요구하였던 것이다. 바로 웃시야를 계승한 요담 왕 때였다. 예루살렘에서 이러한 새로운 개혁 세력은 젊은 이사야였다. 그는 웃시야가 사망한 해에 소명을 받고, 선지자의 직분을 행하기 위해 불경한 생활을 포기하였다.

당시 여성들의 상황과 성격이 히브리 선지자들에게 깊은 인상을 주었던 것 같지는 않다. 지금까지 전해지는 이사야의 초기 발언 중에는 예루살렘 여성들의 오만, 낭비, 허세에 대한 애착, 방종과 부도덕에 대한 신랄한 비난도 담겨있다. 선지자는 다음과 같은 생생한 표현

으로 여성들의 오만을 힐책한다.

여호와께서 또 말씀하시되, 시온의 딸들이 거만하여 늘인 목과 음란한 눈으로 다니며, 아기작대며 다니는 그 발로는 짤랑짤랑 소리를 내도다. 그러므로 주께서 시온의 딸들의 정수리에 딱지가 생기게 하시고, 그들의 은밀한 부분을 드러내실 것이다.

그날에 주께서 그들의 딸랑거리는 발목고리와 망사 모자와 달 같은 둥근 장식을, 사슬과 팔찌와 얼굴 가리개와 끈 달린 모자와 다리 장식물과 머리띠와 향합과 귀고리를, 반지와 코걸이를, 갈아입는 여러 벌의 의복과 망토와 너울과 머리를 곱실거리게 하는 핀을, 거울과 세마포와 두건과 면박을 제하여 버리시리라.

그때에 썩은 냄새가 향기로운 냄새를 대신하며, 찢어진 천이 띠를 대신하고, 대머리가 잘 박힌 머리털을 대신하며, 굵은 베옷이 화려한 가슴 옷을 대신하고, 불탄 것이 아름다움을 대신하리라. 너희 남편들은 칼에, 너의 용사는 전쟁 중에 쓰러질 것이다. 그리하여 시온의 문들은 슬퍼하며 곡할 것이요, 시온은 황폐하여 땅에 앉으리라.

이 시기의 여성들은 허리띠에 달린 상자에서 향수 냄새를 풍기며 다녔다. 또 사치스러운 상아 침대와 향수를 뿌린 실크 쿠션에, 하릴없이 나른하게 누운 채 음악에 맞춰 수다를 떨곤 하였다.

"사마리아 산에 거하는 너희 바산의 암소들아"

이사야 선지자는 히브리 민족의 나약함이 자초한 아시리아의 침입을 통해 히브리 민족에 가해질 거대한 재앙과 죽음을 예언하였다. 그러면서 백성들이 전락하게 될 지독한 종말을 밝히고 있다. 또한, 이 책에서 이미 언급하였던 모든 히브리 여성의 목표는 어머니가 되는 것이며, 어머니가 되지 못하는 불임은 재앙으로 여기게 한 히브리인들의 여성상을 드러내기도 한다.

그날에 일곱 여자가 한 남자를 붙잡고 말하기를 "우리는 우리 빵을 먹으며, 우리 옷을 입으리니, 오직 당신의 이름으로 우리를 부르게 하여 우리로 하여금 수치를 면하게 하리라." 이스라엘 여성들 사이에서 과부와 독신은 깊디깊은 슬픔의 근원이었으며, 두 가지 모두 사치와 무도덕의 결과에 속하였다.

이런 부패의 시대에 남자뿐 아니라 여자들도 가장 잔인한 탐욕에 물들었다. 그리고 기회가 있을 때마다 부유하고 권력 있는 여자들이 가난한 자들을 억압하였다. 유다의 시골 출신인 선지자 아모스는 북부 이스라엘 왕국의 수도 사마리아의 여성들도 부패에 물들었다는 사실에 충격을 받았다.

따라서 그런 심각한 문제를 완곡하게 표현하지 않는 농촌 출신답게, 여성들을 바산 땅의 뚱뚱한 소떼에 비유하였다. 그러면서 부패와 사치를 사랑하는 도시의 아내와 어머니들에게 이렇게 말하였다.

어서 와,
이런 이야기는 처음이지?

"이 말을 들으라, 사마리아 산에 거하는 너희 바산의 암소들아. 너희는 가난한 자들을 억압하고, 궁핍한 자들을 괴롭히며, 너희 주인에게 이르되, '술을 가져다 우리에게 마시게 하라' 하도다!"

쇠퇴의 시대에는 단 한 명의 여성도 도덕적으로 타락하고, 종교적으로 부패한 사회를 성토하는 선지자적 목소리를 높였던 것 같지 않다는 사실에 주목할 만하다. 남자 선지자들은 물론 있었지만, 여자 선지자들은 없었던 듯하다. 다만, 예레미야가 가차 없이 비난한 여성들, 즉 당시의 상황에 맞는 불후의 원칙들보다는 자신의 감정과 열망에 따라 예언을 일삼던 여성들은 존재하였다.

조국애가 투철한 여성들

기원전 722년에 있었던 사마리아의 몰락과, 기원전 586년에 있었던 예루살렘의 몰락 이전의 쇠퇴기를 통틀어 보자. 사실, 이 시기에 이사야가 자신의 아내를 여선지자로 언급한 경우를 제외하면, 선지자로 기록된 여성은 단 한 명도 존재하지 않는다. 이로 인해 여선지자라는 단어의 의미가 전체적으로 바뀌게 된다.

그러나 쇠퇴의 시기에도 남성들과 마찬가지로 조국애가 투철한 여성들도 존재하였다. 바빌로니아 병사들이 폐허가 된 예루살렘 위로 올라서는 모습을 지켜본 여성들의 고통보다 더한 고통은 없었다.

아기를 가슴에 품은 채 갈가리 찢기는 여자들도 있었다. 또한 참을 수 없는 치욕 속에 다른 포로들과 낯선 나라로 끌려가는 여인들도 있었다.

선지자들은 여성들의 고통이 임박하였음을 예견하였다. 예레미야가 이스라엘 땅의 회복을 예언하며, 자녀들을 위해 울었던 라헬의 눈에서 '자식이 없으므로' 마침내 눈물이 마를 것이며, 그녀의 애도가 기쁨으로 바뀔 것이라 주장하였다. 따라서 다음의 애가(모든 히브리의 비가 중에 가장 위대하다고 손꼽히는 예레미야의 애가)는 예레미야가 폐허가 된 성도(聖都)를 목격하고는 달라진 도시 모습을 표현하는 장면이다.

성읍이여, 어찌 그리 적막하게 앉았는가
전에는 사람들이 가득하더니!
어찌 과부 같은 신세가 되었는가!
전에는 열국 중 가장 크던 자가
전에는 열방 중 공주였던 자가
어찌 이제는 조공 드리는 자가 되었더냐!
밤에는 슬피 우니
눈물이 뺨을 타고 흐르는구나.
그 모든 연인 중에
위로가 되는 자가 없고

친구들도 죄다 배반하여

원수가 되었도다.

이것은 모든 유대 희망의 중심이었던 도시가 포위되었다가 끝내
멸망할 때까지, 이스라엘 여성이 겪었던 고통을 확대하여 나라 전체
에 적용한 것에 불과하였다.

현명함으로 아하수에로 왕의 아내가 된 에스더

유배 기간에는 히브리 여성 중, 세상에 이름을 알린 여성을 찾아보기는 힘들다. 그렇다고 해도 후기 성서 시대 유대교 여성 중에서 에스더만큼은 유대인들의 마음에 깊은 인상을 남겼다. 그녀는 미모와 삼촌의 현명한 술책 덕분에 페르시아의 아하수에로 왕의 아내가 되었다.

아하수에로는 그리스와의 무력 투쟁을 시도하여, 거대하되 규율이 없던 페르시아 군대에 참혹한 결과를 초래하였던, 페르시아의 유명한 왕이었다. 아하수에로 왕은 잔치를 열고 술에 취해 내린 자신의 무례한 명령을 왕비, 와스디가 거절하였다는 것을 빌미로 그녀를 폐위시켰다. 그리고 이어 에스더를 왕비로 채택한다. 이후 백성을 구해

달라는 에스더의 애원과, 그녀를 방해하는 교묘하고 잔인한 계략이 꾸며진 이야기라는 건 널리 알려진 일화다.

유대 여인이 페르시아 왕국에서 왕비의 위치에까지 올랐다는 사실은 너무나 개연성이 없어 보인다. 그래서 에스델서가 기록하고 있는 이 이야기의 정확성에 의구심을

나타내는 이들도 있다. 특히 세속사(世俗史)에 따르면, 아하수에로 왕의 유일한 아내는 아메스트리스였기 때문이다.

그러나 침묵 논법은 항상 위태롭기 마련이다. 아메스트리스가 합법적으로 인정된 그의 유일한 아내라고 해도, 와스디와 에스더는 법적 영역 밖의 아내일 수도 있었다. 널리 알려진 동양 군주들의 풍습도 그런 견해의 신빙성을 높이고 있다. 아무튼 '제비뽑기 축제'라는 부림절은 에스델서에 기록된 이야기가 상당히 정확하다는 사실을 보여주는 유대의 종교 축제 가운데 하나다.

성서 가운데 에스델서만큼 사본이 많은 책도 없다. 또한 유대 가족들이 가장 많이 보유하고 있는 책도 에스델서이다. 이러한 사실을 보면, 에스더의 삶과, 그녀가 유배 시기의 백성들에게 끼친 영향을 미루어 짐작할 수 있다. 실제로 마이모니데스(스페인 태생의 유대인 율법학자 - 옮긴이 주)는 메시아가 오면 다른 모든 구약성서는 사라져도, 율법 5권과 에스델서는 남아있을 것이라고 주장하였다. 그리고 많은 사람들 역시 그렇게 믿고 있다.

기록에 따르면, 수많은 유대 가정에서는 에스델서를 별도의 두루마리에 보관하였다고 한다. 지금도 에스더 이야기를 담은 두루마리가 유대 가정에서 가장 중요한 재산이다. 때로는 부모가 결혼 당일에 자식에게 이 보물을 물려주기도 한다. 또한 부림절에는 에스델서가 행사의 일환으로 낭독되는데, 이는 에스더가 히브리 민족의 구세주였다는 사실을 잊지 않기 위한 노력이다.

히브리 정전 중에 하나님의 이름이 나오지 않는 책은 에스델서가 유일하다는 점에서, 유대인의 정신에 미친 에스더의 영향은 더욱 뚜렷하게 드러나는 듯하다. 그러나 다른 한편으로는, 히브리의 민족 정신을 그렇게 격렬하게 드러냈던 히브리 기록도 존재하지 않는다. 이 '독특한 민족'의 특징들이 그렇게 깊이 풍기고 불타오르는 기록도 또다시 없을 것이다.

이런 연유로 사마리아의 여인은

히브리 역사상 기원전 5세기 중엽, 느헤미야가 개혁을 단행하였던 시기보다 더 심각한 충격이 사회생활에 가해졌던 때는 아마 없을 것이다. 바빌로니아의 유배에서 돌아온 유대인들은 상당수가 이미 유대인이 아닌 혈통과 종교를 지닌 여성들, 즉 팔레스타인의 딸들과 결혼한 상태였다. 그 사이에 유대의 아이들이 태어나면서부터 그들의 어머니에게서 이교도의 언어와 종교를 배우게 된 것이다.

총독에 임명된 느헤미야는 유대인들이 '아스돗, 아몬, 모압의 아내들'과 결혼하였다는 사실을 알고, 모든 이국 여성과 당장 이혼하고 오로지 유대 여성들을 아내로 삼아야 한다고 명령하였다. 분명, 이에 따른 일시적 고통은 상당히 극심하였을 것이다. 그러나 목적을 위해서라면 무엇이든 정당화되는 것 같았다. 말하자면, 이후로 백성을 우

상 숭배에서 해방시키고자 하는 목적은 극단적인 방법이라도 꼭 이루어져야 되는 듯하였다.

성서가 전하는 바에 따르면, 제사장의 손자이면서 성직에 몸담고 있던 므낫세도 사마리아를 다스리던 교묘한 산발랏의 딸 니카소와 결혼하였다. 그는 아내를 포기하라는 느헤미야의 명령을 거부하였다. 따라서 총독은 그를 예루살렘에서 내쫓았다고 한다. 요세푸스(1세기 경 유대인 역사가 – 옮긴이 주)의 말에 의하면, 율법에서 사제들은 외국인 아내를 두지 못한다고 단호하게 금하고 있었다. 그렇기 때문에 백성들은 그에게 이교도 아내를 포기하거나, 사제 자리를 그만두도록 요구하였다. 그러자 처음에는 그도 자신의 자리를 선택하였다고 한다.

그러나 이 소식을 들은 장인 산발랏이 그에게 성급하게 행동하지 말라고 당부하였다. 만일 니카소를 계속 아내로 둔다면, 산발랏 자신이 신전을 지어줄 것이라고 약속하였다. 따라서 그가 사제는 물론 제사장이 될 것이며, 동시에 니카소 남편 자리도 유지하게 될 것이라고 설득하였다. 그러자 므낫세의 판단이 흔들렸고, 결국 그는 장인의 말을 따랐다. 이런 연유로 게리짐 산에 신전이 세워졌다. 이후 이 신전은 사마리아인의 생활과 종교의 중심이 되었다. 우물에서 사마리아의 여인이 예수에게 말을 걸며 한 말이, 바로 이 게리짐 산에 관한 이야기였던 것이다.

"우리 조상은 이 산에서 예배를 드렸는데, 당신네는 예배 드릴 곳이 예루살렘에 있다고 합니다."

이토록 잔인한 시대를 거치며

안티오쿠스 에피파네스('미치광이'란 뜻의 에피파네스란 별명으로 유명)의 치세 하에서 유대인들이 참혹하게 박해를 받는 동안, 여성들이 겪는 고통도 극에 달하였다. 유대 백성들은 그리스의 신들, 그리스 경기, 연극, 그리고 그리스 문화를 강요당하며, 유대의 종교를 파괴하려는 압박에 시달렸다. 일부 남성들은 이에 굴복하기도 하였다. 하지만 여성들은 저항하였다. 백성들의 몸부림 속에 여성들의 자기희생이 두드러졌다.

히브리인들이 겪었던 고통을 보여주는 전형적인 사례가 마카베오서에 기록되어 있다. 안티오쿠스 왕이 한 어머니와 일곱 아들을 붙잡아 와서, 돼지고기를 먹는 것으로 그들의 율법을 어기도록 명하였다. 장남이 제일 먼저 실험대에 올랐다. 그는 명령에 따르기를 거부하였다. 그러자 안티오쿠스 왕은 그렇게 입을 놀린 그의 혀를 잘랐다. 그리고 사지를 베어 살아 있는 몸통을 뜨거운 팬에다 굽도록 명하였다. 동시에 이 끔찍한 광경을 그의 모친과 어린 동생들이 바로 눈앞에서 지켜보도록 지시하였다.

아들들이 한 사람씩 차례대로 잔인하게 처단되어 목숨을 잃었다. 왕은 금지된 고기를 먹으면 살려주겠다는 기회를 주었지만, 아들들은 모두 거부하였다. 마침내 막내아들만이 남았다. 왕은 옆에 있던 어머니를 회유하였다. 아들에게 명령에 복종하도록 이야기를 하라고 설득하였다. 그러면 목숨을 살려주겠다는 말로 달랬다. 그러나 완고한 유대의 어머니는 단호히 거절하였다. 무자비한 폭군에 복종함으로써 조상의 종교에 대한 믿음을 잃기보다는, 차라리 죽는 게 낫다고 아들을 격려하였다.

그러자 막내아들 역시 형들보다 훨씬 더 잔인한 죽음을 맞이하였다. 그리고 마침내 어머니 차례가 되었다. 결국 그녀 자신도 율법을 어기기보다는 똑같은 믿음의 제단에 목숨을 바쳤다. 이토록 잔인한 시대를 거치며 유대의 어머니들은 참으로 강건한 성격을 지니게 되었다. 이런 여성들의 아들들이 4세기 이상 압제에 시달린 끝에, 독립을 쟁취하고 다시 유대 국가를 재건하는 데 성공한 것도 그리 놀라운 일은 아니다.

인간의 상상력에
깊은 인상을 남긴 히브리 여성

4세기 이상 압제에 시달린 이토록 잔인한 시대를 제대로 살펴보려면, 구약성서의 외경이나 제2정전(신·구 성서의 일부. 구약성서의 제2정전과 마르코 복음을 외경이라 하여 정전으로 인정하지 않고 있다 – 옮긴이 주) 가운데 하나를 참고해야 한다. 제2정전은 포로로 잡힌 유대인들의 성스런 가정생활을 기록한 것으로, 유대인들이 매우 소중히 여기는 책이다.

전하는 이야기에 따르면, 기원전 722년경 사마리아가 망하였을 당시 한 독실한 유대인, 토비트는 아내 안나와 아들 토비아스와 함께 포로들 틈에 끼어있었다. 이 포로들은 아시리아의 왕, 살만에셀이 이스라엘 땅에서 잡아다가 니네베 시에 살게 하였던 사람들이었다. 유배 기간 중에도 자신의 종교에 헌신하였던 토비트는 비유대인들의 빵을 먹으려 하지 않았다.

그러나 토비트는 열심히 일하고 신뢰를 쌓은 덕분에, 마침내 왕에게 필요한 물품을 조달하는 직위를 얻게 되었다. 그렇지만 다시 운명의 수레바퀴가 돌고 돌아 그는 결국 가난뱅이로 전락하였다. 여기

서 헌신적인 그의 아내 안나가 등장해, 실을 짜고 물레를 돌려 생계를 꾸려나간다. 남편 토비트가 장님이 되어 생활이 한층 더 어려워졌기 때문이다.

어느 날, 피곤에 지친 안나는 분통을 터뜨리며 앞 못 보는 남편에게 그런 재앙은 이스라엘에서는 신의 저주나 다름없다고 비난한다. 그러자 토비트는 차라리 죽게 해달라는 기도를 드린다.

마침 같은 날, 메디아의 에크바타나에 포로로 잡혀있던 라구엘의 딸인 젊은 유대인 처녀 사라도 죽게 해달라는 기도를 올리고 있었다. 아버지의 여종이 사라가 결혼식을 치른 첫날밤마다 일곱 남편을 차례로 죽였다며 비난을 가하였기 때문이다. 그러나 그 이상한 죽음들은 모두 그녀가 결혼하는 것을 원치 않던 아스모대오스라는 악귀의 짓이었다.

이제 아무 관계없이 서로 멀리 떨어진 곳에서 기도를 올리던 이들이 천사의 도움 속에 하나의 사랑 이야기로 화합하게 될 것이다. 천사는 돈 때문에 먼 길을 떠나야 하는 토비트의 아들 토비아스에게 길을 안내한다. 천사는 그를 에크바타나로 안내하여 첫날밤에 일곱 남편을 잃은 사라에게 결혼을 청하는 여덟 번째 남자가 되도록 명한다.

라구엘의 딸, 사라의 결혼 이야기

　토비아스는 그 젊은 여인을 한 번도 만나본 적이 없었다. 하지만 그녀에게 살아있는 가장 가까운 친척으로서 모세율법에 따라, 결혼을 여러 번 하였던 이 젊은 과부에게 구혼해야 할 처지가 되었다. 어린 토비아스가 일곱 번의 첫날밤을 겪은 죽음이란 그녀의 과거를 받아들일 수 있을 정도로 용감하였을까?

　여기서 구원의 천사가 나타난다. 천사는 니네베에서 에크바타나로 가던 길에 토비아스에게 유프라테스 강에서 잡힌 커다란 물고기의 염통과 간에 관심을 갖게 한다. 토비아스가 신방의 향수로 염통과 간을 태워 악귀 아스모대오스를 쫓아버리니 결혼식은 즐겁게 진행되었다. 덕분에 토비아스는 목숨을 건졌던 것이다. 그는 기쁨과 승리감에 차서 갓 결혼한 아내를 아버지의 집으로 데려왔다. 그리고 신방에서 자신의 목숨을 구할 때와 똑같은 마력으로 아버지의 눈을 치료하였다. 그 후 오랫동안 이 가족은 평화롭고 풍요로운 삶을 살게 되었다.

　이 이야기에서 가장 흥미로운 점은, 유배 중에도 역연혼의 풍습이 계속되었다는 점이다. 라구엘의 딸, 사라의 결혼은 유대의 행복한 사랑 이야기이긴 하다. 하지만, 성서에 나오는 이 시기의 문헌을 보면, 여성들이 중요한 역할을 하는 비극이 없는 것도 아니었다. 그중에서도 유디트와 홀로페르네스에 관한 이야기가 유명하다.

　수많은 유대 여인들이 문학과 예술의 일부가 되었다. 우물가의 리

어서 와,
이런 이야기는 처음이지?

브가, 갈대밭을 지켜보거나 소고를 들고 승리의 노래를 부르는 미리암, 보아스의 밭에서 이삭을 줍는 롯, 관능적인 모습의 데릴라, 괴물 같은 아달랴 모두 예술가나 극작가에게 많은 영감을 주었다.

과부, 유디트 이야기

무엇보다 예수 탄생 이전에 베툴리아에 대한 조국애가 남달랐던 아름다운 유디트보다 인간의 상상력에 깊은 인상을 남긴 히브리 여성은 아마 없을 것이다. 옛날 로마 시를 몰락에서 구해낸 여인이 있었다. 이스라엘 역사에서 수차례 백성의 구원자로 언급된 여성도 있었다. 드보라, 에스더, 유디트는 여러 세기를 거쳐, 기지와 용기를 발휘해 목숨을 걸고 적으로부터 민족을 구해낸 여성들로 손꼽혀왔다.

유디트와 홀로페르네스 이야기는 외경 유딧서를 통해 전해진다. 아시리아가 이스라엘과 전쟁을 벌이는 와중에 이스라엘 도시들은 포위되고, 백성들은 무자비하게 학살당하고 있었다. 아시리아의 장군 홀로페르네스는 마침내 베툴리아를 포위하고, 성도 예루살렘을 향해 진격한다.

이즈음 백성들은 극심한 곤경에 시달리고 있었다. 부녀자들과 어린아이들이 거리에서 죽어갔고, 백성들은 지도자들에게 아시리아의 수도 아수르로 달려가 평화를 청하라고 울부짖었다. 이런 재촉에 원로들은 닷새 안에 아무런 도움도 없으면 적군에 항복하기로 결정한다. 그러자 부유하고 독실한 과부 유디트가 나타나 용기를 북돋우며, 하나님을 믿고 끝까지 버틸 것을 명한다. 동시에 그녀 자신도 돕겠노라고 약속한다.

유디트는 하나님의 도움을 진심으로 갈구하였다. 그러고 나서 과부의 옷을 벗고 요란하게 치장하고는 여종들과 함께 홀로페르네스의 진영으로 들어간다. 그녀의 아름답고 우아한 모습에 매료된 홀로페르네스는 흥에 겨워 만취해 곯아떨어진다. 밤이 되자 홀로페르네스와 이 유대 여인만 남기고 모두들 물러간다. 기회가 왔음을 깨달은 유디트는, 홀로페르네스의 침대 기둥에 걸려있던 언월도를 움켜쥐고, 잠자는 사내의 목을 잘랐다. 그리고 어둠을 틈타 베툴리아로 돌아온다.

이른 아침 성문에서 기습공격을 가하던 아시리아군은 장군의 머리가 잘렸다는 사실을 알고는, 혼비백산하여 완전히 궤멸되고 만다. 이렇게 유디트는 이스라엘의 구원자가 되었다. 베툴리아 여성들은 자신들을 구해 준 유디트를 달려 나와 맞이하며, 그녀를 위해 멋진 춤을 추고 찬가를 불렀다. 더불어 유디트의 머리에 올리브 관을 씌워주며 축복을 내렸다.

'수산나'라는 여자 이야기

한편, 포샤가 유대인 고리대금업자 샤일록과 빈틈없이 거래하는 모습은 구경꾼들의 박수를 자아냈다.

"다니엘과 같은 유명한 재판관이 판결을 내리네, 그래 다니엘같이 말이야!"

다니엘서에 첨가된 외경에는 '수산나'라는 여자 이야기가 나온다. 이 '수산나 이야기(구약성서 외경의 한 책 – 옮긴이 주)'에는 위대한 선지자 다니엘이 심판관으로 등장한다. 미모가 탁월하였던 유대 여인 수산나를 고발한 사건이 발생하는데, 그녀는 바빌론이 고향인 부유하고 유명한 어느 히브리인의 아내였다.

그런데 원로 재판관 두 명이 수산나를 흠모하여 그녀 남편의 집을 자주 드나들었다. 그러나 그녀가 자신들의 유혹을 모두 뿌리치자, 이에 분개해 그녀를 파멸시킬 음모를 꾸몄다. 수산나가 남편 요하힘 모르게 부정을 저질렀다고 고발한 것이다. 부정에 대한 처벌은 죽음이었다. 백성들은 재판을 구경하러 모여들었다. 만일 유죄 판결이 난다면 수산나는 돌에 맞아 죽을 것이다.

두 원로는 결백한 그녀의 머리 위에 손을 얹고 꾸며낸 이야기를 꺼낸다. 자신들이 고발한 대로 요하힘의 아내가 수치스러운 짓을 하는 장면을 목격하였다고 말한 것이다. 재판관은 원로이자 재판관이기도 한, 두 사람의 증언을 믿고 수산나에게 사형을 선고하였다.

이때, 안토니오의 재판에 등장하였던 포샤처럼 다니엘이라는 청년이 나타나 두 증인을 따로 심문하였다. 그리하여 그들의 증언에 모순이 있다는 사실을 찾아냈다. 결국 이 청년은 그들이 무고한 여인을 상대로 비겁한 음모를 꾸미고, 거짓 증언을 하였다는 사실을 밝혀낸다.

모세의 율법은 거짓 증언을 한 자들에게는 피고인에게 가해졌을 처벌과 같은 벌을 내리도록 규정하고 있었다. 그렇기 때문에 두 노인은 사형에 처해졌고, 수산나의 명예는 만백성 앞에서 회복되었다. 이 이야기는 히브리 여성들의 유난히 높은 도덕성과 순결한 생활을 보여주는 히브리 역사의 여러 사례 가운데, 단지 하나에 불과할 뿐이다.

여섯 번째 발자국
유대 여인들에게 찾아온 기회

후기 유대 역사에서 참담하면서도 주목할 만한 사실 가운데 하나는, 랍비들의 후기 교리에서 여성들이 몹시 열등한 위치에 놓이게 되었다는 점이다. 따라서 걸핏하면 여성이 남성보다 열등하다는 점을 강조하고 있다. 그런데도 바빌론 유수 이후 유대인의 생활 속으로 들어온 한 가지 요인 덕분에, 유대 여인들에게는 전에 없던 기회가 생기게 되었다. 바로 유대교 회당의 설립이었다.

성전에서 여성들에게 부여하였던 부차적 지위는 이미 언급한 바 있다. 남성은 가장으로서 자기 가족을 대표하였다. 따라서 모든 히브리 가정에서 엄수해야 하는 의식을 거행할 책임도 있었다. 성전이 파괴되고 유대인들이 뿔뿔이 흩어짐에 따라 신전의 예배의식도 불가능해졌다. 유대 회당이 건립되어 예배의식이 다시 가능해지자, 여성들에게 이 새로운 유대 생활의 중심지에서 행해지는 교육에 참여할 자리가 부여되었다.

여성들을 신도 모임의 일원으로 인정하는 법이 절대 없었기에 별도의 구석에 앉아야만 하였다. 하지만 성서를 낭독하고 설명하는 소리를 들었다. 여성들이 당일에 성서를 낭독하도록 지명된 일곱 사람 틈에 끼어 성서를 읽는 일도 없지는 않았다. 그러나 유대교 율법은 지나치게 신성시되고 중요하게 여겨지는 탓에, 여성들의 해설에는 귀를 기울이지 않았다.

'할라카(유대교 관례 법규집 – 옮긴이 주)'에 나오는 말로 판단해 보면, 유대인들이 로마가 지배하였던 여러 지역으로 흩어져 있던 당시, 유대 여성들에게 커다란 영향을 미친 사실이 두 가지 있었다는 점은 추론할 수 있다. 하나는 히브리의 영향이고, 또 다른 하나는 그리스 · 로마의 영향이었다.

'할라카'는 집을 나가는 여인들에 대해 언급하며, 여성들이 가정의 의무를 멀리하게 된 원인을 두 가지로 꼽았다. 하나는 유대 회당이며 다른 하나는 목욕이었다. 사실 회당에 자주 가고 목욕을 자주 한다고 해서, '할라카'에서 당시 여성들을 비난하였던 것은 전혀 아니다. 단지, 여성들이 정결을 신앙심과 같은 미덕으로 생각하였다는 것을 밝히고 있을 뿐이다.

요한 히르카누스(유대 민족의 대제사장 겸 통치자 – 옮긴이 주) 시대부터 유대 통치자들의 영향은 그리스 문화에 유리하게 작용하였던 것으로 판단된다. 따라서 마카베오 전쟁(유대인의 독립전쟁 기원전 168년~기원전 141년 – 옮긴이 주)으로 촉발된 혁명은 마카베오의 후계자들에 의해 실패로 돌아가는 것처럼 보였다.

유대의 독립은 그리스의 종교와 풍습을 팔레스타인 전역에 퍼뜨려, 유대교를 파괴하려 하였던 안티오코스 에피파네스에 대한 항전

어서 와,
이런 이야기는 처음이지?

을 통해 쟁취되었다. 강인한 마카베오의 아들들과 후계자들이 어렵게 쟁취한 승리의 결실을 포기하려 하였을까?

남편이 알렉산드라에게 정권을 물려주자, 그녀는 외세의 침략을 증오하였던 바리새인 측의 주장을 지지하기로 하였다. 그러나 아아, 이 상황을 처리하지 못하는 여왕의 무능이 참으로 괴롭구나! 반대파를 달래기 위해 알렉산드라는 그들의 손에 무기를 쥐여 주었고, 그들은 이내 그녀를 배반하였다.

헤롯의 아내, 마리암네

73세의 노파가 된 알렉산드라는, 두 아들이 서로 반대 세력을 이끌며 치열하게 경쟁하고 있다는 사실을 알았다. 아들들은 파벌로 쪼개져 격동하는 나라의 통치권을 제각기 장악하려고 하였다. 알렉산드라는 자신이 해결할 수 없는 상황을 괴로워하며 세상을 떴다. 폼페이우스(로마의 장군이자 정치가 - 옮긴이 주)가 로마군단을 예루살렘의 성문에 배치하고, 이 신성한 도시에 로마의 독수리 군기를 올렸다. 그러고 나서야, 유대의 왕좌를 차지하려던 음모와 싸움은 막을 내리게 되었다. 그러자 유대의 독립을 더는 기대할 수 없었다.

알렉산드라의 증손녀는 후기 유대 역사에서 적어도 간접적으로나마 두각을 나타냈다. 이 여인이 바로 마리암네였다. 헤롯 대왕은 유대의 혈통을 이어받은 마리암네와 결혼하여, 하스몬가(家)의 두 지파를 통합하려 하였다.

그러나 이 점과 관련하여 실망감을 느낀 헤롯은, 책략으로는 이루지 못하였던 바를 무력으로 얻고자 하였다. 헤롯은 하스몬가 전체를 몰살하려는 목적으로 끔찍한 전쟁을 벌였다. 로마의 권력과 자신의 정치력으로 차지한 통치권이 하스몬가로 인해 위험해질 수도 있다는 우려 때문이었다. 여기서 중요한 것은, 자신의 총명함 때문에 이런 위기를 묵과하지 못한 유대 여인이 한 명 있었다는 점이다. 알렉산드라 여왕의 손녀로서 그녀와 이름이 같았던 또 다른 알렉산드라였다.

헤롯이 유대의 제사장 자리에 자신에게 유용한 젊은이를 앉히려고 하자, 알렉산드라는 자신의 아들이자 마리암네의 남동생 아리스토불루스가 그 자리를 계승하는 것이 생득권이라 주장하였다. 그리고 알렉산드라는 헤롯이 이에 응하도록 재빨리 안토니우스에게 영향력을 행사해 달라는 서한을 클레오파트라에게 보냈다. 헤롯은 어쩔 수 없이 굴복하고 아리스토불루스를 임명하지만, 헤롯은 신임 제사장뿐 아니라 알렉산드라도 제거하기로 마음먹었다.

헤롯과 아리스토불루스 두 사람이 알렉산드라가 베푼 연회를 즐기고 난 다음 날이었다. 헤롯은 연회장 옆 연못에서 하인들이 아리스토불루스가 익사할 때까지 물속에 붙들고 있게 하여 제사장을 죽이는 데 성공하였다. 하지만 알렉산드라도 그런 정황을 파악하지 못할

정도로 어리석지는 않았다. 클레오파트라를 통해 헤롯을 다시 수세로 몰아넣었다. 그러나 안토니우스 앞으로 소환된 헤롯은 다시 그의 환심을 사는 데 성공하여, 예전처럼 막강한 힘을 얻어 예루살렘으로 돌아왔다.

그러나 그의 귀향은 전혀 행복하지 않았다. 안토니우스와의 면담이 불행하게 끝날 경우를 대비해, 다른 남자가 마리암네를 아내로 삼지 못하도록 그녀를 죽이라는 명령을 내리고 떠났기 때문이다. 비밀이 누설되어 마리암네의 귀에도 들어갔다. 그녀는 헤롯의 처사에 격분하였다. 그리하여 헤롯이 돌아오자마자, 그의 잔인성을 맹렬하게 비난하였다. 그러나 광적으로 질투심이 강하고 교활한 헤롯은 그런 책망에 조금도 흔들리지 않았다.

"나는 헤롯의 아들이 되기보다는
차라리 그의 돼지가 되겠노라!"

헤롯은 안토니우스의 몰락으로 신성으로 떠오른 옥타비우스를 만나기 위해 길을 나섰다. 이때 헤롯은 자기가 살아서 돌아오지 못한다면 마리암네와 알렉산드라를 모두 죽여 버리라는 명령을 다시 내리고 간다. 이후 마리암네는 억울한 심정으로 돌아온 헤롯을 차갑게 맞이하였다. 헤롯의 어머니와 누이 때문에 부부 사이는 더욱더 악화됐던 것이다.

헤롯의 모친과 누이는 왕에게 술을 따르는 자에게 뇌물을 먹였다. 그래서 마리암네가 남편을 독살하려 하였다는 거짓 진술을 하도록 하였다. 미리 훌륭하게 짜놓은 증거와 배심원단에 따라 불운한 마리암네는 기원전 29년에 형장으로 끌려갔다. 다음 해에는 헤롯이 병에 걸린 기회를 틈타 예루살렘을 되찾고 그를 몰아내려던 알렉산드라도 형장으로 끌려갔다. 여자가 해내기에는 참으로 대담한 계획이었다. 모의는 실패로 끝났고 그녀는 처형당하였다. 그녀의 죽음으로 하스몬가의 왕위 계승자도 대가 끊어졌다.

그러나 여성의 증오와 음모가 도드라지게 나타나는 이 이야기는 아직 끝나지 않았다. 헤롯의 아들들이 로마 유학에서 돌아왔던 것이다. 그들은 죽은 어머니를 닮아 왕족의 귀태가 흘렀다. 마리암네의 죽음에 크게 관여하였던 헤롯의 누이 살로메는 조카들이 잔인하게 살해된 유대 왕비를 닮았다는 것에, 백성들이 기뻐한다는 사실을 알고 질투심에 불타올랐다. 그리하여 그들의 어머니처럼 아들들도 죽일 계획을 세우기 시작하였다.

그런데 헤롯은 한동안 꼼짝도 않는 것 같더니, 아들 중 한 명을 살로메의 딸 베레니케와 결혼시켰다. 이 일은 살로메의 증오를 부채질할 뿐이었다. 쌓이고 쌓인 가정의 증오와 불행은 마침내 자신의 유대 부인이 낳은 알렉산더와 아리스토불루스, 이 두 아들을 세바스테에서 교살시키라는 헤롯의 명령으로 이어졌다. 여러 해 전, 그들의 어

어서 와,
이런 이야기는 처음이지?

머니 마리암네가 헤롯 왕과 결혼하던 바로 그 장소였다. 이 상황을 두고 아우구스투스 시저가 빈정거리며 그리스어로 다음과 같은 말을 한다고 해도, 전혀 놀랄 만한 일은 아닐 것이다.

"나는 헤롯의 아들이 되기보다는 차라리 그의 돼지가 되겠노라!"

한편, '베들레헴과 주변 해안가'에 있는 수많은 어머니의 가슴을 발기발기 찢게 하였던 칙령을 내린 인물도 바로 헤롯이었다. 아기 예수의 어머니, 마리아를 갓 태어난 그녀의 아들과 함께 유배시키라는 명령이 내려진 것이다. 그러나 헤롯의 이 명령에도, 히브리에서 기독교 여성들에게 전해지는 이야기는 반드시 실현될 것이다. 이 세상에 태어난 그녀의 아들을 통해 새로운 역사의 장은 결국 열릴 것이다.

일곱 번째 발자국

알렉산더 얀네우스 왕의
미망인 알렉산드라

셈족의 역사에서 여성이 정권의 최고위직을 차지한다는 것은 일반적인 일이 아니었다. 따라서 선사시대 아시리아의 세미라미스가 통상적인 관습에서 벗어난 예외적 인물로 주목하지 않을 수 없다. 아라비아인들은 때때로 여왕의 지배를 받기도 하였다. 예를 들어, 고대 남아라비아의 '시바의 여왕'은 그 명성이 자자하였다. 그러나 왕이 곧 신의 아들이며, 특별한 대리인이라는 셈족의 통념 때문에 여성들이 왕권을 차지하기란 더욱 어려웠다.

히브리인들 사이에서 여성이 합법적인 여왕으로 인정받은 경우는 전무하다. 왕국의 시대 이전에는 드보라가 자신의 선지자적인 성격과 문제 해결 능력으로 '이스라엘을 심판'하였다. 또 아달랴는 남자 왕위 계승자를 살해하고 추방하여 왕위를 가로챌 수 있었다. 아달랴의 치세를 논할 때면, 그녀가 역사상 이스라엘을 통치한 유일한 여성이었다고들 한다.

그러나 유대의 왕권을 잡은 또 다른 여성이 있다. 마카베오가 이끄는 유혈 투쟁이 끝나자, 유대인들은 마침내 셀레우코스 왕들의 족쇄에서 벗어나게 되었다. 당시,

어서 와,
이런 이야기는 처음이지?

이스라엘은 1세기에 가까운 독립을 누렸다. 이 시기에 9년 동안 이스라엘을 지배한 여성이 있었다. 기원전 78년, 불행하였던 통치 기간에 독주(毒酒)로 종말을 고하였던 알렉산더 얀네우스 왕의 미망인 알렉산드라였다.

왕이 여호와를 대신해 국가를 통치한다는 순수 신정국가의 개념 때문에 여성이 합법적인 군주로 인정받는 일은 불가능하였다. 일종의 대관식 찬가로 보이는 시편 제2편은 새로운 왕이 등장할 때 쓰인 것으로, 여호와와 속세의 군주와의 관계를 표현하고 있다.

주께서 내게 이르시되, 너는 내 아들이다,
오늘 내가 너를 낳았도다.

이스라엘 왕들의 아내들도 대체로 여왕이란 칭호로 불리지는 않는다. 아합 왕의 페니키아인 아내, 이세벨을 10부족의 왕으로 부른 것만이 유명한 예외의 경우다. 그러나 이 점은 그녀가 이스라엘인도 아니었고, 여호와 대신 페니키아의 여신 아스다롯를 숭배하였다는 사실로 설명될 수도 있다. 게다가 이세벨은 그녀의 무능한 남편보다 훨씬 더 강하고 호전적인 인물이었다.

그런데 이세벨이 여왕으로 불린 것은 그녀의 아들들과 관계되었을 때뿐이라는 흥미로운 주장도 있다. 히브리인들에게는 '여왕-아내'보다 '여왕-어머니(왕대비)'라는 개념이 더 친숙하였기 때문이다.

왕들의 어머니에게는 특별한 영예가 부여되었다. 솔로몬 왕은 왕위에 올랐을 때 자신의 옆자리를 아내가 아닌 자신의 어머니, 밧세바에게 내주었다. 이는 왕의 오른팔에 해당하는 자리였다. 종교개혁을 단행하던 아사는 바알 숭배를 위해 우상이나 성물(聖物)을 지었다는 이유로 어머니를 여왕의 자리에서 내쫓았다.

선지자 예레미아는 이스라엘의 왕과 아무런 투쟁도 하지 않고 바빌로니아인들에게 굴복하자는 자신의 정책에 가장 적극적으로 반대하였던 것으로 보이는 왕대비에게 경고하였다. 언제라도 머리에서 왕관이 떨어질 수 있으니, 겸손하게 굴 것을 요구한 것이다. 이렇게 왕들의 어머니들은 왕족의 특성을 어느 정도 지니고 있던 게 분명하다. 따라서 적어도 부분적으로는, 이스라엘과 유다 왕들의 연대기를 다음과 같은 상투적인 문구로 기록하게 되었다.

"그리하여 A는 죽어 지하에 잠들었으며, 따라서 그의 아들 B가 뒤를 이어 왕위에 올랐다. 그리고 그의 어머니 이름은 M이다. 그리고 그는 하나님이 보기에 올바른 일(혹은 악한 일)을 하였다."

이런 식으로 왕대비의 중요성은 히브리 역사에서 끊임없이 강조되었다.

 Oriental Women

Part 5
바빌로니아와 아시리아에도
여성들이 살았다네

그리스 신화의 아프로디테인 바빌로니아의 이슈타르

이제 고고학이 본격적인 발굴 작업을 통해 바빌로니아와 아시리아 여성들의 이야기를 밝히는 데 한몫을 한다. 땅에 파묻혔던 해골, 보석, 원기둥, 명판, 기념비, 벽장식 등이 기나긴 잠에서 깨어나 정체를 드러냈다. 이 유물들은 마치 죽은 자들이 실제로 살아서 들려주듯 생생하게 단편적으로나마 옛이야기를 전해준다. 티그리스와 유프라테스 계곡을 동양에서 가장 주목할 만한 지역으로 만들었던 이곳 여성들에 대한 이야기를 말이다.

아시리아와 바빌로니아의 고대 문명에서 살았던 여성들에 관해 우리가 알고 있는 내용은, '역사를 기록하라'는 교훈을 남겼던 그리스 연대기 편찬자들에게서 유래되기도 하였다. 하지만 사실은 주로 최근의 발굴 작업 덕분이다. 참고할 수 있는 이런 자료들이 있다고는 해도 아시리아와 바빌로니아 여성들에 관해 알고 싶은 내용들은 아직 명확히 밝혀지지 않았다.

수메르(고대 바빌로니아의 남부 지방. 세계 최고(最古)의 문명 발상지-옮긴이 주)와 아카드(아시리아와 바빌로니아 지방을 포함하는 동부 지방 - 옮긴이 주)의 문제가 여기에서 걸림돌이 되지는 않을 것이다. 셈족이 아닌 종족들이 유프라테스와 티그리스 지역에 살고 있었고, 그들이 후에 바빌로니아와 아시리아인들이 차용한 문명을 발전시켰다는 사실은 확실한 근거가 있는 듯하다. 수메르와 아카디아 여인들은 결국 셈족 여인들에게 고대의 유산을 물려주었다. 그러나 그들이 무엇을 남겼는지를 지금 이 시점에서 정확하게 말한다는 것은 불가능하다.

이곳 사람들의 고대 신화와 서사시에는 여성이 수없이 등장한다. 덕분에 이들의 문명에서 여성이 차지하였던 위치를 어느 정도 파악할 수 있게 되었다. 한 민족의 신화는 어린 시절의 추억을 담아놓은 뿌연 은판사진[6]과 비슷하다. 지난 50년간 고대 바빌로니아의 생활에서 탄생한 서사시 전체를 일부는 단편적인 형태로, 일부는 보존이 양호한 상태로나마 살펴볼 수 있어서 다행이다. 거의 모든 서사시에서 여성 등장인물들은 제 본연의 위치를 차지하고 있는 것으로 보인다.

히브리와는 달리 여신이 있었다

히브리의 창조론에서는 여신이 맡은 역할이 전혀 없다는 점을 기억해야 할 것이다. 그러나 바빌로니아에서 아시리아까지 일가친척이 되는 셈족의 이야기에서 티아마트 또는 뭄무 티아마트는 만물의 원시(原始) 어머니로 나온다. 그녀는 히브리의 '테홈(심연)'에 해당하는 혼돈이었다. 이렇게 자궁의 어두운 혼돈으로부터 바다를 아버지 삼

아 신, 태양, 달, 별, 땅, 인간 등 모든 것이 탄생하였다.

그러나 이상하게도 최초의 신들이 혼돈에서 탄생한 이후, 그들과 어머니 티아마트 사이에서 다툼이 일어났다. 그러나 그건 빛과 어둠이 서로 투쟁하는 옛날이야기일 따름이다. 아누 신이 분쟁을 해결하려고 하였지만, 티아마트는 전쟁이 계속되어야 한다고 천명한다. 빛의 신 마루둑이 원시 어둠에 대항하는 세력을 특별히 옹호하게 되고, 티아마트를 둘로 나눠 각각 하늘과 땅으로 만들었다. 마루둑은 천계(天界)를 만들어 신들에게 하늘의 빛, 태양, 달, 별을 할당하고, 땅을 빚는 일을 하기도 하였다.

따라서 바빌로니아의 대홍수 이야기에서도 싯-나피쉬티라는 바빌로니아의 노아가 아내를 데리고 방주에 승선한다. 홍수가 가라앉고 방주가 땅에 안착하였다. 그러자, 무지개 여신 이슈타르는 싯-나피쉬티가 감사의 마음으로 만든 제단에서 피어오른 향기로운 향냄새를 맡고는 크게 기뻐한다. 벨 신은 홍수로 다시는 세상을 파괴하지 말라는 설득을 받아들인다. 그리고 싯-나파쉬티와 그의 헌신적인 아내의 손을 잡고 축복을 내리고는 마침내 그들을 낙원으로 들여보낸다.

초기 바빌로니아의 서사시에서 가장 중요한 여주인공 가운데 한 명은 이슈타르이다. 그녀에 관한 이야기는 정말 많고도 다양하다. 실제로 이슈타르가 하데스로 내려간 이야기는 동양 신화에서 가장 중요한 전설 가운데 하나다. 이슈타르는 가나안과 페니키아의 여신 아스다롯과 아스타르테에 해당하는 사랑의 여신이다. 말하자면, 그리스 로마 신화의 아프로디테와 비너스인 셈이다.

아주 초기에는 이슈타르에게 남성들의 마음을 지배할 수 있는 힘이 없었다. 이슈타르는 전쟁의 여신이기도 하여, 초기 병사들은 그녀를 자신들의 수호신으로 공경하였다. 그녀에게 표하는 경의를 자세히 기록한 인물은 에사르하돈이었다. 그는 두 차례의 주요 군사원정에 관한 글을 읽다가, 필경사(筆耕士)를 불러 『이슈타르의 명계하강(The Descent of Ishtar into Hades)』을 가져오도록 보냈다고 한다.

여신 이슈타르가 감행한 이 낭만적인 모험 이야기는 초기 아시리아와 바빌로니아 문헌에도 잘 나타나 있다. 이슈타르의 젊은 남편 탐무즈는 겨울에 수퇘지의 어금니에 갈가리 찢겨 죽었다. 이슈타르는 연인을 잃은 상심으로 하염없이 애통해 하였지만 아무 소용이 없었다. 그녀는 가능하다면 남편이 있는 저승세계, 알라트 왕국에서 그를 구해오기로 하였다. 남편 탐무즈가 아무리 신이라 해도 죽은 자들과 함께 지내야 하였기 때문에, 그냥 두고 볼 수는 없었던 것이다.

지하세계의 진정한 왕이 된 여성

이슈타르가 남편인 탐무즈를 이승으로 다시 데려오는 방법은 단한 가지뿐이었다. 알라트의 궁전 문턱 밑에 샘물이 하나 흐르고 있었는데, 이 신비의 물에 몸을 담그고 마실 수 있는 사람은 다시 살아날

수 있었던 것이다. 그러나 샘물의 경계가 너무나 철저하였다. 그 누구도 물을 마시고 살아날 수 없도록 샘 위에 돌을 올려놓았고, 땅에는 일곱 정령이 빈틈없이 감시하고 있었던 것이다. 이슈타르가 이 물을 한 모금 가져오기로 하였다.

그러나 아무도, 심지어는 여신도 살아서는 하데스가 사는 그곳으로 내려갈 수 없었다. 전해지는 이야기는 이렇다.

"어떤 나그네도 다시는 돌아올 수 없는 땅으로, 어둠의 지역으로, 신(바빌로니아의 달의 신-옮긴이)의 딸 이슈타르가 자신의 영혼을 어둠의 집, 이스칼라의 영역으로 이끌었다. 한번 들어온 자는 결코 나갈 수 없는 집이었다. 누구도 두 번은 돌아가지 못하는 길이었다. 일단 들어가면 다시는 빛도 못 보고, 빵도 없이, 흙먼지만 존재하고, 음식도 없이 바람만 존재하는 집이었다. 아무도 그곳에서는 빛을 볼 수 없으며…… 문과 자물쇠 위로는 온통 먼지만 두텁게 쌓여 있었다."

그러나 이슈타르는 자신의 사랑을 위해서라면 어떤 어려움이나 금지된 일들도 못 할 게 없었다. 그녀가 알라트의 거처로 내려가 문을 두드리며 문지기에서 빗장을 열라고 명한다.

"생명수의 수호자여, 문을 열어라, 내가 들어가도록 문을 열어라. 내가 들어갈 수 있도록 문을 열지 않는다면, 문을 부수고 빗장을 산산조각 낼 것이며, 문지방을 때려 부수고 이 문을 지나갈 것이다. 죽은 자를 일으켜 살아있는 자를 잡아먹게 하여, 죽은 자가 살아있는 자의 수보다 많게 할 것이다."

문지기는 자신의 여주인 알라트에게 이슈타르의 건방진 요구를 알린다.

"오! 여신이시여, 당신의 여동생 이슈타르가 생명수를 찾아 왔나이다. 무거운 빗장을 흔들며 문을 부수겠다고 협박을 하고 있나이다."

알라트는 이슈타르를 경멸스럽다는 듯이 대하지만, 결국 자신의 사자(使者)에게 명령한다.

"그럼, 수호자여! 가서 문을 열어주거라. 그러나 고대 율법에 따라 그녀의 옷을 벗기어라."

인간은 발가벗은 채 세상에 오기 때문에, 떠날 때도 옷을 벗어야 한다는 것이었다. 그래서 바빌로니아인들은 오랜 풍습에 따라, 죽은 사람을 매장할 때 옷을 입히지 않는다. 이슈타르는 옷을 벗고 보석을 뺐으며, 문을 통과할 때마다 더 많은 장신구를 내놓았다. 맨 처음은 왕관을 벗어 놓았다. 오직 알라트만이 이 암울한 영역의 여왕이었다. 다음은 귀걸이, 보석 달린 목걸이, 베일, 허리띠, 팔찌와 발찌를 벗었다. 일곱 번째 문을 통과할 때는 모든 옷을 벗은 상태였다. 그러자 알라트는 자신의 악령이자 재앙의 신 나므타르에게 명하였다. 면전에 있는 그녀를 끌어다 온갖 질병으로 그녀의 목숨을 빼앗도록 말이다.

한편, 지상에서는 삼라만상이 이슈타르의 빈자리를 슬퍼하고 있었다. 그녀가 사랑과 생식의 여신이었기에 모든 자연이 죽어갔고, 새로 자라는 생명은 하나도 없었다. 따라서 지상의 모든 세력이 힘을 모아 그녀를 다시 살려냈다. 그녀를 살려낼 방법을 찾지 못한다면, 세상의

모든 생명이 결국 사라져 황량해질 것이기 때문이었다.

이때 지상신(至上神) 헤아가 그녀를 구하러 온다. 우주의 통제자로서 오로지 그 자신만이, 저승에 내렸던 법을 어길 수 있었기 때문이다. 헤아는 알라트에게 생명수를 주어 이슈타르를 다시 살리도록 명한다. 또한 헤아는 이슈타르의 배우자 탐무즈의 생명을 좌우할 권한이 자신의 손에 있다는 것을 잘 알고 있었다. 그녀는 생명수를 탐무즈에게 뿌리고, 귀중한 향수를 바르고, 주황색 옷을 입혔다. 이렇게 "자연은 탐무즈와 함께 되살아났고, 이슈타르도 죽음을 물리쳤다."

이처럼 바빌로니아의 하데스를 여왕이 주재하였고, 지하세계의 진정한 왕위를 여성이 차지하였다는 이야기는 뭔가 숨어있는 의미를 간직하고 있다.

두 번째 발자국

죽음의 여신, 알라트

고대 북유럽 신화에서는 남편이 없는 헬 여신이 죽음의 세계, 지옥을 지배하였다. 또 그리스의 페르세포네는 남편 플루토와 함께 지하세계를 관장하였다. 그렇다면 바빌로니아인들에게 죽은 자의 영역을 지배하는 권한은 누구에게 있었을까. 바로 알라트 여신에게 있었다. 그녀의 필경 사도 일반적인 예상과는 달리 벨리트-이세리라는 여자였다.

죽음의 여신, 알라트는 매력적인 여성이 아닌 육식조(肉食鳥)의 날개와 발톱이 달린 못생긴 여인으로 묘사된다. 그녀는 이승과 자신의 거처를 흐르는 강을 살펴며 자신의 영역을 오간다. 거대한 뱀이 마치 살아있는 홀(왕이 왕권의 상징으로 들던 지팡이 – 옮긴이 주)인양 양손에 한 마리씩 쥐고 휘두르며, 자신에게 원한을 품은 자를 공격하여 독살하였다. 그녀가 어두운 강을 항해할 때 타던 배의 뱃머리에는 사나운 새의 부리가 붙어 있었고, 배의 선미에는 황소의 머리가 달려 있었다.

그녀의 힘 앞에서는 모두 무릎을 꿇지 않을 수 없었다. 신들도 인

간처럼 죽을 때를 제외하고는, 그녀의 영역을 침범할 수 없었다. 그리고 자신들보다 그녀가 우위에 있다는 사실을 겸허하게 받아들였다. 죽은 자들과 마찬가지로, 알라트도 먹고 마시며 잠도 잤다. 다른 신들과 마찬가지로, 그녀의 일용할 양식은 충직한 사자 나므타르가 준비한 신들의 식탁에 마련되었다. 살아있는 자들이 신께 제물로 올린 헌주(獻酒, 또는 신주)가 땅을 통해 한 방울씩 그녀에게 흘러내렸다. 이렇게 알라트는 어떤 나그네도 돌아오지 않는 땅에 살며 그 땅을 지배하고 있다. 죽은 자를 받아들일 때는 일곱 개의 문이 두 번 열리지만, 죽은 자를 풀어주는 문은 결코 열리지 않는 왕국이다.

그런데 독일 마르부르크 대학의 피터 옌슨 교수가 문제를 제기하였다. 죽은 자의 영역에서 여성의 힘이 왜 그렇게 중요한가, 심지어 어떻게 제왕적 성격을 띠고 있는 것인가? 피터 옌슨 교수는 히브리인들이 그들의 저승인 스올을 북게르만 국가들이 헬을 의인화하였던 것처럼, 아시리아와 바빌로니아인들도 죽은 자들의 나라를 인간으로 간주하였다는 아주 간단한 답을 내놓았다. 그리고 장소나 땅의 이름들이 모두 여성형인 걸 보면, 히브리와 마찬가지로 아시리아에서도 죽은 자의 땅은 여성의 모습을 하고 있다고 생각하였다. 이러한 설명이 사실이든 아니든, 확실한 것은 여성 원리(female principle)가 아시리아와 바빌로니아 민족들의 종교적 관념에서 중요한 역할을 하였다는 점이다.

그러므로 여성이 바빌로니아와 아시리아의 종교 생활과 페니키아 숭배 의식에서 중요한 위치를 차지하였다는 건 어렵지 않게 유추해볼 수 있다. 여신이 종교에서 중요한 역할을 담당할 경우에, 무엇보다 자연의 원기 넘치는 생식 능력을 숭배하면 여성이 자연스럽게 어떤 위치를 차지하게 된다. 히브리인들에게 여자 선지자가 있다면, 바빌론과 아시리아의 종교에는 여선지자는 물론, 여성 사제도 존재한다.

아시리아의 뛰어난 여성, 세미라미스

아시리아 여성들에 대한 이야기에서 세미라미스와 그녀의 놀라운 업적에 대한 전설을 빼놓을 수는 없다. 여러 다른 국가의 초기 역사에 해당하는 상당 부분이 그렇듯, 이 비교 불가한 여왕의 이야기가 보존된 것도 그리스인들 덕분이다. 크테시아스, 디오도로스, 헤로도토스, 스트라보 등이 세미라미스의 이야기를 전하거나 그녀의 업적들을 언급하고 있다.

출중하였던 세미라미스는 생식의 여신 데르게토가 인간인 젊은 남자를 사랑하여 낳은 딸이었다. 아기는 제 어머니에게 버려지고, 시마스라는 양치기에게 발견되어 자라났다. 매우 아름다운 처녀로 성장한 세미라미스는 시리아의 총독 오안네스와 결혼하였다. 박트리아(고대 그리스인들이 중앙아시아에 세운 왕국 – 옮긴이 주)와의 전쟁에서 그녀가 병사로 신분을 감춘 채 포위된 성벽을 기어오르며 용맹을 떨치자, 니네베 시를 세운 니누스왕이 그녀를 자신의 왕비로 삼았다.

곧이어 니누수 왕은 죽어버렸고, 세미라미스는 왕국의 유일한 지배자로 군림하게 되었다. 그녀는 거침없는 야심과 뛰어난 머리로 선왕들의 영광을 무색하게 하는 업적을 쌓았다. 도시를 건설하고, 방어벽을 무너뜨리고 왕들을 정복하여 자신의 영토를 사방으로 확장하였다. 세미라미스는 자신이 세운 여러 수도 가운데 하나인 바빌론 시를 건설하여, 햇볕에 말린 벽돌에 역청을 발라 거대한 성벽을 쌓았다. 어마어마하게 큰 돌기둥이 떠받치는 놀라운 다리도 건설하였다. 디오도로스 시켈로스는 크테시아스가 한 말을 인용하여, 그녀의 바빌론 성곽 건설을 이렇게 묘사한다.

성곽의 첫 부분이 완공되자, 세미라미스는 유프라테스 강이 가장 좁아지는 곳에 약 158미터 길이의 다리를 세웠다. 강바닥에는 약 3.7미터마다 기둥을 세웠고, 이 돌기둥들은 납을 장붓구멍에 넣어 고정한 강철 죔쇠로 연결하였다. 또 강물을 갈라 완만히 흐르게 하여, 거대한 기둥에 가해지는 압력이 약화되도록 물살에 면한 기둥들은 비스듬하게 세워졌다. 기둥들 위에는 삼나무와 사이프러스의 줄기를 굵은 종려나무와 함께 올려놓아, 단의 폭이 약 9미터에 이르렀다.
거기에 막대한 자금을 들여 강 양안(兩岸)에 부두를 건설하였다. 부두를 둘러싼 벽은 바빌론 성벽만큼 넓었고, 그 길이는 약 32킬로미터에 달하였다. 다리의 양단 앞에 세워진 성의 측면에는 탑들이 즐비하게 늘어섰고, 3중 벽으로 주변을 에워쌌다. 건설에 사용된 벽돌은 각종 동물의 형상을 본떠 그에 맞는 색을 입힌 후

구워졌다.

이후 또다시 상상을 초월하는 엄청난 작업에 착수하였다. 저지대를 파서 거대한 대야 혹은 사각형 저수지를 만드는 작업이었다. 드디어 대공사가 끝나 유프라테스 강이 곧바로 저수지로 유입되자, 여왕은 건조해진 강바닥에 한쪽 성에서 다른 성으로 이어지는 포장도로 건설에 착수하였다.

이 작업을 7일 만에 끝내고 강물을 다시 흘려보냈다. 그러자 여왕은 자신의 한쪽 성에서 다른 한쪽 성까지 신발을 적시지 않고 물속을 건너갈 수 있었다. 터널의 양 끝에는 청동 문을 달았다. 그런데 크테시아스에 따르면, 페르시아 시대까지 남아있었다고 한다. 마지막으로 여왕은 도시 한복판에 바빌론 최고의 신, 벨의 신전을 세웠다.

이와 같은 인용 문구를 보면, 세미라미스가 최고를 자랑하는 현대적 건설공법을 상당히 앞질렀다는 점을 알 수 있다. 여왕의 권한을 강화하고 상업 확장을 위한 도로가 건설됨에 따라, 산과 계곡도 그녀 앞에 무릎을 꿇었다. 세미라미스는 아르메니아와 메디아를 비롯한 주변의 모든 지역에서 자신의 천재성과 위업을 자랑하였다. 이집트와 에티오피아조차 그녀 앞에 고개를 숙였다.

세미라미스는 멀리 떨어진 인도에 군사를 파병하기 시작하였을 때가 돼서야 실패에 부딪쳤다. 인도의 스타브로바테스 왕은 코끼리를 이용해 용맹스런 여왕의 군대를 궤멸시켰다. 이후 여왕은 다시는 극동으로의 진출을 도모하지 않았다. 다음의 말을 보면, 세미라미스가 자신을 어떻게 생각하였는지 엿볼 수 있다.

자연은 내게 여성의 몸을 주었지만, 나의 행동은 가장 용맹스런 남자들과 마찬가지다. 나는 서쪽으로는 히나만(인더스 강) 강에 이르고, 남쪽으로는 향료와 미르라(천연 수지의 하나 – 옮긴이 주)의 땅(아라비아 펠릭스), 북쪽으로는 사스와 소그디아나에 이르는 니누스 제국을 지배하였다. 나 이전에는 어떤 아시리아인도 바다를 본 적 없도다!

아득히 멀리 있어서 누구도 접근하지 못하였던 네 개의 강을 보았다. 그 강을 내가 원하는 곳으로 흐르게 하여, 물이 필요한 곳으로 이슬어 척박한 땅을 옥토로 바꾸었다. 철벽같은 요새를 세웠고, 철로 된 도구로 거대한 바위를 가로지르는 길을 만들었다. 들짐승이 아닌, 나의 전차가 지나갈 수 있도록 길을 열었다. 이처럼 나의 점령지 한복판에서 쾌락과 사랑을 위한 시간을 찾았도다!

어서 와,
이런 이야기는 처음이지?

이 위대한 여왕의 진실은

오래전 고대 동양에 살았던 여성의 이 이야기가 참으로 놀랍지 않은가. 실제로 살아 움직이던 뛰어난 인물이었을까? 두말할 필요 없이 전적으로 전설일 뿐이다. 많은 역사적 사실을 밝혀주고 있는 최근의 어떤 발굴도, 그리스의 의사이자 역사가였던 크테시아스가 들려준 이 이야기를 사실로 확인해주지 못하고 있다. 반대로 말해보면, 남아 있는 기념물들이 그런 여인의 존재조차 아직 증명하지 못하는 것이다.

세미라미스가 여신에게서 태어났고, 죽은 후에 비둘기로 변하였으며, 그 후 여신으로 숭배 받았다는 점 모두가 이 이야기의 신빙성을 떨어뜨린다. 기원전 812년에서 기원전 783년 사이에 살았던 삼무라마트라는 여왕이 선사시대의 이 위대한 여왕이 아니었을까 하는 개연성도 있다. 삼무라마트 여왕은 역사상 실존 인물로 밝혀졌다. 그러나 세미라미스 여왕이 이룩하였다는 놀라운 업적들은 인간이 오랜세월을 거치며 만들어낸 작품이며, 동시에 미세한 부분까지 매우 이상적으로 표현된 작품으로 평가받고 있다.

이후 여러 건축 및 군사적 업적이 그녀가 이룩한 것이라는 사실을 보면, 이 상상 속 여왕이 백성의 마음을 사로잡았던 게 분명하다. 아무튼 세미라미스 이야기의 신화적 성격에도 불구하고, 이 전설은 아시리아와 바빌로니아 역사에 관한 상당한 진실을 반영하고 있는 셈이다. 한 여성이 그렇게 대단한 업적을 이룩한 사실은 동양 민족들에게는 여성에 대한 나쁜 편견이 별로 없었다는 점을 입증하기도 한다.

유프라테스 강과 티그리스 강 유역의 여성들은 자립심이 강하였고 남성과 동등한 존재로 인정받기도 하였다. 말하자면, 그런 분위기였기에 세미라미스 전설이 탄생할 수 있었던 것이다. 남녀의 미덕을 비교하는 일은 아득히 먼 옛날에나 있었다. 이와 관련해, 플루타르크가 언급한 흥미로운 말이 있다.

남녀 미덕의 유사점과 차이점을 가장 잘 배울 수 있는 방법은, 삶과 삶을 비교하고 위업과 위업을 어떤 위대한 예술의 산물로서 비교하는 것이다.

비교할 때는 마땅히 세미라미스의 아량이 그 성격과 끼친 영향 면에서 세소스트리스(이집트 왕-옮긴이 주)의 아량과 같은지, 혹은 타나퀼(로마 제5대 왕 타르퀴니우스의 황후)의 교활함이 세르비우스(로마 제6대왕-옮긴이 주)의 교활함과 같은지, 포르시아(「베니스의 상인」의 여주인공-옮긴이 주)의 신중함이 브루투스(로마의 정치가-옮긴이 주)와 펠로피다스(고대 그리스 테베의 장군-옮긴이 주)와 티모클레아(그리스 테베의 부인-옮긴이 주)의 신중함과 같은지 고려해야 하며, 이런 미덕들이 그들의 최대 강점이고 힘이 되는지 살펴보아야 한다.

함무라비 법전에 나타난 여성의 지위

초기 아시리아 신화를 거론해야 한다면, 아시리아인들은 서슴지 않고 여자의 업적과 여자의 천재성에 진정한 위대성이 담겨 있을 가능성을 인정하였을 것이다.

기념물에 새겨진 위대한 인물 중 주목해야 할 여왕도 거의 없고, 아시리아 연대 기술 방식인 에포님 명부에 어떤 여자 이름도 등장하고 있지 않다. 그러나 아시리아와 바빌로니아인들 사이에서 여성의 위치는 대다수 고대 국가보다 커다란 특권과 명예를 차지하는 자리에 속해 있었다. 키루스가 바빌론 시를 정복하기 전에 포로로 잡아야만 하였던 인물은 다름 아닌 한 명의 여성이었다. 난공불락의 성벽을 쌓아 위대한 도시 바빌론과 수리시설을 보호하였다고 헤로도토스가 지목한 여성, 바로 니토그리스 여왕이었다.

지금껏 알려진 법전 가운데 가장 오래된 함무라비 법전에는, 여성들이 편안한 생활을 한 것으로 기록되어 있다. 함무라비는 기원전 2250년경 바빌론의 왕이었다. 이런 진기한 법 가운데 하나는 이렇게 적고 있다.

"여자가 남편을 싫어하며 '당신은 나를 소유할 수 없다'고 한다면, 그녀의 결점을 이전 생활에서 찾아보아야 한다. 그녀가 신중한 여주인으로 흠잡을 게 없는데도 남편이 매우 하찮게 취급해왔다면, 이 여성에게는 잘못이 없다. 그녀는 예물을 받아 친정아버지 집으로 가도

된다. 하지만 그녀가 신중한 여주인도 아니고, 나다니며 집안일을 소홀히 하고 남편을 하찮게 대하였다면, 그녀를 물속에 처넣을 것이다!"

함무라비 법에 따르면, 남자는 아내를 팔아 빚을 청산할 수 있었다. 또 여자는 자신을 사들인 사람 집에서 3년 동안 일을 하면 자유가 주어졌다. 모세의 율법에 따르면, "자기 아버지나 '자기 어머니'를 때린 남자는 기필코 죽음에 처해질 것이다."

함무라비 법전도 마찬가지였다.

"자기 아버지를 때린 자는 사지(四肢)를 잃을 것이다."

어서 와,
이런 이야기는 처음이지?

네 번째 발자국

'금수저' 여성이
오히려 덜 자유로웠다

지금까지 발굴된 수많은 계약 관련 점토판 덕분에, 유프라테스 강과 티그리스 강의 계곡에 살던 민족의 사회풍습을 새롭게 이해하게 되었다. 바빌로니아의 여성들은 법 앞에서 더 연약한 그릇(성서에서 여자를 나타내는 어구-옮긴이 주)이라는 점 때문에 심한 고통을 당하지는 않았다.

실제로 심판의 저울은 남녀 사이에서 상당히 공정한 판단을 내렸다. 여성은 자신의 재산을 보유하고, 사람들 앞에 모습을 드러내고, 자기만의 일을 할 수 있었다. 아시리아 여인들이 노상에서 노새를 타고 있는 모습이 새겨진 유물들이 곧잘 발견되기도 한다. 여성이 관직에 오르기도 하고, 법원에 탄원을 낼 수도 있었다. 그래서 바빌로니아에서 현대의 서구 사상이 태동하였다고 짐작할 정도였다.

한 남자와 그의 아내 사이의 서약을 기록한 점토판에 따르면, 남편이 첫 아내가 살아있는 동안 다른 여자와 결혼할 경우 첫 아내의 지참금을 본인에게 돌려주어야 한

다. 그리고 그녀는 자신이 원하는 곳으로 갈 수 있었다. 그러나 이혼 관련 법률은 그 이외의 많은 사회생활 관련 규정을 결정짓는 요소인 공정성이 부족한 듯하다.

남자는 금전적 배상을 지불할 경우 아내와의 이혼이 허락되었다. 하지만 여자가 먼저 혼인계약의 무효를 청구할 경우에는 물에 빠뜨려져 죽임을 당할 수도 있었다. 사제들이 악마에 홀렸거나 병든 자의 악령을 쫓아내는 데 이용한 퇴마 의식을 보면, 어머니를 경멸하는 행동이 아버지를 모욕하는 행동으로 간주되었다는 것을 알 수 있다.

"그런 자는 부모나 친척과 사이가 좋지 않고, 신을 거스르는 죄를 짓고, 아버지나 어머니를 경멸하며, 거짓말을 하고, 남을 속이고, 이웃의 아내를 능멸하며, 이웃을 죽였을 것이다. 그야말로 아카드 판례까지 거슬러 올라가는 어떤 고대 법률은, 자식이 있는 여자를 남자보다 더 존중하였던 것 같다. 아들이 자기 아버지를 인정하지 않으면 벌금형에 처하였지만, 어머니를 인정하지 않는 경우에는 추방을 당하였기 때문이다."

모든 여성이 법 앞에서는 동등하였다

여성의 사회적 자유는 상당 부분 이들이 속한 사회계층에 따라 결정되었다. 하류 계층의 여성들은 동양사회에서 유난히 독립적이었

다. 그들의 자유는 사실상 전혀 제한되지 않았다. 머리와 얼굴을 가리지 않은 모습으로 거리를 돌아다닐 수도 있었다. 시장에서 물건을 사기도 하고, 자신에게 필요한 일을 하기도 하고, 아무 제약 없이 친구 집을 방문하기도 하였다.

모든 여성이 자신의 계층에 상관없이 법 앞에서 동등하였지만, 상류층 여성들은 집안에서 생활해야 하는 뿌리 깊은 관습이 있었다. 남들 눈에 띄는 장소에 나갈 수 있도록 허용된 경우에도 내시나 시동을 대동해야 하였다. 그랬기에 바깥세상을 보거나, 남들의 눈에 띄는 일 모두 까다로운 일이 아닐 수 없었다.

물론 아시리아 최상류층 여성에 속하는 여왕은 존엄과 예외의 상징이었다. 그래서 남편과 왕족과 하인을 제외하고 여왕의 모습을 볼 수 있는 경우는 드물었다. 따라서 상류층에 속하는 여성들에게는 자유와 더 많은 권한보다는, 단조롭고 고립된 생활이 따라올 뿐이었다.

하류 계층의 여성들은 대개 머리에 아무것도 쓰지 않은 채 맨발로 외출하였다. 길고 허름한 옷을 입은 모습은 아름답지도, 매력적이지도 않았다. 사실, 바빌로니아와 아시리아 사람들의 복장에는 다른 동양 민족에서 찾아볼 수 있는 우아함과 아름다움이 부족하였다. 물 흐르는 듯한 예복과, 주름 잡힌 의상이 주는 가벼운 느낌이 모자랐기 때문이다. 옷의 형태가 대부분 딱딱하고 재질이 뻣뻣한 데다, 가장자리와 술도 무거운 느낌이 들었다.

여성들은 자신의 타고난 체형을 나타내도록 옷을 입는 게 아니었다. 무겁고, 때로는 속을 채워 넣은 옷으로 몸을 가린 모습은 아름답기는커녕, 그리스와 이집트의 여성스러운 의상과 태도에서 볼 수 있는 우아함과도 상당한 거리가 있었다. 한편, 남자뿐 아니라 여자들도 대체로 아주 두껍고 정교하기도 한 자수를 많이 이용하였다. 때로는 일부 문양이 매우 화려하고 아름답기도 하였다.

남녀 모두 글을 읽고 쓸 수 있었다

바빌로니아와 아시리아 여성들의 교육에 대해서는 거의 밝혀진 게 없지만, 일반적으로 남녀 모두 글을 읽고 쓸 수 있었던 것 같다. 학교 어린이들이 공부하고 생활하였던 유적들이 고대 바빌로니아 도시들이 묻힌 흙더미에서 발굴되었다. 함께 발견된 인형이나 장난감들을 보면, 모든 연령의 어린이들의 취미와 놀이가 상당히 비슷하였다는 점을 알 수 있다. 읽고 쓰기 외에도 음악, 춤, 자수 등이 이곳 여자 어린이들이 익혀야 할 기량에 속하였다.

한편, 집집마다 어떤 식으로든 악령을 쫓는 방법이 있던 것으로 보아 가정에서 상당한 종교생활이 이루어졌던 것 같다. 모든 사람이 세상에는 언제나 인간을 파멸시키려고 하는 악마로 들끓고 있다는 걸 믿고 있었다면, 여성들은 분명히 모든 악령이 집에 들어오지 못하도록 미신에 집착하거나 극도로 까다롭게 굴었을 것이다.

어서 와,
이런 이야기는 처음이지?

따라서 집안의 거의 모든 장소에 부적을 매달았다. 액막이 부적으로, 무시무시한 악령을 그린 작은 조각품은 어느 집에나 있었다. 가정의 평화를 파괴하고, 부부 사이를 멀어지게 하고, 가장을 제집에서 내쫓고, 곳곳에 흉년과 병충해를 가져오는 온갖 불행을 막을 때마다 부적이 사용되었다.

괴상한 방식의 결혼

고대 바빌로니아인들은 괴상한 방식으로 딸들을 결혼시켰다. 헤로도토스가 그렇게 전하고는 있지만 사실 믿어지지는 않는다. 처녀는 아무 때나 시기를 정해 부인이 될 수 있었던 게 아니었다. 한 해에 열리는 단 한 번의 행사, 즉 일반 축제 때만 결혼이 허용되었다. 이 축제가 열리면 결혼 적령기에 있는 딸들을 공매로 내놓았다.

여리꾼이 자리를 잡으면 아내를 구하는 젊은 사내들이나, 며느리를 살 돈을 내놓아야 하는 젊은이들의 부모는 가진 돈과 내놓은 여성의 가치를 맞바꿀 기회를 엿보며 때를 기다렸다. 매물로 나온 어린 여자들은 그들의 미모에 따라, 가장 예쁜 처자를 필두로 판매가 끝날 때까지 팔려나갔다고 한다. 사려는 사람들의 경쟁이 치열해지는 경우도 종종 발생하였다. 그리하여 원하는 처녀를 데리고 가려면 거금을 지급해야 하였다.

얼굴이 예쁜 처녀가 좋은 가격에 모두 팔리고 나면, 매력이 다소 떨어지는 처녀로 순서가 넘어갔다. 못생긴 처녀들은 팔리는 게 아니라, 지참금을 보태 아내로 주었다고 한다. 말하자면, 미인들을 이용

해 매력이 덜한 처녀들의 가치를 높이려는 계산이었다. 경매가 끝나면 결혼식이 열렸고, 신부들은 새로 만난 남편과 함께 자기네 집으로 갔다. 여성들은 이런 결혼 방식에서 벗어날 길은 없었다. 그건 선택이 아닌, 무조건 따라야 하는 것이었으니까 말이다.

결혼식을 축하하는 반지도, 팔찌도 없었다. 각각의 신부에게 올리브 모양으로 구운 찰흙이 약간 주어졌을 뿐이다. 이 찰흙을 목에 계속 걸고 있을 수 있도록 구멍을 뚫은 다음, 거래 당사자들의 이름과 결혼 날짜를 새겨 넣었다. 발굴된 유적에서 나온 이런 몇몇 점토물이, 가장 높은 가격을 부른 사람에게 처녀들이 팔려나갔던 시절을 말없이 보여주고 있다. 처녀들은 해마다 스밧(마카베오서 16장 14절에 11번째 달로 기록되어 있음 – 옮긴이 주) 달에 부인용 매물로 나오곤 하였다.

사회적 진화를 거친 결혼식

이후 이런 풍습은 좀 더 이성적으로 바뀌어, '민법과 가정의례'에 모두 준해야 결혼이 이루어진다고 생각하였다. 이어 양측의 합의로 결혼이 성사되었다. 때로는 필경사를 불러 결혼서약서를 작성하기도 하였다. 결혼식을 위한 증인을 세우고, 향후 참고용으로 공증을 하기도 하였다.

기나긴 사회적 진화를 거쳐 하나의 결혼 방식에서, 또 다른 결혼 방식으로 넘어갔던 것이다. 그러나 결혼과 관련된 거래와 매매의 흔적이 완전히 사라진 것 같지는 않다. 턱도 없는 일이다. 그 당시 배우자를 구하는 젊은 사내의 아버지와 처녀의 아버지가 흔히 나누었을 대화는 어땠을까?

"우리 아들 잠마나단과 결혼할 수 있게 당신 딸 빌리트소논을 내줄 수 있겠소?"

처녀의 아버지가 동의하면, 별 지체 없이 지참금을 조정한다. 두 아버지는 아량이 넓고 부유하지만, 사업적 기질도 있는 사내들이다. 한 사람이 너무 많이 요구하자, 다른 한 사람은 너무 적게 대답한다. 몇 시간의 흥정 끝에 각자가 처음부터 적정한 지참금이라 여겼던 금액에 합의한다.

은 1마나(약 500그램 - 옮긴이 주), 하인 3명, 혼숫감과 가구가 합의된 지참금이었고, 신부 아버지는 각 품목을 동일한 가치의 현금으로 대신할 수 있다. 별다른 문제가 없으면 혼례는 그 다음 주 중에서 하루를 결혼식 날로 잡는다.

그러나 인생에서 그렇게 중요한 행사를 치를 젊은 아가씨에게 시간이 더 필요하지는 않을까? 필요 없다. 왜냐하면 부모님이 그런 거래를 성사시킬 것이란 예상을 어느 정도 하고 있기 때문이다. 아직 13세가 되지 않은 처녀라면? 그러니까 지난 몇 개월을 허송세월하지만은 않았다. 부지런히 바느질하고, 수를 놓고, 장차 가정에 도움이 될 만한 아름답고 유용한 것들을 만들었다.

그러나 처녀는 결혼식 날 베일을 걷었을 때, 자신의 모습이 신랑에게 매력적으로 보이도록 하는 것 외에는 달리 관심이 없었다. 그리하여 신부에게는 향과 장신구가 충분히 주어졌다.

아름다운 날이 밝다

결혼식 당일이 되면, 친구들은 예비 신부의 집으로 일찍 찾아간다. 혼인계약서를 작성하는 필경사도 중대한 업무를 수행할 채비를 하고 참석한다. 그는 삼각형 바늘로 물렁물렁한 점토를 꾹꾹 눌러 계약서를 작성하였다.

이 계약서를 역시 점토로 만든 봉투에 넣으면, 계약서 문구가 갑절로 늘어난 느낌이 드는 듯하다. 이것을 조심스레 구워 향후 사용할 수 있도록 보관하였다. 이렇게 만든 점토 혼인계약서가 몇 천 년이라는 오랜 세월 동안 땅속에 묻혀 있었던 것이다. 그때만 해도 이 혼인계약서가 고대 도시의 유적을 캐내던 어느 이름 모를 사람의 손에 의해 발견될 줄은 아무도 몰랐을 것이다.

드디어 점성술사가 만사 순조로울 거라던 아름다운 날이 밝았다. 풍습에 따라, 이제 신랑과 신부 두 사람이 하나가 되었다는 의미로 손을 서로 털실로 묶었다. 하객들 앞에서 혼인계약서를 또박또박 낭독하고, 증인들은 부드러운 점토판에 이름을 남기고, 지참금을 포함한 선물들이 건네진다. 행복한 신혼부부를 위해 신들에게 기도를 올리고, 결혼 계약을 무효로 하거나 선물을 철회하려는 자에게는 저주를 내린다.

이후 아시리아인들이 아주 좋아하는 연회가 열린다. 먹고 마시며, 음악과 춤을 즐기고, 농담과 덕담을 주고받는다. 마침내 신부가 신랑 부모님 댁으로 가야 할 때가 된다. 신부가 떠나가는 동안 내내, 길가에 선 모든 동네 사람들이 함께 기뻐하며 동참한다. 신부가 신랑 집에 도착하면 축제가 다시 시작되어 여러 날 이어진다. 다들 피곤하지만, 젊은 부부가 새로운 인생을 시작하는 장면을 즐겁게 앉아 구경한다.

여섯 번째 발자국
하렘의 여인들

아주 먼 옛날, 동양에서는 일부다처제가 드문 일이었다. 그러나 일부다처제가 시행되었던 곳에서는 빠짐없이 하렘이 존재하였다. 아시리아의 왕은 아내를 합법적으로 한 명 이상 둘 수 있었으며, 왕족이 아닌 자들은 말할 것도 없었다. 사르곤 왕은 합법적인 아내가 세 명이나 됐으며, 각 부인을 위해 왕은 자신의 두르샤르지나 왕궁에 별도의 처소를 마련하였다. 이런 거처에는 일반적인 동양 집과 마찬가지로 궁전 중앙을 통해 들어갔다.

왕비의 거처는 대체로 장식도, 비치된 물품들도 화려하였다. 전형적인 모습을 갖춘 사르곤 왕궁의 하렘은 여러 문을 통해 들어갔다. 그중 한 문의 전방에 거대한 청동 종려나무가 양쪽에 한 그루씩 있었다. 종려나무는 우아함과 생식 능력의 상징이었기에, 그곳의 중요성을 분명하게 대변하였다.

그곳에는 왕비가 사용하는 침실은 물론, 대기실과 응접실도 있었다. 벽은 회반죽을 발랐고, 벽장식이 많았으며, 평범한 디자인도 종교를 상징적으로 묘사한 것이었다. 물론 흥미로운 모습을 한, 아시리아 수호신들인 날개 달린 황소와 사자가 벽에 그려져 있는 경우도 많았다. 신들은 그 당시 누

구에게나 인기 있는 그림 소재였다.

여자들 방에는 의자, 스툴, 탁자가 놓여 있고, 벽돌이나 돌로 된 바닥에는 깔개와 양탄자가 깔려 있었다. 요즘의 침상과 엇비슷한 침대는 나무다리 위에 매트리스와 덮개를 깔았다. 게다가 화려한 장식의 벽감에 위치하여 매력적인 침실 분위기가 났다.

단조로운 생활이 때로는 질투심에 끓기다

왕비는 한가한 시간을 어떻게 보냈을까? 왕비는 죄수와 다름없는 생활을 하다가 생을 마감하였다. 그랬기 때문에 시간이 참으로 길게 느껴졌을 것이다. 저명한 프랑스 아시리아 학자 G. 마스페로는, 한가한 시간을 메우려 하였던 왕비들의 심심풀이를 이렇게 묘사하였다.

왕비들은 옷도 입어보고, 수도 놓고, 바느질도 하고, 왕실을 돌보고, 노예들과 오랫동안 이야기도 나누었다. 인사차 서로를 방문하기도 하고, 축제를 열어 춤추고 노래하며 시간을 보내기도 하였다. 가끔은 왕이 왕비들과 함께 몇 시간씩 어울리거나, 왕비들을 식사에 초대해 왕궁의 공중정원에서 즐거운 시간을 보내기도 하였다.

왕자와 귀족의 아내들이 왕비들에게 경의를 표하는 일이 가끔

허용되기도 하였지만, 그런 일은 매우 드물었다. 그들이 고립된 생활과 외부세계와의 사이에서 중재자 역할을 하는 것을 두려워하였기 때문이다.

아시리아와 바빌로니아 왕들은 대체로 정복에 대한 야망이 한없이 불타는 왕들이었다. 그래서 한 해의 상당 기간을 머나먼 땅에서 군사들과 함께 보냈다. 혹은 아마도 수많은 왕을 매료시켰던 사자 사냥을 하고 있었을 것이다. 이를 볼 때, 군주의 아내들이 왕의 진정한 동반자였다고 단정 짓기는 어려울 듯하다.

한없이 이어지던 단조로운 생활이 때로는 질투심에 끊기며, 지독한 증오와 끔찍한 음모로 이어졌다. 왕의 총애는 한 아내에게 쏠리게 마련이었다. 무시당한다고 생각한 부인들은 당연히 총애를 받는 정적에 대해 격분하였을 것이다. 궁의 시종들이 비극적인 결말로 이어진 갈등에 휘말리는 경우도 많았다. 정적들의 눈에 왕에게 과분한 사랑을 받는다고 생각되면, 하렘 전체는 총애를 받는 아내에게 반발하였다. 그리하여 독약이나 여타 은밀한 방법으로 왕의 사랑을 받아 불행해진 그녀의 생명은 쥐도 새도 모르게 빼앗길 수 있었다.

아시리아 여성들의 삶

반갑게도 하렘의 여인들의 단조로운 고립 생활이 조금이나마 위로가
될 만한 작업이 거행되었다. 여인들의 거처 근처 공간에 정원을 만드는
일이었다. 지극히 정교하고 아름다운 정원으로 손꼽히게 될 정원들이
었다. 세계 7대 불가사의 중 하나인 바빌론의 공중정원은 왕이 총애하
는 왕비를 위해 세워졌다. 하렘의 정원은 플라타너스, 포플러, 사이프
러스 등의 나무와 여러 식물들로 꾸며졌다. 이 정원을 만드는 제안을
가장 고맙게 생각하였을 외로운 여성들, 바로 그들의 눈을 즐겁게 하
려고 선택된 나무와 식물들이었다.

아시리아의 수도 니네베가 한창 잘 나가던 전성기에는 연회가 중
요한 역할을 하였으며, 후기 바빌론 시절에도 그랬다. 니네베의 왕이
웨스트랜드에서 대승을 거두고 막 돌아왔을 때였다. 도시 전체가 흥
분에 들떠 있었다. 흥청거리는 술잔치가 며칠간 지속되었다. 그리하

여 마침내 도시 전체가 술에 취하였다. 왕은 왕비 역시
승리를 축하하고 기뻐하는 일에 동참하길 원하였다.
약간의 두려움을 안은 채 왕비는, 하렘에 있는 자신의
처소에서 함께 식사하자며 왕을 초대한다. 약속된 시간
에 맞춰 모든 것이 마련된다. 왕은 왕비가 마련한 호화

로운 긴 의자에 몸을 비스듬히 기댄 채, 향신료 냄새가 그윽한 포도주를 마신다. 긴 의자는 화려한 천이 풍성하게 늘어져 있고, 근처의 작은 탁자에는 값비싸고 고상한 금은 식기가 잔뜩 놓여 있다. 노예들은 주군이 원하는 대로 시중을 들며, 계관시인은 공들여 만든 아첨 섞인 시구로 정복자에 대한 찬사를 읊조린다. 모든 것이 훌륭한 연회를 위한 노력이었다.

이렇게 왕과 왕비에서 위대한 도시의 최하층민에 이르기까지 흥청거리며 즐기는 마음과 연회에 대한 애정, 그리고 술에 취하는 습관이 풍요로운 수도를 사로잡고 있었다. 이제 엘코쉬 출신의 히브리 선지자 나훔이 익히 전해준 말들의 타당성을 인정할 수밖에 없다. 나훔은 위대한 아시리아의 수도 니네베가 점점 유약해져 간다는 사실을 직접 목격하고, 이 영광스런 도시의 몰락을 예언하였다.

"보라! 너희 가운데 장정들은 여인네 같고, 네 땅의 성문들은 네 원수 앞에 활짝 열린 채, 빗장들은 불에 타도다."

평범한 아내들의 일상

그렇다면 평범한 아내들은 어떻게 시간을 보냈을까? M. 마스페로가 기원전 8세기경 아시리아 여성의 일상생활을 다음과 같이 생생히 묘사한다.

"아시리아 여성들은 집안에서 상당히 많은 시간을 보낸다. 오전 내내 집에 머물다, 한낮의 열기에 어쩔 수 없이 나갔다. 그러다가 해가 지면 곧바로 돌아온다. 집안일을 하기도 하고 테라스를 들락거리며 수다도 떤다. 빵을 반죽하고 음식을 준비하고 빨래를 하여 널어 말리거나, 노예가 있으면 이런 하찮은 일은 그들에게 맡긴다. 그리고 방석에 앉아 담소를 나누거나 옥외에서 수를 놓는다. 하루 중 가장 더울 때는 아래로 내려가 실내에서 더위를 피한다. 집에서 가장 시원한 방은 빛이 거의 들어오지 않는 지하다."

이렇게 아시리아 여성들은 자신의 환경, 요컨대 아주 간단한 가구나 서구의 현대인이 '편안함을 주는 것들'로 분류하는 물건 등에 훌륭하게 적응하였다. 아시리아의 가정주부는 높이와 크기가 다양한 의자와 스툴 몇 개에도 만족하였다.

부유한 사람들을 제외하면, 침대가 있는 집은 거의 없었다. 날이 밝으면 개어서 치워놓을 수 있는 깔개를 깔고 자는 게 보통이었다. 노예를 부려 하찮은 집안일을 도맡게 할 정도로 부자가 아니라면, 집안 살림은 모두 여자의 몫이었다. 주로 마당 구석에 있는 화덕도 여성이 보살폈고, 고기는 화구가 열린 벽난로에서 구웠다.

아시리아 가정에서 요리를 한다는 것은 사소한 일이 아니었다. 아시리아인들이 먹는 것도 상당히 잘 먹는 데다, 술이라면 사족을 못 썼기 때문이다. 따라서 가정주부는 포도주 담는 가죽 부대와 물 단지를 현관에 매달아 항상 시원하게 해놓아야 하였다.

수로 주변에 사는 사람들은 주로 물고기를 먹고 살았기에, 대량으로 잡아 말렸다. 부지런한 주부는 마른 생선을 거친 절구에 넣고 빻아서 케이크를 만들었다. 헤로도토스에 따르면, 이것이 메소포타미아 계곡의 저지대나 습지에 살던 사람들이 먹었던 거의 유일한 먹거리였다고 한다. 평상시에는 남녀 모두 공동의 음식 그릇을 앞에 놓고서 함께 식사를 하였다. 그러나 커다란 잔치가 열리는 날이면 여성들은 따로 식사를 하는 게 풍습이었다.

Oriental Women

Part 6
나일 강에는 수련 같은
여인들이 살았다네

첫 번째 발자국
이집트의 여인들

"클레안테스(그리스의 스토아 철학자 – 옮긴이 주)여, 여성의 미덕에 관한 한 나는 투키디데스(그리스의 역사가 – 옮긴이 주)와 생각이 다르다. 그는 칭찬이든 비난이든 외부 사람들의 입에 거의 오르지 않는 여성이 최고의 여성이라고 주장할 것이다. 훌륭한 여성의 이름은 입에 오르내리지 않고 널리 퍼져서도 안 된다는 것이다. 그러나 우리에게는 고르기아스(그리스의 철학자 – 옮긴이 주)의 말이 더 맞는 것 같다. 그는 여성의 얼굴만이 아니라 명성도 많은 사람에게 알려져야 한다고 주장한다. 로마법이 탁월한 것은 남녀 모두에게 사후에는 받아 마땅한 찬사가 공개적으로 주어지는 것을 허용하고 있기 때문이다."

나일 강가에 사는 여성의 삶 속에서 플루타르크의 이 말을 찾아볼 수 있다. 수많은 기념물이 입증하고 있듯이, 살아서든 죽어서든 이집트 여인들에 대한 칭송은 결코 모자람이 없다.

이집트 역사는 장구한 시간을 거쳐 확장되었다. 모든 것이 서서히 진행되는 지역에서도 변화는 생기게 마련이라는 사실을 명심해야 한다. 그렇기 때문에 이집트 여성에 대해 항상 이런저런 점이 옳다고 말하기는 어렵다. 이집트에는 고왕국, 중왕국, 신왕국 시대가 있다. 각 왕국은 새로운 영향을 몰고 왔으며, 이들 왕국은 여러 면에서 그리스나 마케도니아의 영향이 지배하던 시대와는 달랐다. 오늘날의 이집트도 파라오와 프톨레마이오스가 지배하던 이집트와는 매우 다르다.

오늘날의 나일 강가에는 예전과는 사뭇 다른 사람들이 살고 있다. 여행객들은 이 지역의 풍경과 사회적 여건이 매우 다양하다는 사실을 알게 된다. 가장 유명한 이집트 여인을 두고 위대한 극작가가 썼다는 글처럼, 이 놀라운 땅에 대해서 한 여행객은 이렇게 말하였다.

세월도 그녀를 시들게 할 수 없고, 케케묵은 관습도
그녀의 무한한 다양성을 시들게 할 수 없다.

세계에서 가장 오래된 책은 M. 프리스(프랑스의 이집트 학자 – 옮긴이 주)가 이집트 테베에서 발견한 파피루스이다. 이 책은 기원전 3580년경으로 거슬러 올라가며, 이집트 제5 왕조의 고관 프타.호텝의 잠언 혹은 계율을 모아놓은 것이라 한다. 고대 이집트 현자가 여성에 관해 남긴 말이 흥미롭지 않을 수 없다. 남편들을 향한 당부의 말인데, 오늘날이라면 이렇게 썼을 것이다.

"그대가 현명하다면 그대의 집을 보살피고, 그대의 아내를 존중하며, 그녀를 넘치도록 사랑하고, 그녀를 먹이고 입혀라. 이것이 남편된 자의 의무이다. 그대의 아내에게 부드럽게 대하라, 하루도 빠지지말고 어루만져 그녀의 열망을 충족시켜라. 아내를 다정하게 대하고 그녀를 존중하는 것은 곧 자기 자신을 존중하는 것과 마찬가지기 때문이다. 그대의 손이 폭력을 행하지 않도록 하며, 잔인한 마음을 먹

어서 와,
이런 이야기는 처음이지?

지 말며, 그녀에게 부드럽게 간청하여 그대의 방식을 따르게 하라. 그녀의 열망을 고려하고 그녀의 심장이 원하는 바를 부인하지 마라. 그렇게 하면 그녀의 마음이 떠돌지 않게 될 것이다. 그러나 그녀를 매정하게 대한다면 그대를 외면할 것이다. 그녀에게 말을 걸고, 그녀에게 그대의 사랑을 넘겨주면, 그대에게 존경을 표할 것이다. 양팔을 벌려라, 그러면 그녀가 그대에게 다가올 것이다."

아이를 낳을 때까지는 처형할 수 없었다

고대 이집트 문헌에는 여성들을 언급한 내용이 많다. 지금까지 전해지는 가장 유명한 이야기 가운데 하나는 '두 형제 이야기(The Tale of Two Brothers)'가 있다. 이 이야기는 모세 시대로 거슬러 올라가며, '히브리의 요셉 이야기'라고 말하기도 한다. 여인의 아름다움에 매혹된 바다가 뛰어올라 그녀를 포옹하려 들었고, 이를 아카시아 꽃이 질투하였다는 이야기가 담겨 있기도 하다.

이 사랑 이야기는 세티 2세가 아직 왕자의 신분이었을 때, 그를 위해 쓰인 것이다. 플린더스 피트리(영국의 고고학자 - 옮긴이 주)에 따르면, 고대 프리지아(소아시아의 고대 국가 - 옮긴이 주)의 아티스와 연관이 있다고 한다. 이 이야기를 보면, 여인의 사랑을 통해 수많은 악폐와 쾌락이 이집트 민족에게서 태어났다는 사실을 알 수 있다.

바빌로니아와 아시리아의 여인들은 동양에서는 보기 드물게 어느 정도의 자유를 누렸다. 그러나 이집트 여성들은 훨씬 더 독립적이었다. 이집트 여성에게 표한 경의는 나일 강 문명의 가장 공정한 요소 중 하나임이 분명하다. 어머니의 지위 역시 높이 존중되었다. 이런 사실은 르노르망(프랑스의 고전학자 – 옮긴이 주)이 꼽은 한 가지 사례로 충분히 입증될 것이다.

임신한 여성이 살인 등의 죄를 지어 사형을 판결 받아도 아이를 낳을 때까지는 처형할 수 없었다. 무고한 아기를 유죄로 다스린다는 것과, 한 사람의 죄를 두 사람에게 묻는 것을 매우 부당하다고 여겼기 때문이다. 그는 이렇게 덧붙인다.

"무고한 자에게 사형을 내린 판사도, 살인자를 무죄 방면한 것과 마찬가지로 유죄에 처해졌다."

불멸에 대한 고대의 희망

법 앞에서 여성의 권리는 존중되었다. 딸들은 아버지 토지를 아들들과 공평하게 나누었다. 부모를 돌보는 책임은 아들보다는 딸에게 더 많이 있었다. 신전에서 예배를 올릴 때 왕비는 남편 근처, 즉 뒤쪽에 섰던 것으로 묘사되기도 한다. 그야말로 왕은 종교의 수장인 데다, '태양의 아들'이었기 때문이다.

어서 와,
이런 이야기는 처음이지?

그러나 왕비는 왕의 옆에서 오시리스(고대 이집트 주신의 하나. 저승의 신이자 이시스의 남편 – 옮긴이 주) 뒤에 서 있던 이시스처럼 한 손을 호위하듯 올렸다. 그리고 시스트럼(고대 이집트의 딸랑이 같은 제례 악기 – 옮긴이 주)을 흔들거나 온갖 악령을 쫓아내는 소고를 두드리거나 헌주 병이나 부케를 들고 있었다.

적어도 중·하류 계층의 이집트 여성은 고립된 생활을 강요받지는 않았다. 자기 맘대로 오고갔으며, 얼굴을 가리지 않고 외출을 하기도 하고, 지인들을 만나 얘기를 나누기도 하였다. 그렇지만 그런 행동을 이상하다거나, 그녀를 정숙하지 않다고 생각하는 사람은 없었다.

헤로도토스에 따르면, 남성과 함께 연회를 즐기던 이집트 여성이 연회가 끝날 무렵, 이상한 광경을 목격하였다. 관속에 괴이한 시체 그림이 나무에 새겨진 것을 보게 된 것 같다. 하인이 관을 운반하면서 손님들에게 차례로 그림을 보여주며 이렇게 떠든다.

"실컷 마시고 즐기시오! 그대도 죽으면 이렇게 될 테니까 말이오."

그리스 철학자 에피쿠로스가 고대 이집트에 있었더라면 이렇게 말하였을 법하다.

"현재를 즐겨라!"

그러나 이집트인들은 일반적으로 항상 다음 세상을 염두에 두었다. 불멸이란 개념은 남녀를 막론하고, 이집트인의 삶을 형성하는 데 결코 적지 않은 역할을 하였다. 알렉산더 대왕의 시대 이후, 그리스의 영향은 이집트인의 사고와 풍습에 일대 변혁을 가져왔다.

힘을 잃어가던 오시리스 숭배를 혁신하여 백성들의 마음을 얻고자 하였던 프톨레마이오스의 노력도 무위로 돌아갔다. 그리스의 영향은 예수가 태어나기 수백 년 전 쓰인 '파쉐렌프타의 죽은 아내를 위한 애도'란 시에도 잘 드러난다. 이 시에서는 불멸에 대한 고대의 희망이 희미해진 채, 슬피 우는 배우자에게 명령이 내려진다.

할 수 있을 때 여인을 사랑하고
인생을 즐겨라,
모든 근심을 떨쳐 버리고
속세의 슬픔도.

어서 와,
이런 이야기는 처음이지?

두 번째 발자국
이집트의 여왕들

이 땅의 일인자는 물론 여왕이었다. 이집트 여왕들은 백성들의 물질적 진보를 폭넓은 시선으로 바라보았다. 지금까지 발견된 유적들에서 알 수 있듯이, 추에넴타문 여왕의 원정이 좋은 본보기가 아닐 수 없다. 발굴이 된 배에는 여왕의 지휘 하에 실렸을 법한 값비싼 물건들이 잔뜩 있었다.

하트셉수트 여왕은 다섯 척의 선단에 물품을 가득 실어 아라비아 남부해안의 푼트 땅으로 보냈다. 혹은 일각에서 추정하는 대로 아프리카 북동부 아비시니아(에티오피아의 별칭 – 옮긴이)로 보냈다고도 한다. 향기로운 무화과나무를 싣고 배가 돌아오면, 테베에 있는 여왕의 거대한 과수원에 심곤 하였을 것이다.

옛날에는 금으로 덮여 있었다는 높이 약 33미터 가량의 붉은 화강암으로 만들어진 돌기둥은 이 유명한 여왕의 작품이었다. 이 돌기둥은 세계에서 가장 높다고 알려져 있다.

여성이 이집트를 통치하였던 몇몇 경우를 보면, 왕의 아내가 남편과 공동으로 나라를 다스리기도 하였다. 또 왕권을 노리는 자들이 자신의 권리를 조금이라도 합법적으로 보이기 위해 왕족의 여인들과 결혼하기도 하였다. 에티오피아 왕족이었던 피안키가 바로 그런 경우였다.

피안키의 아내, 아메니리티스는 보기 드물게 지성을 겸비한 뛰어난 여인으로 묘사된다. 그녀는 강인한 성격과 지혜 덕분에 막강한 영향력을 발휘하였다. 그래서 테베는 물론, 주변 지역 전체에서 커다란 호평을 얻어냈다.

요즘 여행자들도 사랑스러운 아내이자 왕비를 기리는 신전이나 무덤이 남아있는 지역을 방문해보면, 고대 이집트가 여성에게 표한 경의를 쉽게 느낄 수 있을 것이다. 아부심벨의 하토르 신전은 람세스 2세가 사랑의 여신 하토르와 자신의 아내, 네페르타리를 추모하기 위해 세운 기념물이다. 신전 입구를 장식하고 있는 약 9미터 높이의 석상 여섯 개는 람세스 2세와, 하토르 여신의 총애를 받았다는 그의 아내를 상징한다.

하토르는 소뿔 사이에 달이 들어있는 듯한 왕관을 쓰거나, 왕족의 표시로 타조 깃털을 꽂고 있기도 하다. 이집트 기념물에 그려져 있듯이 람세스와 네페르타리의 자녀들은 부모 옆에 자리를 잡았는데, 딸들은 왕비 옆에 서 있고 아들들은 왕의 옆에 섰다. 조각상 주위에는 왕이 아름다운 왕비에게 느꼈던 사랑이 상형문자로 기록되어 있다. 네페르타리 왕비의 이름은 '아름답고 선한'이란 뜻이었다. 신전과 조

각상은 자연석을 깎아 만든 것으로, 안으로 들어서면 '신성한 모성의 극치'인 하토르 신전이 모습을 드러낸다.

여기에는 낭만적인 느낌이 물씬 풍겨난다. 외부 벽에는 '신념이 강하고 태양신 아몬의 총애를 받는 람세스가 사랑하는 아내, 네페르타리를 위해 이 신전을 세웠다'는 문구가 새겨져 있다. 하지만 신전 출입구 안쪽에는 '람세스를 사랑한 그의 아내이자 마아트(고대 이집트 정의의 여신 – 옮긴이 주)의 총애를 받은 네페르타리가 순수(純水)의 산에 이런 거처를 축조한 것은' 람세스를 위해서였다는 전설이 적혀 있기 때문이다. 왕과 왕비의 영원한 사랑이 이토록 아름다웠던 것이다.

이 아름다운 머리카락을 훔쳐간 도둑은

고대 이집트 역사에서 두각을 나타낸 여성의 이름이 전혀 등장하지 않은 기간은 없다. 프톨레마이오스 시대부터 내려온 전설에 따르면, 프톨레마이오스 3세가 동방의 패권을 차지하기 위해 이집트의 정적 시리아의 정벌 원정에 나섰을 때의 일이다.

그의 아름다운 왕비 이름은 베레니케였다. 이 이름은 2백 년간 공주들이 가장 선호하던 이름이기도 하다. 그녀는 원정에서 남편이 무사히 돌아오기만 한다면, 신들께 자신의 머리카락을 바치겠노라 맹세하였다고 한다. 드디어 그녀의 기도가 이루어졌다.

왕비는 자신의 엄중한 서약을 지키기 위해 "아름다운 금빛 머리카락을 잘라 지금도 제피리움 곶(串)에 유적으로 남아있는 신전에 바쳤다." 그러나 머리카락이 신전 벽에 걸려 있는 것도 오래가지를 못하였다. 불경한 도둑이 신전에서 훔쳐가고 말았던 것이다. 사제는 어찌할 바를 몰랐고 왕은 진노하였다. 하지만 아무도 해결 방법을 찾지는 못하였다.

그러다 천문학자들이 이 아름다운 머리카락을 훔쳐간 도둑은 예사 인물이 아니라, 바로 신들이라는 사실을 알아냈다. 하늘을 자세히 들여다보면, 사자자리에서 막 떨어져 나온 새로운 별자리가 보인다며 모두를 안심시켰다. 왕을 비롯한 모든 사람이 비로소 서로 화해하고 기뻐하였다. 그 별자리는 지금도 환하게 반짝이고 있다.

클레오파트라의 코가 조금만 낮았더라면

가장 아름다운 고대 건축물 가운데 하나는 덴데라 신전이다. 신전 자체가 웅장하기도 하지만, 이 신전이 이집트의 사랑과 미의 여신이며 오시리스와 이시스의 아들 호루스의 부인인 하토르를 위해 세워졌다는 것이 특히 흥미롭다. 게다가 왕들을 매혹한 것으로 악명이 높은 클레오파트라가 이 신전의 건축을 시작하였다는 사실이 놀랍기도 하다.

어서 와,
이런 이야기는 처음이지?

신전 외벽에는 그녀와 줄리어스 시저 사이에서 태어난 아들 카이사리온의 부조가 있다. 이 부조들로 판단해 볼 때, 클레오파트라는 대단히 풍만하고 관능적인 미모의 소유자였던 걸로 보인다. 클레오파트라는 이목구비가 부족함이 없고, 살집이 있으면서도 균형이 잡혀 있었던 것 같다. 그녀의 머리 위에는 뿔 달린 원반과 하토르에 대한 경의의 표시로 성스런 독수리와 이시스의 뿔이 놓여있다. 이처럼 이집트 역사상 가장 놀라운 여성의 개인적인 종교적 특색들은 사라지지 않고 영원히 기억된다. 곧잘 인용되는 이 이집트 여인의 미모에 대한 파스칼의 지적은 분명 일리가 있는 셈이다.

"클레오파트라의 코가 조금만 낮았더라면 세계의 역사는 달라졌을 것이다."

그러나 넘치는 매력으로 승자를 제압하였던 클레오파트라는, 이집트보다는 그리스 미인에 가까웠다. 그렇더라도 나일 강가의 여성들이 지닌 나름의 우아함과 육체적인 매력은 철철 넘쳤다. 피부색은 까무잡잡하였고, 이목구비는 대체로 반듯하였으며, 체구는 크지 않았지만 다부졌다.

그런데 클레오파트라의 모습과 의상을 묘사한 옛 그림을 보면, 그녀의 자태에서 우러나는 품위도, 자신을 매력적으로 가꾸는 취향도, 상당히 부족하였던 것으로 보인다. 그렇다고 기념물에 나와 있는 길쭉하고 뻣뻣한 모습에 현혹되어서도 안 된다. 그렇게 된 것은 분명 비율이나 원근감을 거의 알지 못하였던 이집트 화가들의 탓도 일부 있으니까 말이다.

　이집트 여인들은 화장하는 데 많은 시간을 들였다. 특히 얼굴을 다듬는 데 많은 공을 쏟았다. 이집트 여인들은 안티몬(준금속으로 고대에는 주로 미용 용도로 쓰임 – 옮긴이 주)과 숯을 곱게 빻아, 피부가 하얗게 되도록 정성껏 발랐다. 이런 화장법에는 금속을 반들반들하게 닦아 만든 거울이 없어서는 안 될 일이었다. 손톱에도 관심이 많아 헤나로 하나하나 색을 칠하였다. 발에도 신경을 써서 발찌와 발고리로 장식하곤 하였다. 그런데 값비싼 옷으로 치장한 여성들도 맨발로 다닌 것으로 보아, 신발을 즐겨 신는 편은 아니었던 것 같다.

세 번째 발자국
이집트 여인들의 화장술

요즘 취향으로 따지면, 문신으로 진정한 미에 도달하는 일은 매우 어려워 보일 것이다. 그러나 이집트 미인들이 역사를 통해 볼 때, 적어도 일정한 시기에 이마나 뺨이나 가슴과 때로는 어깨에 문신을 하였다고 주장할 만한 근거는 분명히 있다.

이집트 여인들은 얼굴, 그중에서도 특히 입술에 연지를 바르는 것을 무척 좋아하였다. 그리고 많은 시간과 공을 들여 눈 화장도 하였다고 한다. 눈이 큰 처녀들을 그린 수많은 그림을 보면 쉽게 짐작할 수 있듯이 큰 눈이 유행이었다. 거의 눈가 전체에 검은 색소를 띠처럼 칠하고, 관자놀이를 지나 머리카락 뿌리까지 연결해서 까맣게 그렸다. 눈썹과 눈꺼풀을 칠하고 나면 눈은 더 크고, 이는 더 반짝거리는 것처럼 보였다.

이집트 여인들은 기름을 즐겨 사용하여 몸 전체에 넉넉하게 펴 발랐다. 향수 역시 여성들의 삶에서 무엇보다 중요하였다. 여인들은 향수를 만들어 팔기도 하며 아낌

없이 사용하였다.

또한 이집트 여성들은 유난히 꽃을 좋아하였으며, 특히 새로운 품종을 선호하였다. 향기로운 식물의 추출물이나 진액에도 열광하였다. 머나먼 이국땅에서 맘에 드는 관목이나 꽃들을 들여와 나일 강가에 심기도 하였다. 이런 일은 종종 대규모로 이루어졌다. 심지어 연회에서 마시는 술에서도 향기로운 냄새가 풍겼다고 한다.

여성들은 보통 몸에 찰싹 달라붙고 발목까지 내려오면서 몸매를 드러내는 긴 스목프록을 입었다. 어깨와 가슴 윗부분은 맨살을 드러낸 채, 어깨띠를 가로질러 옷을 고정하였다. 패션 변화가 천천히 일어나긴 하였지만, 이집트 여성들을 패션에 문외한이라고 보기는 힘들다. 한편, 이집트 남자들도 여성들만큼이나 패션에 관심이 많았다. 리넨치마는 길이가 대개 무릎까지 내려왔지만 길이는 유행에 따라 달라졌다.

이집트의 신왕국 시대에는 여성들이 예전처럼 양어깨가 아니라, 오른쪽 어깨만 드러냈다. 오른쪽 어깨와 팔은 그냥 자유롭게 둔 것이다. 그러다 주름장식이 더 보편화되자, 초기 시절의 무겁고 뻣뻣한 옷 대신 우아한 주름옷이 등장하였다. 주름의 등장으로 치마의 길이가 점점 길어졌다. 이런 변화 속에서 사제들만은 예전의 단순한 치마를 고수하였다.

대다수 남성은 짧은 속옷과 겉옷을 겹쳐 있는 이중 치마를 입었다. 확실히 남성들도 여성들만큼 의상에 관심이 많았던 것 같다. 남성들

이 오히려 취향이 더 다양하였고, 더 화려한 옷을 좋아하였다. 고대 이집트에서는 옷 문제에 있어서만큼은 여성들이 더 보수적인 편이었다.

지금까지 남아있는 그림과 조각상들을 살펴보면, 옷의 마름질 면에서는 농사를 짓는 처녀와 공주는 같은 종류의 옷을 입었다. 어머니나 딸이나, 혹은 하녀가 입는 옷 역시 색이 다양하지 않아서 모두들 아주 비슷하게 보였다. 다만, 부유한 사람들은 구슬 장식이 많은 옷을 입었다.

이집트 여인들이 몸치장에서 신경을 가장 많이 쓰는 부분은 머리였다. 이집트인들은 그야말로 자신들의 머리 모양에 대한 자부심이 아주 높았다. 그래서 그런지, 이집트에는 다른 어떤 나라보다 대머리가 적다는 말을 헤로도토스가 남기기도 하였다. 나일 강의 문명이 적어도 대머리 수를 크게 늘린 것 같지는 않다.

대머리는 이집트에서 거의 재앙에 가까웠다. 머리카락이 빠지는 걸 막지 못하는 의사는 두려움에 떨어야 할 정도였다. 다양한 성분의 머릿기름이 보편적인 대머리 치료법이었다. 즉 견족(犬足), 대추야자 씨의 기름이 상당한 효험이 있다고 여겼고, 당나귀 이빨을 곱게 빻아 꿀에 발라도 대머리에 좋다고 생각하였다. 이집트 여성이 자신의 정적에게 퍼부을 수 있는 가장 끔찍하고 흔한 욕설은 이랬다.

"머리카락이나 몽땅 빠져버려라!"

특별히 아끼던 보석은 죽은 자와 함께

　고대 왕국에서는 남성뿐만 아니라 여성들도 보통 가발을 썼다. 곧은 모양의 머리가 어깨나 가슴까지 내려왔다. 그러나 현재 아테네 박물관의 고대 장신구실에 보관 중인 레이디 타쿠시트의 조각상처럼 가발이 그렇게까지 길게 내려오지 않는 유물들도 있다. 타쿠시트가 쓰고 있는 가발은 일정한 길이의 딱딱한 곱슬머리 머리채를 머리에 단단히 붙인 형태로, 정면에서 보면 눈에서 목덜미까지 닿았고 귀는 다 덮여 보이지 않았다. 후기 시대에는 대개 단단히 땋은 머리를 어깨너머로 넘기는 게 일반적이었다.

　가장 완벽한 조각상 가운데 하나인 레이디 타쿠시트 또는 타코우쉐트라고도 표기하는 조각상은, 훌륭한 몸매와 이목구비가 조화로운 여성이나. 이 여성은 한 발을 앞에 내민 채, 오른팔은 우아하게 허리에 올리고, 왼팔은 가슴에 대고 서 있는 형상이다. 이미 설명한 대로, 입고 있는 치마는 몸에 꼭 맞고 어깨띠로 지탱하며 발목 위까지 내려왔다. 예복에는 종교적인 장면을 화려하게 수놓았고, 손목은 팔찌로 장식하였다.

　여성들의 일반적인 머리 장식 외에도 왕비는 머리에 관을 쓰거나, 독수리는 이집트의 영조(靈鳥)이며, 전투 중에 왕을 보호한다고 알려져 있다. 독수리를 상징하는 머리 장식을 할 수 있는 특권이 있었다. 강인한 날개를 활짝 편 독수리의 형상은 이집트 왕비의 머리를 장식

하고 있다.

여성들은 각양각색의 장신구와 보석을 대단히 사랑하였으며, 그런 점에서는 남자들이 여성들을 따라갈 수가 없었다. 여성들은 달 수 있는 곳에는 모두 장신구를 달았다. 이런 열정은 죽어서도 강하게 나타났다. 죽은 자들의 팔, 손가락, 귀, 이마, 목, 팔목 등에도 말 그대로 보석이 잔뜩 끼어 있었다. 특별히 아끼던 보석은 죽은 자와 함께 매장되었던 것이다.

불락 박물관에는 제18대 왕조의 초대 왕이었던 아흐모세 1세의 어머니, 아호텝 왕비의 장례용 보석류가 완벽하게 보존되어 있다. 아호텝 여왕과 함께 매장된 여성 물품으로는 다음과 같은 것들이 있다. 금도금한 부채 손잡이, 황금 수련을 새긴 상아 손잡이가 달린 금동거울, 다양한 문양의 팔찌, 발찌, 팔 장식, 금반지, '황금과 청금석'의 작은 구슬로 만든 팔목 장식물, '바둑판무늬에 금줄로 연결한 홍옥수와 녹색 장석', 그 외에도 가치를 매길 수 없는 음각과 양각의 순금 장식물 등이다.

요즘 이집트 여성들은 안색이 검은 편에, 몸집은 대개 호리호리하다. 빈곤층 여성들의 옷차림은 초라한 편이다. 보통은 길고, 곧잘 해져 있는, 푸르거나 검은색 면으로 된 옷을 입는다. 발은 맨발이지만, 장식에 대한 사랑은 여전하다. 옷차림에 별로 신경도 안 쓰고, 옷도 제대로 입지 않아 더럽고 때가 잔뜩 긴 모습이긴 하다. 하지만 은 발찌, 손가락마다 끼는 반지, 심지어는 발가락 고리에 팔 장식까지 하는 걸 보면 장식에 대한 그들의 애착이 얼마나 대단한지 알 수 있다.

이집트에는 이슬람교의 영향으로 여성들에게 베일이 보편적으로 사용되었다. 좁다란 검은 천 조각을 두 눈과 일직선의 위치에 있는 황동이나 은으로 된 나선형 고리에 고정한다. 따라서 베일을 늘어뜨리면 눈 아래 얼굴은 전혀 보이지 않는다. 상류층 여성들은 값비싼 천으로 만든 터키산 투명 베일을 착용하였다. 그리고 비단으로 된 고가의 의상에는 자수가 가득 수놓아져 있었다.

베르베르족 여인들의 미소

이집트 어머니들은 아기를 등에 업거나 어깨에 메고 다닌다. 아기 엄마는 아기 발이나 다리를 꼭 붙들고 있고, 아기는 양손을 엄마 머리 옆에서 흔들며 행복해한다. 초기 이집트에 존재하였던 문신을 이제는 흔히 볼 수 없다. 그러나 누비아 지역의 여성들은 요즘도 문신을 한다. 베르베르 여성 중에는 문신뿐만 아니라, 아랫입술과 뺨과 팔에 푸른색 줄을 긋는 사람도 있다.

이 지역은 남자와 여자뿐 아니라, 아이들도 피부색이 매우 검다. 여성들은 머리카락이 제자리에 가만히 있도록 여러 갈래로 구불구불하게 땋았다. 머리카락을 먼저 피마자기름에 적시는 것은 미적 효과를 내거나, 뜨거운 열대 햇볕을 차단할 수 있기 때문이다. 젊은 여

성들은 거의 옷을 입지 않지만, 나이든 여성들은 대개 길고 푸른 옷을 몸에 겹쳐 입는다. 그러나 젊은 여성들은 꾸밈없이 몹시 천진하여 일명 '거들'이라는 가죽 띠를 몸에 살짝 걸치고, 얼굴에는 만족스러운 미소를 머금고 있다. 이런 걸 보면, 베르베르족 여성들은 명랑하고 유쾌한 성격인 듯하다. 피마자기름을 잘 먹여 조개껍데기로 장식한 가죽거들 같은 이런 의상은 누비아의 젊은 미인들이 입는 옷으로 '마담 누비아'라고 불린다.

'가와지'로 알려진 '집시'들은 요즘 이집트의 도시에서도 자주 볼 수 있다. 이들은 다채롭고 화려한 옷을 입는다. 집시들은 예쁘고 매력적이어서 여성스러운 우아함의 전형으로 보이기도 하지만, 그들의 성격이나 직업상 이내 천박하고 혐오스러워진다. 일반 카페에도 모습을 드러내며, 상스럽고 야한 춤을 춘다. 그들이 바로 판타지아라는 저 난잡한 연회의 주인공이다.

나일 강의 물 긷는 소녀

오늘날 이집트의 물 긷는 소녀는 인도주의적 차원에서 주목받기도 한다. 캐논 벨(아일랜드 작가 – 옮긴이 주)은 자신의 저서 『나일 강에서의 겨울(Winter on the Nile)』에서 다음과 같이 말한다.

여러분이 원한다면 푸른 옷에 구슬 목걸이, 귀고리 팔찌에 가끔은 코걸이도 끼고, 머리에는 물 단지를 이고 있는 어린 소녀가 동행할 것이다. 여러분이 신전이나 무덤 주변에서 점심식사를 할 때, 약간의 사례금만 줘도 물을 길어다 줄 것이다. 여러분이 탄 당나귀 옆에서 몇 마일씩 달려도 지치는 기색 하나 보이지 않을 것이다.

소녀가 이고 있는 단지, 말하자면 신전 벽에 부조로 새겨진 것과 똑같이 생긴 단지에서 물을 받아 마시면, 산홋빛 입술에서 상냥한 미소가 배어나올 것이다. 소녀나 그곳 사람들은 이가 정말 멋지다! 나는 그렇게 고르고 하얀 이를 본 적이 없다. 동양의 진주를 한 줄로 이어놓은 듯하다. 입술이 벌어져 눈처럼 하얀 이가 반짝이는 걸 보면 저절로 행복해진다.

어서 와,
이런 이야기는 처음이지?

네 번째 발자국
자기 집에서는
여왕이나 마찬가지

고대 이집트에서 여성은 가정생활의 진정한 여주인으로, 자기 집에서는 여왕이나 마찬가지였다. 집에 남편이 머무를 때는 '특별한 손님'으로 대접하였으며, 아내는 존경받는 여주인으로 모든 일을 빈틈없이 처리하였다. 간단히 말해서, 이집트 여성은 매일 아침 그 누구보다 맨 먼저 일어나 식구들이 활기찬 하루를 시작하도록 재촉하면서, 가정의 정신적 지주이자 중심 역할을 톡톡히 하였다.

자, 이제부터 이집트 가정을 살짝 엿보기로 하자. 고대 유적의 발굴 작업이 진행됨에 따라 바빌로니아 왕궁들은 신들을 모신 사원보다 훨씬 크고, 건축양식도 더 오래 지속되었다는 사실이 드러났다. 이집트는 이와는 정반대다. 이집트 신전들은 현세가 아닌 영원불멸을 위해 축조되었다.

그러나 왕궁들은 벽돌이나 가공하지 않은 프리스톤(벽 개면이 없는 입상구조의 돌 – 옮긴이 주)으로 건축되어 가벼운 느낌이 물씬 들었다. 화강암이나 보다 내구성이 뛰어난 재질로 왕궁들을 지은 경우는 드물었다. 영원불멸은 이집트인의 종교에서 중요한 부분을 차지하였다. 이것으로 신들의 집이 더 영구적인 성격을 지니게 된 까닭이 어느 정도 설명될 것이다.

상류층의 거주지는 집들을 모아놓은 곳으로 작은 마을이나 다름없었다. 주인, 본부인, 하렘의 여인들, 손님들, 여러 계층의 노예들 등 다양한 가족의 구성원에 따라 각각 별도의 집이 있었다. 주거용 건물과 별도로 창고들이 있었고, 가정에서 처리하는 업무에 따라 개별 건물도 있었다. 저택마다 나무와 꽃을 심은 정원을 가꾸었다. 분수나 연못이 있는 집도 있었다. 하렘의 여인들은 이런 아름다운 정원에서 즐거운 시간을 보내곤 하였던 것 같다.

정원에서 한낮의 여유를 즐기는 날이면 고립된 생활을 하던 이 미인들은 수다를 떨거나 악기를 연주하고, 유행하던 놀이를 하며 시간을 보냈다. 그러다가 밤이 되면 베개를 베고 눕는다. 그 베개는 금은 나무 조각으로 만들어져 있으며, 대개 잠자는 사람을 보호한다는 비소우 신의 형상이 새겨져 있었다. 다리가 짧고 복부가 투실투실한 이 작은 난쟁이는, 밤이면 출몰하는 악령을 내쫓는 신으로 알려져 있다. 이 마음씨 착하고 철저하게 무장한 신의 보호를 받지 못한 채, 잠자리에 드는 사람은 악령의 피해를 입기 마련이라는 생각이 널리 퍼져 있었다.

나일 강의 평범한 여성들의 일상

평범한 이집트 가정의 아내는 동반자로서 남편이 하는 일을 거들었다. 남편이 일상적으로 해야 할 일을 잘 해내도록 격려하는 역할도 있었다. 부인과 아이들이 어떤 일을 부지런히 하고 있는 남편이자 아버지의 모습을 아주 흥미롭다는 듯이 바라보는 그림들도 있다. 또한 아내를 자신의 삶 속으로 완전히 끌어들인 왕도 있다. 그런 왕비는 공식 석상에서 왕의 옆에 선 모습으로 그려지는 경우가 많다.

아멘호테프 4세의 아내는 다른 왕족들과 함께 어떤 중요한 국가 행사에서 왕실 복도에 서 있는 모습을 한 그림으로 남아 있다. 그녀가 복도에 선 채, 사람들에게 황금 고리를 던져주는 장면이다. 실제로 아멘호테프 4세는 아내와 딸들에게 자신의 왕국에서 존경과 경의를 받는 자리를 부여한, 가장 가정적인 왕으로 밝혀졌다. 아멘호테프 4세가 동료로서 전쟁에도 참가하였던 일곱 명의 딸들을 거느리고 전차를 타고 있는 모습이 담긴 기념물도 남아있다. 한편, 파라오의 왕비가 국가적 행렬에서 자신의 전차를 타고, 남편 전차의 뒤를 따르는 모습도 있다.

반면에, 나일 강가의 평범한 여성들은 기나긴 낮 시간을 어떻게 보냈을까? 그들은 장작을 패는 대신, 팔레스타인이나 시리아 여성들처럼 주로 물동이를 날랐다. 이집트 남자들이 물레를 돌리고 실을 짜며 세탁 일을 하였다고 해서, 여성들이 놀고 있었던 것만은 아니다. 사실 앞에서도 언급하였듯이, 곤궁한 고령의 부모를 수발하였던 사람은 아들들이 아니라 딸들이었다. 그렇다고 해서 여성들이 어떤 의미로든 어디에 노예처럼 종속된 계층이었다는 말은 아니다.

이집트 여성의 생계활동은 중요하기도 하고, 대단히 흥미롭기도 하다. 남아있는 고대 유적에서 가장 흔하게 등장하는 장면은 사고파는 모습일 것이다. 남자는 물론 여자들이 각종 물건을 파는 상인과 흥정을 하는 모습이 그려있기도 하다. 여성들은 일반 사람들이 모이는 장소에서 물건을 사기도 하고, 팔기도 한다. 자기가 직접 만든 향수를 내다 팔기도 한다.

이집트 여인들은 고대하던 손님이 오면, 그의 코밑으로 바싹 단지를 내밀며 시적인 표현을 섞어가며 능란한 말솜씨로 장사를 한다. 자기가 끼던 반지, 팔찌, 목걸이를 처분하려는 여인이 있는가 하면, 가능하면 가장 싸게 물건을 사려는 여인네들도 있었다. 이집트 여성들 사이에서도 '값을 깎는 일'은 유행이었다. 가끔은 여러 무리의 여성들이 가게에서 흥정을 하는 모습도 보인다.

테베의 어느 무덤 벽화는 말한다

헤로도토스는 여행을 하다 보니, 공예나 상업적 관습 면에서 그리스와 이집트가 확연히 다르다는 사실을 깨달았다. 이집트에서는 남

어서 와,
이런 이야기는 처음이지?

자가 베틀을 틀고 수공예 일을 하는 반면, 여성들은 장사를 하는 경우가 많았다. 그렇다고 여성들이 직물 짜는 일을 하지 않은 건 아니었다. 베틀도 자주 틀었으며, 여자뿐만 아니라 남자도 일반 생활용품을 사고팔았다.

이집트 여성들은 집에서 실을 잣거나 실을 짜서 천을 만드는 일을 하기도 하였지만, 이집트인들이 즐겨 먹던 가금, 새, 물고기를 보존 처리하는 일을 돕기도 하였다. 사냥을 좋아하는 남편이 죽이거나 생포한 사냥감을 들고 돌아오면, 오래 두고 먹기 위해 즉시 말리거나 뒤처리를 하였다. 보통 남자들로 요리사들을 표현하는 게 이상할 정도로, 여성들은 집안 식구들이 먹는 음식을 만드는 일에 익숙하였다.

이집트인들은 식사를 매우 중요하게 여겼다. 헤로도토스가 전하는 바에 따르면, 사람들이 걸리는 병은 모두 그들이 먹는 음식 때문이라고 믿었다고 한다. 돼지고기는 아주 특별한 경우를 제외하고는 이스라엘 사람들과 마찬가지로 금지된 음식이었다. 기본적인 음식은 스펠트밀로 만든 빵이었고, 음료로는 보리로 만든 맥주를 주로 마셨다. 염장 생선, 오리와 거위 등을 말린 고기, 메추라기 등을 즐겨 먹었다. 종교상 꺼려진다는 이유로 금기시되는 새나 물고기도 있었다.

이집트 여인들에게 허용된 취미는 아주 많고도 다양하였다. 그중에서도 춤과 노래, 악기 연주를 가장 좋아하였다. 케틀드럼과 캐스터네츠가 보편적인 악기였고, 류트(연주법이 기타 비슷한 초기 현악기 - 옮긴이 주)를 연주하는 소녀 그림도 드문 것은 아니다. 테베의 어느 무덤 벽화는 잔치의 흥겨움을 더하기 위해 무희들을 자주 고용하였다는 사실을 밝히고 있다. 여성들이 연회에 참석하는 것은 이집트식 예의에서 벗어난 일은 아니었으며, 자유롭게 술을 마시고 심지어는 술에 취해 몸을 드러내고 누워있거나 만취해 토하기도 하였다.

같은 맥락에서 이집트 여성의 운동 실력을 눈여겨보는 것도 흥미로울 듯하다. 이탈리아 토리노 박물관에는 어려운 동작을 아주 능숙하게 해내는 여성 곡예사의 도편(陶片)이 있다. 이 젊은 여성은 허리와 엉덩이를 감싼 가죽 끈 외에는 아무것도 걸치지 않았다. 호리호리한 몸을 아주 쉽고 우아하게 뒤로 젖히고 있는 모습이 재주넘기를 하려는 찰나인 듯하다. 양발을 땅에 디딘 채 양손은 뒤꿈치에 닿을 정도다. 머리를 풀어헤친 모습이 마치 유연한 몸을 공중에서 빙빙 돌리고 있는 듯하다.

다섯 번째 발자국
이집트 여성들의 유희

이집트 여성들이 유희를 즐겼다는 사실은 수많은 고대 유적을 통해 확인할 수 있다. 정성껏 마련된 축제를 고스란히 담은 그림들이 발굴되기도 하고, 고대 역사가들이 남긴 기록으로도 전해진다.

헤로도토스는 부바스티스 시에 있는 이집트의 디아나를 경배하는 그림들 가운데 하나를 이렇게 설명한다.

그들은 백성들이 참가할 수 있는 축제를 일 년에 한 번이 아닌 여러 번씩 열었다. …… 사람들이 부바스티스 시로 이동하는 모습이다. 남녀가 함께 배에 오르니 바지선마다 사람들로 넘쳐난다.
캐스터네츠를 치는 아낙네도 있고 남자들은 노래를 부르며 박수를 친다. 읍을 통과할 때마다 배를 뭍에 바싹 붙이고 나면 난리법석이 난다. 캐스터네츠를 치는 여자가 있는가 하면, 고함을 지르며 그 지역 여인들을 한껏 비웃는 여자도 있다. 또 춤을 추는 여자가 있는가 하면, 일어서서 치마를 끌어올리는 여자도 있다. 강가에 있는 읍에 닿을 때마다 이렇게 모두들 소란스럽다. 드디어 부바스티스에 도착하면 엄청난 제물을 바치며 축제를 벌인다. 이런 축제에서 소비하는 포도주 양이 남은 1년간 먹는 포도주 양보다 많다. 주민들에 따르면, 모여드는 남녀에 아이들까지 모두 합하면 70만 명에 이른다고 한다.

이집트 법은 각 가정에는 합법적인 아내를 단 한 명만 두어야 한다고 명시하였다. 기념물에 새겨 있는 수많은 작품을 보면 대개는 부부간의 애정이 돈독하였던 것처럼 보인다. 결혼을 소위 '자기 자신을 위한 가정을 세우는 일'이라 불렀다. 1년간 살아보는 일시적 또는 잠정적인 결혼이 종종 성사되기도 하였다. 이런 한시적 기간이 끝나면, 남자는 어느 정도의 돈을 내고 해당 결혼을 무효로 돌릴 수 있었다.

1887년 발굴된 텔 엘 아마르나 서판은 외교혼에 관한 매우 흥미롭고도 유익한 자료다. 이집트 왕들과 미타니 왕국(기원전 14-15세기 메소포타미아 서북부에서 번영한 왕국 - 옮긴이 주), 그리고 여타 아시아 지역의 통치자들이 왕족의 딸들을 이집트 왕이나 왕의 아들과 결혼시키는 문제를 논하며, 수많은 편지를 주고받았다. 지참금을 협상하던 내용도 있다. 왕자와 결혼하게 된 딸의 대우문제나 혼인계약 위반에 대한 항의 등 외교혼으로 불거질 수 있는 모든 복잡한 사안도 논

의되었다.

프톨레마이오스와 로마 시대에는 특히 왕족의 경우, 남자들이 자기 누이와 결혼하는 일이 아주 흔하였다. 프톨레마이오스 5세 에피파네스와 클레오파트라 1세의 딸, 클레오파트라 2세도 마찬가지였다. 그녀는 자신의 오빠 프톨레마이오스 6세 필로메토르와 혼인하였고, 이후 역시 오빠인 프톨레마이오스 8세 피스콘과 결혼하였다. 그 유명한 '나일 강의 마녀(로마의 안토니우스와 결혼하였던 클레오파트라 7세의 별칭 – 옮긴이 주)'가 등장하기 100년 전에 살았던 클레오파트라였다. 그녀는 당시 이집트에 많이 살았던 유대인들에게 우호적이어서, 이집트 레온토폴리스에 유대 사원 건립에 착수한 오니아스에게 큰 힘을 실어주었다.

그러나 요즘 이집트에서는 누이와의 결혼이 사촌 간의 결혼으로 바뀌었고, 이게 단연 최고의 결혼이라는 게 최근의 중론이다. 이런 합법적인 근친 간의 결혼, 즉 자기 누이와의 결혼은 오시리스와 세트(이집트 9주신 중 하나 – 옮긴이 주)를 숭배하던 땅에서 유래하였을 것이란 추측도 이상한 것은 아니다. 두 신 모두 자신들의 누이인 이시스, 네프티스와 각각 결혼하였기 때문이다.

"네 어머니의 가르침을 저버리지 마라"

히브리인들에서처럼 이집트인들에게도 아이들이 있다는 것은 경축해야 할 가정의 행복이었고, 아이의 탄생은 집안의 경사였다. 고대 유물들과 무덤에는 이집트의 가족생활을 매우 아름답게 기록하고 있는 내용도 있다. 어머니가 아기 양육을 전적으로 책임졌다는 사실이 가장 주목할 만하다. 어머니는 아기를 돌보고 세 살이 될 때까지 모유를 수유하였다. 동양의 여러 나라에서는 상당히 자란 아이들이 이렇게 젖을 먹는 장면을 드물게 볼 수 있다. 아기가 아직 걷지 못하거나, 아직 덜 자란 아이가 걷는 걸 너무 힘들어 할 때에는 요즘 이집트 어머니들처럼 아이를 목에 태워 데리고 다녔다.

어머니는 아들과 딸들에게 상당한 존경을 받았다. 오늘날의 이집트 자녀들이 어머니에게 표하는 존경 그 이상이었다. 이집트의 현자와 시인들은 모성에 대해 사람들이 공감하는 애정어린 말과 글을 남겼다. 그들 중 한 명은 이렇게 말하였다.

"네 어머니가 너를 위해 한 일을 결코 잊어서는 안 된다. 너를 낳고 키운 사람은 어머니다. 네가 어머니를 잊어 그녀가 너를 탓하며 두 팔을 신께 높이 쳐들면, 신께서 그녀의 불평을 분명 들으실 것이다."

히브리 현자의 정신을 고스란히 담고 있는 이집트 현자의 명언도 있다.

"네 어머니의 가르침을 저버리지 마라. 그것을 항상 네 마음에 새

어서 와,
이런 이야기는 처음이지?

기고 목에 두르고 다녀라. 네가 길을 가면 그 말이 너를 인도하며, 네가 잠들면 너를 보호하고, 네가 깨어나면 너와 더불어 말할 것이다. 늙은 어미를 업신여기지 마라."

모자간의 애정 또한 매우 각별하였다. 그림과 함께 새겨져 있는 무덤의 수많은 글은 아들과 아버지가 아닌, 아들과 그 어머니에 관한 내용이다. 이는 동양, 특히 이집트에서 같은 어머니를 가진 형제자매가, 같은 아버지를 가진 형제자매보다 사이가 훨씬 가까웠다는 사실과 일맥상통한다.

먼 옛날 이집트에서는, 아버지가 아닌 어머니를 통해 항상 가계가 이어졌다. 결혼관계가 느슨하거나 일처다부제가 성행하던 아주 먼 옛날에는, 어머니 쪽을 통해 가족의 혈통을 확인하는 편이 확실히 더 용이하였다. 고대 이집트에서는 재산상속이 아버지에서 아들로 이어지는 것이 아니라, 누이의 아들이나 때로는 장녀의 아들에게로 전해지기도 하였다.

아이들에게 이름을 지어줄 땐 성을 따로 붙이지 않았다. 이름은 사람마다 개별적으로 정해졌고, 신에 대한 경의의 표시로 신의 이름을 넣기도 하였다. 이는 종교가 삶의 곳곳에 스며들었던 고대인들 사이에서는 아주 흔한 일이었다. 여자에게는 시적이거나 상상을 불러일으키는 나무, 동물, 훌륭한 도덕성 등을 따라 이름을 붙이는 경우가 많았다.

'악어의 딸', '새끼 고양이' 등과 같은 이름도 흔하였다. 이집트에서는 악어와 고양이도 숭배하였기 때문에, 이런 이름에서도 종교적 동기가 느껴진다. 최근 대규모로 발굴된 신성한 고양이 미라들은 그 진가를 몰라보는 현실적인 서양인들에 의해 아무 생각 없이 비료로 만들어져버렸다.

'아름다운 시카모어'도 전형적인 여자 이름이다. '자기야(Darling)'와 '내 사랑(Beloved)'도 선호하는 이름이었으며, '나의 여왕(My Queen)'이라는 이름도 발견되었다. 밝혀진 여러 이름을 보면, 여자들이라면 당연히 사랑의 여신 이름을 따서 하토르로 불리는 것을 무척 좋아하였을 것 같다.

어서 와,
이런 이야기는 처음이지?

여섯 번째 발자국

이집트의 '생활의 발견'

그토록 먼 옛날, 이집트의 어린 소녀들은 어떻게 시간을 보냈을까? 어린 소녀들의 성격은 전 세계 어디서나 비슷하며, 유사 이래 어떤 급격한 변화가 나타나지도 않은 것 같다. 여자 어린이들은 물론 인형을 갖고 놀았다. 인형은 대개 천에 속을 채워 만들어졌는데, 머리카락이 긴 인형도 있었다. 춤추는 꼭두각시 같이 느슨하게 연결되어 실로 조정하는 인형들은 어린이들의 주된 오락거리였다.

이집트의 아기방은 주로 꽃으로 환하게 장식하였다. 자유롭게 날아다니든, 새장에 갇혀 있든 새가 가장 흔한 애완동물이었다. 고양이 역시 어디서나 볼 수 있었고, 작은 당나귀를 키우면 재미가 쏠쏠하였다.

글을 쓰는 기술을 발명하였다고도 하는 나라에서 여성의 손과 머리에서 나온 문헌이 하나도 남아있지 않다는 게 다소 의아하기도 하다. 그 비밀은 이렇다. 여성이 남성과 동등한 존재로 존중되었다고 해서, 여성에게 문학을 가르칠 만한 가치가 있다고 여긴 것은 아니었다는 사실이다. 그러나 음악 같은 일부 예술 분야에서는 여성들이 뛰어난 능력을 발휘하

였다.

요즘 이집트에서도 여성의 교육은 안타까울 정도로 방치되어 있다. 심지어 고대 여성의 교육과도 비교가 되지 않는다. 이슬람 국가들은 대개 여성들을 엄격하게 열등한 위치로 내몰거나 비하하기도 한다. 모든 이슬람 국가와 마찬가지로 이집트에서도 어린이 교육을 담당하는 학교는 '카툽(kattub)'이라고 하며, 대다수 읍이나 작은 마을에도 세워져 있다.

이 학교들은 가능한 경우 모스크(이슬람교 사원 – 옮긴이 주)에 부속되어 있으며, 교육은 학구적이라기보다는 종교적이다. 교육은 코란에 한정되어 있고, 모든 수업은 아랍어로 진행된다. 흔히 교장조차도 서구 사회에서 '학습'이라고 불리는 것에 대해서는 거의 알지 못한다. 교육에 필요한 구성요소도 제대로 알지 못한다.

이집트의 학교, '카툽'

이집트에서는 9천5백여 곳의 카툽에서 18만여 학생들이 공부한다. 그러나 카툽은 컴컴하고 볼품이 없다. 어떤 종류의 좌석도, 가구도 비치되어 있지 않다. 서양인의 시각으로 보면, 교실은 모든 면에서 불편하다. 게다가 매우 비위생적이고 으스스하게 보이기까지 한다. 교사는 깔개 위에 책상다리로 앉고, 그 앞으로는 남녀 어린이들

이 두 줄로 교사 쪽을 향해 앉는다.

이 어린이들처럼 앉아 있다면 끔찍할 만큼 지루한 수업이 매일매일 반복될 것이다. 한쪽 귀로 들어갔다가 분명 다른 한쪽으로 흘러나가리라 생각된다. 그러나 학생들은 마호메트 경전을 한 문구씩 반복해서 열심히 배운다. 수업은 대개 코란을 차례대로 한 장(章)씩 암송하는 것이며, 가장 긴 문장들을 잘 외워야 한다.

교사는 코란 암송을 틀리게 하는 남녀 학생들을 고쳐주거나, 외우지 못하는 학생들에게 내용을 상기시킨다. 학생들은 느릿느릿 읊조리는 가락에 맞춰 몸을 앞뒤로 흔들어댄다. 카톱에서는 여자애들에게 시선을 던지는 일도 없고, 킥킥거리는 소리조차도 들리지 않는다. 그리고 사용하던 핀을 구부러뜨리는 일도 없다.

학생들은 선생님이 수업 중에는 아주 엄격하게 군다는 사실을 잘 알고 있다. 게다가 교사는 어떤 일에 몰두하면 다른 것을 쫓아버릴 수 있다는 '배제력'의 원리(the principle of 'the expulsive power')를 활용한다. 문장을 계속해서 암송하면 빈둥거리는 사람들이 없어서 사탄이 나쁜 짓을 꾸미지 못한다는 것이다. 교사 자신도 부지런히 모범을 보인다. 손으로는 깔개를 짜면서도, 학생들이 틀리지 않고 제대로 읊고 있는지 귀를 기울인다.

따라서 남녀학생들도 짚을 엮는 것 같은 쓸모 있는 일에 항상 손을 바삐 놀려야 한다. 이렇게 최근 이집트에서 성행하는 '기술 훈련'은 정신과 밀접한 관련이 있다. 그러나 카톱에 다니는 여학생은 비교적 소수에 불과하다. 이집트 정부가 여성 교육에 대한 필요성을 인식하고, 카툽에 출석하는 모든 여학생의 학비를 두 배로 지원하였다. 이에 따라, 오늘날 이집트 여성 교육에 희망적인 조짐이 나타나고 있는 듯하다.

이집트의 의술과 여성

모든 나라의 여성들은 인간의 생로병사에 있어서 중요한 역할을 담당해왔다. 이집트도 예외는 아니었다. 이 교양이 높은 나라에도 의사가 있었다. 고대 이집트에서도 전문성이 인기를 끌었다. 유명한 그리스 역사가의 말을 다시 빌자면 이렇다.

"의술은 분리의 원칙에 따라 시행되며, 각 의사는 한 종류의 병을 다루어야 한다. 그 이상은 안 된다."

고대 이집트에는 병의 종류에 따라 눈 전문의, 두통 전문의, 치아 전문의, 내장 전문의 등이 있었다. 환자, 질병, 약 제조법, 이집트 국내외의 처방 등에 대한 의사들의 논문들도 전해지고 있다. 그러나 퇴마의식도 이집트 의학에서 중요한 역할을 해왔다는 사실을 인정해야 한다. 이런 주술적 방법이 지닌 효험을 가장 신뢰하는 사람들이 바로 여성이기도 하였다.

한 이집트 여성은 두통이 아주 심해 의사를 부르러 보낸다. 의사는

한두 명의 몸종이나 조수를 대동한 채, 주술을 부르는 책과 약이 담긴 상자를 들고 이내 도착한다. 약통에는 진흙, 각종 식물이나 말린 뿌리, 천, 밀랍이나 진흙으로 만든 모형, 검거나 붉은 잉크 등이 상당량 들어있다.

의사는 서둘러 환자를 진단한다. 그러고 나서는 진흙을 약간 반죽하여 여기에 갖가지 재료를 혼합한다. 아이스쿨라피우스(로마 신화의 의약과 의술의 신 – 옮긴이 주), 아니 오히려 임호텝(이집트의 건축가로 피라미드를 처음 설계한 인물로 알려짐 – 옮긴이 주)을 신봉하는 이 제자는 적절한 주문을 수차례 되뇌기 시작한다. 그러면서 진흙 덩이를 환자 머릿밑에 밀어 넣고 나면, 그녀를 괴롭히는 악령이 강력한 주문에 밀려 힘을 쓰지 못할 것이라 확신한다.

이집트의 장례식과 여성

한편으로, 어느 집에 초상이 나면 애도를 표명하였다. 여성이 이집트 장례식에서 맡았던 역할은 히브리나 여러 다른 동양 민족에서의 역할과 다르지 않았다. 마스페로는 자신의 저서 『국가의 투쟁(Struggle of the Nations)』에서 이렇게 말하고 있다.

"눈물을 감추며 슬픔을 거의 드러내지 않은 채, 말없이 식을 치르는 익숙한 분위기와는 너무나 달랐다."

요란한 소리, 흐느낌, 격렬한 몸짓들이 빠지지 않았다. 머리를 쥐어뜯으며 애통함을 자아내고, 능숙하게 깊은 절망을 연출해내며, 직업적으로 울어주는 여성들을 고용하는 게 관례였다. 친척과 친구들도 거리낌 없이 슬픔을 겉으로 드러냈다. 비통한 마음을 격하게 표현한다고 해서 손님들이 당황해 하지도 않았다.

"아, 나의 아버지! 아, 나의 형제여! 아, 나의 주인이여! 아, 내 사랑아!"라고 외치는 여자들의 목소리가 죽은 자의 시신 주변에서 들려오곤 하였다. 사랑하는 사람이 막 죽었을 때 그 시신을 껴안지 못하게 하는 미신은 없었다. 눈물이 폭포처럼 흐르고, 머리카락과 옷은 찢겼다. 여성들은 이렇게 요란스러울 정도로 제 가슴을 두드리고 난 후에야 시신과 헤어졌다.

"집에서 가슴을 풀어헤치고 먼지를 뒤집어쓴 여인들이 헝클어신 머리와 맨발로 적막하고 황량한 거리로 뛰쳐나왔다."

친구들과 조문객들도 장례 행렬을 따라가며 슬픔을 함께한다. 이집트인들은 육신이 있는 한, 영혼도 살아있다는 일종의 조건부 불멸을 믿었기에 시신에는 항상 방부 처리를 해야 하였다. 시신의 처리 방법은 죽은 사람의 계급에 따라 결정이 되었다. 공주에게는 가장 화려하고 값비싼 방법과 재료가 사용되었다. 발가락과 손가락 하나하나도 세심하게 싸서 처리하였다. 다음은 요란하고 가슴을 미어지게 하는 전문 애도인들, 헌주와 제물, 황소가 끄는 관대 등의 엄숙한 장례 행렬이 이어지고, 마침내 죽은 자를 무덤에 누인다.

이집트 장례식에서 빠질 수 없는 중요한 부분은 죽은 자가 자신의 대리인을 통해 동석한다고 믿는 연회다. 성찬이 베풀어지는 동안 무희들은 죽음의 춤을 추며, 죽음을 슬퍼하는 산 사람들과 죽은 자에게 호소하는 노래를 부른다.

무덤을 떠난 영혼이 시카모어 나무의 한가운데에 나타나는 여정을 거치는 동안, 하늘의 여신 누투가 영혼에게 빵이 든 음식과 물 단지를 건넨다. 영혼이 이 선물을 받아들이면, 그 영혼은 여신의 손님이 된다. 영혼은 오로지 부적과 가장 강력한 주문만으로 상상을 초월하는 온갖 위험을 물리친다.

실패하는 경우도 많지만 이런 위험을 통과한 영혼은, 신의 뱃사공 덕분에 위대한 오시리스 신 앞에 서게 된다. 진리의 여신 마아트가 영혼의 귀에 대고 오시리스의 심문에 적절한 고해를 속삭여 준다. 그러면 영혼은 성찬과 춤과 노래와 대화를 영원히 즐길 수 있는 축복받은 자의 장소, '콩밭(Field of Beans)'으로 들어가게 된다.

한 시기를 주름잡았던 이집트 여성, 티이

아멘호테프 4세로 더 잘 알려진 추엔-아텐 왕의 어머니, 티이 왕비보다 한 시대를 주름잡았던 이집트 여성은 아마 없을 것이다. 그의 아버지 아멘호테프 3세는 가장 상서로운 시기에 태어났다고 전해진다. 우주의 창조주일 뿐 아니라, 파라오의 아버지이며 이집트 최초의 군주로 여겨진 위대한 태양신, 라(Ra)는 토트메스 왕을 총애하여 소원하던 아들을 그에게 주었다.

토트메스의 아내 모우트모우아이트는 왕궁에서 잠을 자다가, 옆에 있던 남편이 돌연 테베의 수호신 아멘으로 바뀌는 모습을 보고 깜짝 놀라 깨어났다. 놀란 그녀에게 아들의 탄생을 알리는 목소리가 들렸다. 아들이 테베의 왕위에 오를 것이란 얘기를 남긴 유령은 "아라비아의 어떤 향수보다 향기롭고, 폐부를 찌르는 듯한 향수의 냄새가 자욱한 가운데 사라졌다." 탄생이 예견된 아이는 가장 뛰어난 업적을 이룬 제18대 왕조의 왕들과 어깨를 나란히 하는 아멘호테프 3세가 되었다.

아멘호테프 3세는 다른 나라의 여자와 결혼하였다. 사실, 그의 아내는 한 명 이상이었다. 하렘에 있는 그의 여러 아내 중에는 미타니 왕족의 딸인 길루크히파(또는 키르기파)도 있었다. 텔 엘 아마르나 서판에 따르면, 당대의 미타니 왕족과 파라오들 간에 수많은 서신이 오고갔다고 한다. 아멘호테프 3세의 할렘에는 바빌론의 공주도 있었다. 가장 유명한 여성으로는 아마 셈족 혈통의 티이였을 것이다.

티이 왕비는 아멘호테프 3세를 이은 후계자의 어머니가 되었다. 어린 아멘호테프 4세는 왕대비의 영향을 받아 광범위한 종교개혁을 단행하였다. 그전까지 믿던 이집트의 신들을 몰아내고 비하하였으며, '태양판'으로 상징되는 아텐 또는 아톤 신을 추앙하였다. 무엇보

다 아시아의 영향이 주요하였다. 그는 수도를 테베에서 텔 엘 아마르나로 옮기고, 그곳에 왕궁과 신전을 건립하고 자신의 이름도 추엔-아텐(태양판의 영광)으로 바꿨다.

그러나 종교개혁을 단행하는 동안 그의 제국은 부친 아멘호테프 3세가 심혈을 기울였던 외교 문제를 소홀히 한 탓에, 안타깝게도 몰락의 길을 걷고 있었다. 아멘호테프 4세가 죽자, 그가 추진하던 과업은 무산되었고 종교개혁도 후퇴하였다. 뒤를 이은 아들들도 그의 과업을 원상태로 돌려놓았다. 그리하여 아멘호테프 4세의 이름은 당대의 예술가들이 그의 덧없는 과업을 빗대어 붙인 '이교도 왕'으로 전해지고 있다.

두 명의 이집트 여성

어떤 이집트 여성이, 아니 더 정확하게는 한 아랍 여성이 나일 강에서 그리 멀지 않은 중부 이집트의 한 언덕을 파헤치며 오두막에 덧댈 자재를 찾고 있었다. 그러다 땅속에서 기이한 비문이 새겨진 구운 진흙 파편을 발견하게 되었다. 알고 보니, 아시리아와 바빌로니아 쐐기 문자로 밝혀졌다.

유적에 대한 추후 발굴 작업으로, 숨겨진 역사가 세상에 모습을 드러냈다. 바로 아멘호테프 4세의 단명하였던 도시의 잔해 속에 오래도록 묻혀 있던 아멘호테프 4세의 기록실이었다. 당시의 공통어였던 아시리아어로 작성된 이 문서와 서한집은 이집트 역사상 결혼, 가족 관계, 당대의 외교사를 가장 정확하게 밝혀주는 출처가 되었다. 그야말로 동쪽으로, 멀게는 메소포타미아 계곡까지 주변 민족의 역사가 오롯이 담겨있었다.

히브리 역사에는 적어도 두 명의 이집트 여성이 등장한다. 그중 한 명은, 만약 이 여성을 기준으로 당시 이집트 여성들의 도덕관념을 판단한다면 그 수준이 낮다고 해야 할 것이다. 그녀는 바로 보디발의 아내였다. 그녀의 남편은 노예시장에서 집안일을 맡길 젊고 잘생긴 히브리 노예 요셉을 사왔다. 그런데 그녀는 이 요셉을 깊이 사랑하게 되었다.

그녀는 요셉의 마음을 흔들기 위해 여러 간계를 부렸

다. 그래도 요셉이 넘어오지 않자, 오히려 그가 자신을 폭행하려 하였다고 모략하여 그를 감옥에 가게 만들었다. 결국 요셉은 뛰어난 자제력으로 이집트 땅에 살던 히브리인들의 기록에서 영광된 위치를 차지하게 되었다.

히브리 역사가 언급하고 있는 또 다른 이집트 여인이 있다. 어느 날, 그녀는 나일 강가에서 하녀들과 함께 목욕을 하고 있었다. 그러다가 강물을 따라 흘러온 아기 바구니를 발견하였다. 그 바구니 속에는 바로 출애굽기를 이끌고, 히브리 공동체를 형성하는 데 주축이 될 운명을 타고난 아기가 있었다. 이 아기를 발견한 여성이 바로 파라오의 딸이다.

이 어린 아기의 어머니가 된 젊은 이집트 여인은 모세에게 당시 결코 빈약하지 않았던 이집트 문화의 모든 장점을 전수해주었다. 그래서 모세가 율법 제정자로 성장하는 데 중요한 역할을 담당하였다. 또한 모세를 통해 도덕적으로나 종교적으로 큰 영향을 미쳐, 과거 어느 나라의 역사에도 뒤지지 않는 국가를 형성하는 데 큰 몫을 하였다.

후기 유대교는 특히 프톨레마이오스 시대에 이집트 공주들과의 접촉이 잦았다. 이들 가운데 여러 명의 클레오파트라가 있었는데, 그중 세 명은 안토니우스가 그 유명한 클레오파트라에게 유혹당하기 100년 전에 살았던 인물들이다. 이중 한 명이 안티오코스 3세(시리아의 왕 – 옮긴이 주)의 딸이자 프톨레마이오스 5세의 아내였다. 그녀는 발삼을 비롯한 팔레스타인산 물품에 매료되어 유대 땅의 세금을 자신의 지참금으로 달라고 요청하였다.

요세푸스에 따르면, 프톨레마이오스 5세의 딸인 클레오파트라 2세는 이미 언급하였던 것처럼 이집트 유대인들을 몹시 총애하였다. 그 결과, 클레오파트라 2세는 '유대 민족의 분산'으로 일컫는 디아스포라 시기에 안식처와 생계를 찾아 이집트의 부유한 지역에 모여든 유대인들의 사랑을 상당히 많이 받았다고 한다.

이집트 역사에 등장하는 여러 명의 클레오파트라

클레오파트라 3세는 클레오파트라 2세와 프톨레마이오스 6세의 딸로서, 기원전 150년에 알렉산더 발라스와 혼인하였다. 클레오파트라 3세의 남편이 겪은 파란만장한 세월은 요세푸스와 마카베오 1서에 전하고 있다.

클레오파트라라는 이름을 지닌 다른 두 여성도 유대 역사에 등장한다. 한 명은 프톨레마이오스 9세의 어머니로서 대단한 힘과 결단력을 지닌 여성이었다. 아들을 이집트에서 축출하여 키프로스 섬으로 피신하는 신세로 전락시키기도 하였다. 또 다른 클레오파트라는 헤롯 대왕의 아내이며, '분봉왕(한 나라의 왕이 다스리는 영토 일부를 나누어 다스리도록 통치권을 위임받은 왕 – 옮긴이 주) 헤롯 빌립 2세'의 어머니였다. 안토니우스를 현혹한 클레오파트라의 이야기는 너무나 많

이 알려져 있다. 그래서 새삼 여기서 언급할 필요는 없을 것 같다. 마케도니아와 로마 시대를 살던 이 이집트 여인은 그 경이로운 시절의 역사를 호령하였던 인물이라고만 설명해도 충분할 것이다.

이집트 역사나 사랑 이야기에 등장하는 여인들의 인격이 유난히 훌륭하였다고 할 수는 없다. 하지만 이집트인들의 도덕률은 이론적으로 말해, 비교적 높은 편이었다. 그러나 고대에서 도덕적으로 훌륭한 여성들이 반드시 이름을 널리 알린 것은 아니었다. 오히려 그 반대였다. 그리스 전설에 따르면, 수단과 방법은 상관없이, 그리고 치러야 할 대가는 생각하지 않고, 오로지 자신의 목적만을 성취하는 일에 급급하였던 여왕들도 있었다.

'장밋빛 뺨'을 지닌 여왕으로 유명하였던 제6왕조의 니토크리스 여왕은 자신의 오빠를 살해한 공모자들을 나일 강보다 지대가 낮은 지하 연회장으로 초대하였다. 연회가 한창 무르익자, 강물을 흘려보내 그들을 익사시키는 것으로 복수를 끝낸다.

이집트 여성의 삶과 종교

이집트의 종교 생활에는 여사제도 관여하였다. 그들의 만신전에는 추앙받던 여신들로 가득하였다. 여성들에게도 남자들과 마찬가지로 영혼이 있다고 여겼기에, 장례를 치를 때도 상당한 예우를 표하였다.

고대 셈족 사이에 널리 퍼져 있던 성창(聖娼) 제도가 이집트에도 있었다. 다른 지역의 초기 종교인들 사이에서 그랬듯이, 이집트에서도 신인(神人)동형론이 보편적이었다. 이집트인들은 신들도 인간과 같은 방식으로 자손을 본다고 믿었다. 따라서 남녀 신들은 자연의 신비로운 창조 작업에서 각기 해야 할 역할이 있었다.

그러나 생산에 있어서 여성은 전적으로 수동적인 입장이었다. 지금의 개념으로 표현하면 아버지만을 아이의 유일한 부모로 간주하고, 어머니는 단지 아이의 양육을 담당하는 존재에 불과하였다. 따라서 자연의 여성 원리는 수용적 속성, 즉 '생명이 없이 생산이 이루어지는 덩어리'였다.

프레드릭 쉘든은 "여성은 평범한 바느질과 기만의 합성물, 사기꾼과 소맷부리의 딸이다"라고 말하고 있다. 그러나 이런 재담이 고대 이집트 여성에게는 적합하지 않다. 왜냐하면 나일 강의 여성들은 대체로 신들과 가정과 사회에 대한 자신들의 의무를 게을리 하지 않았기 때문이다.

삶과 종교에 대한 그들의 생각이 분명 제한적이기는 하였지만, 지나칠 정도로 종교적이며 때로는 도덕적이기도 하였다. 이집트에서 발굴 작업이 이루어진지 얼마 되지는 않았지만, 고고학의 모든 분야에서 엄청난 결과가 나타나고 있다.

프톨레마이오스 시대에 살던 이집트 여성의 장례용 조개껍데기에 새겨진 비문의 발견은 놀랍기만 하다. 시대와 나라를 망라해 선남선

녀가 인식하는 공동체의 삶에 필요한 기본 요소들이 무엇인지를 보여주는 기도문의 내용은 이렇다.

"어린 시절 이후, 일평생 나는 신의 행로를 따라 걸어왔다. 나는 신을 찬미하고 숭배하였으며, 신의 종인 사제의 시중을 들었다. 내 마음은 진실하였고 주제넘게 나선 적도 없었다. 배고픈 이에겐 빵을, 목마른 자에겐 물을, 헐벗은 자에겐 옷을 주었다. 내 손은 모든 이에게 열려 있었다. 내 아버지를 공경하였으며, 내 어머니를 사랑하였다. 나는 우리 마을 사람 가운데 한 사람에게만 마음을 주었다. 그리고 나일 강물이 낮은 시기에는 배고픈 이들의 생계를 도왔다."

이 기도문은 독실함, 종교적 이상과 의식에 대한 지지, 진실, 겸손, 고통 받는 자들에 대한 자비, 부모에 대한 공경과 훌륭한 공동체 의식 등이 참된 행동이라는 점을 인정하고 있다. 더불어 여성이 신의 배려와 보답을 받을 가치가 있다는 사실을 잘 보여준다.

콥트 전설에 따르면

오늘날 서부 이집트에 사는 기독교 여성들 중에는 콥트 여성들이 있다. 아주 초기에는 기독교가 이집트를 광범위하게 차지하였다. 기독교가 들어와 종교적 이상을 혁신하고 풍습에 변화가 일긴 하였지만, 이집트에는 수세기 동안 민족의 인정을 받아왔던 여러 사회적 관습이 결코 파괴되지는 않았던 것이다.

이집트의 기독교회는 콥트 교회로서, 기독교 시대가 시작될 무렵부터 존재해왔다. 콥트 여성들은 물론 여러 면에서 오늘날 이집트의 다른 여성들, 특히 이슬람교 여성들과는 아주 다르다. 헬리오폴리스(이집트 북부 – 옮긴이 주) 근처에는 '처녀의 나무'라고 불리는 시카모어 나무가 있다.

콥트 전설에 따르면, 마리아와 요셉이 헤롯을 피해 달아나다 어린 아들과 함께 쉬었다는 곳이 바로 여기다. 이 나무와 멀리 떨어지지 않은 곳에 있는 기적의 샘은 마리아가 어린 예수의 발을 씻겼던 장소이다. 그 후 예전에는 너무 짜서 먹지 못하던 샘물이 이젠 몸에도 좋고 단맛이 나는 물로 변하였다고 한다.

콥트 사람들은 그들의 초기 전통을 계승하고 있으며, 이들의 풍습은 여러 면에서 주변 다른 민족의 풍습들과 대조를 이루고 있다. 일반적으로 콥트 사람들은 아버지가 아니라, 주로 어머니가 아들의 혼인을 성사시킨다.

어머니는 자신의 친구들을 통해 아들의 배필을 찾는다. 수소문 끝에 모든 면에서 적합하다고 생각되는 아가씨를 발견하면 아들에게 알린다. 아들은 어머니의 의견에 영향을 받으며, 결혼 성사를 어머니의 판단에 맡긴다. 신부를 선택하는 일은 직업상 자신을 고용한 남자에게 딱 맞는 배우자를 선택해야 하는 중매쟁이 여자들에게 달려있기도 하였다. 이때 사전 협의도 가능하였다. 그런데 이런 일에는 상

당한 위험이 따르기 마련이다.

그러나 동양 여성들이 완전히 고립된 생활을 하기에 이런 중매가 필요한 것이다. 여성들은 자신들의 정당한 사회적 위치도 누리지 못할 정도로 차단된 처지에 있기 때문에 어쩔 수 없이 중매쟁이를 찾았다. 결국 남편과 아내는 서로의 얼굴을 한 번도 보지 못한 채 혼인을 하게 된다. 하지만 콥트 사람이 일단 아내를 선택하면, 그 여자는 영원히 그의 아내다. 이혼은 결코 허용되지 않았으며, 그들은 죽을 때까지 한 몸인 것이다.

이집트 역사상 가장 독특한 여성

일찍이 이집트에서 출발하여 지중해 주변 모든 국가의 예술과 학문에 끼친 영향들이 다시 돌아오기 시작하였다. 그리스의 해안에서 나일 강으로 몇 배의 이득을 싣고 말이다. 그러자 이집트 남자는 물론, 여성들도 자신의 힘이 뻗어 나가는 것을 느낄 수 있었다. 수많은 여성들이 육체적으로 고된 생활에서 지적인 일을 추구하는, 보다 높은 단계로 자신의 삶을 끌어올렸다.

이런 현상은 특히 알렉산드리아에서 뚜렷이 나타났다. 이곳에서는 거대한 도서관과 대학이 막강한 영향력을 행사하고, 기독교는 동등한 기회를 지지하는 방향으로 가르침을 전파하고 있었다. 이 거대한 대학 도시에 최초의 기독교 신학 토론회가 개설됨에 따라, 남녀 모두 예수 그리스도의 가르침을 공부할 수 있었다.

마침내 알렉산드리아에서도 신학 토론이 아주 보편화되었다. 그리하여 "알렉산드리아에서는 빨래하는 아줌마들도 '부자동체질론(예수와 하나님은 동체라는 이론 – 옮긴이 주)'와 '부자유체질론(예수와 하나님은 비슷하지만 본질적으로 같지 않다는 주장 – 옮긴이 주)'의 장점에 관해 논한다"라는 말이 있을 정도였다.

이집트 역사상 가장 독특한 여성 가운데 한 명이 등장한 시기가 바로 이 같은 후기 시대였다. 지금까지 이집트에서 살았던 모든 여성 가운데 히파티아만큼 다양한 업적을 남기고, 남성에 버금가는 영향을 미친 여성은 없었다. 그녀는 학자 집안 출신으로, 아버지는 4세기 경의 유명 수학자이자 철학자였던 테온이었다. 히파티아는 아버지의 제자였으며, 문명 도시 아테네에서도 수학하였던 것으로 보인다. 고향으로 돌아온 히파티아는 철학 강의도 하고, 당대의 신플라톤학파를 이끌기도 하였다.

머나먼 이국의 학생들이 그녀의 강의실로 몰려든 것은 히파티아의 보기 드문 지적 능력 때문만은 아니었다. 그녀는 매력적인 태도와 미모에다가 겸손과 웅변술까지 겸비하였기 때문이다. 설득력과 파괴력 있는 언변은, 강의실은 물론 법정에서도 증명되었다. 그러나 바로 그 웅변술이 그녀의 무덤을 파고 있었다.

알렉산드리아에서 발생한 기독교 파벌 간의 갈등으로 논란과 증

오가 극에 달하였다. 그 결과, 뛰어난 재능을 타고났던 히파티아는 너무나 잔혹하게 생명을 잃고 말았다. 마차를 타고 가던 도중, 기독교 교회로 바뀐 케사리움으로 끌려가 광분해 울부짖는 폭도 앞에서 발가벗긴 채 굴 껍데기로 난도질을 당하였다.

이 사건은 알렉산드리아에 지독한 후유증을 남겼다. 그리고 기독교가 다른 종교와 분리되는 동안 간혹 벌어졌던 지나친 조처들에 대한 끔찍한 기억을 남겼다.

'수련(睡蓮)의 땅'에서 진정으로 놀라운 것은 생명의 역사다. 한때, 최고의 학문이 꽃 피었던 자리는 비옥한 나일 강 덕에 인간의 정신은 물론 육체도 기름지게 하였다. 이 지역은 이후 그리스 철학과 기독교 신학의 본거지가 되었지만, 오늘날에는 강대국들을 위한 포상으로 전락해버린 느낌이다. 언젠가 이 나일 강 지역의 타고난 능력이 되살아나 여성들이 자신의 넝마나 베일을 벗어버린다면, 인류의 진보의 행진에서 새로운 힘을 발휘하게 될 것이다.

 Oriental Women

Part 7
힌두의 여인들은 문학 속에서만 사랑을 받았다네

첫 번째 발자국
문학에서의 여성의 위치

> 원시 아리안이나 인도·유럽족의 어머니는 흥미로운 성격의 소유자였을
> 게 분명하다. 힌두, 페르시아, 그리스, 로마, 슬라브, 스칸디나비아, 튜
> 턴, 켈트 족으로 나뉘는 가계 후손에 따라 그녀를 확실하게 재구성할 수
> 있다면 그런 사실을 쉽게 짐작할 수 있다.
> 이들 민족이 세계의 역사 드라마에서 맡았던 역할을 보면, 고대 이란 여
> 성의 능력이 인내와 진보면에서 결코 부족함이 없었다는 점을 알게 될 것
> 이다.

야벳('확장'이라는 뜻의 이름, 노아의 아들 – 옮긴이 주)이 셈(노아의 장
자로 야벳의 형 – 옮긴이 주)의 장막에 거할 정도로 창대할 것이란 고
대 히브리 전통은 광범위하게 퍼진 아리안계에서 실현된 듯하다. 아
리안 어족의 모든 파생어에서 '딸(daughter)'이란 단어가 모두 같다
는 것은 흥미로운 일이다. 이 단어의 두 어근은 우유를 짜다
(draw milk)는 의미다. 이 말은 당시 아리안계 민족들의 원
시적 목축환경뿐 아니라, 이주를 하기 전에는 여자들이 흔
히 우유 짜는 일을 하였다는 사실을 증명한다.

인도는 인구가 많은 나라로 2억5천만 명(19세기 후반의 인
구로 추정 – 옮긴이 주)이 힌두스탄(인도의 광대한 평야. 갠지스 평

야라고도 함-옮긴이 주)에 살고 있다. 이들은 힌두교도, 이슬람교도, 유라시아인, 유럽인, 유대인들로 이루어져 있다. 따라서 이들의 풍습과 여건도 상당히 다양하다. 이런저런 특정 형태의 종교를 선호하는 사람들 간의 지역 특성이 발견되기도 하지만 사회적 여건은 동일하다. 풍습과 종교에 따른 계율을 꼼꼼히 신경 써가며, 생활 속에서 하나하나 실천하는 나라는 아마 존재하지 않을 것이다. 오늘날의 위대한 종교들은 여러 점에서 서로 다르다.

그러나 여성에 관한 가르침들은 놀라울 정도로 일치한다. 가령, 인도의 경전들, 힌두교의 성전 베다, 마누법전 등은 힌두교 국가에서 여성의 운명을 결정짓는데 많은 영향을 미쳤다. 초기 아리안 문명에서는, 그러니까 서아시아 민족이 도래하기 이전의 비(非)아리안계 민족에게 여성들은 존경의 대상이었던 동시에 남다른 영향력을 발휘하였다.

이 고대 시기에 탄생한 가장 아름다운 찬가에는 여성들의 천재적 산물들도 들어있다. 『마하바라타』(라마야나와 함께 고대 인도의 2대 서사시-옮긴이 주)와 『라마야나』는 여성적 특성이 풍부하게 담긴 이 초기 아리안 시대 작품이다. 후기 힌두 역사에서 여성의 위치를 고려해 보면, 힌두 문학에 나타나는 여성에 대한 지대한 관심에 주목해볼 만하다.

동양의 어떤 나라도 문학에서 여성에게 그렇게 높은 위치를 부여하거나, 문학에 대한 여성의 기여도 또한 그처럼 높은 나라는 없다.

어서 와,
이런 이야기는 처음이지?

아훌라, 타라, 만다다리, 리타, 쿤티, 드라우파디는 인도 문학을 공부하는 학생들에게는 친숙한 이름들이다. '마하바라타'와 '라마야나'는 인도의 고대 서사시 중에 가장 중요한 작품들로 손꼽히고 있다. 두 작품 모두 여성에게 상당한 위치를 부여한다. 남자의 무덕(武德)과 여자의 미덕이 다른 나라와 마찬가지로, 이곳에서도 전설 문학의 근간을 형성한다.

가장 흥미로운 인물, 드라우파디

E. 윌슨(영국 출신 작가 – 옮긴이 주)은 자신의 저서『동양의 문학(Literature of the Orient)』에서 이렇게 적고 있다.

"인간 가족에 대한 개념이 희박하다. 세상에서 가장 위대한 두 서사시를 비교하면 두 작품 모두 인간의 투쟁과 성취에 대해 정도의 차이는 있지만, 똑같은 옛 이야기를 노래하고 있다. 세계의 역사를 살펴보면, 동일한 남녀 영웅이 되풀이해서 등장한다. 그리스와 로마의 위대한 서사시『일리아드』,『오디세이』,『아에네이드』가 문학적 가치나 예술적 균형 및 운동에 있어서『마하바라타』와『라마야나』를 뛰어넘는다고 한다. 하지만 이 서구의 고전에 등장하는 사랑, 결혼, 부부의 헌신 같은 이상들이 더 강렬하다고 하기는 어렵다. 그야말로 동양의 걸작들이 그리스와 로마의 고전 작품들에 비해 도덕적 색채가 더욱 진하게 배어있는 것이다."

동양의 위대한 작품에 등장하는 인물들도 마찬가지다. 동양의 고대 서사시에서 가장 흥미로운 인물은 드라우파디다. 그녀는 그리스신화에 나오는 트로이 전쟁의 영웅인 헥토르에 비견되는 인물, 아르주나의 아내다. 그래서 드라우파디는 종종 헥토르의 아내인, 헌신적인 안드로마케와 곧잘 비교되는 여주인공이다. 아르주나가 집으로데려온 드라우파디를 그의 어머니가 형제들과 공동으로 아내로 삼게 하였다는 이야기는 인도에서 일처다부제가 성행하던 시절을 엿보게 하는 듯하다.

이 이야기에서 드라우파디가 다섯 명의 구혼자 중에서 남편을 선택하던 방식도 '스바얌바라'로 알려진 힌두의 초기 풍습을 나타낸다. 드라우파디와 결혼을 원하는 남자들이 결혼식을 바로 올릴 수 있는 공공장소로 초대된다. 구혼자들이 둥그렇게 모이면, 처녀는 원을 돌면서 자신이 좋아하는 남자의 머리에 화환을 씌운다. 그러면 결혼식이 거행된다. 그런데 처녀에게 선택받지 못해 낙담한 구혼자들 때문에 결혼식에서는 곧잘 유혈극이 발생하곤 하였다.

그러나 그러한 선택이 순간적인 충동이나 갑작스레 마음을 빼앗겨 이루어진 것 같지는 않다. 아가씨는 보통 이전부터 구혼자들에 대해 알고 있었기 때문에, 그들에 대한 정보나 자신이 좋아하는 점을 숙고하여 배우자를 선택하였다.

사실 인도의 요즘 풍습과 달리, 고대에는 특히 상류계급의 신부들

이 자신의 배우자를 직접 선택하는 일이 드물지는 않았던 것 같다. 이런 사실은 충실한 아내에 대한 힌두 이야기에서 찾아볼 수 있다. 마드라의 초기 군주 마쉬바파티 왕은 신앙심이 깊고 덕망이 높아, 백성들의 사랑을 많이 받았다.

그러나 슬하에 자식이 없어 여러 해 동안 자식을 낳게 해달라는 기도를 올렸다. 신이 그에게 딸을 주었고, 그녀는 누구보다 아름다운 여인으로 성장하였다. 그러나 이상하게도 공주에게 청혼하는 왕자들이 없었다. 그러자 왕은 힌두 법에 따라 스스로 남편을 찾아오도록 딸을 내보냈다. 마침내 공주가 사랑하는 남자와 함께 돌아왔다.

백성들의 환호 속에 아름답고 마음 여린 닝마를 데려왔다,
착한 사비트리 공주가 왕의 도시에 왔도다.

아름답고 기구한 사랑 이야기들

초기 힌두 서사시에 나오는 최고의 여성 중에는 『라마야나』의 여주인공 시타가 있다. 유명 시인 발미키가 이 작품의 저자로 추정된다. 그러나 현존하는 이 서사시에는 비록 그 앞부분이 기원전 3세기까지 올라가기는 하지만, 기독교 시대에 추가된 내용도 담겨있다고 한다. 『라마야나』는 인도의 경전에 속하는 것으로 간주된다. 이 경전

을 읽어서 얻게 되는 죄의 용서와 풍요 같은 특별한 영적 경험은, 이 작품을 부지런히 공부하는 사람들에 대한 보답이라고 여겨진다.

여주인공 시타는 다샤라타의 아들, 라마의 아내다. 다샤라타는 오랫동안 자식이 없어 애통해하다 아들 라마를 얻었다. 다샤라타는 태양의 후손으로, 아름답고 화려한 아요디아(요즘의 아우드)에 살았다.

지나간 시대에 건립되고 계획되었으니
성인 마누(인도 신화에 나오는 인류의 시조 – 옮긴이 주)의 자비로운
손으로.

그러나 왕자의 혈통이 멸족 위기에 처하자, 다샤라타는 말을 제물로 바치는 '아슈바메다'를 신들 앞에 올려 간청하기로 한다. 유례없이 화려하게 마련된 제의가 끝난 후, 제사장은 왕에게 아들 네 명이 태어나 왕권을 보호하고 다샤라타의 대를 잇게 될 것이라 고한다. 이렇게 태어난 아들 중 한 명이 라마였으며, 그의 아내 시타는 미모가 뛰어난 여인이었다.

라마의 사랑스런 아내는
사랑받았으니, 그가 제 목숨을 사랑하듯 하였다.
그녀의 행복한 흔적이 겹쳐 축복이 되었으니
어여쁨이 낳은 기적이다.

어서 와,
이런 이야기는 처음이지?

시타는 남편을 섬기는 마음이 지극하였다. 그러나 이 아름다운 왕비를 탐하였던 악령, 라바나가 그녀의 처소에 접근할 책략을 꾸민다. 누추한 차림의 사제, 수도자로 변신한 라바나는 시타를 납치해 전차에 태운다. 그리고 '바다로 둘러싸인 섬에 지은 아름다운 도시', 랑카로 끌고 간다. 그리스 신화의 메넬라오스처럼, 라마도 사랑하는 여인을 빼앗긴 것이다. 라마는 막강한 원숭이 군대를 이용해 랑카 시로 진군하기로 한다. 그러나 아름다운 시타가 사악한 라바나에게 잡혀 있는 랑카 섬과 자신 사이에는 망망대해가 가로 놓여있었다.

라마가 바다의 여신을 부르자, 여신은 눈이 부시도록 아름다운 모습으로 나타났다. 그리고 사랑하는 여인들을 갈라놓은 바다를 건널 수 있도록 다리를 건설하는 방법을 알려준다. 이슬람교 전설에 따르면, 솔로몬 신전을 떠받치고 있다는 작은 악마들만큼이나 분주한 원숭이들이 돌과 목재로 다리를 세운다.

원숭이들의 도움으로 드디어 랑카에 이르게 된 라마는 시타를 되찾기 위해 전투를 시작한다. 하늘에서 성전(聖戰)을 내려다보던 인드라(고대 인도 신화에 나오는 전쟁의 신 – 옮긴이 주)는 라마가 승리를 거둘 수 있도록 자신의 전차를 내려 보낸다. 인드라의 전차에 올라 탄 라마는 단 한 차례의 전투로 라바나를 물리쳤다. 그리고 아내 시타를 자신의 품으로 되찾아온다.

한편으로, 그 옛날 여성에 대한 고결한 이상과 진실한 사랑을 좇는 남자의 지조를 상징하는 또 다른 이야기가 전해온다. 그 사랑 이야기의 전형을 보려면, 날라 왕자의 이야기를 살펴봐야 한다. 위험한 오두막에서 아무런 보호도 받지 못한 자신의 아내를 수치스럽게 저버리는 순간, 날라 왕자(『마하바라타』에 나오는 아름답고 기구한 사랑 이야기의 주인공 – 옮긴이 주)는 이렇게 읊조렸다.

아, 아내여! 태양도 바람도 전에는
감히 건드리지도 못하였는데, 웅크린 그대여
이 초라한 오두막에서 바닥을 침대 삼아, 그리고 나
그대의 주인은 그대를 저버리고 그대에게 훔쳐온
그대의 마지막 옷, 환하게 미소 짓는, 오! 나의 사랑이여
가느다란 허리의 나의 여왕이여. 그녀가 잠에서 깨면
미치지나 않을까? 그래, 그녀가 홀로 거닐면
야수와 뱀들이 우글거리는 어두운 길에서,
브히마(인도의 신 – 옮긴이 주)의 상냥한 아이는 괜찮을까?
저 밝고 비할 데 없는 아이는 괜찮을까? 아! 나의 생명, 나의 아내여
위대한 태양이여, 대기의 여덟 권력에 간청하오니
그대의 소중하고 진정한 자를 그대 가는 길에 지켜주소서.

여성은 인도의 수많은 고대 설화에서 흥미로운 위치를 차지한다. 에드윈 아놀드 경(영국의 시인이자 언론인 – 옮긴이 주)은 '모든 설화의

아버지'로 불리며, 『이솝 우화』에 곧잘 비견되는 『히토파데샤』의 수많은 이야기들을 영어로 번역해 놓았다. 이를 통해 여성의 특성, 사랑에 얽힌 속임수와 간계를 담은 이야기들을 생생하게 들려준다. '왕자와 상인 아들의 아내(The Prince and the Wife of the Merchant's Son)'와 같은 설화들은 사랑의 화살이 고대 인도에서조차 어떤 이유나 사회적 지위와 상관없이 과녁에 명중하는 과정을 보여준다. 가령, 비라세나의 아들로 외모가 출중하였던 왕자는 아름다운 라바냐바티에 관해 이렇게 울부짖는다.

"다섯 화살의 신이 나를 맞췄구나. 그녀의 존재만이 내 상처를 치유할 수 있도다."

두 번째 발자국
남성의 마음을 빼앗으려는 함정

힌두 문학에 나타나는 여성은 연극을 언급하지 않고는 설명이 불가능하다. 인도 연극은 알렉산드리아 정복 이후 발전하였으며, 그리스의 영향을 받은 흔적을 고스란히 보여주고 있다. 그리하여 연극에서는 브라만교 인도 여성을 흥미로운 관점으로 그리고 있다.

힌두 시인들의 극작품 중에서는 비크라마디티야의 위대한 궁정시인 칼리다사가 쓴 『샤쿤탈라』가 가장 유명하다. 다수의 초기 힌두 작품들과 마찬가지로, 이 작품의 정확한 연대는 밝혀지지 않았다. 그러나 빠르면 서기 1세기, 늦으면 5세기로 보기도 한다. 『샤쿤탈라』는 카스트 계급을 살펴볼 수 있는 탁월한 작품이다. 총 7막으로 구성된 이 작품은 작가가 옛 전설을 각색한 것이다.

어느 날, 활과 화살을 둘러맨 인도의 두시안타 왕이 숲속에서 전차를 몰며 검은 영양을 뒤쫓고 있었다. 그런데 어디선가 무고한 생명을 살생하지 마라는 소리가 들려온다. 그것은 어느 은둔자가 한 말이었

어서 와,
이런 이야기는 처음이지?

다. 영양은 은둔자의 암자에 딸린 동물이었다. 왕이 그 요청을 받아들이고 은둔자인 위대한 성인, 칸바의 거처로 가게 된다.

칸바는 머나먼 순례를 떠나 암자에 없었다. 다만, 양딸 샤쿤탈라가 칸바의 벗들을 돌보고 있었다. 비밀의 숲 한가운데로 들어서게 된 왕은 전차를 멈추고 땅에 발을 내딛는다. 이 신성한 숲을 왕이 경건한 마음으로 걷고 있는데, "갑자기 한쪽 팔에 박동이 느껴졌다. 이것은 행복한 사랑의 징후였다. 곧이어 은둔처의 처녀들이 물 항아리를 들고 어린 나무에게 물을 주러 오는 모습을 보게 된다."

자태와 우아함이 보기 드물게 아름다운 처녀들 중에서 특히 한 처녀가 왕의 눈에 들어온다. 바로 은둔자의 양딸 샤쿤탈라였다. 그녀의 모습은 숲에 가려 반쯤 보이지 않았지만, "마치 노란 나뭇잎에 에워싸여 활짝 피어오르고 있는 꽃봉오리 같았다." 실로 아름다운 아가씨였지만, 왕은 그녀가 무슨 계급인지 궁금하였다. 만약 그녀가 순수한 브라만 태생이라면, 그가 왕이라 해도 전사 계급이기에 브라만 계급의 여자와는 결혼할 수 없었기 때문이다.

샤쿤탈라가 숲 속 꽃들에 물을 주며 돌아다니자, 재스민 꽃에서 벌 한 마리가 날아간다. 벌은 그녀를 쏘기라도 하려는 듯 샤쿤탈라를 뒤쫓지만, 두시안타 왕이 그녀를 구해준다. 은둔처의 아름다운 아가씨는 왕을 처음 본 순간 야릇한 흥분을 느낀다. 그런 신성한 장소에서는 보기 드문 방문객이었기 때문이다. 샤쿤탈라는 친구 두 명과 서둘러 달아나지만, 유쾌한 일들이 연달아 터지는 바람에 왕의 모습을 얼핏 쳐다보게 된다. 쿠사초[7] 가시에 발이 찔리는 바람에 그녀는 잠시 서 있을 수밖에 없었고, 덤불에 걸린 옷도 떼어내야 하였다. 그리고 사랑이 시작되었다.

"그 꽃의 화살은 강철만큼 강하다"

그 다음 이어지는 제2막에서는 두시안타 왕이 연인을 생각하고 있었다. 그런데 은자 두 명이 다가와 이렇게 요청한다. 신성한 숲에 칸바가 없는 틈을 이용해 악마가 제식을 방해하고 있으니, 악마로부터 숲을 보호해 달라고 말이다.

두시안타 왕은 은자들의 부탁을 기꺼이 받아들인다. 그리고 왕 자신을 위한 제식에는 참석해야 한다는 어머니의 당부도 외면하고 숲을 떠나지 않는다. 그 제식에는 다른 사람을 대신 보내면서, 자신이 아름다운 샤쿤탈라와 사랑에 빠졌다는 말은 절대로 하지 못하게 한다. 그 다음 제3막에서 왕은 "그의 화살대는 꽃이되, 그 꽃의 화살은 강철만큼 강하다"는 사랑의 신을 불러내며 은둔처를 걷고 있다. 그러다가 샤쿤탈라가 산책하다 꺾은 꽃들의 부러진 줄기를 발견하게 된다. 그것을 보자마자 왕은 사랑하는 애인을 뒤쫓기 시작한다.

왕은 마침내 시종들과 함께 정자에 있는 그녀를 발견한다. 꽃들로 뒤덮인 돌 의자에 기대앉아 있는 그녀의 얼굴은 창백하고 쇠약해 보

인다. 하녀들이 병의 원인을 알아내려고 애썼지만, 그녀는 연꽃잎에 적힌 시로 사랑을 말할 뿐이다. 이제 막 이곳에 나타난 왕이 그녀에게 달려들어 자신의 불같은 사랑을 맹세한다. 그러면서 카스트 계율에 어긋난다는 이유로, 결혼을 주저하는 그녀의 마음을 돌리려고 안간힘을 쓴다.

그러자 '악마들이 제단의 불 주변에 몰려들고 있다'는 불길한 소식을 전하는 홍조의 목소리가 들린다. 왕이 서둘러 구원에 나선다.

이어지는 제4막에서는 샤쿤탈라가 왕의 인장이 새겨진 반지를 끼고 있는 모습이 보인다. 반지에는 식어버린 왕의 사랑을 되살릴 수 있는 마력이 있다. 때마침 칸바가 순례에서 돌아와 샤쿤탈라의 출발이 무르익었음을 알게 된다. 늙은 은자는 체념한 듯 그녀의 결심을 받아들이고, 그녀를 축복한다.

"낚싯바늘 끝에 한 여인이 걸렸다"

제5막에서는 사울 왕처럼 깊고도 고집스러운 비애로 가득한 두시안타 왕이 나타난다. 그는 두르바사의 저주로 자신의 아내 샤쿤탈라를 까맣게 잊고 있는 상태다. 왕이 이렇게 묻는다.

"사랑하는 사람과 헤어지기라도 한 것처럼, 나를 깊은 슬픔에 잠기게 하는 이 중압감은 뭘까?"

여기서 은자와 이제 막 어머니가 된 샤쿤탈라가 왕 앞에 등장한다. 하지만 왕은 그녀를 몰라보며, 그녀를 알고 지낸 적도 없다고 부인한다. 샤쿤탈라가 결혼 증표인 반지를 손가락에서 빼려는 순간, 왕은 자기 반지를 잃어버렸다는 걸 깨닫는다.

"그대가 제물을 바치지 않아 성스런 호수에 빠뜨렸나 봅니다."

샤쿤탈라와 함께 온 간타미가 말하였다. 왕은 조롱하듯 웃는다. 샤쿤탈라가 아무리 노력해도 왕은 그녀와의 결혼을 전혀 떠올리지 못한다. 샤쿤탈라는 슬픔에 겨워 양손을 옷 속에 넣고 안타깝게 흐느낀다. 이후 한 어부가 잉어 뱃속에서 반지를 발견하여 왕에게 가져온다. 그 반지를 손에 낀 왕은 그제야 모든 기억을 회복한다.

그러나 그의 아내와 어린 아들은 이미 땅에서 멀리 떨어진 하늘에 위치한 비밀의 숲으로 가버린 다음이었다. 왕은 천상의 마차 인드라의 안내를 받아 마침내 그들과 만나게 된다. 왕과 왕비는 화해하고 재결합하며, 극은 시바에 대한 기도로 막을 내린다.

사랑과 여성의 아름다움이 가득한 힌두의 서정시들은 여성적 매력을 높이 평가하면서도, 그녀들의 나약함을 해학적으로 표현하는 작품이 많다. 인도의 서정 시인 바르트리하리는 이렇게 이야기한다.

"사랑의 신이 세상의 바다에서 낚시를 하는데, 낚싯바늘 끝에 한 여인이 걸렸다. 작은 인간 물고기들이 방심한 상태로 몰려들자, 신이 재빨리 물고기들을 낚아채 사랑의 불로 굽는구나."

시인은 다시 노래한다.

어서 와,
이런 이야기는 처음이지?

"내가 사랑하는 그녀는 다른 이를 사랑하고, 다른 이는 나를 사랑하도다."

다음에 나오는 칼리다사의 노래를 살펴보면, 아름다운 여인에 대한 시인의 태도를 엿볼 수 있다.

그대 눈은 꽃처럼 푸르고, 그대의 이는
재스민처럼 하얗도다. 그대 얼굴은 연꽃과 흡사하니,
그대 몸을 이루는 나뭇잎들은 분명
참으로 연약한 꽃들의 것이구나, 그런데 어찌
신은 그대에게 무정한 마음을 주신 걸까?

"세상에 천국이 있다면, 여기가 바로 천국이다!"

인도를 통치하였던 여러 왕조의 수많은 왕과 관련된 주요 여인들의 역사를 밝히는 것은 불가능한 일일 것이다. 사실, 이런 취지에 맞는 중요한 자료가 있다 해도 그럴 가능성은 거의 없다. 역사상 가장 막강한 영향력을 발휘하였던 여성들이 등장한 것은 무굴왕조시대였을 것이다. 찬란하였던 무굴왕실과 탁월한 여왕과 공주들이 존재하였던 16세기와 17세기가 특히 매력적인 이야기들이 많다.

악바르 대제는 위대한 통치자였을 뿐 아니라, 종교 개혁가이기도 하였다. 그가 총애하던 아내는 라지푸트 가문의 공주였으며, 악바르의 성공에 적지 않은 기여를 하였다. 악바르는 살아 있는 아내를 죽은 남편의 시신과 함께 화장하던 사티 풍습을 금지하기도 하였다. 인도의 성지 곳곳에 그렇게 죽은 아내들을 기리는 작은 백색 기둥들이 들어섰던 것도 그런 종교적 관습 때문이었다.

악바르에게는 기독교도 부인도 있었다고 한다. 악바르의 아들 자한기르 황제도 사실상 막후 실력자였다는 막강한 집안의 여성과 결혼하였다. 자한기르는 그녀를 가장 총애하여 '하렘의 빛'이라는 뜻인 누르마할이라고 불렀다.

영국이 처음으로 수라트에 거점을 마련한 것도 자한기르 황제 때였다. 누르마할은 이세벨이나 맥베스 부인처럼, 필요한 시기가 되면 통치권을 거머쥐고 강력한 권한을 행사할 줄 아는 여성이었다. 자한기르 치세 때 발발한 여러 반란은 그녀 때문이었다. 심지어 제국의 동전에도 그녀의 이름을 새겨 넣었으며, 마지막에는 라호르에 있는 남편 옆에 묻혔다.

무굴왕조시대 동안 가장 화려한 존재로 살았던 인물은 여왕이었으며, 인도 왕들의 아내들도 대개는 거의 그랬다. 보석 치장도 화려하였고 분수는 향락의 대상이었다. 대리석 목욕탕을 지어 심신의 안정을 찾았으며, 수많은 노예가 그들의 명령을 기다렸다. 웅장한 모습의 왕궁은 인도를 점령하였던 페르시아인들에게 깊은 인상을 남겼다. 그렇지 않았다면 그들이 정복한 왕궁에 다음과 같은 글을 새기진

않았을 것이다.

"세상에 천국이 있다면, 여기가 바로 천국, 천국이다!"

건축학적 웅장함을 엿볼 수 있는 백미 가운데 하나가 바로 자한기르의 아들 샤자한이 건설한 왕궁이었다. 가장 애착을 느꼈던 지역인 아그라에 그 유명한 타지마할을 건축한 장본인도 샤자한이었으며, 델리에 값비싼 공작새 옥좌를 만든 것도 그였다. 특히, 타지마할은 아이를 낳다가 사망한 뭄타즈 마할 왕비를 기리는 무덤으로 건설되었다.

이 무덤은 이사 모하메드가 설계를 맡았고, 건설은 1630년에 시작되었다. 17년간 2만여 명의 노동자와 수백만 달러의 비용을 쏟아 부은 끝에 타지마할이 완공되었다. 타지마할은 인도 최고의 건축물 가운데 하나일 뿐만 아니라, 세계에서 가장 유명한 건축물이기도 하다. 약 64미터 높이에 이르는 돔과 열대 정원, 대리석에 새긴 모자이크와 각종 문양, 흰색과 검은색, 그리고 노란색 대리석, 크리스털, 벽옥(碧玉), 석류석, 자수정, 사파이어, 심지어는 다이아몬드로도 꾸며진 타지마할은, 아내에 대한 사랑을 담은 역사상 가장 호화롭고 중요한 기념물이다.

여성을 추모하여 건립된 또 다른 기념물로는, 붉은 사암으로 만든 약 73미터 높이의 세계 최고(最高) 첨탑, 쿠탑 미나르가 있다. 이 탑은 왕의 딸이 멀리 있는 사원을 볼 수 있도록 지은 건축물이라고 한다.

여성의 희망은 남자와의 결혼에 있었다

잠시, 고대 힌두의 저작물과 이 저작물들이 힌두 여성의 역사에 미친 영향을 살펴보자. 인도 여성들은 오늘날에도 종교적인 책들을 직접 접하지는 못한다. 결혼 전에 이루어지는 여성의 종교적 희생과 의식은 모두 남편을 얻기 위한 것이다. 결혼 후에는 남편의 이름으로만 신에게 다가갈 수 있다. 아내가 숭배하는 남편은 거의 신의 존재와 같다.

따라서 때가 되면 여성 자신도 남자로 태어날 수 있게 되기를 기원한다. 고대 인도에는 사원에 봉헌되어 고대 로마의 베스타(로마 신화의 불과 부엌의 여신 – 옮긴이 주)를 섬긴 처녀들처럼 순결한 삶을 맹세하는 처녀들이 있었다. 하지만 여러 세기를 거치며, 그런 풍습은 점차 약화되었다.

젊은 여자들 중에는 신전의 무희가 되거나, 성지에서 수치스런 생활을 하는 경우도 많았다. 이들을 완곡하게는 '신의 노예'라고 부르기도 하였지만, 그들이 속한 사원에 있는 방탕한 브라만들의 욕망에 희생당하는 노예라고 말하는 게 옳을 것이다. 사제를 통해 민간 신에게 처녀를 봉헌하는 일은 흔한 일이었다. 봉헌된 젊은 여자는 신과 결혼하였다고 하여, 치욕적인 삶을 살아야 하였다.

'소를 숭상하고 여성을 폄하하는 종교'로 규정되었던 브라만교는 인도 여성의 삶을 형성한 가장 중요한 요소 가운데 하나였다. 힌두교

도들 사이에서 여성은 영적인 삶을 독립적으로 누릴 수 없는 존재였다. 여성의 희망은 남자와의 결혼에 있었다. 남자를 통해서만 재산을 안전하게 지킬 수 있으며, 남자에게 복종해야만 궁극의 행복을 바랄 수 있었던 것이다.

여성은 남성의 깨끗한 마음을 방해하는 올가미며, 남성을 위한 최선의 이익을 가로막는 방해 요인으로 인도의 현자들은 여겨왔다. 어느 날, 석가모니가 갠지스 강둑 근처 숲에 앉아 있었다고 한다. 주변에는 그에게 경의를 표하러 온 사람들이 많았다. 신중하고 독실한 아므라 부인이 멀리서 다가오는 모습이 보이자, 석가모니가 주변 사람들에게 이렇게 말하였다고 한다.

"저 여인은 신심이 깊은 사람들의 마음을 매혹시킬 정도로 실로 너무나 아름답도다. 그럼 이제 정신을 똑바로 차리고, 지혜가 그대들의 마음을 지배하게 하라. 여인과 함께 살며 음탕한 생각에 들뜨기보다는, 사나운 호랑이에 물리거나 망나니의 날카로운 칼끝 아래에 놓이는 편이 더 나을 것이다. 여인네는 걸을 때나, 서 있을 때나, 앉거나, 잠을 잘 때도 자기 몸매와 얼굴을 내보이려 한다. 심지어는 그림 속에 있는 여자도 자기 미모를 이용해 남자들의 견고한 마음을 흔들어놓으려 한다. 그렇다면 어떻게 해야 그대들이 자신을 지킬 수 있겠는가? 여자의 눈물과 미소를 적으로 간주하고, 여자의 잘 빠진 몸매와 늘어뜨린 팔과 엉클어진 머리카락이 남성의 마음을 빼앗으려는 함정임을 명심하라."

세 번째 발자국
여성들의 삶을 좌우하는
카스트 제도

인도에서 카스트 제도는 '요람에서 무덤까지' 모든 것을 지배하며, 여성들의 삶에 지대한 영향을 미쳤다. 계급의 경계선은 깊고도 가혹하다. 사회적 간극은 메울 길이 없다. 누군가의 말처럼, 카스트의 유일한 연결고리는 모든 사람이 추앙하는 소가 있을 뿐이다.

인도 신화에 나오는 인류의 시조, 마누는 이렇게 얘기하였다고 한다. "브라만, 크샤트리아, 바이샤는 두 번씩 태어나며, 마지막 계급 수드라는 오직 한 번만 태어난다. 다섯 번째 계급은 없다."

카스트 규율을 어겼다는 이유로, 사회적 지위를 박탈당하고 최하층을 포함한 모두에게 멸시를 받으며, 사회적으로 버림당하는 사람들도 있다. 통념에 따르면, 브라흐마의 입에서 나왔다는 최상위 카스트는 성직자 계급이다. 두 번째는 브라흐마의 팔에서 나온 전사 계급이다. 세 번째는 그의 허벅지에서 나왔다는 상인 계급이다. 최하위 계급은 수드라에 속하는 사람들로, 브라흐마의 발에서 태어났다고 한다.

최상위 계급의 카스트는 하위 계급의 관습에 어느 정도 영향을 미쳤다. 하위 카스트의 여성들은 자녀를 양육하면서도 시간이 날 때마다 바깥일도 해야 하는 짐을 져야 한다. 따라서 자유를 즐길 여유가 전혀 없다. 그러나 상위 카스트 여성들은 제나나(인도의 하렘 - 옮긴이 주)에 갇혀 지내며, 외부세계에 대해서는 거의 알지 못한다.

제나나는 여성들의 거처로서 외부와는 상당히 단절되어 있으며, 창문으로는 집의 사각형 내부만 보일 뿐이다. 부인들의 생활은 집에만 국한되어 있다. 밖에 나가려면 남편의 허가를 받아야 하는데, 원하는 자유를 주려는 남편은 흔치 않다. 제나나에는 흥겨운 일이 많지 않지만, 가끔은 음악이나 춤이나 웃음소리가 들리기도 한다.

사소한 의무들, 하찮은 행동들, 게으름이 '장막 뒤의 생활'이다. 남녀 아이들은 여자아이가 열 살이 될 때까지는 함께 어울려 놀 수 있다. 그때가 지나면 별도의 공간, 즉 장막 뒤에서 숨어 지내야 한다. 그녀는 고립된 여성으로 살아가야 한다. 어떤 남자도, 심지어는 남자형제들도 그녀를 만나는 것이 허락되지 않는다.

"여자는 아무것도 해서는 안 된다"

힌두교는 선하면서 동시에 자유로운 여성은 없다고 생각한다. 선할 수도 있고 자유로울 수도 있지만, 둘을 동시에 가질 수는 없다는 것이다. 이슬람교를 믿는 힌두 여성들도 물론, 코란의 교리에 영향을 받는다. 코란에서는 자기 남편과 아들 외에는 어떤 남자도 쳐다보지 않는 여성을 최고의 여성으로 여긴다. 친척들에게만 눈길을 주는 여성들을 그다음으로 꼽는다. 이처럼 여성 교육은 아주 빈약한 상태다.

힌두 여성들은 결혼생활에 적합한 여자가 되기 위해 가정의 의무를 배운다. 이 외에도 혼인과 관련된 신들의 총애를 받는 데 도움이 되는 몇 가지 기도문과, 시간을 보내는 데 좋은 속요를 조금씩 학습한다. 여성이 남성에게 항상 드러내는 경의의 표시는 지역에 따라 다소 다르게 나타난다. 여성들이 늘 베일을 쓰고 있는 북부지방에서는 남자가 불쑥 나타나면, 얼굴을 잽싸게 가리거나 다른 방으로 뛰어들기도 한다.

베일이 일반적이지 않은 인도 남부에서는 여성들이 남자를 꼭 피해야 하는 것은 아니다. 하지만 남자들이 오면, 그들에 대한 존경의 표시로 언제나 일어서거나 그대로 서 있어야 한다. 힌두 여성들은 남편을 이름으로 부르지 않는다. 그 대신, '주인님'이나 '남편'과 같은 호칭을 사용한다. 한편, 남편은 자기 아내를 넌지시 언급하지도 않으며, 누구도 남편에게 아내에 관해 묻지 않는다. 아내의 존재가 남편의 존재 속에 흡수되어야 완벽해진다는 것이다. 혼인을 하면 아내와 남편은 하나가 되며, 남편이 바로 그 하나인 것이다. 따라서 마누의 말이 별로 놀랄 일도 아니다.

"어린 소녀든, 성인 여자든, 아니면 나이 든 여자든, 여자는 아무것

어서 와,
이런 이야기는 처음이지?

도 해서는 안 된다."

여자는 어린 시절에는 아버지에게, 젊어서는 남편에게, 남편이 죽은 후에는 아들에게 예속되며, 결코 독립적인 존재로 살아가지 못한다. 베다에서는 오직 남자만이 자신, 아내, 자식으로 구성된 완벽한 인간이라 규정하고 있다.

인도의 결혼식, 여자가 주인공이 되는 유일한 기회

인도에서는 결혼식 비용이 상당히 많이 든다. 결혼식은 인도에서 가장 값비싼 축하 행사라고도 할 수 있다. 상위 카스트의 경우, 보통 2백 달러(현재 가치로 환산하면 약 6천 달러 – 옮긴이 주)가 넘게 소요된다. 국민 대다수가 빈곤에 시달리는 나라에서는 놀랄 만큼 큰 액수이다.

힌두교의 교리로 봤을 때, 여자들은 반드시 결혼을 해야 한다. 그래서 딸 둘을 시집보내면 가정이 파탄 날 수도 있다. 아버지가 여러 아내와 자녀는 물론, 고령의 부모와 가난한 친척이나 일이 없는 형제와 그들의 처자식, 과부가 된 가까운 친척에다 딸린 식솔까지 먹여 살려야 한다는 사실을 떠올려 보자. 그러면 기근에 허덕이는 나라에서 가장으로 살아가는 삶이 항상 행복한 일만은 아니라는 것을 알 수 있다.

4대가 한 집에 부대끼며 사는 일이 인도에서는 드문 일이 아니다.

결혼식은 당연히 가족들의 주요 관심사이며, 여성이 중요한 종교 행사에서 주인공이 되는 유일한 기회이기도 하다. 베다의 축문을 올리면 축제는 절정에 다다른다. 남자 춤꾼들이나 무희들이 크리슈나(힌두교 비슈누 신의 8번째 화신 - 옮긴이 주)와 그의 아내들이나 정부(情夫)들 간의 사랑, 싸움, 화해를 노래하기도 한다. 그런데 결코 고상한 노래들은 전혀 아니다.

네 번째 발자국

인도에서 아내에게 기대하는 것

사실 인도에서는 손쉽게 외설스런 분위기를 접할 수 있다. 심지어는 사원의 벽화에서도 찾아볼 수 있다. 마누법전에 "여자는 항상 쾌활하고 영리하게 가정을 돌보고, 가구를 꼼꼼히 닦고, 돈은 아껴 써야 한다"는 내용이 있는 것으로 보아, 처녀에게는 별로 관심을 보이지 않지만, 아내에게는 많은 것을 기대하는 듯하다.

마누법전에는 여성이 아들을 낳고 헌신적인 아내가 되는 조건을 뚜렷하게 규정하고 있다.

"아이를 낳지 못하는 아내는 8년째, 아이가 모두 사망한 아내는 10년째, 딸만 출산한 아내는 11년째가 되면 바꿀 수가 있다. 하지만 다투기를 좋아하는 아내는 즉시 바꿔도 된다."

남편과 남편의 이익을 위한 아내의 헌신에는 의문의 여지가 없어야 한다. 이것만으로도 아내는 자신이 상당히 행복하다고 생각할 수 있다. 마누법전은 이렇게 적고 있다.

"정숙한 아내는 저승에서도 남편과 함께 살기를 열망

하며, 남편의 생사에 상관없이 자신과 혼인한 남편을 언짢게 할 일을 절대 하지 않는다. 남편에 대한 의무를 저버린 아내는 이승에서 치욕을 당하고, 죽은 후에는 자칼의 자궁 속에서 죄에 대한 대가로 질병에 시달리게 된다."

이 비범한 민족의 가장 놀라운 풍습 가운데 하나는 바로 조혼(早婚)이다. 여성은 남자와의 결합으로, 비록 자신의 영적 실체는 아닐지라도, 행복에는 도달하기 때문에 결혼을 일찍 해야 한다. 아버지가 미혼의 딸을 책임지는 일은 수치로 여겨진다. 동양 여성들의 일반적인 결혼 연령은 대개 신체적으로 성숙하는 시기인 열두 살 무렵이다.

그러나 인도에서는 유아에 해당하는 소녀들도 부모에 의해 같은 또래나 나이가 더 많은 소년이나 성인 남자와 결혼을 한다. 여성들은 결혼하여 아들을 낳아 어머니가 되기 전까지는 전혀 공경의 대상이 되지 못한다. 여성은 결혼을 해야 적어도 어느 정도의 존중받을 가치를 지니게 된다.

어느 소녀의 '평범한' 이야기

상위 카스트에 속하는 어느 힌두 소녀의 인생은 이렇게 풀리기도 한다. 제나나에 전해지고 있는 한 소녀의 이야기다. 딸아이를 낳은 어머니는 축하와 기쁨 대신, 아들이 아닌 딸을 낳았다는 이유로 화가

어서 와,
이런 이야기는 처음이지?

난 남편에게 갖은 욕설을 당한다. 모든 집안 식구도 남편의 책망에 가세한다. 남편의 체면에 먹칠을 가한 것은 아닐까? 신의 축복이 아닌 저주를 그녀가 받은 것은 아닐까?

아버지가 제나나에 오면 다시 화가 치밀지 않도록 어린 계집아이를 아버지 눈에 띄지 않도록 숨겨둔다. 2년이 흐르고, 어린 여자아이는 집에서 잔치가 벌어진 듯한 환호하는 소리를 듣게 된다. 바로 남동생, 즉 아들이 태어난 것이다. 어머니에 대한 아버지의 태도가 바뀌고, 딸에 대한 태도도 어느 정도 달라진다. 그러나 딸은 여전히 하찮은 존재일 뿐이다.

어머니는 딸을 사랑하고 간혹 보듬어주기도 한다. 아버지도 또한 이따금씩 딸을 바라보기는 할 것이다. 아들이 어느 정도 자라면 두 아이는 함께 놀 수도 있다. 얼마 후 5, 6세 정도가 되면, 어린 딸은 비단옷을 입고 값비싼 보석으로 치장한다. 혼인하는 날이 다가오면 어린 딸은 결혼이 무엇을 의미하는지도 모르면서, 아버지의 절대적인 권한으로 이루어진 일에 순순히 동의한다.

그녀는 아버지가 본인의 카스트에 따라 선택한 남자에게 보내진다. 그들은 서로를 처음 보게 된다. 어린 소녀는 겁에 질려 이때도 남편의 얼굴을 거의 보지 못한다. 결혼식이 끝나고 나면, 남편은 혼자 자기 집으로 돌아간다. 남겨진 어린 부인이 가정주부로서 해야 할 의무를 배워야 하기 때문이다. 신부의 어머니는 어린 딸에게 부지런히 필요한 지식을 전수한다.

요리, 실잣기, 직물 짜기, 특히 식사하는 남편의 시중들기 등의 기술이 포함된다. 특히, 남편에게 복종해야 한다는 기본적 의무가 몸에 배도록 배운다. 소녀가 열한 살쯤 되면, 아내로서 결혼생활에 따른 중대한 의무를 맡을 준비가 된 것으로 여긴다. 그래서 남편이 와서 아내를 자기 집으로 데려간다. 여건이 허락하면, 남편은 최대한 화려하게 꾸민 코끼리를 멋들어지게 타고 간다. 하지만 부인은 밖으로 모습이 보이지 않게 단단히 가린 가마에 올라야 한다.

이제 낯선 사람들과 함께 있게 된 어린 아내는 최선을 다해야 한다. 그녀에게 세상살이는 늘 쉽지 않다. 힌두의 시어머니가 즉시 새로운 환경의 주인이 되며, 며느리는 기꺼이 노예를 자처해야 한다. 그녀의 거처도 맘 편한 곳만은 아니다. 제나나의 여인들은 쌀쌀맞게 모른 척하거나 아주 잔인하게 그녀를 맞이한다.

12세의 어린 아내는 어머니가 될 가능성이 크다. 만일 그녀가 아들을 낳을 경우, 시어머니의 노예생활에서 벗어날 수 있게 된다. 그때가 되면 비로소 남편은 아내를 존중할 만한 가치가 있다고 생각한다. 모든 것이 잘 풀린다면 그녀의 삶은 이전보다 한층 더 수준이 높아지는 셈이다. 그러나 여성은 살아있는 한, 남편이 죽더라도 남편에게 얽매인 존재다. 그녀에게 있어서 재혼이란 불가능한 일이다. 감히 다시 결혼하는 여성에게는 단연코 사회적 낙인이 따라붙게 될 것이기 때문이다. 그러나 남자는 자신이 원하면 여러 번 결혼할 수 있다. 또 자기 취향이나 편의에 따라 여러 아내를 맞이할 수도 있다.

남편 그늘에서만
존경받을 수 있는 아내

영국 정부에서는 법(1856년 발효)을 통과시켜 과부의 재혼을 합법화하는
불가능에 도전하기도 하였다. 그러나 재혼에 따른 사회적 곤욕과 재산
상실을 감당할 수 있는 사람은 거의 없었다. 결혼을 거부한 과부는 추업
(醜業)이긴 해도 일을 하여 재산을 모으기도 한다.

재정적 여건에 따라 남편이 얻을 수 있는 아내의 수가
결정된다. 브라만 계급은 거의 무제한 결혼할 수 있다. 실
제로 결혼을 업으로 삼는 사람들도 있다. 어느 유명한 브
라만은 전국을 돌아다니며 당연히 같은 카스트에 속한
여러 여자와 결혼하고, 딸들이 브라만과 결혼하는 것을 영광으로 생
각하는 신부 부모에게서 예물을 받는다.

그러나 신랑이 일단 떠나면 아내를 찾으러 절대 돌아오지는 않는
다. 하지만 신부의 아버지는 자신의 딸이 결혼하지 못하는 치욕과 조
롱에서 마침내 벗어났다는 이유로 그런 거래에 흡족해한다. 상류 계
급인 브라만의 아내가 된 어린 소녀는 내세에서 행복한 삶을 살게

될 것이라고 믿는 것이다.

전사 계급인 크샤트리아는 브라만처럼 예물을 받지 못하기 때문에, 결혼을 많이 한다고 해서 특권이 많아지는 것도 아니다. 따라서 그들은 부인의 수도 더 적고, 부인이 몇 명일지는 부양할 수 있는 자신의 능력에 따라 결정된다. 딸 역시 그렇게 결정되어, 영아 살해는 크샤트리아 계급에서 가장 흔하게 발생한다.

그렇다고 해서, 경전의 모든 말이 여성의 열등함을 논한다고 생각해서는 안 된다. 마누법전에는 '딸은 아들과 동등하다'라는 문구가 등장한다. 그러나 이런 동등함은 남편이나 아들을 통해서만 실현된다고 밝힌다. 또한 이런 규정이 여성에게만 적용되지는 않는다. 남자도 자기 아들을 통해서만 완벽해지기 때문이다.

"남자는 아들을 통해서만 세상을 정복하며, 아들의 아들을 통해서 불멸을 쟁취하며, 자기 아들의 손자를 통해서는 태양의 세계를 얻는다."

바시슈타(힌두교 신화의 창조의 신, 브라흐마가 만들었다는 인간의 조상, 열한 명 가운데 하나 – 옮긴이 주)는 이렇게 말한다.

"하늘에는 자손이 없는 인간을 위한 자리는 없다."

과부에게 가혹한 풍습

조혼을 제외하면, 힌두 여성의 삶에서 가장 주목해야 할 사실은 과부에게 따르는 가혹한 풍습인 것 같다. 과부는 전생이 어떠하였든, 사악한 아내에 대한 벌로써 남편에게 죽음이 내려진 것이라고 추정하는 것이다. 이런 논리에서는 과부의 인생을 최대한 참혹하게 만들어야 한다는 결론이 쉽게 내려진다. 따라서 과부는 학대당하고 방치되어 굶어죽기도 한다. 죽음이 남편을 앗아가면, 남편 그늘에서만 존경받던 아내는 머리까지 삭발을 당한다. 또한 모든 보석과 입고 있던 옷을 빼앗기고, 대신 과부들이 입는 거친 상복을 입게 된다.

하루에 한 번의 식사 외에는 어떤 음식도 먹지 못한다. 심지어는 여성들 자신이 홀로 남은 자매들에게 가장 가혹하게 구는 장본인이기도 하다. 남편이 죽었다는 소식이 전해지면, 그 즉시 어찌할 바를 모르며 비탄에 잠긴 아내에게 달려간다. 그리고 몸에서 장신구를 떼어내고, 머리를 삭발시키고, 전생의 죄가 그녀의 남편을 죽게 하였다는 잔인한 욕설을 퍼붓는 사람이 바로 여자들이다. 더불어 남편과 함께 화장용 장작더미에 몸을 던지면 신의 노여움이 풀리고, 그렇게 해야만 끔찍한 치욕을 씻어버릴 수 있다는 조언을 아끼지 않는다. 예전에는 과부가 된 여성들이 끔찍한 고통을 끊는 방편으로 그런 자기희생에 굴복하였다. 그렇지 않으면 기나긴 불행을 맛보게 될 생을 즉각 마감하거나, 죽음 같은 고문 끝에 미쳐버린 여성들도 많았다.

여섯 번째 발자국

15세가 되면 아내가 되든지,
아니면 과부가 되든지

인도에는 약 1억4천만 명의 여성들이 살고 있다. 이 여성들은 몇 년 더 빠른 경우가 종종 있긴 하지만, 대부분 15세가 되면 아내가 되든지 아니면 과부가 된다. 인도에서는 조혼이 매우 흔하므로, 어린 나이에 과부가 되는 여성들이 많다. 인도에는 2천3백만 명 정도의 과부가 있다고 하며, 이들 중 적어도 2백만 명이 어린 나이에 과부가 된 여성들이다.

어린 과부들 가운데 8만 명은 아직 아홉 살도 되지 않은 어린아이들이나. 또 스무 살에도 미치지 못한 어린 과부들도 60만 명이나 된다. 과부에 대한 종교적 믿음과 사회적 풍습으로 인한 고통 때문에 수많은 어린 소녀들이 스스로 목숨을 끊고 있다. 판디타 라마바이(인도의 교육가이자 여성운동가 – 옮긴이 주)는 자신의 저서 『카스트 상위 계급의 힌두 여인(High-Caste Hindu Woman)』에서 과부에 대해 이렇게 적고 있다.

"그녀는 가족 잔치에 절대 참석해서는 안 되며, 매춘부라는 이름으로 통한다. 집에서 달아나도 점잖은 사람은 아무도 그녀를 다시 데려오지 않을 것이다. 따라서 자살이나 평

어서 와,
이런 이야기는 처음이지?

생의 오명을 피할 수 없다."

다행스럽게도, 인도에서 성행하던 과부들의 자기희생이 현재는 거의 사라진 상태다. 영국 정부에서 과부의 영속적인 불행을 막고, 행복한 앞날을 약속하는 유일한 수단으로 여겨졌던 이런 끔찍한 풍습을 타파하는 데 크게 기여한 결과다. 1830년에 '사티'로 알려진 이 지독한 종사(從死)는 불법으로 규정되었다. 그러나 과부들이 사회적 풍습을 겪으며 당하는, 죽느니만 못한 삶을 일컫는 세칭 '냉혹한 사티'는 여전히 유지되고 있다.

이미 언급된 내용으로 판단해 보면, 아버지들이 많은 돈을 받고 욕된 일에 딸을 기꺼이 팔아넘긴다. 혹은 남자들이 돈 때문에 아내를 빌려주기도 한다. 인도에서 여성의 자살이 그렇게 많은 것도 전혀 이상한 일은 아니다.

인도에는 여성의 인구가 남성보다 5백만 명 정도가 적다. 이런 현격한 차이는 정부의 노력에도 인도의 일부 지역과 계급에서 성행하는 영아 살해로 설명될 수도 있다. 여자 영아는 목이 졸려 질식사하거나, 들짐승의 밥이 되기도 하고, 아니면 방치되는 게 일반적이다. 여성들의 생활 장소가 어둡고 비위생적이며, 출산한 여성을 유난히 가혹하고 어리석게 처우하는 관습이 여성 사망률의 원인으로 꼽히기도 한다.

이 모든 것이 샴(태국의 옛 명칭 - 옮긴이 주) 여성의 위상과 뚜렷하게 대조된다. 샴에서는 터키의 하렘이나 힌두의 제나나와 같은 격리된 생활이 존재하지 않는다. 또한 샴 여성들은 아마 동양 여성 중 가장 자유롭고 독자적으로 살아갈 것이다. 그들은 음식을 시장에 가져다 팔고 사기도 하며, 가정일도 하고, 밭일을 돕는 등 자신들이 해야 할 일들을 거리낌 없이 하면서 살고 있다.

여성이 보통 경제권을 쥐고 있기에, 가정의 평화를 소중히 여기는 남자라면 아내와 상의하지 않고 돈을 쓰지는 않는다. 집이나 토지 상속은 고대 모권(母權)의 명맥을 이어받아, 아버지보다는 어머니를 통해 이루어진다. 그러나 이런 비교적 우호적인 나라의 여성들조차도 기독교도인 외국인들이 설립한 학교에 다니는 경우를 제외하면, 교육을 거의 받지 못하고 있다. 어떻게든 교육을 받고 싶은 여성이 있다면, 남편이나 남자 형제를 통해 집에서 배워야 한다.

어서 와,
이런 이야기는 처음이지?

환영받지 못한 출생

버마(미얀마의 옛 이름 – 옮긴이 주)의 여성들도 비교적 자유로운 편이며, 이곳에는 제나나도, 얼굴을 가리는 베일도 성행하지 않는다. 이들도 경제권을 쥐고 있지만, 모든 면에서 남편보다 매우 열등한 존재이며, 이런 사실을 끊임없이 인정해야 한다.

좋은 아내는 남편에게 자신을 언급할 때 '나'가 아닌 '그대의 노예'라고 칭해야 한다. 남자의 입장에서 버마의 여성은 열등할 뿐만 아니라, 접촉하기에도 불쾌한 존재다. 여성이 입은 옷은 행인을 더럽힐 수 있기에, 길거리에서 남자를 지나칠 때면 항상 옷을 몸에 바싹 붙여야 한다.

아삼(인도의 북동부에 있는 주 – 옮긴이 주) 지역에 있는 무례하고 호전적인 민족의 여성은, 인도의 다른 지역이나 버마 여성들보다 위상이 훨씬 더 높다. 아삼의 구릉지에 사는 나가족은 딸의 탄생을 몹시 반가워한다. 이들은 아들에 비해 딸이 더 온순하고 쓸모 있으며, 순종적이라고 생각한다. 그래서 아들보다 딸을 더 선호하는 사람들이 많다.

딸은 기르는 비용도 더 적게 들고, 고령의 부모를 생각하는 효심이 더 깊기도 하다. 효도는 동양의 모든 나라에서 매우 중요하게 생각하는 덕목이다. 인도의 조혼 대신, 이곳에서는 열세 살 무렵 결혼식을 올리고, 신부는 서너 해 동안 친정집에 머무른다. 아내는 존중을 받는 대상이자 의논 상대이며, 남편이 아내의 의견을 따르는 경우도 흔하다. 남자가 "집에 다녀와서 알려 주겠소"라는 말은 곧, "아내에게 물어 보겠소"라는 의미다.

여성들은 혼인을 하면 쇠 팔찌를 팔목에 끼운다. 때로는 팔찌에 금고리를 끼워 복종의 의미를 누그러뜨리기도 한다. 그러나 이렇게 한다고 해서 쇠 팔찌의 의미가 사라지는 것은 아니다. 왜냐하면 여성은 자신이 사회에서 이차적인 존재임을 일깨우는 모든 것을 지니고 있기 때문이다.

'아이를 생산해야 하는 기계'

모니어 모니어윌리엄스(영국의 산스크리트 학자 - 옮긴이 주) 경은 인도 여성의 삶을 다음과 같이 요약한다.

"여성은 '아이를 생산해야 하는 기계'라는 것이 여성에 대한 일반적인 인식이며, 자녀 없이 죽은 남자의 영혼은 안식에 필요한 장례식을 치를 수 없었다. 따라서 조혼이란 안전장치를 마련한다. 법에 따

라 결혼식 전에 남녀 아이의 동의를 얻어야 할 경우, 아이들이 동의하지 않는 경우가 생길 수도 있었다. 따라서 여자아이들은 서너 살에 정혼을 하고, 일곱 살에 전혀 모르는 남자아이와 혼인하게 되는 것이다. 이런 소년 남편들이 사망할 경우, 여자아이들은 평생을 과부로 살아간다."

사내아이들은 자신들이 어머니보다 우월하다는 사실을 금방 파악하기 때문에, 어머니들이 아이들의 인격 형성에 관여하는 일은 드물다. 따라서 결국 여성이 민족의 운명을 형성하는 데 미치는 영향도 비교적 적을 수밖에 없다. 소가 숭배되고 여성이 폄하되는 나라에서는 여성에게 거는 기대가 거의 없다.

어느 저명한 인도인은 이렇게 말하였다.
"우리는 모두, 소는 신성하고 여성은 방탕하다고 믿는다."
환영받지 못한 출생과, 죽을 때까지 괴롭힘을 당하고 종속된 생활을 하는 여성은, 자기 나라의 행복에 기여할 가능성이 희박하다. 그러나 어떤 면에서 인도 여성은 자신의 운명에 대체로 만족하고, 힌두교의 주축으로서 살아간다고 할 수는 있다.

Oriental Women

Part 8
페르시아의 전설 시대에도
여성이 살았다네

첫 번째 발자국
동양에서는 여성이 진정 인간이었던 적이 있었을까

동양과 서양 문명의 근본적 차이는 각 지역에서 살아가는 여성들의 위상에 있다는 것은 익히 알려진 사실이다. 에르만(독일 이집트어 학자-옮긴이 주)은 이집트 여성에 관한 글에서 다음과 같이 적고 있다. "서양에서는 여성이 남자의 동반자로 인식되는 반면, 동양에서는 여성을 남자의 노예이자 노리개로 생각한다. 서양에서는 여성에 대한 존경이 숭배 수준까지 높아진 적도 있는 반면에, 동양에서는 여성이 진정 인간이었던 적이 있는지에 관해 곧잘 진지하게 논의되고 있다." 그러나 에르만은 동양이든 서양이든 이것은 결코 공정한 평가가 아니라고 덧붙인다.

인도에서는 여성에게 영혼을 부여하지 않았고, 튜턴 부족 사이에서 여성은 미신에 가까운 공경을 받았다. 하지만 그러한 여성 숭배가 서양에만 있었던 것도 아니고, 여성 학대가 동양에만 있었던 것도 아니다. 원시 아리안 민족들 사이에서 여성의 위상은 상당히 높았던 것 같다. 박트리아(고대 그리스인들이 중앙아시아에 세운 고대 왕국-옮긴이 주), 고대 이란, 옥서스 강 유역에 살던 여성의 초기 전통이 힌두의 리그베다(인도에서 가장 오래된 브라만교 근본 경전-옮긴이 주)에 고스란히 전해져

온다. 이 경전을 통해 여성과 결혼은 물론, 여타 가정의 덕목들에 대한 존중이 높은 수준이었다는 사실이 드러난다.

비교언어학 연구를 통해, 집안의 여자 식구들의 이름에 일부 원시 시대의 개념이 부여되었다는 사실이 밝혀졌다. '엄마(마더, mother)'의 어원 '마(ma)', '마타르(matar)'는 '아이를 낳는 여자'인 '크레아트 릭스(creatrix)'를 의미한다. 페르시아 만 주변 국가들은 동양에서 흔히 그랬듯이, 딸의 탄생을 유감스러운 문제로 받아들였던 것 같지는 않다. '시스터(sister)'란 이름은 '좋은' 또는 '행운'이란 의미의 '사바스티(svasti)'와 관련이 있는 데다, 목축생활을 하던 시대에는 '우유 짜는 여자'라는 의미의 '두히타르(duhitar)'에서 파생된 딸(daughter)이, 중요한 위치를 차지하였던 것으로 보이기 때문이다.

르노르망(프랑스의 고고학자 ‒ 옮긴이 주)은 이 시기를 다음과 같이 기록하고 있다.

"결혼은 신성시되는 자유로운 행동이었다. 결혼에 앞서 정혼이 치러졌고, 양손을 잡는 것으로 결혼을 상징하였다. 남편은 사제 앞에서 (사제직은 집안의 가장에게 부여되기도 하고, 따로 분리되기도 함) 신부의 오른손을 잡고 어떤 신성한 문구를 선언하였다. 그러면 신부는 흰 황소 두 마리가 끄는 마차에 태워진다. 신부 아버지가 사위에게 예물로 주는 암소는 원래 결혼 피로연을 위해 장만한 것이지만, 후대에는 신랑 집으로 보내졌다. 이 소가 바로 농촌의 부유함을 상징하는 지참금이다. 신부 머리는 화살로 가르마를 탔다. 신랑 집에 도착한 신부는

집안의 난로 주변으로 안내된다. 그리고 그녀가 새롭게 거처할 집 문간에 물과 불을 선물로 놓아 그녀를 맞이하였다."

아주 먼 옛날, 이란 지역에 퍼져 있던 이들 고대의 풍습 가운데 상당수가 여러 지역으로 흩어진 인도 유럽어족에 해당하는 다양한 분파에 존재하였다. 『라마야나』의 정숙한 여주인공 시타가 남편 라마왕의 의심을 풀기 위해 통과해야 하였던 시험 등과 같은 불 고문을 언급해 볼 수도 있다. 여성의 미덕을 시험하는 방법은 두 가지가 있었다.

첫째, 석탄이 가득 타오르는 구덩이를 맨발로 통과해야 한다. 둘째, 동심원을 10인치 정도의 간격으로 연속해서 표시한다. 고발당한 여인은 시뻘겋게 달군 창머리나, 비슷하게 달군 쇳조각을 불에 데지 않고, 처음 여덟 개의 동심원을 가로질러 아홉 번째 원으로 날라야 한다. 그러는 동안에도 쇠에는 마지막 원 속에 있는 풀을 태울 정도로 열기가 남아 있어야 한다. 결국, 뜨겁게 달궈진 이 쇳조각을 잡은 손이 데지 않았다면 고발당한 여인의 무고함이 입증되었다.

페르시아 전설 속에 남은 여자 영웅들의 이야기

페르시아 역사의 전설 시대를 풍미하였던 여성은 명예롭고, 말할 필요도 없이, 낭만적인 역할을 수행한다. 그야말로 헤로도토스가 여행하고, 크세노폰(그리스의 철학자 – 옮긴이 주)이 『키로파에디아』를 저술하였던 초기 시대부터 페르시아에는 사랑 이야기에 대한 관심이 남아 있었다. 피르다우시를 포함한 페르시아의 위대한 서사 시인들은 『샤흐나마(Shahnamah)』에서 이 땅의 수많은 고대의 전통을 전하고 있다. 특히, 페르시아 초기 군주들 가운데 한 명인 샤흐 잼시드의 용감무쌍한 행동들이 두각을 나타낸다.

고대 전설에 따르면, 샤흐 잼시드 왕은 직물 짜기와 모직, 면, 비단에 수를 놓는 수공예를 도입하였을 뿐만 아니라, 백성들을 사제, 전사, 상인, 농부 계급으로 나누었다고 한다. 페르시아의 초기 역사 발전에 기여하였던 이 두 요소는, 페르시아 여성의 발전에도 지대한 공헌을 하였다고 할 수 있다. 샤흐 잼시드 왕과 관련된 흥미로운 이야기 중에는 여자 영웅들의 활약상을 그린 전설도 있다. 전쟁과 사랑, 무모하고 기사도적인 무용담이 페르시아 전설의 커다란 흐름을 형성한다.

샤흐 잼시드 왕과 자블리스탄의 왕, 구렝의 매력 넘치는 딸과의 운명적 만남, 그리고 그들의 사랑과 결혼에 얽힌 가슴 떨리는 이야기, 세만간의 아름다운 타흐미마흐 공주가 명망 높은 젊은 전사 루스탐을 매료시켜 사랑의 포로로 만든다. 그 후 떠나가는 루스탐에게 태어난 아이를 딸이라 속이고 키우다, 결국 청년이 된 아들 수흐랍이 친아버지 루스탐의 손에 목숨을 잃게 되고, 슬픔에 못이긴 타흐미마흐 공주가 죽고 만다는 비극적인 이야기도 생생히 전해지고 있다.

카이 카우스 왕에게 사이아우쉬 왕의 어머니가 될 운명을 타고난 여성을 왕비로 찾아준다는 낭만적인 이야기, 바이준과 아름다운 공주 마니제흐의 이야기 등도 남아있다. 이 모든 이야기들, 그리고 더 많은 이야기들을 바탕으로 한, 페르시아 서사문학에는 사랑과 기사도 정신이 넘쳐난다.

천 년을 넘게 패권을 차지하려는 이란과 우랄 알타이어족 민족들 간의 피비린내 나는 기나긴 투쟁에서 초기 설화가 탄생하였다. 고대 페르시아에는 여성들의 연애생활과 투쟁적 삶에 대한 편견이 전혀 없었다.

『아라비안나이트』의 탄생에 대한 숨겨진 이야기

아시리아와 바빌로니아 민족의 여성을 다룬 장에는 영웅적인 세미라미스 여왕 이야기가 담겨있다. 그러나 이 전설은 워낙 광범위하게 퍼져 있어서 티그리스 강과 유프라테스 강 유역의 주민들뿐만 아니라, 페르시아인들의 전설이기도 하다. 아르메니아 지역에서도 널리 알려진 이야기였으며, 그 정치적 가치 때문에 페르시아 역사에도 포함되었던 것 같다.

뚜렷한 발자취를 남긴 초기 여성 중에서 그야말로 '페르시아의 세미라미스'라고 해도 될 만한 호마이를 빼놓을 수는 없다. 호마이는 명망 있는 공주이자 바흐만의 딸로서, 2백여 편의 천일야화가 담긴 설화 모음집 『하자르 아프사네(Hezar Afsane)』의 저자로 여겨진다. 호마이 공주가 쓴 이 모음집을 바탕으로 『아라비안나이트』가 쓰였다고 생각하는 사람들도 많다.

『하자르 아프사네』의 내용이 『아라비안나이트』에 얼마나 포함되어 있느냐의 문제는 현재로선 증명할 길이 없다. 하지만 전체적인 개념과 줄거리, 일부 명칭과 많은 이야기 소재는 페르시아 공주의 작품에서 차용된 것이 거의 확실한 듯하다. 호마이 공주는 페르시아인들의 경전 아베스타에서도 언급되며, 페르시아의 시인 피르다우시는 그녀를 페르시아 제국의 아르탁세륵세스 1세의 아내이자 딸로 보고 있다.

호마이 공주의 어머니는 유대 여인 샤흐라자드였으며, 네부카드네자르가 예루살렘에서 바빌론으로 데려온 포로 중 한 명이었다. 그녀는 자신의 조국을 바빌론 유수에서 구원하였던 인물로 기록되어 있다. 호마이의 어머니는 『아라비안나이트』에서 왕에게 천일야화를 들려주며 목숨을 구한 지혜로운 여성, 유대인 샤흐라자드는 물론, 구약성서의 에스더와도 동일시되었다. 고트하일 교수는 이러한 주장을 쿠에넨 등이 훌륭하게 설명하고 있다고 생각한다.

꿈해몽 때문에 버림 받은 딸

키루스 대왕 시대는 전설과 역사의 중간 시절을 떠오르게 한다. 헤로도토스는 키루스 대왕의 어머니에 관한 매우 낭만적인 이야기를 전하고 있다. 메디아의 아스티아게스 왕에게는 만다네라는 딸이 있었다. 왕은 만다네 공주를 테이스페스의 아들 캄비세스와 결혼시켰다. 얼마 후 아스티아게스 왕은 딸의 다리 사이에서 덩굴이 뻗어 나와 아시아 전체를 덮어버리는 꿈을 꾸었다.

사제들은 아스티아게스 왕의 불길한 꿈 이야기를 들은 후, 만다네의 아들이 언젠가 그를 몰아내고 왕이 될 것이라는 해몽을 내놓았다. 깜짝 놀란 왕은 충직한 신하 하르파고스를 불러, 만다네가 곧 낳을 아이를 죽이도록 명하였다. 그리고 자신의 딸인 만다네를 잘 감시하라고 지시하였다. 그러나 하르파고스는 차마 아이를 죽일 수 없어, 양치기에게 사람이 살지 않는 산에 아이를 버려서 죽게 내버려두도록 명한다.

하지만 양치기는 어린 아기가 죽게 그냥 내버려 두지 않았다. 그리고 사산한 자기 아이를 대신해 데려다 키웠다. 아이는 아그라다테스란 이름을 얻었다. 하지만 후에는 키루스로 불렸으며, 자신이 이룩한 업적으로 '대왕'이란 칭호를 얻게 되었다. 크테시아스에 따르면, 키루스는 아스티아게스 왕을 물리친 후 그의 딸 아미티스와 결혼하였다. 그리고 아미티스는 키루스가 죽인 스피타시스란 메디아 사람의 아내였다고 한다.

　헤로도토스는 우리가 알고 있듯이, 키루스의 어머니가 곧 아스티아게스 왕의 딸이었다고 말하고 있다. 하지만 크테시아스와 헤로도토스, 이 두 사람의 주장이 모두 옳을 수도 있다. 동양의 정복자라면 어머니의 자매와 결혼하여 점령지를 더욱 강력하게 지배할 수 있다면, 그런 결혼을 주저하지는 않았을 테니까 말이다.

아들을 잃은 여왕의 복수

　헤로도토스에 의하면, 위대한 정복자 키루스 대제에게 결국 종말을 가져온 것은 여성이었다고 한다. 키루스는 야크사르 강 북부의 초원지대를 호령하던 사나운 마사게타이 부족을 정복하려고 군대를 보냈다. 당시 마사게타이족은 여성이 통치를 하고 있었기에 키루스는 승리를 확신하였다. 마사게타이의 여왕, 토미리스는 페르시아의 대군이 가까이 접근하여 야크사르 강에 다리를 세우고 있다는 소식을 듣고는 전령을 보냈다. 키루스가 원하는 강 쪽에서 공정하고도 공개된 시합을 하자는 제안을 한 것이다.

　키루스는 마사게타이 바로 옆쪽 강을 선택하고, 속임수 계략에 넘어간 마사게타이족을 격파하였다. 그리고 전투를 이끈 여왕의 아들을 생포하였다. 참패 소식을 접한 토미리스 여왕은, 키루스에게 아들

을 산채로 돌려보내지 않는다면 참혹한 죽음을 맞이할 것이란 협박 편지를 보냈다. 키루스는 그런 협박에 조금도 개의치 않았다. 격분한 토미리스 여왕은 왕국의 군사를 총동원하여 페르시아 군대에게 대항하였다. 헤로도토스는 이렇게 전한다.

"나는 역사상 야만인들이 가담한 모든 전쟁 가운데, 이 전쟁이 가장 치열하였다고 생각한다."

우선, 병사들이 거리를 두고 적군의 목숨을 노린 화살을 쏘아댔다. 화살이 떨어지면 긴 창과 단검을 들고 백병전으로 벌이며 결코 물러서지 않았다. 마침내 여왕의 군대가 페르시아 군대를 대파하고 승리를 거두었다. 키루스 대제도 죽음을 면치 못하였다. 토미리스 여왕은 피범벅이 된 그의 시신에 대고 욕을 퍼부었다.

"나는 살았고, 전투에서 네 놈에게 승리를 거두었다. 그러나 네 놈이 간교한 속임수로 내 아들의 목숨을 빼앗았으니, 네 놈 때문에 내가 파멸하였도다. 허나, 아들에 대한 복수로 네 놈을 네 피로 적셔주마!"

페르시아 왕들과 아내들

그리스의 역사가, 크세노폰이 들려주는 아라스페스와 판테아 이야기는 사랑을 소재로 한, 초기 작품 가운데 하나다. 『키로파에디아』에 전해지는 이 이야기는 키루스 대제의 끈기와 미덕을 찬미하기 위한 것이다.

키루스 대제에게 바친 선물 중에는 아시아 최고의 미인으로 찬사를 받던, 아브라다타스 왕의 아내도 있었다. 그녀의 이름은 판테아였다. 키루스는 그녀를 한 번도 본 적이 없었다. 다만, 그는 아라스페스에게 자신이 부를 때까지, 그녀를 잘 보살피도록 명령하였다. 그러나 그녀에게 홀딱 빠져버린 아라스페스는, 이 일로 키루스의 분노를 사지 않을까 노심초사하였다. 한편, 키루스 대제는 아라스페스에 대한 분노를 억누른 채, 정보를 입수해 그를 도망자로 꾸며 적에게 보내기로 한다.

그런데 판테아도 키루스에게 직접 전갈을 보낸다. 남편 아브라다

타스에게 키루스 대제를 알현할 특권을 내린다면, 남편도 곧 그의 친구가 되리란 내용이었다. 그러자 수많은 왕들과 전사와는 달리, 키루스는 사랑 문제에서 독보적인 자제력을 보였다. 그리하여 친구도 얻고 적을 진압하는 데 성공하였다.

페르시아 왕들은 대개 합법적인 아내는 한 명이었지만, 일반 관례에 따라 하렘을 크게 두어 이웃 왕들의 딸들을 끌어들였다. 하렘은 보통 평화적인 목적이었지만, 간혹 호전적인 성격을 드러내기도 하였다. 이집트를 정복하려던 선왕의 유지를 받든 캄비세스(키루스 대제의 아들 – 옮긴이 주)는 이집트 왕 아마시스에게 전쟁에 대한 빌미를 잡기 위해 딸을 달라고 요구하였다. 아마시스는 자신의 딸이 아닌, 왕국의 다른 처녀를 보냈다. 그 처녀는 캄비세스에게 이 사실을 폭로하였다. 그녀는 원래 이런 비밀을 지킬 수도 없었고, 지키려고도 하지 않았던 것이다. 페르시아 왕은 전쟁을 일으키기 좋은 빌미를 찾았고, 결국 이집트의 패배는 사기 결혼에 대한 인과응보였던 셈이다.

하렘은 전리품이나 상속받은 재산일 뿐

왕의 부인은 왕국에서 좋든 나쁘든, 막대한 영향력을 행사하기도 하였다. 크세르크세스 1세의 유일한 합법적 아내, 아메스트리스는 남편이 자기 측근 두 명의 손에 죽임을 당하는 데 크게 기여하였다고 한다. 아메스트리스는 왕과 사촌지간이었으며, 그녀가 살인을 부추겼다는 설이 전혀 불가능한 것은 아니었던 것 같다. 크세르크세스 왕의 무용담을 아메스트리스 측에서 시기를 하였다는 근거가 상당히 많이 남아있기 때문이다. 실제로 히브리의 에스더서에서 전하는 크세르크세스 왕실의 부패 상황이 대체로 그런 사실과 거의 맞아 떨어지고 있기도 하다.

왕족들은 여자 형제들과 결혼하기도 하였다. 고대의 풍습과는 맞지 않는 결혼이었다. 키루스 대제의 왕위를 이은 캄비세스는, 막내 여동생 메로에를 사랑하여 그녀와 결혼하기를 원하였다. 그러나 페르시아의 풍습을 어기고 싶지 않았던 캄비세스는, 제국의 판관들을 모두 불러 놓고 남매간의 결혼을 허용하는 법은 없는지 물었다. 판관들은 페르시아에 그런 법은 없지만, 왕이면 무엇이든 원하는 대로 할 수 있는 법은 있다고 아뢰었다. 그 대답을 듣고, 혐오감에 격앙된 왕은 여동생을 처형하도록 명하였다.

따라서 여동생과의 결혼이 왕에게 금지되었다고 한다면, 그보다 더 아래 계급의 남자에게는 당연히 불가능하였을 것이다. 그러나 백성들은 캄비세스가 자신의 아우 스메르디스도 잔혹하게 죽이는 등 그의 잔학한 행동을 익히 알고 있었기에, 이런 일 따위에는 더 이상 놀라지도 않았다.

이후 캄비세스는 자해로 인한 부상으로 사망하였다. 그리고 일명 '가짜 스메르디스(Pseudo-Smerdis)', 또는 고마테스로 알려진 그의

후계자는 선왕의 모든 부인과 결혼하였다. 이는 동양 군주들의 일반적인 관례였다.

경우에 따라, 하렘을 정복에 따른 전리품이나 상속받은 재산으로 쉽게 생각하였기 때문이다. 고마테스는 수많은 부인들을 각자 별도의 거처에서 생활하도록 제한하였다. 왜냐하면 동양의 다른 왕조들과 마찬가지로, 왕실의 모함이 페르시아의 골칫거리였기 때문이다.

다리우스 1세는 페르시아의 왕위에 오르자, 키루스 대제의 딸로서 이미 오빠 캄비세스와 가짜 스메르디스와 연이어 결혼하였던 아토사와 결혼하여 왕권을 강화하였다. 페르시아에는 그런 정치적 근친 결혼이 꽤 흔하였다. 남자는 여형제뿐 아니라 딸, 심지어는 어머니와도 결혼하였던 것이다. 파리사티스의 선동에 따라, 그녀의 아들 아르탁세륵세스 2세는 자신의 딸을 아내로 맞이하였다.

페르시아 왕족 여인들의 입김

다리우스 왕의 아내, 아토사와 관련해 역사적 신빙성이 다소 떨어질 수도 있는 흥미로운 이야기가 하나 있다. 다리우스 왕에게는 그의 다친 발을 치료하였던, 크로토나 출신의 의사 데모세데스가 있었다. 이번에는 데모세데스에게 병든 왕비, 아토사를 방문하라는 명령이 내려졌다. 자기 나라로 돌아가고 싶었던 데모세데스는 이 기회를 이용하였다. 데모세데스의 치료로 병에서 회복한 아토사는 다리우스 왕을 찾아갔다. 그리고는 조곤조곤 그를 책망하기 시작하였다. 할 일 없이 가만히 앉아 있기만 하고, 페르시아 영토를 확장하지 않는다면서 말이다.

"젊은 남자라면, 그리고 방대한 왕국의 주인이라면 위대한 일을 좀 하셔야 해요. 그래야 페르시아인들이 자신들을 지배하는 왕이 위대하다는 걸 알죠."

그러자 다리우스 왕은 스키타이 족을 정복하기 위한 원정 준비를 하고 있다고 대답하였다.

"아뇨, 스키타이 족과는 싸우지 마세요."

아토사는 남편에게 데모세데스의 고국을 치라고 종용한다.

"헬라스(그리스의 옛 이름 – 옮긴이 주) 여인들의 미모는 익히 들어 알고 있어요. 그러니 아테네와 스파르타 처녀들을 제 노예로 삼고 싶어요. 그리고 왕께서는 누구보다 이런 능력을 보여주는 인재도 많이 데리고 있지 않나요. 예를 들자면, 당신 발을 치료하였던 의사 데모세데스 같은 사람도 있지 않겠어요?"

결국 아토사가 이겼다. 아토사의 주장대로, 원정대는 그리스와 이탈리아로 파견되었다. 하지만 정찰선단에 불과하였다. 드디어 데모세데스는 원정대와 함께 고향에 당도하였다. 그리고 다리우스 왕에게 이런 전갈을 보냈다. 자신이 레슬링 선수 밀론의 딸과 결혼하였기에 돌아갈 수 없다는 소식 말이다. 결국 원정은 물거품처럼 사라지고

만 셈이었다.

이처럼 페르시아 왕족의 여인들은 정치적 혹은 군사적 행동에서 적지 않은 역할을 종종 맡았다. 이 사실은 페르시아가 위용을 떨치던 시대의 수많은 사례에서 찾아볼 수 있다. 그리스의 역사가 크세노폰은 이러한 여성들이 관여한 역사적 사실에 영원성을 부여하였다. 파리사티스 왕비가 왕제(王帝) 키루스를 왕위에 앉혀서, 그의 형 아르탁세륵세스에 대항하도록 부추겼던 열정에 말이다. 비록 파리사티스 왕비는 실패하였지만, 그러는 와중에 적지 않은 권력을 쟁취하였던 것은 분명한 사실이다.

세 번째 발자국

알렉산더 대왕의 동방원정,
그리고 그 후

동방원정에 나섰던 알렉산더 대왕은 종속국들로부터 신으로 추앙받기 위해, 정복당한 동양 군주의 딸들과 결혼하려고 하였던 것 같다. 실제로 그는 동양 여성과의 결혼을 통해 고단한 정복 생활에서 잠시나마 위안을 받곤 하였다.

알렉산더 대왕이 페니키아 원정에 나서자, 다리우스 왕은 평화에 내한 대가로 유프리테스 강외 서부 전역뿐만 아니라, 자신의 딸 스타티라와의 결혼을 제안하는 서한을 보냈다. 이 일을 두고 알렉산더 대왕과 파르메니온 장군 사이에 유명한 대화가 오고갔다. 파르메니온 장군은 다리우스 왕의 제안을 받아들여 더 이상 전쟁을 하지 않는 것이 좋다는 의견을 내놓았다.

"제가 알렉산더 대왕님이라면, 이 조건을 받아들이겠습니다."

그러자 알렉산더 대왕이 대답하였다.

"내가 파르메니온 장군이라면 나도 그랬을 것이다. 그

어서 와,
이런 이야기는 처음이지?

러나 나는 파르메니온이 아니라 알렉산더이니 받아들이지 않겠다.”

이에 따라, 알렉산더 대왕은 다리우스 왕에게 다음과 같은 답신을
보냈다.

“그대는 그대의 재산 일부를 내게 제안하였다. 하지만 만물의 주인
은 바로 나다. 따라서 내가 그대의 딸과 결혼하려 한다면, 그대가 동
의하든 말든 나는 그렇게 할 것이다.”

알렉산더 대왕이 그렇게 큰소리를 칠 만도 하였다. 결국 다리우스
왕의 영토와 그의 딸 모두, 마케도니아 승자인 알렉산더 대왕의 수중
으로 떨어졌기 때문이다. 그러나 알렉산더 대왕은 인도에서 귀환하
다가 왕궁이 있던 도시, 수사에 도착한 후에야 다리우스 왕과, 선왕
다리우스 오쿠스의 딸 파리사티스 사이에서 낳은 딸 스타티라와 결
혼하였다. 알렉산더 왕은 페르시아 여성들과의 그런 결합을 지지하
였다. 또 자신의 병사들에게도 페르시아 부인을 맞이하는데 드는 비
용을 자신이 모두 감당하겠다고 제안하기도 하였다.

이런 제안은 씀씀이가 지나친 추종자들에게는 먹히기도 하였다. 하
지만 냉철하고 검소한 부하들에게는 별 소용이 없는 제안이었다. 낭
비벽이 있는 자들 가운데 상당수는 그 제안을 받아들여 알렉산더 대
왕의 선례를 따랐다. 1만 명의 병사들이 동양 여성들을 부인으로 맞
이하는데 따른 답례를 받았다. 그리고 알렉산더 대왕의 신하 가운데
적어도 80명이 수사에 머무는 동안 페르시아 여성과 혼인을 하였다.

알렉산더 대왕과 록사나와의 결혼

그리스인들과 페르시아 여성들과의 결혼은 알렉산더 왕이 그리스와 페르시아를 하나의 통일제국으로 만들기 위한 한 가지 수단이었다. 그러나 그리스인들은 헬라의 아들들과 동양의 딸들과의 결합을 일반적인 결혼으로 간주할 수가 없었다. 그런데도 박트리아 출신의 록사나는 알렉산더 대왕의 왕비로 추앙되었다.

한편, 동양의 문화가 정복자들을 오히려 정복하여 일부다처제가 그리스 침략자들 사이에서 성행하게 되었다. 또한 알렉산더 대왕 자신도 록사나, 스타티라, 파리사티스라는 세 명의 동양 여성을 부인으로 두었다. 알렉산더 대왕의 동방원정 기간 동안 가장 주목할 만한 결혼은 당연히 록사나와의 결혼이었다. 알렉산더 대왕이 죽고 난 후에 태어난 그녀의 아들은 아버지 이름을 따라 '위대한 왕'이란 칭호를 원하였다. 하지만 세계적인 제국을 건설하려던 알렉산더 대왕의 동방계획은 시작 단계에서 물거품이 되고 말았다.

그리스-페르시아 권력이 몰락하고 파르티아 패권이 등장한 이후, 페르시아 역사는 새로운 시대로 접어든다. 파르티아는 오랫동안 저속한 유목 민족으로 통하였다. 파르티아 여인들은 교양이 없었으며, 자부심 강한 페르시아 땅에서 동터 오른 새로운 시대에서 물질적인 면 이외에는 달리 기여한 바도 없었다.

그러나 또 다른 한편으로, 파르티아 여성들은 강인하고, 자기희생

적이며, 용감하고, 파르티아 전사들의 다혈질적인 기질에 잘 적응하였다. 파르티아 전사들이 전장에서 사용하는 전술은 용감한 그리스인들이나 천하무적에 가까운 로마인들 중에서도 가장 용감한 병사들의 간담을 서늘케 하였다.

야심찬 젊은 여성의 몰락

파르티아의 몰락에 이어 아르다시르의 사산 왕조가 등장하였다. 사산 왕조를, 한때 영화를 누렸던 아케메네스 왕조의 부활로 보는 사람들도 많다. 오래지 않아, 여성이 새로운 역사에서 독보적인 인물로 등장하기 시작하였다. 하트라 지역을 장악하기 어려워하던 아르다시르의 아들 샤푸르 1세(사산 왕조의 아르탁세륵세스)가 하트라의 통치자 마니젠의 딸에게서 제안을 받는다.

이 야심찬 젊은 여성은 아무런 도덕적 거리낌이 없었다. 그래서 자신이 페르시아 여왕이 된다면, 아버지를 배신하고 그의 군대를 샤푸르의 수중에 넘길 것이라는 약속을 넌지시 암시한다. 이 젊은 아가씨에 의해 계약은 충실하게 이행되었다. 그러나 하트라를 손에 넣는 순간이 오자, 샤푸르는 결혼 대신 아버지를 배신한 그녀를 죽이라는 명을 내렸다.

샤푸르 역시, 자기 아버지조차 배신한 아내가 곁에 있다면 자신의 왕위도 안전하지 못할 것이라고 생각하였기 때문이다. 샤푸르의 치세 하에서 새로운 요소가 페르시아의 사회와 종교 생활에 스며들었다. 얼마 후면 페르시아의 거의 모든 가정에 영향을 미칠, 바로 창시자 마니의 이름을 딴 마니교의 등장이었다.

마니교는 새로운 형태의 기독교였다. 즉, 조로아스터교, 유대교, 불교, 기독교가 조금씩 가미된 혼합 신앙이었다. 마니의 가르침은 아주 그럴 듯하게 보여, 많은 이들의 마음을 사로잡았다. 따라서 마니교는 오래된 신앙을 뿌리부터 흔들어댈 것 같았다. 그리고 백성들의 숭배 의식은 물론, 풍습들도 변화시켰다. 마니교의 창시자, 마니는 장식 예술의 열렬한 후원자이기도 하였다. 그 당시부터 오늘날까지 수많은 여성의 손길이 필요하였던 명주와 양모 양탄자를 짜는 기술, 페르시아를 유명하게 만든 섬세한 자수 등, 모두 적잖이 마니의 영향을 받았다고 볼 수 있다.

바흐람 왕과 지혜로운 왕비의 이야기

사산 왕조 여인들의 삶이 항상 질투의 대상이 된 것만은 아니었다. 이야기가 전해지는 과정에서 구성과 색채가 다소 변하였을 가능성이 있긴 하다. 하지만 왕비에게 격노하였다는 바흐람 1세의 이야기가 사실적인 바탕이 전혀 없는 것 같지는 같다. 어느 날, 바흐람 왕은

초원이 내려다보이는 정자에 왕비와 함께 앉아 있었다. 그 앞으로 야생 나귀 두 마리가 지나갔다. 명사수였던 바흐람 왕은 화살 하나로 두 마리를 모두 관통시켰다. 당연히 칭찬을 기대하며 아내를 향해 몸을 돌리자, 왕비는 이렇게 말하였다.

"자꾸 하다 보면 완벽해지기 마련이죠."

왕비가 왕의 사냥 실력이 하찮다는 듯 비아냥거리는 말투로 말하자, 격노한 바흐람 왕은 왕비를 처형하도록 명령하였다. 그러나 곧 철회하고 그저 궁 밖으로 내쫓아버렸다. 얼마 지나지 않아, 왕은 이내 자신의 성급함을 뉘우쳤다. 그 후로 여러 해 동안 왕비의 행적을 찾았지만 아무 소용이 없었다. 그러던 어느 날, 사냥에 나섰던 바흐람 왕은 호기심과 경탄을 자아내는 장면을 목격하였다. 한 여인이 암소를 어깨에 짊어진 채 걸어가고 있는 것이었다. 무거운 소 한 마리를 메고서도 실로 아무렇지도 않게 시골집의 계단을 가뿐히 오르내리고 있었다. 바흐람 왕은 그녀에게 어떻게 그런 놀라운 일을 할 수 있는지 물어 보았다. 그러자 그녀가 베일을 벗으며 이렇게 대답하였다.

"자꾸 하다 보면 완벽해지기 마련이죠."

왕은 아내를 금세 알아보았다. 그녀는 이제 더 이상 젊지는 않았지만, 여전히 아름다웠다. 바흐람 왕은 그녀를 다시 왕궁으로 불러들였다. 그녀는 다시 왕비가 된 것이다. 그런데 알고 보니, 이 여인은 암소가 어린 송아지였을 때부터 메고 나르기 시작하였던 것이다. 언젠가 남편이 다시 자신을 찾게 될 날을 소원하면서 빈틈없이 계획한 일이었다. 페르시아의 암소는 사실 이 경우처럼 크기가 작다고 해석할 수도 있다. 하지만 이 이야기의 처음에 등장하는 염소나 가젤처럼 몸집이 좀 자그마한 짐승이었을 가능성도 큰 것 같다고 한다.

어서 와,
이런 이야기는 처음이지?

네 번째 발자국
이혼을 할 수 없는 페르시아 여성들

페르시아 사산 왕조의 왕들은 터키 여성들과의 혼인이 잦았다. 이 왕조에서 가장 유명한 호르미스다(호르미즈드 4세) 왕의 어머니도 터키 출신이었다. 그런데 호르미스다 왕은 페르시아의 위대한 장군에게 지독한 적개심을 품었다. 그래서 페르시아 장군에게 전쟁을 포기하고, 대신 실을 짜라는 의미로 실패와 함께 여성용 옷 한 벌을 보냈다. 이 일을 계기로 호르미스다 왕은 자신의 왕권을 상실하였다. 반면에, 장군은 그의 아들 호스로 파르베즈(호스로 2세)를 왕으로 옹립하였다.

호스로 2세는 백성들이 먹고 살 기술을 육성하였을 뿐 아니라, 오랫동안 어떤 면에서는 가장 영광스러웠던 치세 기간 내내 자신의 아내 쉬린을 변치 않고 사랑하였다. 이러한 점 때문에, 호스로 2세가 페르시아 왕들 중에서 두드러지게 부각되기도 한다. 그러나 호스로 왕의 통치 기간은 페르시아 기록상, 하렘이 가장 대규모로 운영되던 시기이기도 하였다.

물론 요즘의 페르시아는 만다네(크세르크세스의 어머니) 시절에 누렸던 영광을 상당 부분 상실하였다. 산악 국가일 뿐만 아니라, 내륙 국가인 페르시아에는 국토 전체를

잇는 철도 시설이 거의 없다. 게다가 배가 다닐 수 있는 수로도 전무한 상태다. 따라서 현대적인 개념이나 관습의 영향이 스며들지 못하고 있는 실정이다.

페르시아에는 여러 부족과 민족을 비롯해 서로 다른 종교가 혼재되어 있고, 풍속과 관습, 심지어는 언어도 서로 다르다. 민족과 종파마다 끊임없이 서로를 완전히 다른 존재로 인식하고 있는 셈이다. 이처럼 광범위한 차이가 사회적 차별을 야기하고, 증오와 투쟁을 낳기도 하였다.

페르시아의 남녀 관계를 이 나라의 모든 민족에게 적용되는, 단 한 줄로 정의할 수는 없다. 백성 대다수는 이슬람교를 믿는다. 풍습은 이슬람교가 지배하는 다른 모든 나라와 비슷하다. 네스토리안 기독교와 가톨릭 기독교의 여성들은 베일을 착용하지 않으며, 출입도 자유롭다. 몬슐 산맥의 소위 '불 숭배자'들 사이에서, 남자와 여자는 대규모 연회에서 서로 어울리며 함께 춤추고 노래한다.

이곳의 법은 부인의 수를 여섯 명 이하로 규정하고 있다. 당연히 여자는 남편을 선택할 수 없도록 되어 있다. 여자는 부모에 의해 팔려간다. 그러나 결혼하지 않고 부모의 집에 머무는 특권을 누리려면, 아버지에게 혹독한 노동으로 대가를 지불해야 한다. 최근 조로아스터교 신봉자들인 파시교도가 2만5천 명을 헤아리고 있다. 이들 가운데, 여성에게는 이슬람교 여성들보다 교육받을 기회가 더 많이 제공되고 있다.

물론, 남편에 대한 복종은 이들 여성의 첫 번째 의무다. 결혼생활은 특별한 축복으로 간주된다. 부유한 파시교도들은 혼기는 찼지만, 물질적으로 넉넉하지 않아 행복하지 못한 사람들에게 금전적인 도움을 준다고 한다. 또한 파시교도들은 일부다처제를 금지하고 있다. 하지만 9년간 아이를 낳지 못한 경우는 예외다. 이 경우, 아내는 다른 여성을 들여 남편의 집에서 함께 살기도 한다.

페르시아 여성들은 이혼을 할 수 없지만, 그래도 부인들은 비교적 자유롭게 생활하는 편이다. 부유한 페르시아인들은 대개 도시에서 방이 여럿 딸린 대저택에서 산다. 그러나 대다수 사람들은 진흙 집이나 9미터에서 12미터 너비 정도의 한 칸짜리 오두막에서 가난하게 살아간다.

열린 창문과 늘 함께하는 페르시아의 가정주부

페르시아 여성들은 동양 여성들이 보통 그렇듯, 여러 가지 보잘것없는 일들을 한다. 물론 빵을 굽는 일도 한다. 빵을 만들 때는 이스트를 사용한다. 밀가루 반죽을 치대고 부풀어 오를 때까지 놔두었다가, 잘게 잘라 밀방망이로 때로는 길이 약 60센티미터, 너비 약 30센티미터가 되도록 얇게 밀어 화덕 벽에 붙인다. 화덕은 바닥에 원통형 구멍을 파서 안에 진흙을 붙인 것으로, 집의 가운데쯤에 위치한다.

깊이는 약 1.2미터, 지름은 약 76센티미터 정도다.

여자들이 이 화덕에 하루에 한 번씩 불을 피운다. 가족이 적을 경우에는 일주일에 한두 차례씩 빵을 굽는다. 하지만 대가족이면 매일 혹은 이틀에 한 번씩 빵을 굽기도 한다. 화덕 꼭대기 부분이 마루와 수평을 이루는데, 쌀쌀한 날씨에는 가족들이 깔개를 깔고 화덕 주변에 옹기종기 모여든다.

이 화덕의 연료는 구하기 힘든 나무 대신, 동물의 배설물을 사용한다. 처음에는 연기도 심하고, 냄새도 아주 고약하다. 하지만 일단 불이 붙으면 불순물이 화덕 바로 위에 있는 지붕 구멍이나 창문으로 빠져 나가게 된다. 그래서 낮이나 밤이나 이 창문은 항상 열어 둔다. 그러면 언젠가는 이 연기가 모두 빠져나가기 마련이다.

페르시아의 가정주부가 이렇게 집안 공기를 순환시켜도 벽과 천장은 이내 검댕으로 검게 그을리고 만다. 이 천장 구멍을 통해 빛과 공기가 들어왔기에, 비가 오면 창문 밑에 빗물을 받을 수 있는 냄비 등을 갖다 놓는다. 또 혹시라도 이웃의 근황이 궁금할 때에는 열린 창문을 통해 옆집의 천장 꼭대기에 살짝 올라가, 가만히 엿들으면 된다. 보통, 페르시아의 집들은 아주 닥지닥지 붙어 있기에 가능한 일이다.

어서 와,
이런 이야기는 처음이지?

참을성이 필요한 일들은 모두 여자들의 몫

페르시아에서는 직물 짜는 일은 남녀 모두가 한다. 원시적인 조면기(면화에서 솜과 씨를 분리하는 기계 – 옮긴이 주)는 물론, 직조기나 방적기가 가족들이 먹고 자고 요리하고 대화하는 공간에 같이 놓여 있다. 대체로 남자들은 면직물 같은 가벼운 제품을 짜고, 여성들은 양탄자나 덮개 등을 만든다. 실을 잣는 여성들은 일찍 일어나 지치지도 않은 채, 온종일 실을 잣는다. 실 잣는 기술이 평균 수준인 여성이 열심히 일해서 하루에 1파운드의 면을 잣는다면, 약 20센트를 받는다.

여성들은 우유를 짜는 일도 한다. 실제로 남자가 우유를 짜면, 체면에 먹칠은 아니더라도 품위는 깎인다고 여긴다. 여성들은 소, 물소, 양, 염소 등의 젖을 짠다. 버터는 양이 많고 유난히 하얀 색인 물소젖으로 만든다. 페르시아에서는 생우유보다는 쉬어서 굳은 우유를 더 귀하게 여겼다. 흔히 가정주부들은 하루에 두 번 우유를 짜는데, 오전에 짜는 일을 끝내면 곧바로 생우유가 끓어오를 정도로 데웠다. 그리고 나서는 약간 식힌 후, 신 우유를 한 숟가락 정도 첨가한다. 그러면 우유가 빠르게 응고되기 시작하고, 다음 날 아침에 시럽을 넣으면 늘 먹는 아침 식사가 마련된다.

훌륭한 가정주부들은 우유를 응고시키는 시간을 줄이려고, 신 우유를 약간씩 꼭 챙겨두는 걸 늘 잊지 않는다. 도시에 사는 여성들은 항상 신 우유를 사용해, 질그릇이나 물 주전자에 담긴 크림을 휘젓는

'메타'라는 일을 한다. 페르시아의 유목 민족 사이에서 양가죽은 이렇게 버터를 만들 때 사용된다. 이런 양가죽 교유기를 가득 채워 나무틀에 달린 줄로 매달아 놓는다. 그러면 여자는 우유가 버터가 될 때까지 교유기를 앞뒤로 흔든다. 버터가 당장 필요한 것보다 많이 만들어지면, 가난한 계층은 아껴가며 사용한다. 그렇기 때문에 주로 기름으로 만들어 사용한다. 그런데 이 기름은 족히 1년이나 2년은 상하지 않아 요리에 많이 사용한다.

또 여성들은 옥수수를 원시적인 절구에 넣어 빻거나, 납작한 석판에 놓고 돌망치나 다소 개량된 가재도구로 거칠게 부수거나 맷돌로 갈기도 한다. 커다란 원통형 돌 두 개가 겹쳐 돌아가는 맷돌을 사용하려면 여자 두세 명은 달라붙어야 한다. 두 명 이상의 여성이 윗돌에 붙어 있는 손잡이를 잡고 돌리면, 다른 여성 한 명은 단지에서 꺼낸 곡식을 윗돌의 구멍으로 집어넣는다. 한번에 밀을 소량만 갈 수 있어서, 이런 일에는 상당한 참을성이 필요하다. 그래서 흔히 남자들은 이 일을 여자들에게 맡긴다.

고된 일로 그녀들의 골격은 튼실해진다

추수 역시 여자들의 몫이다. 따라서 매년 6월에서 8월까지는 여성들에게 특히 혹독한 계절이다. 해가 뜨자마자 집안일을 마무리하고

는 낫을 들고 마을에서 약 1.6에서 3.2킬로미터 떨어진 추수 밭으로 출발한다. 어깨에 질끈 졸라맨 작은 포대기로 갓난아기를 업은 채, 일하러 가는 어머니를 흔히 볼 수 있다. 동네 사람들이 추수를 하고 있는 들판에 도착하면, 아기를 담은 포대기는 그늘에 내려놓는다. 그리고 어머니는 이글거리는 태양 아래서 할당 받은 일을 하기 시작한다.

여자들은 곡식을 거둬들이고, 남자들은 거둬들인 곡식 단을 모아 탈곡장에 갈 수 있도록 묶는다. 하루가 저물면 밭일로 흙투성이가 된 채, 지친 발걸음으로 터덜터덜 집으로 향한다. 어린 자녀들을 데려온 어머니들도 집으로 돌아간다. 하지만 집에 와서도 여성들은 다른 식구들이 오기 전에 얼른 집안일을 마쳐야 한다.

또한 여성들은 곡식 수확이 끝나면, 포도밭에서도 일을 해야 한다. 포도들이 탐스럽게 잘 익으면, 커다란 바구니에 담아 포도를 펼쳐 말리는 장소로 나르는 일도 대개는 여성들 몫이다. 15일이나 20일이 지나면 포도는 건포도가 된다. 그러면 건포도를 다시 거두어 차곡차곡 쌓아서 시장에 내다 팔 준비를 한다. 포도주와 당밀도 포도로 만드는데, 이 일도 주로 여성들이 맡아서 한다.

히브리의 롯과 같은 여성들이 들판에서 곡식을 거둬들였던 것처럼 페르시아 여성들도 마찬가지다. 또 물동이를 짊어진 리브가 같은 여성들도 페르시아에서 매일 볼 수 있다. 페르시아 사람들은 아무렇지도 않게 여성들에게 커다란 항아리를 짊어지게 한다. 그리곤 요즘의 가벼운 양동이 대신에 무거운 항아리를 이고, 밤낮 없이 공동우물이나 마을 밖 샘이나 개울을 찾아가게 한다.

　여자들은 물 항아리를 가득 채우고 나면 처음에는 엉덩이, 다음에는 허리나 어깨까지 항아리를 들쳐 메고 집으로 돌아온다. 돌아오는 길에는 늘 그렇듯, 즐겁게 수다를 떤다. 물론 고된 일로 그녀들의 골격은 튼실해진다. 이처럼 여자들이 여덟 번이나 열 번을 왕복해야만 자기네 집에 있는 커다란 물항아리를 모두 가득 채울 수 있다. 그리하여 하루 동안 사용할 물이 확보되는 것이다.

다섯 번째 발자국

노처녀는 천지만물에서
가장 비참한 존재로 취급당한다

페르시아에는 '사촌끼리 결혼하면 결코 행복하지 않다'라는 속담이 있다. 그런데도 결혼은 대체로 종파 내에서 이루어진다. 만약 기독교인(페르시아에서 기독교인이란 고대 네스토리우스 교파를 말한다) 남자가 이슬람교도 여인과 결혼하면, 자기 신앙을 버릴 수밖에 없었다. 왜냐하면 지배층에서 이슬람교도와 결혼한 사람이 계속 기독교도로 남아 있는 걸 그냥 두지 않기 때문이다. 한편, 기독교 부모들도 자기 딸이 이슬람교도와 결혼하는 것을 허락하지 않는다. 그러나 때로는 매력적인 네스토리우스 교파 여성들을 납치하여 억지로 이슬람교를 받아들이게 하고, 페르시아인이나 터키인과 결혼하도록 강요하는 일이 발생하기도 한다.

젊은 여자들은 일반적으로 자기가 사는 마을 내에서 혼인을 한다. 각 마을은 대체로 다른 지역 사람들이 찾아오지 않기에, 어떤 영향도 받지 않는 하나의 독립된 지역사회다. 페르시아도 부모가 혼사를 결정하고, 자녀는 그런 상황을 무조건 받아들이는 동양의 관습에서 예외는 아니다.

그러나 남녀가 단절되어 있지 않은 지역에 사는 젊은 남자는, 자기가 좋아하는 여자에 대한 마음을 확실하게 드러낸다. 그래서 지역사회의 규모가 작아서 어렸을 때

부터 서로 알고 사랑하던 사람들끼리 결혼하는 일도 드문 일은 아니었다. 현명한 부모라면 두 젊은 남녀가 진정 사랑한다는 사실을 알게 되면 합리적으로 해결하려고 한다. 물론 그런 사실을 남녀 두 사람 모두 극구 부정하는 경우도 종종 생기긴 하지만 말이다.

그런데도 당사자인 여자와는 결코 상의하지 않는다. 여자들은 결혼을 당연한 것으로 생각한다. 오랫동안 독신으로 사는 젊은 처녀는 천지만물에서 가장 비참한 존재로 취급당한다. 동양 전역에서 통상 그렇듯, 페르시아의 젊은 여자들도 12세, 더 정확히는 15세가 되면 혼인을 할 때가 된 것이다. 정혼은 빠르면 유아기에 종종 하기도 한다. 부모들은 우의를 돈독히 하거나, 적어도 우의를 표현하기 위해 아이들을 정혼시키기도 한다. 서로가 결국 남편과 아내가 될 것이란 사실을 알고 자란 이런 아이들은 열렬한 연인이 되기도 한다. 더불어 이런 결혼은 행복할 수밖에 없다.

남자가 대개 아주 어린 나이에 결혼하면, 특히 부유층의 부모는 남자 친구 두세 명에게 중매쟁이 노릇을 하게 한다. 이들은 구혼할 여자의 집을 방문하여 부모에게 딸의 혼인을 청한다. 여자 부모는 어느 정도 고민한 후, 몹시 못마땅한 듯 결혼 요청을 받아들인다. 계약이 성사되었다는 증거로 중매쟁이 중 한 명이 일어나 아버지의 손에 입을 맞춘다. 계약을 성사시킨 중매쟁이들은 집으로 돌아가 청년의 부모에게 혼사가 성사되었다는 사실을 알린다. 신랑의 부모는 계약이 성사됨에 따라, 며칠 내로 신부의 부모를 만나 혼인 일정을 마무리한다.

페르시아 여성들의 결혼식

제일 먼저 해야 할 결혼 준비는 신부가 입을 혼례복을 구입하는 일이다. 옷값은 신랑 아버지가 지불한다. 신랑 아버지는 신부의 친지는 물론, 그녀의 친구들에게 줄 선물도 마련해야 한다. 마을의 이장도 잊지 말아야 한다. 선물 준비가 끝나면 양측은 결혼식 준비를 한다. 신부가 결혼식을 준비하는 동안, 신부와 신랑집에서는 잔치가 벌어진다. 신랑 아버지가 마련한 이런 뻑적지근한 연회는 사흘에서 엿새 동안 계속된다.

결혼식에서 가장 중요한 부분은 페르시아인의 생활과 풍습에 따른 특유의 음악과 춤이다. 하객들이 신나게 즐길 수 있도록 전문 가수들이 흥겨운 노래를 부른다. 이삼 일에 걸쳐 쉴 새 없이 진행되던 신부 측의 결혼 준비와 하객 측의 연회가 끝나면, 성인 남자들과 어린 소년들은 안내하는 사람을 따라 신부를 신랑집으로 데려가기 위해 나선다. 흥에 겨운 이 사람들이 도착하자마자, 이들을 위한 연회가 또 마련된다. 집안이나 마당에서 춤판이 벌어지는 것이다.

한편, 신부는 앞으로 자신이 살 집을 향해 떠날 여정을 준비해야 한다. 마침내 신부의 준비가 끝났다는 소식이 전해지면, 악사들은 애절한 가락을 연주하고, 신부는 부모님에게 작별의 입맞춤을 한다. 어렸을 때부터 함께 자랐던 친구들에게도 작별인사를 하고 나면, 곧바로 신부를 말에 태운다. 그 순간 악사들의 연주는 슬픈 곡조에서 좀 더 명랑한 가락으로 바뀌고, 그곳에 있던 사람들과 함께 신부는 자신의 목적지를 향해 출발한다. 이윽고 신랑이 신부의 도착을 알리면 동네 사람들은 죄다 집 밖으로 나와 결혼 잔치를 구경한다. 약간의 의례가 끝나고, 신부가 마을에서 가장 유명한 인사의 집 앞에 내려 안으로 들어간다. 그러면 신부는 예를 갖춘 대접을 받게 된다.

그날 밤 마을에서는, 특히 신랑 집에서는 다시 흥겨운 잔치가 벌어진다. 다음 날, 악사들은 하객들을 대접하는 마을의 또 다른 잔치에 불려가 흥겨움을 더한다. 이 잔치가 끝나면, 악사들은 신랑과 함께 음악과 춤꾼들을 따라 신부가 대접받고 있는 곳으로 향한다. 그리고는 이들이 가톨릭 신자면 사제가 결혼식을 거행하는 예배당으로 바로 간다. 결혼식을 하고 나서 남편과 아내는 이제 신랑이 태어난 곳이자 앞으로 자신들이 살게 될 집으로 안내된다.

그런 후에는 남은 하루 동안 서로 대화를 나누고 잔치를 즐기며 보낸다. 신랑의 여자 친구들은 처음으로 베일을 벗은 신부의 얼굴을 보기도 하고, 신부가 직접 예단에 놓은 자수를 꼼꼼히 살피기도 한다. 날이 저물면 친구들은 떠나고, 신랑과 신부는 새로운 인생을 시작한다.

어서 와,
이런 이야기는 처음이지?

하렘에 사는 여인들

페르시아 이슬람 궁전의 여인들은 인도나 터키의 하렘에 사는 여인들보다 더욱 차단된 생활을 한다. 고대에는 왕궁의 하렘에 들어간 여인들에게 엄격한 규율을 적용하거나 까다로운 준비 과정을 거치게 하는 게 관례였다. 이런 정화 과정은 히브리의 에스더서에 간략하게 소개되어 있다. 이 책의 저자는 페르시아인의 생활과 풍습을 자세하게 들려준다.

"처녀마다 차례대로 나아가기 전에, …… 여자에 대해 정해진 규례대로(열두 달 동안을 행하되 여섯 달은 몰약 기름을 쓰고, 여섯 달은 향품과 여자에게 쓰는 다른 물품을 써서 몸을 정결케 하는 기한을 마치며), 처녀가 왕에게 나아갈 때에는 그 구하는 것을 다 주어, 후궁에서 왕궁으로 가지고 들어가게 한다."

고대의 왕들은 왕권 강화를 위해 보다 순수한 혈통을 유지하려고 여성들을 엄격하게 격리하여 관리하는 관습을 유지하였다. 이 관습은 유목 민족을 제외한 페르시아에 커다란 영향을 미쳤다. 집 구조는 여성들의 사생활을 보호하도록 배치되었는데, 이 구조는 전국적으로 대개 동일하였다.

집의 첫 번째 방은 남자들이 사용한다. 두 번째 방이나 안채는 일명 '대기실'로 여성들이 지내는 곳이며, 남자들은 '하렘(금지된 장소)'을 침범할 수 없다. 그리고 "물럿거라, 모두 물럿거라, 왕의 행차이시다!"라고 외치는 환관이나 신하들의 목소리가 빨리 들리도록 집 구조를 배치하였다. 또 하렘에서는 방문객이 여성들을 보지 못하도록 베일로 얼굴을 가렸다.

사형 방법에도 남녀차별이 존재한다

요즘에도 페르시아 여성들에게 왜 글을 배울 필요가 없냐고 물으면, 곧잘 '여자이기 때문'이라는 대답이 돌아온다. 그리고 이를 당연하게 생각한다. 대도시나 소도시마다 학교는 있지만, 모두 남자아이들만 다니고 있다. 기독교 학교를 제외하면 여자아이들을 위한 학교는 없다. 왜냐하면 여성들이 자신의 삶에서 현재의 위치에 만족하고, 체념하도록 만드는 것이 신중한 정책이라는 통념이 깔려 있기 때문이다. 그러나 부유한 부모일수록 딸들을 위한 가정교사를 고용하기도 한다.

특히 남녀를 차별하는 뿌리 깊은 관행은 여자들에게 가해지는 사형 방법에도 나타난다. 처형당하는 자가 남자이면 경정맥을 자르고, 못으로 벽에 박아 대포로 날려 버릴 것이다. 하지만 여자는 머리카락을 전부 깎이고, 얼굴은 검게 그을리고, 안장 없는 당나귀에 태워 일반 대로를 따라 끌고 가다 마지막에는 자루에 넣어 때려죽인다. 또는 발가벗겨 고양이가 우글거리는 자루에 넣어, 이내 할퀴고 물려 죽게

만들기도 한다.

흰 비둘기마냥 평화가 페르시아의 가정을 항상 맴돌지는 않는다. 고대 기독교 교파인 네스토리안 교회의 교도들 사이에서도 남편이 아내에게 가끔씩 태형을 가한다. 그래서 자신이 주인이라는 사실을 일깨워주는 일이 허다하다. 여성들은 이런 일을 자신들의 지위에 따른 조건 가운데 하나로 생각한다. 그러나 이렇게 한다고 해서, 남편의 권위가 높아지는 것은 아니다. 이 사실은 '남편을 존경하는 여성의 수가 아내를 때리지 않는 남편만큼이나 적다'는 것으로 입증되고 있다.

결혼이나 약혼에 관한 수많은 미신

고대 마기족으로 이루어진 이 나라에, 결혼이나 약혼에 관한 미신이 수없이 많다는 건 이상한 일도 아니다. 예를 들어, 자기 아내를 사랑하지 않는 티를 노골적으로 드러내는 남편이 있을 경우, 아내나 친정어머니가 주술사를 찾아가면 부적을 써주기도 한다. 이 부적을 아내가 매일 입는 옷의 지정된 곳에 꿰매 넣는다. 혹은 남편에게 직접적인 효과가 있도록 비슷한 부적을 준비하기도 하는데, 이럴 경우에는 남편 몰래 그의 옷에 꿰매야 한다. 부부간의 정이 새로워지면 부적의 효험이 나타난 것이다.

때로는, 아내가 자신과 남편의 머리카락을 몇 올 잘라 함께 불에 태운다. 그리고 여기서 나온 잿가루로 묘약을 만들어, 남편이 그 약의 정체를 모른 채 마시게 하는 미신도 있다. 또는 문이 열리고 닫힐 때마다 아내에 대한 남편의 사랑이 자라나도록, 방문의 돌쩌귀 아래에 이 사랑의 처방을 놓으라고 지시하는 주술사도 있다.

페르시아에서는 불임이 저주는 아니다. 그렇지만 한결같이 역시 불임은 불행으로 간주된다. 따라서 아이를 낳게 한다는 주문과 부적이 곧잘 사용된다. 이처럼 페르시아 여성들과 동양인들은 일반적으로 셀 수도 없이 많은 미신을 믿는다. 가령, 암탉이 울면 좋은 징조이거나 나쁜 징조로 여긴다. 어떤 징조인지 정확히 알려면 울음을 운 암탉의 눈을 가린 채, 평평한 지붕 꼭대기에 놓는다. 그러면 암탉이 열린 창문을 통해 밑에 있는 방 한가운데로 떨어진다. 이때 암탉이 집의 모퉁이를 향해 몸을 돌리면, 좋은 징조로 만사가 잘 풀릴 것으로 생각한다. 이와는 달리, 암탉이 문 쪽으로 움직이기 시작하면 나쁜 징조로 여겨 암탉을 바로 죽여버린다.

이 기이한 풍습은 페르시아에서 한때 유행하였던 다소 비슷한 또 다른 풍습을 연상시킨다. 어떤 여자가 돈을 도둑맞자, 이웃을 의심한다. 그런데 정확하게 누가 가져갔는지는 모른다고 가정해 보자. 공개 재판을 피하고 무고한 사람에게 억울한 누명을 씌우지 않기 위해, 일정한 시간에 근방에 사는 남녀 모두가 한 사람씩 돈이 없어진 집으로 간다. 그 다음, 그 집 앞을 지나가다 각자가 한 줌의 흙을 창문으

로 던진다. 이런 일에 모든 이웃이 동참하는 것이다.

　이때 한 사람이 그 집에 들렀다가 자기 집으로 돌아가면, 또 다른 사람이 시작한다. 모든 사람이 다 던질 때까지 이 일은 계속된다. 마지막 사람까지 가져온 흙을 다 던지면 그제야 주인이 집안으로 들어간다. 그 후, 한데 모인 흙 속에서 잃어버린 돈을 발견하게 된다. 결국, 자신이 지은 죄가 드러나 처벌을 받을 것을 두려워한 도둑이 흙과 함께 집 안으로 돈을 던진 것이다. 그러면 붙잡히지 않을 것이기 때문에, 처벌을 면할 수 있는 이 방법을 이용하는 것이다.

여섯 번째 발자국

페르시아의 시인들이 본 여성들

쿠르드족의 여성들처럼 혹독한데도 행복한 듯한 삶을 사는 여성들은 없다. 쿠르드족의 남자들은 여성에게 영혼이 있다는 사실을 인정하지 않는다. 따라서 여성은 남성이 기도를 하는 곳에 있어서는 안 된다. 여자가 이 신성한 의무를 수행하고 있는 남자를 건드린다면, 여자가 그 기도의 효험을 가져간다고 믿는다. 그야말로 여자가 남자를 건드리면, 그의 영혼을 얻게 된다고 믿는 것이다. 그래서 여자가 다가오는 모습이 보이면, 기도하던 남자는 일어나 무리에서 빠져나온 다음, 총을 가져와 그녀를 쏜다. 그리고는 다시 경건한 자세로 기도를 시작한다.

쿠르드족 여인들은 얼굴색이 매우 검고 외상은 화려하다. 그녀들은 남편의 눈을 즐겁게 하기 위해 물감이나 화장품을 많이 애용한다. 가사 일을 마친 후에는 밭에 나가 가축을 보살피거나, 겨울을 나는데 필요한 연료를 구하는 등 하루 종일 일을 한다. 그러다가 밤이 되면, 당나귀 두 마리가 날라야 할 정도로 커다란 보따리를 어깨에 짊어지고 집으로 돌아온다. 그래도 일은 끝나지 않는다. 실을 잣기도 하고, 세상에서 제일 행복한 팔자인 듯 오가며 노래하기도 한다.

쿠르드족은 여성들에게 흔한 질병에 무관심하여 무거운

어서 와,
이런 이야기는 처음이지?

짐을 지고 들판이나 높은 산을 넘어 다닌다. 심지어 커다란 땔감에다 낮에 낳은 아이를 안은 채, 행복한 모습으로 집으로 돌아오는 쿠르드족 여인을 흔하게 볼 수 있다! 쿠르드족 남자는 대개 아내보다는 자신이 키우는 말에 더 신경을 쓰기 때문에, 아내는 가끔씩 말에게 자신의 거처를 내주어야 할 때도 있다.

페르시아 여인에 대해 설명할 때는 페르시아의 토착 시가에 등장하는 여인을 언급하지 않을 수 없다. 동양의 어떤 시가도 번역되어 페르시아의 토착 시가만큼 탄성을 자아낼 정도로 읽힌 적이 없다. 그 시가 속에서만큼은 여성이 커다란 위치를 차지한다. 그런데도 시가에서조차 항상 여성을 가장 고결하고 이상적인 존재로 묘사하고 있지는 않다.

페르시아의 시인 하피즈는 철학자 젠다에게 이런 질문을 받았다고 한다. 도대체 시를 짓는 일이 무엇에 좋으냐는 것이다. 하피즈는 이렇게 되물었다.

"꽃은 뭐에 좋소?"

그러자 철학자가 "꽃은 향기가 나서 좋소"라고 답하니, "나도 그 향을 맡아서 좋구려"라고 시인이 말하였다고 한다.

어쨌든 여자는 너무나 자주 남자의 정열과 환상의 노리개로 그려진다. 그러나 역사 초기에 영웅으로 떠올랐던 여성은, 강력한 힘과 미모를 겸비한 모습으로 그려지고 있다.

'첫눈에 반한 사랑'만이 사랑이다

페르시아의 시인들은 사랑을 대할 때면 현실적인 고민은커녕, 숙고의 여지도 거의 남기지 않는다. 그들이 노래할 가치가 있다고 여긴 것은 오로지 즉각적인 사랑, 즉 '첫눈에 반한 사랑'이다.

"첫눈에 반한 가장 열정적인 사랑이 페르시아의 모든 시에 묘사되어 있는 정열이며, 그것은 마치 사랑으로 이루어진 삶 전체를 한순간으로 응축해 놓은 듯한 감정이다. 사랑의 시들은 온통 격렬하고 황홀한 격정뿐이며, 이성적 태도는 눈곱만큼도 찾아볼 수 없다. 때로는 미지의 아름다운 여인이 던진 우연한 눈길이 시의 주제가 되기도 한다."

이런 설명은 사랑과 여성의 아름다움에 대한 페르시아 시인들의 공통적인 태도를 짐작하게 하는 대목이기도 하다. 자블리스탄(현재 아프가니스탄에 위치하였던 국가 – 옮긴이 주) 구렝 왕 딸의 미모를 노래한 다음의 시구가 전형적인 예다.

> 그녀의 몸가짐은 너무나 우아하고 너무나 사랑스러우니
> 성년이 된 가슴에서 뽑아 낸 그녀의 모습은
> 슬픔의 근원이구나, 포도주를 홀짝이는 그녀의 입술과
> 달콤한 입술, 뺨을 온통 물들인 보조개는
> 미소 지으며 한여름 장미처럼 반짝이니

어서 와,
이런 이야기는 처음이지?

모두의 마음을 빼앗는구려.

이것은 아버지 군대에서 자신도 전사로서 용맹을 떨친 아가씨에 대한 글이기도 하다. 이 아가씨의 능력, 용기, 판단력은 적들을 그녀의 발밑에 엎드리게 하였다. 정말로 피르다우시의 『샤흐나마』에서 가장 낭만적인 내용 가운데 하나로 꼽히는 것은, 용맹스런 잼시드 왕과 구렝의 아름다운 딸과의 만남을 묘사한 구절이다. 구렝은 딸이 첫눈에 반한 사랑과 결혼할 경우에만 허락하기로 하였다.

그건 사랑이어야 하며, 사랑만이
그대를 또 다른 이의 왕좌에 묶어 놓는다.
이 일에서 그대 아버지는 발언권이 없으니
그대의 간택이며, 그대의 선택이다.

어느 날 잘생긴 젊은 잼시드 왕이 공주가 사는 도시에 우연히 당도하였다. 피곤에 지친 이방인 잼시드는 관리인들의 제지로 구렝 왕의 장미 정원을 통과할 수가 없었다. 지칠 대로 지친 잼시드는 정문 근처 나무그늘 밑에서 잠시 쉬고 있었다. 그때 공주가 남자다운 그의 모습과 태도를 보고 한눈에 반해버린다. 그녀는 잼시드가 기운을 차리도록 포도주를 가져와 자신의 애정 어린 영혼을 담아서 그에게 따른다. 곧이어 수컷 비둘기와 구애하는 암컷 비둘기가 그들 머리 위에 있는 나뭇가지로 날아와 앉는다. 공주가 자신의 활과 화살로 어떤 새를 맞춰 땅바닥에 떨어뜨려야 하는지 그에게 묻는다. 잼시드가 답하였다.

"남자가 있는 곳에 여자의 도움은 필요 없소. 내게 그 활을 주시오."

여자가 아무리 용감해 보여도,
여자가 아무리 튼튼한 팔을 지녔다 해도
남자의 반에 불과한 법이오.

공주가 얼굴을 붉히며 활을 건네자 잼시드가 이렇게 말한다.

"이제 내기를 합시다. 내가 암컷을 맞추면, 이곳에서 내가 가장 찬미하는 숙녀를 내 것으로 삼아도 되겠소?"

사랑으로 가슴이 두근거리던 공주가 동의한나. 잼시드가 줄을 낭겨 양 날개와 몸통을 관통해 암컷을 맞추었다. 수컷 비둘기가 날아가더니 쓰러진 제 짝을 떠나기 싫다는 듯, 금방 되돌아와 다시 나뭇가지에 앉았다. 공주가 다시 활과 화살을 잡으며 말하였다.

"수컷 새가 제자리로 돌아왔네요. 만약 제가 맞춘다면 이곳에서 선택한 남자를 제 남편으로 삼아도 될까요?"

바로 그때 나이든 시녀가 나타나, 공주의 배우자가 될 운명을 지녔다는 잼시드 왕을 알아본다.

어서 와,
이런 이야기는 처음이지?

…… 그녀의 마음을 축복하는 행복한 소식은

그를 사랑하는 그녀의 열정을 뜨겁게 달구었다.

결국 둘의 결혼이 성사된다. 그런데 이후 펼쳐지는, 잼시드를 향한 공주 아버지의 불만과 배반, 잼시드의 배신과 죽음, 젊은 아내의 깊은 슬픔과 자살에 얽힌 이야기가 독자들에게 짜릿한 흥분을 선사한다. 여자 주인공의 낭만적 기질을 소재로 한 이 페르시아의 시는, 역사상 가장 위대한 문학 작품 가운데 하나로 손꼽힌다.

페르시아 여성의 사랑은 시작하면 식지 않는다

페르시아의 사랑 이야기는 여성을 사랑과 구애를 하는 장본인으로 즐겨 그린다. 여주인공이 상대보다 먼저 사랑의 열정을 느끼고, 그 사랑을 표현하는 데도 더 정열적이다. 그러나 『샤흐나마』의 사이아우쉬처럼 여주인공들은 사랑의 힘에 굴복하기 전에는 수줍은 모습을 보이기도 한다. 그러나 페르시아 여인이 일단 사랑을 내보이면, 페르시아의 시인들이 묘사하는 것처럼 그 사랑의 열정은 끝까지 식지 않는다고 한다. 그것은 마치 마니제흐와 불운하였던 바이준의 사랑을 이야기하는 듯하다.

그렇다면 내가 그대에게 충실치 못하게 될까요,
이렇게 사랑하는 나의 마음이 택한 그대에게
왜 내가 자유로웠을 때 구속되려 하였을까,
그저 당신 것, 영원히 당신 것이 되기 위해?

'낙원의 시인'으로 불린 페르시아의 위대한 민족 시인 피르다우시 같은 최고의 시인들조차 여성의 매력을 과도하게 표현하기도 한다. 다음은 루다바흐 공주에 관한 시구이다.

베일에 가려 백성들이 볼 수 없는
그녀의 용모는 태양처럼 빛나니,
머리에서 발끝까지 그녀의 사랑스런 자태는 아름답기가
마치 반짝이는 상아 같노다. 샘물처럼 그녀의 뺨은
환하게 피어오르고, 키가 커서
은빛처럼 화사한 그녀의 모습 너머로 풍성하게 물결치는
사향내 나는 검은 곱슬머리가 발끝까지 출렁인다.

페르시아 시인들 가운데 가장 박식하다고 하는 크하카니는, 여성의 매력이 담뿍 실린 아름다운 시를 남겼다. 그의 시 '알려지지 않은 미인(The Unknown Beauty)'에 바로 그런 시구가 남아있다.

나는 일렁이는 아름다운 자태를 보았도다!

나는 그대의 부드럽고 잔잔한 한숨 소리를 들었다네,

그 고혹적인 얼굴을 바라보며,

그대의 나르시스 같은 눈을 들여다보았다.

아! 그대의 미소가 허락이라는 희망으로,

눈부시게 영혼을 일깨우는, 그대는 누구인가?

여성의 아름다움에 매겨진 위대한 가치는, 1292년에 작고한 사디 (페르시아의 시인 – 옮긴이 주) 같은 작가들에게서 분명히 포착된다. 사디는 자신의 시집 『장미 정원(Rose Garden)』에서 딸이 있는 어느 법학 박사에 대해 이야기한다. 박사의 딸은 지독히도 못생긴 탓에, 성인이 되어 막대한 재산과 지참금을 내놓았는데도 결혼하려는 사람이 없었다. 사디는 이렇게 표현한다.

"몸매가 안 되는 신부에게는 양면에 무늬를 새겨 넣은 다마스크직[8]이나 화려한 비단을 입혀도 더 추해 보일 뿐이다."

결국 딸이 처녀로 늙어 죽지 않으려면 맹인과 결혼을 시켜야 하였다. 마침 맹인의 시력을 회복시킬 수 있다는 의사가 나타났다.

"왜 사위를 치료하지 않는 겁니까?"

딸의 아버지가 답하였다.

"사위의 시력이 회복되면 딸을 거부할까 겁나기 때문이오. 못생긴 여자의 남편은 차라리 맹인으로 사는 게 나을 것 같소."

페르시아의 노래에서 가장 흔한 소재

사랑과 여성의 아름다움을 찬미한 시인으로는 1388년에 사망한 하피즈가 최고로 추앙받는다. 주옥같은 이야기에 비견되곤 하는 그의 시집 『디완(Diwan)』에서 하피즈는 이렇게 노래한다.

나에게 사랑의 메아리란
빙글빙글 돌아가는 원형 밑으로 숨어든 모든 소리 중에서
가장 달콤한 소리다.

하피즈와 타메를란(아시아 서쪽 절반을 정복한 몽고의 왕, 티무르의 별칭 – 옮긴이 주)에 대한 이야기는 분명히 허구일 것이다. 어느 날, 우연히 시인을 만난 타메를란이 물었다.

"그대는 여자 뺨에 난 검은 점 때문에 나의 위대한 두 도시, 사마르칸트와 부하라를 내놓았던 엉터리 시인 아닌가?"

"그렇습니다."

하피즈가 차분하게 대답하였다.

"사실, 전 평생을 아낌없이 주며 살아온 터라, 이제는 남은 게 없습니다. 하여, 지금부터는 폐하의 아량에 기대 먹고 살아야 합니다."

이 재치 있는 하피즈의 대답을 들은 왕은 매우 흡족하여, 그에게 선물을 주어 보냈다고 한다. 대체로 페르시아의 시인들은 거의 전적

어서 와,
이런 이야기는 처음이지?

으로 여성의 육체적 매력에 역점을 둔다고 할 수도 있다. '여성과 포도주와 노래'가 진정한 시의 주제인 것이다. 또한 육체적 사랑을 아주 빈번하게 다루기도 한다.

그러나 자미(이란의 신비주의 서사 시인 – 옮긴이 주)의 시구에서 확인할 수 있듯이, 물론 예외도 있다. 처녀의 아름다움이 페르시아의 노래에서 가장 흔하고, 가장 자연스럽게 접할 수 있는 소재이긴 하다. 하지만 결혼생활도 결코 빠지지는 않는다. 피르다우시는 아름다운 루다바흐 공주를 얘기할 때 결혼을 이렇게 언급한다.

결혼은 하늘이 맺어준 계약이므로
참으로 행복한 전사의 운명이로다,
미소 짓는 자기 아이들 속에 있으니.

피르다우시는 키타분을 통해 말한다.
"어머니의 조언은 황금 보물이다."
사랑에 대한 깊고도 의미심장한 인식을 보여주는 이런 사례들은 페르시아의 시인들에게서는 얼마든지 더 찾아볼 수 있다.

동양의 로미오와 줄리엣, '라일라와 마즈눈' 이야기

12세기에 살았던 페르시아 최초의 위대한 낭만 시인, 니자미가 베두인의 사랑을 그린 '라일라와 마즈눈'이라는 이야기가 있다. 이 이야기는 동양의 '로미오와 줄리엣'으로 불린다. 최근 한 작가는 이렇게 말하였다. "프랑스에 아벨라르와 엘로이즈 이야기가 있고, 이탈리아에 페트라르카와 라우라가 있다면, 페르시아와 아라비아에도 그들만의 안타까운 사랑 이야기가 있다."

'라일라와 마즈눈' 이야기를 우화적이면서도 종교적 내용으로 해석하기도 한다. 적어도 이 이야기는 페르시아 시인들이 신술하고, 영원한 사랑을 바탕으로 작품을 썼다는 점을 보여주고 있다. 또한 동양인들은 이 작품을 지고지순한 사랑의 전형으로 받아들인다.

보다 수준 높은 이야기들은 극문학 속에서 종종 찾아볼 수 있다.

자미가 피르다우시에게서 영감을 받아 저술한 극시 『유수프와 줄라이하(Yusuf and Zulaikha)』는 페르시아어로 쓰인 가장 훌륭한 시로 평가받는다. 윌리엄 존스 경(영국의 동양 학자 – 옮긴이 주)은 '자신이 읽은 시 가운데 가장 탁월한 시'로 표명하기도 하였다. 이스라엘의 요셉에

해당하는 유수프와 포티파르의 아내, 줄라이하 이야기를 한 마디로 대변하는 표현이다.

이 작품은 줄라이하의 삶이 증명하듯, 인간의 영혼은 고통을 받고 완전히 다시 태어나 정화되어야만 최고의 미와 선을 향한 사랑에 도달할 수 있다는 내용을 담고 있다. 단순한 아름다움이 지닌 공허함을 깨달은 시인은 다음과 같은 결론에 도달할 수밖에 없다.

사랑스런 자태에 마음을 빼앗긴 그는
마음의 안식을 찾을 길 없고, 오직 폭풍 같은 삶이 있을 뿐
금빛 결합을 아직도 갈구하고 있다면,
허황된 꿈으로 가득 찬 사랑에 그의 심장이 속은 것이다.

『다비스탄(Dabistan)』이 처음으로 세간의 주목을 받게 된 것은, 백여 년 전 열정적인 동양 학자 윌리엄 존스에 의해서였다. 이 작품 속에는 행복의 장소에 들어가기 위해 지켜야 할 규칙을 기록한 '천국에 이르는 백 개의 문'에 대한 내용이 들어있다. 그 내용들을 보자면, 아들과 딸들은 조기 결혼을 해야 한다, 어머니는 아이를 낳자마자 아기에게 젖을 줘야 한다, 등의 이야기들이 담겨있다. 그뿐만 아니라, 병든 여인네들과 임신부들에 대한 지시 사항도 있다. 여기에는 남편에 대한 무조건적인 복종이 엄중하게 규정되어 있으며, 부정한 여인을 책망하는 조심스런 경고도 들어있다.

페르시아의 대다수 서사시뿐 아니라, 젠드아베스타(조로아스터교의 경전 아베스타와 주해서 젠드의 합본 - 옮긴이 주)는 이란의 고대 생활과 특징을 상당 부분 계승하고 있다. 순수한 생활에 대해 규정 이상의 단호한 입장을 취하는 조로아스터교의 문학에는 특색이 별로 없다. 따라서 조로아스터교의 교리는 가정의 미덕에 높은 자리를 부여한다. 젠드아베스타는 이렇게 말한다.

"거룩한 차라투스트라가 말하였듯이, 순수함이 모든 것 중 최고의 미덕이며, 순수가 모든 것 중 가장 공정하며, 순수함이란 생명 다음으로 가장 위대한 선이다."

조로아스터가 아후라 마즈다(조로아스터 교도들이 믿는 하나의 보편적이고 초월적인 신 - 옮긴이 주)에게 "그렇다면 순수함 다음으로 인간이 가장 큰 행복을 느끼는 것은 무엇입니까?"하고 묻는다.

이에 아후라 마즈다가 답한다.

"세상에서 행복한 것은 신도가 사제와 함께 집을 세우는 바로 그 공간 안에 있다. 그곳에는 가축과 아내와 아이들과 선한 목동이 있다. 또 그곳에서는 가축이 계속 번창하고, 미덕이 번창하고, 여물이 늘어나고, 개가 늘고, 아내가 번성하고, 자식이 번성하고, 불이 번성하고, 인생의 모든 행복이 번창할 것이다."

Oriental Women

Part 9
아라비아 여인들의
더 특별한 이야기라네

첫 번째 발자국

'사막'과 '컬트'와 함께하는 아랍 여성

여성의 보수성은 이 책에서 이미 언급된 바 있다. 전 세계 어떤 민족도, 특히 세계 곳곳에 퍼져 있는 셈족의 후손도 고대의 이상과 풍습을 아라비아인들만큼 계승하고 있지는 않다. 그야말로 아라비아는 세계 역사에서 독특한 위치를 차지하고 있다. 셈족은 역사의 흐름에 누구보다 영향을 미쳤다. 이 셈족의 여러 종족이 아라비아 영토에서 갈라져 나온 것 같다.

아라비아에서 갈라져 나온 셈족의 여러 종족 가운데 하나인 아시리아·바빌로니아인들이 지금까지 전해지고 있는 최초의 문명을 발전시켰다. 또 다른 민족은 고대 신앙 가운데 가장 강력한 신앙을 지녔던 히브리인들이었으며, 역사적으로 중요한 두 종교인 기독교와 이슬람교는 셈족의 영토에서 탄생하였다.

아라비아는 실로 신비의 나라다. 바로 이런 이유 때문에 아라비아 사람들에 대한 관심이 고조될 수밖에 없다. 아라비아는 이집트와 아시리아처럼 왕궁이나 고대 신전에서 찾아볼 수 있는 석판과 단단한 진흙에 기록된 고대 유물은 아주 드물게 남아 있을 뿐이다. 그 대신에 아라비아의 역사는 전설, 설화, 전통과 민족의 끈질긴 풍습 속에 남아 있다. 이 놀라운 나라에서 어떤 변화를 찾아보기란 여간 어려운 일이 아니다. 그러나 전 세계를 일깨우고, 암흑시대를 떨쳐내는 데 기여하였던 한 문화의 흥망성쇠와 마호메트의 등장은 예외였다.

아랍 여성의 성격 형성에 가장 뚜렷한 영향을 미친 두 가지 요인은 '사막'과 '컬트(종교적 추종)'라는 두 단어로 축약될 수 있다. 컬트는 어떤 의미로는 사막의 결과이기도 하다. 여기에 세 번째 요소인 전쟁 정신(war spirit)을 첨가할 수도 있다.

이런 정신이 없었다면 아라비아 반도의 여자는 물론, 남자들도 낭만적 요소가 훨씬 떨어지는 전혀 다른 역사를 남겼을 것이다. 칼레드처럼 '전쟁에 대한 뜨거운 열정'에 사로잡혀 고귀한 처녀의 사랑을 물리쳤던 사람들이 있었기 때문이다. 아라비아 문학에서는 사랑을 나누는 행위도 중요한 위치를 차지한다. 하지만 가장 숭고한 일로 간주되었던 전쟁을 벌이는 일에는, 사랑도 그 자리를 양보한다.

개선 행진을 이끄는 '그녀들'

세칭 '무지의 시대' — 이슬람교가 아라비아의 역사에 뚜렷한 변화를 야기하기 전 시대 — 를 살았던 여성은, 탁 트인 공기와 아득히 펼쳐진 평야를 만끽할 수 있는 자유와 권력을 누렸다. 여성들은 유목

어서 와,
이런 이야기는 처음이지?

족장의 운명에 따라 고락을 함께하며, 지울 수 없는 자기만의 역사를 쓸 수 있었다. 어떤 민족에서든 여성이 자신의 위상과 영향력을 좌우하는 열쇠를 항상 찾아야 하는 것도 종교적인 이상에 속한 일인 것이다.

초기 아랍인들 사이에서 여성에 대한 개념은 그들의 종교와 의식에서 큰 위치를 차지하였다. 이런 점은 일반적으로 초기 셈족도 마찬가지다. 그러나 이와 같은 점은, 로버트슨 스미스(스코틀랜드 동양 학자 - 옮긴이 주)의 지적대로, 고대 아라비아의 종교적 추종에서 특히 두드러지게 나타난다. 남신과 여신들이 함께 짝을 이루었고, 일반적으로는 여신이 더 중요하였다.

유명한 이슬람교 신화의 정령들도 여성으로 간주되었다. 미내안 신전에서 볼 수 있는 '사랑'과 '증오'의 여신, 왓드와 니크라는 아라비아 민족의 종교 생활에서 중요한 역할을 담당하였다. 여신이 두드러진 곳에서는 여성들이 종교에서 상당한 특권을 누렸으며, 고대 아라비아에서도 예외는 아니었다.

아라비아 민족은 일부 이슬람교 저자들이 천사라고 적고 있는 신보다 열등한 존재 즉, 신의 소산이거나 부차적인 정령들을 믿었다. 여성인 이 존재들은 '베낫 알라(알라의 딸들)'로 불렸다. 그러나 마호메트는 코란에서 이런 초기 믿음이 이슬람교에서 강조하는 신의 통일성과 일치되지 않는다고 강력히 비난하였다. 부족마다 '카힌(히브리의 코헨에 해당하는 '제사장')'뿐 아니라, '아라파(만신)'도 있었다.

고대 아라비아에서 여성은 꽤 훌륭한 영역을 차지하였다. 아라비아 여성들은 아주 먼 옛날부터 역사상 타의 추종을 불허하는 용기와 배짱을 지닌 인물들이었다. 아라비아에는 그들만의 여전사가 존재해 왔다. 선사시대의 용감무쌍한 여주인공들은 이 고대 민족의 전설에 자신들의 발자취를 남겼다. 정사(正史) 시대의 여성들은 남편과 남자 형제들이 전쟁을 벌인 대의를 받들어 용맹스럽게 싸웠다.

고대의 아랍 전쟁에서 여성이 차지하였던 높은 위치는 용감한 여성들이 아랍군과 함께 전투에 참전할 수 있게 하였던 놀라운 풍습 속에 여전히 살아 숨 쉰다. 검은 낙타에 처녀를 태워 적군을 학살하도록 최전방에 배치한다. 전사들이 돌진하여 전투를 벌이면, 처녀는 용기를 불어넣는 노래를 부르며 적군을 향한 모욕적인 언사를 쏟아낸다. 이 젊은 여성과 낙타 주변에서 치열한 전투가 벌어진다. 불운하게도 그녀가 죽거나 포로로 잡히면 말할 수 없는 막대한 피해를 입고 결국 대패한다. 그러나 동지들이 승리를 거두면 개선 행진을 이끄는 것은 바로 그녀들이다.

히브리와 아랍의 전설이 겹쳐지는 이야기

예상대로 아라비아의 노래와 설화 속에는 기사도 정신이 넘쳐난다. 『안타르 무용담』은 '보름달처럼 아름다운' 아블라를 향한 안타르

의 사랑과 그녀를 구해낸 이야기로서, 진정한 사랑 이야기의 정수를 보여준다. 안타르는 '아랍 여성들을 존경하지 않는 자'를 주저 없이 공격한다. 정도는 다소 덜하지만 『아라비안나이트』 역시 고대의 기사도적 정신과 사랑의 진수를 담은 이야기로 지금까지 전해지고 있다.

히브리 전설에 따르면, 하갈은 애처로운 삶을 살았다. 그녀는 자신을 비록 이집트 여인으로 칭하고는 있지만, 아랍 민족의 선조가 되어 아랍 전통에 이바지한다. 하갈은 끊임없이 유랑하는 전형적인 아랍 부족인 이스마엘 자손의 어머니였다.

'사파와 마르와'라는 언덕을 순례하며, 여성과 남성을 각각 상징하는 두 우상을 섬겼던 고대의 우상 숭배 풍습을 마호메트가 코란에서 설명한 적이 있다. 이쪽 언덕에서 저쪽 언덕으로 내달으며 정신없이 헤매고 있던 하갈에게, 천사가 "바로 이 언덕 사이에 기적의 샘이 있어요"라고 알려주었다는 것이다.

실제로 아랍 전설에서도 하갈과 그녀의 아들인 이스마엘은 사라의 명에 따라 아브라함의 천막에서 쫓겨난다. 그 후 어머니와 아들은 사막 깊숙이 들어가 현재 메카가 위치한 곳에 당도하였다고 전한다. 하갈은 먹을거리가 떨어지자, 아들을 땅에 눕히고 절망 속에 이리저리 뛰어다녔다. 갈증과 고통을 못 이긴 이스마엘이 머리로 땅을 내려치자, 그곳에서 샘물이 뿜어져 나왔다고 한다. 잃어버린 낙타를 찾다가 새를 따라 그곳에 오게 된 아랍 부족 사람들도 그 샘에서 목을 축인다.

일찍이 그 지역에 샘물이 있었다는 사실을 몰랐던 이들은 하갈과 이스마엘을 경건하게 맞아들였다. 그리고 그들이 떠나면 샘물도 마를까 두려워하며, 자신들과 함께 영원히 지낼 것을 권하였다. 이스마엘에게는 배필로 사이드의 딸 아마라를 주었다. 이 이야기는 단지, 히브리와 아랍 전설이 겹쳐지는 많은 이야기 가운데 하나에 불과할 뿐이다.

어서 와,
이런 이야기는 처음이지?

두 번째 발자국

아라비아의 여왕 이야기

유명한 시바의 여왕에 관한 수많은 이야기가 아랍인들을 통해 전해지고 있다. 시바의 여왕도 아랍 여인으로 남부 사바족 출신이었다. 그녀의 이름은 아랍과 히브리의 수많은 전설에 등장한다. 이 중 시바의 여왕이 이스라엘의 솔로몬 왕을 방문한 이야기는 이들 대다수 전설의 바탕을 형성한다.

지혜, 말하자면 실용적인 생활 철학을 사랑하였던 시바 여왕은 명성이 자자하였던 히브리의 통치자, 솔로몬에게 마음이 끌렸다. 솔로몬은 그녀가 즐겨하던 수수께끼도 잘 풀었고, 가장 난해하다는 문제들도 성공적으로 풀어냈다.

탈무드의 여러 전설 가운데 흥미로운 이야기가 하나 있다. 시바 여왕이 소년소녀들에게 모두 똑같은 옷을 입혀 세웠다. 그리고 솔로몬 왕에게 소년과 소녀를 구별할 수 있는지 물었다. 왕은 그들에게 모두 손을 씻으라고 명하였다.

소년들은 손목까지만 씻고, 소녀들은 소매를 걷고 팔꿈치까지 씻었다. 그렇게 비밀이 밝혀졌다. 이 위대한 여왕과 관련한 이슬람 전설들은 온전하고도 자세하게 전해진다. 시바 여왕은 자기 손으로 왕을 살해하고 스스로 왕위를 계승하여, 여왕이자 '여성의 보호자'임을 자처하였다. 시바 여왕은 매우 지혜롭고 신중한 통치자였을 뿐 아니라, 왕국 전역에서 법을 집행하였다.

이런 아라비아의 전설에 따르면, 발키스(코란 속에 나오는 여왕의 호칭 – 옮긴이 주)라 불린 시바의 여왕은 솔로몬 왕의 부인이 되었다. 하지만 왕의 허락 하에 계속 자기 백성을 다스릴 수 있었다고 한다.

옛 아라비아의 여인들, 즉 사막의 여인들은 그들의 야외 활동이 말해주듯, 비교적 자유로운 생활을 영위하였다. 고대 생활을 그렸던 아라비아의 시인들도 그렇게 묘사하고 있다. 이미 앞에서 이야기하였던 '안타르의 사랑 이야기'에는 여성들이 사랑하는 남편의 친구이자, 연인이며 조언가로 등장하는 재미있는 에피소드들이 많이 들어있다. 이런 이야기들을 읽으면 아라비아의 영웅시대로 거슬러 올라가게 된다.

남장 여자 이야기

여아가 태어나면 영아 살해를 허용하였던 관습은, 초기 아랍문학에서 여성들이 차지하였던 높은 위상과는 극명한 대조를 이루는 것 같다. 이 잔인한 풍습이 가장 매력적인 고대의 사랑 이야기 가운데

하나인 '칼레드'와 '자이다' 이야기의 모티브다. 자이다는 여자아이라는 신분을 감춘 채, 어린 시절을 보냈던 것 같다. 어머니가 그녀를 '존더'라는 이름으로 불렀을 뿐만 아니라, 남아를 출산하였을 때처럼 오랫동안 잔치를 열었기 때문이다.

거의 동시에 부족장인 숙부에게서 아들이 태어났는데, 이 아이가 칼레드였다. 사촌 간이었던 두 아이는 함께 전쟁 기술도 익히며 무럭무럭 성장하였다. 둘 다 매우 용맹하여 주변에 널리 이름을 떨쳤다. 존더는 사내처럼 말을 타며 싸우는 법을 배웠고. 적들은 '존더'라는 이름만 들어도 공포에 떨었다. 칼레드는 사촌이 쌓은 공적을 전해 듣고, 그의 무술 실력을 직접 보려고 달려왔다. 그러나 자신의 형제이자 존더의 아버지인 자히르와 사이가 좋지 않았던 칼레드의 아버지는, 칼레드가 존더를 알고 지내는 일을 허락하지 않았다.

마침내 칼레드의 바람이 이루어졌다. 칼레드는 자신과 같은 청년이라고 생각하였던 사촌에게 이상하게 마음을 빼앗기고 말았다. 존더 역시 용감한 칼레드를 지독히 사랑하게 되었다. 그러나 칼레드가 사랑이 아닌 들판과 전쟁을 택하면서, 눈물짓는 존더를 떠나보내게 된다. 이후, 두 사람은 운명처럼 전쟁터에서 단 둘이 붙게 된다. 존더는 신분을 감추고 있었다. 그래서 칼레드는 자신과 싸우는 존더의 정체를 알아채지 못한다.

두 사람은 막상막하의 놀라운 기량을 뽐내며 오랫동안 격투를 벌였지만, 승자를 결정짓지 못하였다. 이윽고 존더가 자신의 정체를 밝힌다. 드디어 옛 사랑이 돌아온 것이다. 하지만 칼레드의 집요한 사랑을 물리치는 사람은 이제 존더이다. 어렵고도 험한 과업을 부과하여 칼레드를 수차례 시험한 끝에, 마침내 존더는 그의 아내가 된다.

아득히 먼 옛날부터 전해지고 있는 음악과 시에 대한 아랍인들의 이런 사랑 이야기는 헤아리기 힘들 정도로 깊고도 깊다. 유목생활은 시와 노래, 모두를 발전시키는 환경이 되어주었다. 세계 어느 나라에서나 고대의 시인들은 방랑자들이었으니 말이다.

'이스라엘의 달콤한 가수', 다윗도 목동이었다. 헤시오도스(기원전 8세기경의 그리스 시인 - 옮긴이 주)도 헬리콘 산으로 양떼를 몰고 가다 뮤즈의 부름을 받았다. 영국의 고대 시인 캐드먼은 양떼를 돌볼 때 시상(時相)이 떠올랐다. 아랍 시인들은 낙타, 영양, 야생나귀, 가젤, 검, 활과 화살, 포도주, 무엇보다 자신의 애인에 대한 노래를 자유로이 읊었다.

하마드가 서기 777년경에 작성한 『무알라카트(Muallakat)』는 초기 아랍인들의 최고 명시 7편을 모아놓은 시집이다. 여성에 대한 사랑을 가장 적절하게 표현하고 있는 이 작품에는, 임루 알 카이스와 안타르의 시들도 있다. 아라비아식 기사도의 전형인 사디 이븐 주디는 여성들의 사랑을 가장 많이 받은 시인으로 잊어서는 안 될 인물이다. "반짝이는 진주와 다홍빛 입술에 시인의 마음은 노예가 되어버렸다"는 안타르의 '아름다운 아가씨'에 대한 짧은 시에서, 이들 서정시의 향취를 느껴볼 수 있다.

어서 와,
이런 이야기는 처음이지?

그녀의 향긋한 숨결이

나를 향해 다가와 그녀가 가까이 오고 있음을 알리네,

아니면 누구의 손길도 미치지 않은 초원처럼

그곳에는 상큼한 비가 내리네, 사람의 발길이 닿지 않은

그 순수한 땅을 온통 뒤덮은 향긋한 허브 위로.

제노비아 여왕 이야기

다양한 재능과 강인한 성격에 관해서라면, 제노비아에 비견될 만한 아라비아 여성은 없다. 그녀는 팔미라 출신으로 분명한 아랍 혈통이었다. 그녀는 반짝이는 검은 눈에 치아는 진주 같았으며, 자태와 행동거지는 우아하였다고 한다. 튼튼한 신체와 위엄 있는 태도는 만나는 모든 사람에게 영향을 미쳤다. 팔미라의 오데나투스 왕의 부인이었던 제노비아는 남편의 성공과 권력에 지대한 기여를 하였다.

그녀는 보기 드물게 탁월한 재능을 타고난 것은 물론, 뛰어난 업적을 이룩한 여성이었다. 콥트어, 시리아어, 라틴어에 능통한 언어 학자였으며, 전술(戰術)에도 능하였고 탁월한 정치적 통찰력과 명민함이 있었다. 남편이 죽은 후, 제노비아는 팔미라의 여왕으로 군림하여 여러 지역을 성공적으로 정복하였다. 그래서 주변 국가들을 두려움에 떨게 하였다. 로마조차 그녀를 뛰어난 적수로 평가할 정도였다.

자존심이 강하였던 제노비아 여왕은 자신의 제국이 티베르 강(이탈리아 중부를 흐르는 강 - 옮긴이 주) 제국 도시의 속국임을 인정하려 들지 않았다. 제노비아 여왕은 이집트, 시리아, 메소포타미아와 소아시아 일부를 정복하여 자신의 통치하에 두었다. 그러나 수많은 로마인이 그녀에게 합류하였는데도, 로마와의 전쟁에서는 패하고 말았다. 안타키아와 에메사의 전투에서도 패하였다. 결국 제노비아는 페르시아로 도망쳤지만, 포로로 잡히고 말았다.

그녀 곁을 지키던 자들은 모두 목숨을 잃었지만, 제노비아는 아우렐리아누스 장군이 거둔 승리의 은혜에 힘입어 겨우 생명을 건졌다. 서기 271년, 아우렐리아누스는 그녀를 로마의 수도로 데려갔다. 그녀는 그곳에서 품위를 지키고 자존심을 손상당하지 않은 채, 여러 해를 지냈다. 제노비아 여왕은 만사를 직접 자신이 주도해야 성에 차는 여성이었다. 그녀는 여왕으로서 이런 말을 남겼다.

"나는 여왕이며, 내가 살아있는 동안은 나 자신이 직접 통치할 것이다."

그녀는 아내로서 남편과 함께 사는 것을 거부하였다고 한다. 다만, 팔미라의 왕위를 계승할 후계자 양육에 필요한 경우는 예외였다. 그녀의 궁궐은 어떤 여왕도 범접할 수 없을 정도로 눈부셨다. 이처럼, 그녀는 인간적인 매력과 뛰어난 업적으로 아득한 고대 시대를 누볐다. 덕분에 그녀는 역사 속 가장 위대한 여성은 아니더라도, 가장 탁월하였던 여성들의 반열에는 오를 수 있었다.

세 번째 발자국
마호메트와 여성들

> 마호메트 시대에는 아랍의 삶에 새로운 영향력이 움트기 시작하였고, 여기에서 여성도 예외일 수는 없었다. 마호메트와 여성과의 관계는 별도의 장을 마련해야 할 정도로 길고도 흥미롭다.

마호메트의 부친 압둘라는 귀족 혈통의 여인 아미나와 결혼하였다. 그녀는 감수성이 풍부하고 예민한 기질의 여성이었다. 어머니의 그런 기질을 물려받은 게 분명한 마호메트는 훗날, 육체적으로나 정신적으로 종교적 회열에 도달한다. 아미나는 아들이 세상에 태어나 처음 빛을 본 순간, 출산의 고통이 기적처럼 사라지는 것을 느꼈다고 한다.

마호메트의 어머니는 아기에게 수개월간 젖을 먹였지만, 안타깝게도 이내 젖샘이 말라버렸다. 그래서 충직하였던 할리마가 마호메트의 양어머니가 되었다. 그러던 어느 날, 주술사 카힌이 소년 마호메트와 함께 있는 할리마를 만났다는 이야기도 전해진다.

"이 아이를 죽여라."

주술사 카힌이 다시 한 번 이렇게 말하였다.

"이 아이를 죽여라."

그러나 할리마는 아이를 낚아채 서둘러 그 자리를 피하였다. 주술사는 소년에게서 고대의 우상 숭배를 배척하는 그의 미래를 보았던 것이다.

마호메트는 메카의 부유한 미망인 카디자가 그의 인생에 들어온 뒤에야, 세상의 인정을 받기 시작하였다. 사업을 돌봐줄 사람이 필요하였던 카디자가 마호메트의 도움을 받게 된 것이다. 마호메트가 일을 능숙하게 잘 처리하자, 부유한 과부는 이 젊은이를 사모하지 않을 수 없었다. 결국, 이 과부는 마호메트에게 청혼을 하였다. 스물다섯이던 마호메트는 자신의 인생에 지대한 영향을 끼치게 될 이 여인과 드디어 결혼을 결심하였다. 카디자는 마호메트보다 적어도 열다섯 살이나 연상이었다.

열 명 이상의 여성과 결혼한 마호메트

카디자와 결혼한 지 오래지 않아, 마호메트는 종교에 대한 생각을 바꾸고 민족의 종교관과 의식을 개혁하는 일에 매진하였다. 어떤 결

어서 와,
이런 이야기는 처음이지?

과를 얻었는지는 전 세계가 이미 알고 있는 바이다.

여기에서 초미의 관심사는 바로 여성에 관한 마호메트의 태도와 가르침이다. 첫째 부인 카디자를 향한 마호메트의 사랑은 순수하고 변함이 없었다. 그리고 자신에게 헌신적이었던 어머니를 언제나 공경하였다.

그런데 마호메트가 가장 신랄한 비판을 받게 된 것은 여성에 대한 그의 개인적 태도이다. 마호메트가 카디자와 결혼한 후에도, 수많은 여성과 결혼을 여러 번 하였다는 점도 논란의 여지가 있다. 마호메트의 첫 번째 부인 카디자 외에도, 부인이 무려 열네 명에 달하였던 것 같다.

마호메트는 자신의 충실한 추종자들에게 부인을 네 명만 허용하였다. 그랬기 때문에 왜 그 자신은 그보다 더 많은 아내가 필요하였는지 설명해야 하였다. 드디어 마호메트가 이에 대한 답을 내놓았다. 남자들은 일반적으로 아내를 네 명 이상 두지 말아야 하지만 자신은 특별한 계시에 따라 더 많은 부인을 둘 권리가 있다는 설명이었다.

마호메트의 부인 가운데는 어린 아내, 아이샤도 있었다. 그녀는 마호메트가 죽은 뒤에도 오랫동안 마호메트의 사후 이슬람교의 정치사 형성에 적극적으로 참여하였다. 아이샤는 마호메트가 자기 딸 파티마를 주고 사위로 삼은 알리에게 반감을 느꼈다. 아이샤의 모함에 발목이 잡힌 알리는 마호메트의 뒤를 이어 칼리프 자리에 오르지 못하였다. 대신에 아부배커, 오마르, 오스만이 차례로 권력을 잡았다.

그러나 마침내 알리는 승리를 거머쥐었고 아이샤를 투옥한 후, 제 4대 칼리프가 되었다. 아이샤가 보여준 용맹함은 아라비아의 여성 영웅들의 전형적인 기질을 닮았다. 아이샤는 서기 656년에 벌어진 '낙타 전투'에서는 사실상 공격의 선봉에 서기도 하였다.

알리는 뛰어난 장인 마호메트와 마찬가지로, 충실한 추종자들에게 네 명의 부인을 허락한 일반 원칙에서는 자신도 예외라고 생각하였다. 따라서 사랑하는 파티마 외에 여덟 명의 여성과 결혼하였다.

'천일야화'는 그저 낭만적인 모험담일뿐

칼리프들 중에서 그 누구보다 더 찬란한 시기를 누렸던 인물은 바로 하룬 알 라시드였다. 탁월하였던 그의 면모는 동시대에도 빛을 발하여, 그와 연관된 수많은 사랑 이야기를 낳았다. 하룬의 부인들과 애첩들 이야기는 하룬과 그들과의 관계에 따른 후광을 차용하고 있다. 『천일야화』에는 뛰어난 칼리프였던 하룬의 낭만적인 모험담이 가득하다. 그러나 아라비아 반도에 살던 여성들의 실생활은, 낭만적 무용담에서 그려지고 있는 모습으로는 정확히 가늠하기 어렵다.

마호메트가 여성에 대해 가지는 태도는 그의 사후에도 여전히 이슬람교도 속에서 살아가던 여성들의 삶을 결정하는 종교적 기준이 되었다. 이슬람교 전설에 따르면, 아담과 이브가 죄를 짓자 하나님은

두 죄인이 지은 죄를 정화하려면 요단강에서 40일간 벌거벗고 서 있어야 된다고 명하였다. 아담은 그 명령에 복종하여 순수함을 상당 부분 되찾았지만, 이브는 이렇게 정화되는 것을 거부하였다. 그래서 이후 하나님 앞에서 그녀의 위상이 아담에 비해 낮아졌다고 한다.

이슬람교 여성은 남자와 동등하게 예배를 올리지 못한다. 마호메트가 사원에서 열리는 예배에 여성이 공개적으로 참석하지 못하도록 명하지는 않았지만, 여성들에게 사람들이 없는 데서 기도를 올릴 것을 권하였다. 예언자 마호메트의 영향을 받는 드넓은 영토에는 여성이나 어린 소년은 예배 시간에 사원의 특정 구역에는 들어갈 수 없다. 설사 여성들이 들어갈 수 있는 곳에서도 남자와는 별도로 떨어져 있어야 한다. 또한 여성은 항상 남자 앞으로 나갈 수 없고, 뒤에만 서 있어야 한다.

살레(영국인 동양 학자 - 옮긴이 주)는 "이슬람교도들은 여성의 존재가 신을 찬양하는 헌신적인 마음과는 또 다른 마음을 불러일으킨다고 생각"하며, 이집트의 아랍인들 중에서 집에서 예배를 올리는 여성은 극히 드물다고 덧붙인다.

여성에 대한
'코란의 가르침'에 따르면

코란에는 여성에 관한 내용이 많다. 여성에 대한 주제로 한 장(章) 전체를 차지하기도 한다. 코란에는 여성이 남성으로부터 창조되었다는 고대의 교리가 그대로 인정되고 있다. 이는 유대인들과의 접촉에서 비롯된 결과로 추정된다.

마호메트의 가르침 전체에는 유대인들과의 접촉으로 인한 영향이 뚜렷하게 나타난다. 이 가르침에는 '자신을 낳은 여성'을 공경하라는 말이 자주 언급되며, 부모가 없는 여아들에 대한 정의와 배려를 여러 번 강조한다. 여성들에게는 아무 방해 없이 공정한 지참금이 주어져야 하며, 상속권에서도 제외되어서는 안 된다고 밝힌다. 그러나 상속에서 아들 한 명이, 딸 두 명의 몫을 받기도 한다. 결혼을 금지하는 경우도 아주 상세히 기록되어 있다. 정숙한 여인을 부정한 여인으로 비난하는 일은 7가지 중죄에 해당한다.

마호메트는 남편과 아내는 '별거보다는 화해가 낫기

때문에' 부부 문제를 원만하게 해결하도록 조언한다. 이렇게 순서나 체계는 다소 떨어지지만, 마호메트는 여성과 관련해 따라야 할 교리를 밝히고 있다. 특히 결혼, 이혼, 지참금, 정절 등이 마호메트의 마음에 빈번히 출현하는 문제들이긴 하다. 하지만 그가 밝힌 계율은 인간의 유약함을 인정하면서도, 그 자신이 실천하는 것보다는 수준이 훨씬 더 높다.

마호메트의 가르침은 아무리 좋게 해석해도, 여성을 남성보다 매우 열등한 위치에 두었다. 그리고 여성은 이승에서 남성에게 무조건 복종하는 존재다. 더불어 천국을 남성이 자신의 성적 욕망을 맘껏 즐기고 채울 수 있는 곳으로 그리고 있다.

아랍 사람들은 선천적으로는 관능적이지만, 정조와 관련된 법은 다소 엄격하다. 여성이 부정한 짓을 저지르면, 가장 가까운 친척에 의해 즉시 죽임을 당한다. 이렇게 하지 않으면, 가족 모두 사회적 명예와 시민권을 모조리 잃게 되기 때문이다.

'처녀성에 대한 대가'

여자가 강제로 정절을 잃은 경우라면, 강간범은 달아나거나 목숨으로 죗값을 치러야 한다. 그렇게 하지 않으면, 가장 가까운 친척의 목숨이 위태로워진다. 범인이 현장에서 잡힌다면 여자의 친척이 그 남자를 죽여버린다. 현장에서 즉시 잡히지 않은 경우라면, '피의 대가'를 지불하는 협상을 통해 목숨을 구할 수도 있다.

때로는 자신이 강간한 여자와 결혼하기도 하지만, 그럴 때도 남자는 '처녀성에 대한 대가'를 여자의 부모에게 지불해야 한다. 딸이 순결을 잃어버린 상황에서 한 가족이 그 치욕을 벗어나는 방법은 참으로 끔찍하다. 처녀 가족이 공공장소에 모인다. 이 자리에는 족장이나 가장들도 상당수 참석한다. 그리고 가까운 친척들이 손에 칼을 들고 외친다.

"내 명예와 가족의 명예가 내가 들고 있는 이 검에 의해 오늘에야 깨끗하게 정화될 것이다!"

그러면 죄를 지은 여인을 끌고나와 땅바닥에 눕힌다. 여자의 아버지, 남자 형제 또는 가까운 친척은 곧 그녀의 머리통을 잘라낸다. 그러고 나서 여자를 처형한 사람은 피로 흥건한 시체 주변을 당당하게 세 차례 걷는다. 그리고 여성의 시신 주변을 돌 때마다 이렇게 한 번씩 외친다.

"아, 이렇게 우리의 명예가 회복되었도다!"

모두가 자신의 손수건에 여자의 피를 적시고 나면, 어떤 감정도 내비치지 않고 그 자리를 떠난다. 시체는 매장되지 않은 채 버려두거나, 여자의 친척들 손에 조각조각 잘려져 도랑에 던져진다.

그러나 처녀의 생명을 구할 수 있는 경우도 종종 있다. 그녀가 끌려나와 죽게 되는 절체절명의 순간, 평소 그녀에게 호의를 갖고 있던

어서 와,
이런 이야기는 처음이지?

누군가가 앞으로 나와 생명을 구해달라고 탄원한다. 방패막이를 자처한 이 사람이 처녀에게 다가가 이렇게 말한다.

"그대의 타락을 후회하는가? 그렇다면 내가 그대의 방패막이 되어주겠소."

이에 대해 그녀가 긍정적인 대답을 한다.

"내가 이런 죄를 다시 저지른다면 제 목을 자를 권리를 그대에게 드리겠습니다."

그러면 남자는 사람들이 보는 앞에서 자신의 옷을 벗고 단언한다. 자신은 그녀가 어떤 죄도 저지르는 것을 본 적이 없으며, 따라서 그녀를 차지하였던 것은 악령임에 틀림없다.

"그러므로 난 그녀를 구원하는 것이다."

이렇게 되면, 모든 상황은 비극적 엄숙함에서 격렬한 기쁨으로 전환된다. 처녀는 가족의 품으로 돌아가고, 제 위치를 되찾는다. 그 후론 누구도 그녀의 과거에 대해 왈가왈부할 수 없다.

여자와 남자의 생명 값

피에롯티는 자신의 저서 『팔레스타인의 풍습과 전통(Customs and Traditions of Palestine)』에서 예루살렘의 수라야 파샤(터키·이집트의 주지사이자 군사령관 – 옮긴이 주)의 건축 기사로 있었을 때, 자신이 목격한 장면을 전하고 있다. 아르메니아 신사 몇 명과 함께 헤브론(요르단 강 서안의 도시, 유대교와 이슬람교의 성지 – 옮긴이 주)을 방문하는 동안, 지역 사회 전체를 흔들어 놓은 사건이 일어났다.

18세의 젊은이가 들판에서 15세의 약혼녀를 만나, 그녀의 동의 없이 입을 맞추려고 하였다. 약혼녀가 그 젊은이의 그릇된 행동을 부모에게 알렸다. 두 가족은 종족도, 사는 지역도 달라서 사실 원수지간이나 마찬가지였다. 청년의 부모가 두 지역 사회의 족장을 통해 사정을 하였지만 아무 소용이 없었다. 젊은이의 부친이 아들을 대신해 간곡히 애원하였다. 그리고 아들의 목숨을 살려주는 대가로, 자신의 전 재산을 포기하겠다는 맹세도 하였다.

소녀의 아버지는 잘못된 행동에 대한 속죄로서 젊은이의 피를 요구하였다. 결국 많은 사람들이 모인 가운데, 아버지가 칼을 뽑아 아들의 머리를 잘랐다. 그는 눈물 한 방울 흘리지 않고 이렇게 말하였다.

"이로써 집안의 모든 오명이 벗겨졌다."

아버지는 이 모든 일을 끝내자마자 이내 정신을 잃고 말았다. 친구들이 정신을 차리게 하였지만, 이미 이성을 잃은 뒤였다. 즉시, 씨족 간의 전쟁이 시작되었다. 젊은이의 죽음을 요구하였던 자들은 이 전쟁에서 목숨을 잃었다.

서구인들에게는 이상하게만 보이는 여성을 죽이는 풍습들은 형식만 다소 바뀌었지, 그 내용은 고대 히브리인들에게 만연하였던 '피의 대가'라는 일반적인 법칙과 일치한다. 어떤 남자가 불운하게도 여

어서 와,
이런 이야기는 처음이지?

자를 죽였다면, 남자가 살해된 경우와 마찬가지로, 죽은 여성의 가족들은 복수를 꾀하게 된다. 그러나 여성의 경우에는 '피의 대가'도 높지 않다. 80달러(현재 가치로 약 2천4백 달러 – 옮긴이 주)가량 되는 2천 피이스트르(이집트, 시리아 등지의 화폐 단위 – 옮긴이 주) 정도에 불과하다. 그리고 그 돈은 주로 여성의 친척들에게 돌아간다.

이때 결혼한 여자의 경우, 남편의 피해는 8백 피이스트르와 비단옷 한 벌로 계산된다. 임신부가 살해된 경우라면, 살인자는 두 사람을 죽인 것과 마찬가지로 처벌된다. 태아가 사내아이면, 성인 남녀가 살해된 것처럼 '피의 대가'가 치러진다. 반면, 딸인 경우에는 보다 적은 금액이 부가된다. 그래서 아버지이자 남편인 남자는, 아이와 살해당한 아내에 대한 대가인 8백 피이스트르를 받는다.

그러나 처녀가 죽임을 당하였을 경우에는, 처녀의 가족은 살인범의 여형제 한 명을 넘겨받아 죽은 처녀의 남자형제의 아내로 삼았다. 이렇게 하기가 불가능하면, 죽은 여성의 목숨 값은 처음에 설명한 대로 80달러 정도로 치러진다.

아랍에서 여성들에게 허락되는 일

아랍인들 사이에는 고대의 '망명 법'과 관련된 아주 신기한 풍습이 존재한다. 피의 대가로 즉각적인 보복을 당할 수 있는 자들이 보호받을 수 있는 권리를 인정한 것이다. 그러나 매복 공격을 당할 가능성이 있어서 때로는 피신하는 것이 한층 더 위험해지기도 한다.

　　마을의 보호 하에 도망자를 안전하게 피신시킬 때에도 도망자는 공격당해 죽을 수 있다. 마을의 도움으로 피신할 경우에는, 통상 도망자에게 여성 두 명의 호위를 붙인다. 아랍인들에게는 여성의 보호를 받는 인간 또는 동물을 공격하거나 해를 끼치면, 명예를 더럽히는 일이기 때문이다.

　　그러나 요즘의 아랍은 적어도 다른 사람들보다는 부인들을 크게 신뢰한다는 점이 로프터스(영국 고고학자-옮긴이 주)가 전한 재미있는 사건으로 설명되기도 한다. 연구에 매진하던 로프터스 측이 일단의 아랍인들에게 공격을 당하였다. 그 후 공격에 가담하였던 인물 몇 명이 체포되어 투옥되었다. 그런데 아랍의 주요 족장 가운데 한 명이

로프터스를 찾아와 친분을 맺고 범인들을 풀어줄 것을 간청하였다.

그러나 그 족장의 요청은 거절되었다. 이후 족장은 로프터스 측에 일격을 가할 계획이었다. 어느 날, 로프터스가 밖을 내다보니 아주 화려하게 의상을 차려입은 족장의 아내들이 눈에 띄었다. 그녀들은 족장과 흑인 환관을 따라 일렬종대로 막사로 다가오고 있었다. 이 미모가 뛰어난 여성들은 막사에 도착하자, 그곳을 에워싸고 기도를 올리기 시작하였다. 족장은 탄원을 들어줄 때까지 이 여인들을 거두지 않겠다고 천명하였다. 이 족장은 서양의 기사도 정신에 호소하여 일을 해결하고 싶었던 것이다.

여성들에게서 야망의 싹도 미리 잘라라

부유한 이슬람 여성들은 최빈곤층과는 달리, 부지런함과는 거리가 멀었다. 12세에서 14세의 어린 나이에 하렘에 들어간 젊은 여자는, 평생 하는 일 없이 육체적 쾌락에만 몰두해야 하였다. 자기 발전이나 높은 수준의 즐거움을 영위할 만한 기회도 거의 없었다. 그들은 먹고, 마시고, 수다 떨고, 자식에게 젖을 먹이고, 싸우고, 모함하고, 늘 그들 주인이 시키는 대로 근근이 비참한 존재로서 살아갔다.

반면에, 시골 지역 여성들은 하렘의 여성들보다 더 자유롭고 남편에 대한 영향력도 크다. 시골에서는 일부다처제도 드물어서, 시골 여성들은 도시 여성들보다 더 높은 대우를 받는다. 농사를 짓는 여성은 부지런히 집이나 밭에서 쓸 만한 일꾼 노릇을 한다. 물건을 사고팔기도 하여, 남편과 살림에 보탬이 되면 종종 남편의 존경을 받는 경우도 있다.

그러나 남편은 가능하면 그런 사실을 남에게 알리고 싶어 하지 않는다. 남들 앞에서는 언제나 거만한 태도를 취한다. 동물에 올라타고 가는 것은 언제나 남자나 어린아이이다. 여자는 머리에 보따리를 이거나, 가슴에 아이를 안고 옆에서 걸어갈 뿐이다. 심지어 때로는 여성이 짐도 이고, 아이를 안은 채 달려가는 모습도 흔한 일이다. 아랍인과 아내가 짐을 지고, 둘 다 걸어가야 하는 경우에는 남자가 더 가벼운 짐을 든다.

여자는 여정이 끝나면 음식을 준비해야 한다. 그녀의 주인은 휴식을 취하며 담배를 핀다. 동양에서 유물 발굴 작업을 하는 사람들은 그곳에서 일하기를 원하는 아랍 소녀들을 자주 만나곤 한다. 이들에 따르면, 소녀들이 몇 시간 동안 바구니에 담아 힘들게 나르는 흙이, 남자들이 나르는 양과 거의 비슷하다고 한다.

아랍 여성들은 대체로 무지 속에서 성장한다. 부모들은 딸들이 교육할 만한 가치가 없다고 생각한다. 사실은 혹시라도 하늘이 남자의 손에 넘겨준 권력을 여성들이 빼앗으려고 하는 야망을 품게 될 것을 우려해서다. 그런 야망이 여성들에게 싹트는 기회를 부여하는 것 자체가 사회질서를 파괴하는 것으로 간주되기 때문이다. 따라서 여성

들은 살림에 대해 깨우칠 일도 거의 없다. 여성의 정신을 자극하는 일도 거의 없어서, 이곳에는 '요람을 흔드는 손'이 세상을 움직일만한 기회도 거의 존재하지 않는다.

아들들은 이와 달리, 사회 질서의 변화를 꾀할 이유가 없기 때문에 어머니에 대해 별 공경하는 마음 없이 성장한다. 남편들은 아내와 이혼을 하고 싶은 경우, 아내에게 집에서 나가라고 명령만 내리면 된다. 남편의 뜻은 곧 법이나 다름없다. 시민 정부는 결혼에 따른 문제를 전혀 인식하지 못하며, 종교 당국은 남편이 자기 집에서 적절하다고 생각하는 대로 처신할 수 있도록 허용하고 있다.

아랍 여성들의 문신과 '헤나' 꽃

아랍 여성들도 남성들처럼 몸에 문신하는 것을 좋아한다. 문신은 원래 종교적인 의미를 담고 있었다. 하지만 요즘은 장신구의 개념으로 하는 경향이 많다. 문신하려는 그림을 먼저 나무토막에 그린 다음, 숯으로 검게 칠한다. 이것을 신체 부위에 새기고 나면, 화약과 황소 담즙으로 만든 잉크를 묻힌 바늘로 피부를 찔러 윤곽을 그린다. 그리고 문신 전체를 포도주에 담그면 지워지지 않는 그림 자국이 남는다.

가난한 사람들도 개인 장신구를 아주 좋아한다. 비싼 것은 아니더라도 쇠줄, 반지, 목걸이, 금실 등을 많이 볼 수 있다. 옷은 남루해도 여러 개의 은반지를 끼고 있는 아랍 여성들이 쉽게 눈에 띈다. 그러나 자기 생활 수준으로는 이런 은 장신구를 할 수 없다면, 철이나 구리, 때로는 유리로 만든 장신구를 하기도 한다.

다양한 색깔의 유리 장신구들이 아랍 여성들에겐 인기가 높은데, 다른 것들을 구입할 형편이 못 되는 경우가 많기 때문이다. 유리로 팔찌도 만들어 자주 착용한다. 유목민들 가운데는 아직도 발찌를 하는 부족들도 있다.

사막의 여인들은 콧구멍 한쪽에 코걸이를 하기도 하여, 나중에는 코가 귀처럼 늘어지기도 한다. 이런 풍습은 다른 동양 지역에도 널리 퍼져 있으며, 특히 집시나 여자 노예처럼 장신구를 많이 달아야 하는 직업을 가진 여자들 사이에서 유행하고 있다. 고대 히브리인들은 실용적인 이유에서 돼지 코에 고리를 달았다. 실제로 오늘날 아랍인들도 콧물이 잘 마르도록 말, 노새, 당나귀에게 코걸이를 해주고 있다. 하지만 아랍 여성들이 하는 코걸이의 아름다움이나 용도가 무엇인지는 확실히 알 수가 없다.

아랍의 상류층 여성들은 대체로 머리를 길게 기른다. 보통은 목까지 내려오는 머리카락을 유색 리본으로 묶는다. 빈곤하고 다소 청결하지 않은 사람들도 헝클어지고 불결한 머리를 길게 기르는 편이다. 남자들이 자기 수염을 중요하게 여기는 것은, 여자들이 자기 머리채를 중요하게 여기는 정도를 뛰어넘기도 한다. 여성들은 '헤나'라는

관목에서 피는 꽃을 가장 좋아한다. 동양 여성들이 피부나 손톱에 화장품으로 애용하는 염료가 바로 이 식물에서 나오고 있다. 준비 과정은 이렇다.

"관목의 어린잎을 물에 삶아 햇볕에 말리면, 어두운 오렌지색 가루가 된다. 이 가루를 따뜻한 물과 섞은 다음, 피부에 바른다."

헤나는 아주 오래 전부터 사용되었다. 여성이 자기 몸에 그리는 작업을 마치면, 마치 제물의 피로 물든 뱀파이어처럼 보인다고 표현하였던 사람도 있다. 그러나 아름답고 향이 진한 '헤나' 꽃은 알록달록한 포도송이처럼 보인다. 활짝 핀 헤나 꽃을 머리에 꽂기도 하고, 집을 장식하기도 한다. 헤나는 꽃향기가 진해서, 지저분하고 불결한 집에서 나는 나쁜 냄새를 없애주기 때문이다.

여섯 번째 발자국

남편은 아내와 함께 걷지 않는다

동양 여성들과 관련한 풍습이 대개 그렇듯, 말을 타는 여성은 남자처럼 다리를 벌리고 타기 때문에 서양인의 눈에는 그리 아름답게 보이지 않는다. 다리를 벌리고 노새를 탄 아랍 여성을 로프터스는 이렇게 묘사하였다.

"주름이 풍부하게 잡힌 푸른색 면으로 감싼 얼굴(코란의 엄격한 규율에 따라)을 걷거나 흰 복면 아래 감추고, 넓적한 노란색 부츠로 감싼 발을 차례대로 같은 색 등자에 찔러 넣은 채, 무릎은 턱에 닿을 정도이고, 양손으로는 노새의 빈약한 갈기를 붙들고 있다. 이런 동양 여성은 상상할 수 있는 한, 가장 세련되지도 매력적이지도 않다."

이슬람교도들은 길을 걸을 때 아내와 함께 걷지 않는다. 또 공공장소에서 아내나 다른 어떤 여성과도 함께 있지 않는다. 남편과 아내가 동시에 어떤 곳에 가야 할 경우가 생기면, 남편이 먼저 앞장서고 아내는 그 뒤를 따른다. 제섭(미국인 선교사 – 옮긴이 주)은 『아랍의 여성들(The Women of the Arabs)』에서 한 시리아 사람이, 남들 앞에서 남자들이 여성들과 함께 걷는 것을 꺼리는 그 사정을 이렇게 설명한다.

"당신네 서양의 남자들은 남들이 있는 데서 아내와 함께 걸어도 된다. 왜냐하면 아내들이 얼굴을 가리고 있지 않기

어서 와,
이런 이야기는 처음이지?

때문이다. 남들은 그 여자가 당신네 아내라는 사실을 다 알고 있다. 그러나 우리 아내들은 얼굴을 가리고 있다. 그래서 내가 아내와 거리를 돌아다니면, 나와 함께 걷는 여자가 내 아내인지 다른 사람의 아내인지 아무도 구별하지 못한다. 점잖은 남자라면 그런 당황스런 일을 자처하지는 않을 것이다."

한편, 이슬람교도들은 가족에 대한 안부를 서로 물을 일이 있을 때, 사내아이들과 가축 얘기를 항상 먼저 꺼낸다. 그리고 아내 이야기는 가장 나중에 한다. 고대 아랍인들은 여아의 탄생을 집안에 거의 재난이 닥친 것으로 인식해서, 여자 아기는 살아남지 못하기도 하였다. 젖먹이 여자 아기를 산 채로 묻어버리는 끔찍한 관습도 있었다. 이런 관습은 살림이 넉넉지 않으면 딸을 키우길 꺼려하였기 때문이다.

뿐만 아니라, 딸을 낳은 수치심과 부족 내 원수들에게 당할 모욕을 우려하는 짐승 같은 자부심, 혹은 잘못된 명예심 때문이었던 것 같다. 그러나 아들의 탄생은 대단한 경사로 받아들였다.

이에 반해, 요즘 아랍인들의 딸들은 겉으로 보기에는 애정이 부족한 것처럼 보이기는 해도, 대개 많은 보살핌 속에 성장한다. 딸들은 농사도 잘 돕고, 결혼 적령기가 되면 팔려고 내놓기도 한다. 그들의 시가(市價)는 그들이 속한 계층, 재산, 또는 미모로 결정된다.

'상업적 거래'인 결혼에 관하여

아랍인들에게 결혼은 사랑의 결실이 아니라, 단순히 '상업적 거래'일 뿐이다. 120달러 정도 되는 3천 피아스트르는 아내를 사기에 좋은 가격으로 간주된다. 일반적으로 평범한 여자들은 이보다 못한 가격으로 팔린다. 젊은 남자의 아버지가 돈을 지불하며, 그의 재산에 따라 지불할 금액이 어느 정도 결정된다. 친척과 친한 친구들의 도움을 받기도 하지만, 모든 주선은 젊은 남녀의 부모들이 결정한다.

당연히 협상할 일도 많고 지연되는 일도 많이 발생한다. 최종 합의된 총 금액이 일괄 지불되지 않을 경우, 제1당사자인 아버지와 제2당사자들인 친척들이나 친구들이 할부금의 액수와 횟수를 결정한다. 마지막 할부금을 지불하고 나서야, 남자 측은 신부에 대한 권리를 주장할 수 있다. 다음에는 일, 주, 월, 년 등 결혼식 날짜를 미리 정한다. 마침내 결혼식이 끝나면, 잔치를 좋아하는 아랍인들은 마음껏 즐길 좋은 기회를 얻게 된다. 며칠 동안 이어지는 즐거운 축제를 마치면, 이 젊은 부부는 실제 부부들이 겪는 가혹한 현실에 직면한다.

아랍에는 결혼식을 할 때와 아이가 태어날 때 부르는 민요가 많다. 이 책에서 인용하고 있는 일부 민요에는 육체적인 아름다움과 여성의 덕목, 그리고 아내와 어머니들의 바람직한 자질에 대한 아랍 여성들의 생각이 드러나 있다. 여기 신부에게 불러주는 노래 한 곡을 소개한다.

어서 와,
이런 이야기는 처음이지?

가거라 그대여, 그대의 운명이 그대를 이끄는 곳으로, 오 아름다운 신부여!
양탄자를 조심스레 밟고서.
당신 배우자가 그대에게 말을 건다면, 그대는 뭐라고 대답할까요?
그에게 당신은 그의 것이고, 당신은 그를 사랑하며, 그는 당신의 빛이라고 하세요.

다시, 그들이 노래한다.

그럼요, 그녀를 환영해요!
눈이 아름답게 반짝이는 그녀의 도착을 환호로 맞이합시다.
그녀의 자태는 우아하고, 키가 어린 종려나무만큼 크니,
의자 없이도 창문을 닫을 수 있겠네요!

아랍인들은 어머니가 되는 것을 크게 기뻐하는데, 무엇보다 아들을 낳았을 때 더 기뻐한다. 여성들은 이렇게 노래한다.

보라, 아내가 아이를 낳았도다.
그녀가 휴식을 취하고, 잠을 자던 침대에서 일어났다!
그녀가 세상에 아이를 데려왔구나, 가장 아름다운 사내아이를
그는 검을 갖고 노는 방법을 배울 것이다.

어떤 슬픔도 아픔도 그대에게 오지 않을 것이니, 그대에게 아들이 있다면.
신이 아들을 그대에게 주실 것이다. 그가 그대를 기쁘게 할 것이니 나라 전체에서 공경 받고 명예를 얻을 것이다.
그대는 가젤처럼 승산이 있구나.

노래의 구절 사이에는 노래 부르지 않는 여성들이 후렴을 반복한다.

　라, 라, 라, 라 ……

후렴은 노래에 실린 정서에 대한 공감의 표시다.

일곱 번째 발자국

그 이유가 무엇이든,
남편의 말 한 마디에 따라

아랍인들은 생명의 신비에 대한 깊은 경외심을 품고 있기 때문에, 출산을 하는 여성들에게 별도의 천막이나 오두막을 내준다. 여성들은 출산을 한 이후에도 한동안은 그곳에 머물러야 한다. 이런 별거 기간에 산모나 그녀의 소지품을 보거나 만지면, 어떤 좋지 않은 일이 생길 수도 있다는 강한 미신이 있다.

아랍인들은 자녀의 이름을 지을 때, 성은 빼고 이름만 지었다. 그런데 아버지의 이름에 자녀의 이름을 덧붙이는 경우가 많았다. 하지만 때로는 어머니의 이름에 붙이기도 하였다. 그런 경우에는, 어머니가 아버지보다 나이가 많을 가능성이 높다. 옛날에는 어머니의 이름에 자녀의 이름을 붙이는 것이 아랍인들의 보편적 풍습이었다고 생각하는 민족 학자들이 많다. 정확한 시기를 이야기하자면, 일처다부제가 성행하였던 시절이다. 당시에는 여성들이 여러 남편을 거느리는 관습이 있었다. 다만, 남편들이 부족의 공동 재산이 아닐 경우에 한해서였다.

고대 아랍인들의 유목생활은 진정한 유목민이든, 천막에서 거주하는 사람이든, 요즘 아랍인들에게 여전히 영향을 미치고 있다. 이 사막의 유목민들은 농사에 종사하는 아랍인들을 경멸한다. A. H. 킨(아일랜드의 언론인이자 언어 학자 - 옮긴이 주) 박사는 융케르(러시아의 아프리카 탐험가 - 옮긴이 주)의 말을 인용하여, 이런 편견에 대해 다음과 같은 증거를 제시한다.

"같은 부족사람들 눈으로 보면, 아무리 미천한 유목민이라 하더라도 부유한 부르주아 딸과 결혼하는 것은 수모나 다름없었다."

그러나 그는 이렇게도 덧붙인다.

"궁핍 앞에는 법도 없고, 허기는 괴롭기 마련이다. 따라서 이 자부심 강하고 고집스런 자들도 기꺼이, 고독하지만 자유롭던 생활을 접고, 적어도 일 년에 몇 개월 동안만은 농사일을 한다."

부인은 남편과 함께 식사를 할 수 없다

아랍인들은 환대를 잘하는 민족으로 널리 알려져 있다. 이방인이 아랍 가족과 식사를 한 번 하게 되면, 그는 이제 친구다. 정확하게 말하면, 음식이 그의 몸에 일부인 채 남아있다고 생각하는 한 그렇다. 그러나 가부장적인 생각이 남아있어서, 남자는 자기 집의 절대적인 주인이다. 따라서 불평등한 남녀관계가 가장 두드러진 곳이 바로 가정이다.

이슬람교 아내는 남자 손님이 있는 경우, 절대 남편과 함께 앉아 식사하지 않는다. 남편이 아주 엄격하고 격식을 갖추는 습관이 있다면, 손님이 없을 때도 부인은 그녀의 주인과 함께 식사할 수 없다. 그녀는 기꺼이 남편의 식사 시중을 든다. 집의 주인인 남편이 휴식을 끝내면, 나머지 식구들에게도 남은 음식을 나눠주도록 허락받는다.

남편이 이기적으로 굴려고 이렇게 하는 게 아니라, 아득한 옛날부터 성행해 온 풍습에 따라 여성에게는 당연히 열등한 지위가 주어지기 때문이다. 그리고 아랍인들은 손님에게 식사를 대접하지 않고 그냥 보내는 경우가 없다. 최빈곤층 가정에서조차 이슬람교도들은 손님에게 한 잔의 블랙커피라도 대접한다. 때로는 담배를 내놓기도 한다.

일부다처제는 고대 아라비아에서 보편적인 관습이었다. 초기 시대에는 모든 남자는 자신이 보살필 수 있는 만큼 많은 아내를 맞이하였을 것이다. 아내의 위치는 오로지 남편의 손에 달려 있었다. 가족 소유물이 곧 남편의 재산이었고, 남편이 사망하면 남은 아내는 재산의 일부로 간주되었다. 심지어 어머니와 양아들과의 결합도 드문 일은 아니었다. 그러나 마호메트는 이를 '수치스러운 결혼' 가운데 하나로 보았다.

그녀들의 정원은 아름다운 감옥에 불과하다

윌리엄 뮤어(스코틀랜드 출신의 동양 학자 – 옮긴이 주) 경은 자신의 저서『초기 칼리프 연대기(Annals of the Early Caliphate)』에서 이렇게 적고 있다.

"일부다처제와 은밀한 축첩(蓄妾)은 여전히 특권이거나, 아니면 이슬람교의 저주이다. 그것은 뿌리를 갉아먹는 벌레이며, 몰락의 비밀이다. 이런 것들로 가족 관계에 치명적인 금이 가고, 가족 관계의 순수성과 미덕이 약해진다. 그 결과, 지배층은 힘을 잃는다. 그리하여 국가는 약화되어 음모가 난무하게 된다. 그러면 왕위는 그 자질이 의심스럽거나 논란이 많은 후계자에게 넘어가기 쉽다."

뮤어 경은 또 이렇게도 말한다.

"이혼의 영향도 해로운 것은 매한가지다. 이혼은 그 이유가 무엇이든, 아무 설명 없이 남편의 말 한마디와 의지에 따라 실행되기도 한다. 이혼은 '다모클레스의 칼(신변에 언제 닥칠지 모를 위험을 말하는 속담 – 옮긴이 주)'처럼 모든 식구를 위기로 몰아넣을 뿐만 아니라, 전체적으로는 사회 풍조에도 영향을 미친다. 이혼을 실제로 하지는 않아도, 이혼은 곳곳에 항상 존재하며 부부관계를 약화시킨다. 그리하여 이혼은 결국 여성의 존엄과 자존심을 손상시키는 등 잠재적인 영향을 미칠 수밖에 없다."

마호메트는 진정한 남녀관계를 철저하게 외면하였다. 그리하여 이슬람교의 여성들은 위상이 낮아지고, 이슬람 사회 전체가 완벽한 파국을 맞이하게 된 것이다. 사회를 형성하기도 하고, 파괴하기도 하는 사람이 바로 여성이기 때문이다. 여성은 아치형 건물의 상부를 이루는 쐐기돌이지, 하찮은 나무 막대기가 아니다.

마호메트의 여성관은 알제리, 튀니지, 모로코, 인도, 오스만 제국, 등에는 무척 보편적인 것이었다. 그리고 마호메트가 지배하였던, 보다 작은 지역 등에 있는 이슬람교 신도들 사이에서도 역시 당연한 것이었다. 물론 이런 여성관에서 비롯된 풍습들은 여러 민족들 사이에서 변화를 겪었다.

가령, 무어인들은 스페인 사람들과 섞임으로써, 결과적으로 여성들을 좀 더 높이 평가하게 되었다. 그런데도 여성은 동반자가 아닌, 멋대로 갖고 놀거나 자의(自意)가 없는 금박을 입힌 노리개, 장식품 따위에 불과하다. 무어인들의 상류층 여성들은 아직도 엄격하게 고립된 생활을 한다. 그녀들은 자수를 놓거나, 벽걸이 직물을 짜는 일 외에는 특별히 하는 일 없이 지낸다.

오직 활짝 핀 꽃들로 향기로운 정원만이 그녀들의 기쁨이다. 그녀의 귀에는 끊임없이 퐁퐁거리며 올라오는 분수 소리만 음악처럼 들릴 뿐이다. 그것만으로도 그녀의 모든 육체적 욕구는 충족된다. 그러나 이러한 모든 것은 그녀의 본성을 몽롱하게 하고, 게으른 습관으로 이어지도록 한다. 또 여성들의 행동들은 마호메트의 규율로 구속된다. 결국, 그녀들의 정원은 아름다운 감옥에 불과하다.

마호메트는 사회적 또는 종교적 차원에서 여성을 남성보다 훨씬 열등한 위치에 놓는 것으로, 여성을 비하하였다. 그뿐만 아니라, 사회를 발전시키고, 국가를 강성하게 만드는 초석인 건강한 가족관계를 훼손하였다. 비록 그 가족관계를 완전히 파괴하지는 않았지만 말이다.

어서 와,
이런 이야기는 처음이지?

Oriental Women

Part 10
터키에도 여성들이 살았다네

몽상가, 오스만의 이야기

셀주크 왕조의 폐허를 딛고, 오스만 1세가 건국한 터키 제국이 탄생하였다. 오스만 1세는 기량이 뛰어났던 유목 족장이었으며, 오스만 제국은 그의 이름에서 유래되었다. 오스만 1세의 생애와 관련한, 아주 초기 이야기 중에는 사랑 이야기도 담겨있다. 오스만은 담대한 전사였다. 뿐만 아니라, 용감한 연인이었으며 히브리의 젊은 요셉처럼 몽상가이기도 하였다.

작은 잇부르니 마을에 귀족 혈통의 에데발리라는 박식한 법학자가 살았다. 오스만이 에데발리와의 대화를 좋아한 까닭은, 에데발리가 인격이 뛰어났던 것은 물론 그에게 아름다운 딸이 있었기 때문이라고 한다. 아름다운 외모 때문에 그녀를 '환한 달빛'이라는 뜻의 카마리야로 부르는 사람들도 많았다. 하지만 대다수 사람들은 그녀의 유쾌한 성격 때문에 '보석 같은 숙녀'라는 뜻의 말하툼으로 불렀다.

그러나 에데발리는 오스만의 접근을 달가워하지 않았다. 오스만이 아직 '명성을 얻지' 못하여, 이웃 왕자들에게 권위를 인정받지 못한 상태였기 때문이다. 다행히 때마침 오스만은 자신의 구혼이 결실을 맺는 데 유리하게 작용하였던 꿈(동양인들은 꿈에 강한 효력이 있다고 믿었다고 함)을 꾸었다. 결과적으로 이 꿈은 오스만의 구혼이 결실을 맺는 데 유리하게 작용하였다. 꿈의 내용은 이렇다.

어느 날 밤, 오스만이 스승과 함께 바닥에서 쉬고 있었다. 그런데 에데발리의 가슴에서 둥그런 달이 떠올라 오스만의 가슴에 내려앉았다. 그러고 나서는 오스만의 허리에서 나무 한 그루가 뻗어 나와 점점 크게 자라나더니, 온 땅과 바다를 나뭇가지로 뒤덮었다.

뒤덮은 나무 아래로 높게 들어선 웅장한 카프카스 산맥, 아틀라스 산맥, 타우루스 산맥, 헤무스 산맥은 네 개의 거대한 천막 기둥처럼 잎이 무성한 둥근 아치를 떠받쳤다. 그 옆으로는 위풍당당한 나일 강, 다뉴브 강, 티그리스 강, 유프라테스 강이 흘렀다.

배들이 바다 위를 주름잡았고, 곡식들은 들판 위에서 춤을 추고, 장미, 사이프러스, 다양한 꽃과 열매들이 눈을 행복하게 하였다. 나뭇가지 위에선 새들이 즐겁게 노래하였다. 도시들이 벌떡 일어나 나무가 우거진 녹색 지붕을 세웠다. 나무들도 우거진 녹색 지붕을 향해 달려들어 돔과 뾰족탑을 세웠다. 사원과 오벨리스크, 탑과 성벽이 머리를 높이 쳐들었고, 그 꼭대기에서는 금빛 초승달이 환하게 빛나고 있었다.

오스만이 바라본 순간, 거대한 바람이 일어 초승달은 콘스탄틴 꼭대기에 부딪치고 말았다. 두 바다와 두 대륙이 만나는 곳에 위치한

이 제국의 도시는, 황제가 끼는 반지의 중앙에 박힌 보석, 즉 사파이어와 에메랄드 사이에 있는 빛나는 다이아몬드 같았다. 오스만이 그 눈부신 반지를 손에 끼려는 순간 잠에서 깼다.

신기한 이 꿈 이야기는 아름다운 말하툼의 아버지에게까지 전해졌다. 에데발리는 이 이야기를 듣고, 운명의 여신이 오스만을 장차 위대한 왕으로 선택하였음을 확신하게 된다. 이 광활한 영토를 지배할 인물이 바로 오스만이라고 말이다. 그리하여 달을 닮은 처녀는 에르토으룰의 아들인 운명의 정복자, 오스만에게 봉헌되었다.

아라비아와 페르시아 문학과 관계가 있는 터키 문학

오스만과 관련된 또 다른 이야기가 있다. 이 이야기 속에는 터키 여성에 대한 흥미로운 부분이 담겨있기도 하다. 오스만은 수많은 자신의 정적이 무장을 한 채, 1299년 빌레지크에서 열리는 어떤 결혼식에 참석할 예정이란 것을 알았다. 적들이 오스만을 함정에 빠뜨려 살해하려고 모의한 행사였다. 음모를 알아차린 오스만은 이 결혼식 연회에 오스만 부족 여성들 40명이 참석할 자리를 확보하였다.

모든 참석자가 한 시간 가량의 예식에 정신이 팔려 있는 순간, 놀라운 일이 벌어졌다. 앉아 있던 마흔 명의 오스만 부족 여성들이 입고 있던 옷을 내던져버리고, 마흔 명의 건장한 전사들로 변신하였던 것이다. 이 전사들은 예식장 전체를 장악하였을 뿐만 아니라, 아름다운 처녀의 혼례식도 계속 진행되도록 결혼식장을 지켰다. 신부는 젊은 그리스 아가씨로 '수련 꽃'이란 뜻의 '네누파르'로 불렸다. 그녀는 이후 무라드 1세의 어머니가 되었다. 오스만은 이제 눈사태가 덮치듯 자신의 정적과 그들의 영토를 덮쳐, 올림푸스 산까지 지배력을 확장시켰다.

터키의 문명, 종교, 문학, 법, 풍속과 관습 대부분은 아라비아와 페르시아 덕분이다. 타타르족을 바탕으로 출발한 터키인의 삶은, 주로 종교와 문학의 영향을 받으며 형성되었다. 종교는 대부분 아라비아의 영향을 받았고, 문학은 페르시아의 영향이 컸다는 사실은 틀림이 없다. 종교와 문학은 분명 이상적인 여성관 형성에 가장 실질적인 영향을 미쳤을 것이다. 어떤 민족에서든 여성관을 발전시키는 데는 종교와 문학의 역할이 크다. 따라서 터키 나름의 삶이 탄생한 유래를 알기 위해서는, 페르시아와 아라비아의 고대 국가들에 꽃피웠던 문학을 살펴볼 필요가 있다.

터키 문학이 아라비아와 페르시아 문학과 관계가 있다는 것을 기억해 보자. 그러면 터키 문학에서 여성들이 적지 않은 위치를 차지할 것이란 점을 어렵지 않게 추정할 수 있다. 터키 제국에서는 서로 다른 문어(文語)가 25개나 사용되고 있다. 하지만 문학 언어는 타타르 고유의 언어와, 강력한 페르시아와 아라비아적인 요소들로 이루어진

산물이다

터키 문학을 구성하는 낭만적 소재의 상당 부분은 위대한 페르시아의 서사시 『샤흐나마』 같은 초기 이야기에서 따온 것이다. '라일라와 마즈눈'의 사랑 이야기는 터키 문학에 깊은 인상을 남겼다. 터키의 위대한 시인 가운데 한 명인 바그다드의 푸줄리는, 고대 페르시아 전설에 등장하는 이 두 주인공의 강렬한 사랑을 재탄생시켰다. 또한 터키 문학에 가잘(이행연구(二行連句)로 이루어지는 아라비아나 페르시아의 서정시형 – 옮긴이 주) 형식을 도입하여, 정숙한 여인에 대한 애정을 동양 특유의 열정으로 담아내고 있다.

터키의 여류 시인들

페르시아의 숙녀 라일라는 일평생 터키의 문학계에서 '빛나는 별'로 칭송 되었고, 터키인들의 조국애를 불러일으키는 데 커다란 기여를 하였던 케 말 베이의 작품에도 등장한다. 터키 문단에서 높은 평가를 받는 베이는, 시인으로서의 소질을 지닌 터키의 전사와 페르시아 공주가 중요 인물로 등장하는 『제즈미(Tzesmi)』 같은 소소한 소설을 집필하기도 하였다.

'파티마의 사랑', '자이다의 사랑', '자이다의 변 덕', '자이다의 애통', '구할라의 사랑' 등과 같이, 무 어족에서 가져온 수많은 연가(戀歌)는 높은 평가를 받는다. 뿐만 아니라, 터키 문학에도 커다란 영향을 미쳤다. 또한, '제프리의 신부처럼(Zefri's Bride)'과 같은 무어족의 사랑 이야기도 많다.

따라서 터키인들의 시에서는 사랑과 여성적 매력이 숨 쉬고 있다. 특히 갈리브의 '미와 사랑(Beauty and Love)'은 터키인의 천재성을 엿 볼 수 있는 최고의 작품 가운데 하나로 손꼽힌다.

그러나 터키의 연시를 읽을 때는 일반적 현상은 아닐지라도, 비유

나 신비롭다는 의미에서 감각적인 느낌이 나는 듯하다. 심지어는 관능적인 노래나 사랑처럼 보이는 호흡이 종종 등장한다는 점도 기억해야 한다. 신(神)이란, 마음으로 갈망하는 아름다운 존재다. 만일 신이 베일을 벗은 모습을 구혼자가 보게 된다면, 신의 완벽한 아름다움이 그 숭배자에게 드러나기도 한다.

그러므로 인간은 신(神)의 연인이다. 길게 땋은 머리는 신성을 드러내는 신비이며, 루비 같은 입술은 신의 말을 갈구한다. 포도주는 신의 사랑이며, 산들바람은 신의 정신이 담긴 숨결이다. 그런데도 수많은 터키 시들은 아랍과 페르시아의 시와 마찬가지로, 도덕적 수준이 낮은 인간적 정열을 읊고 있다. 또한 보다 감성적 본성 속에 담겨 있는 윤리 의식에 등을 돌리는 있다는 점은 반박의 여지가 없는 현상이다.

'오스만의 사포'로 불린 터키의 여류 시인

터키 여성들 중에는 유명한 시인들도 있다. 터키의 여류 문인으로 특히 유명한 사람으로는 파티마 알리를 빼놓을 수 없다. 그녀는 오스만 제국의 역사를 편찬한 국가사료편찬 위원이었던 드제프데트 파차의 딸이다. 터키 여성들은 파티마 알리에게서 자신들을 지지하는 가장 듬직한 옹호자의 모습을 느낄 것이다.

제이넵 에펜디는 정복자 모하메드(모하메드 2세) 시절의 왕가 여류 시인이었다. 그녀는 주인공의 위업을 찬란히 빛나는 시구(詩句) 속에 담았다. 미르히 하눔 역시 뛰어난 여류 시인이었다. 그녀는 부유한 고관집 딸로 태어났다. 하지만 불행하게도 그녀가 사랑하였던 사람은 그녀의 열정에 응답하지 않았다. 결국 그녀는 처녀성을 맹세한 자신의 젊은 날을 노래하였으며, 평생 독신으로 살아갈 것을 상징하는 호박(琥珀) 목걸이를 하였다.

1707년 타계한 시디(Sidi) 역시, 유명한 여류 시인이다. 그녀는 '보는 즐거움(Pleasures of Sight)'과 '긴 의자(The Divan)'를 썼다.

'오스만의 사포(기원전 600년경의 그리스 여류 시인, 동성애자였다고 함 – 옮긴이 주)'로 불린 미르히는 사랑의 열정이 충만한 도시, 아마시야의 여류 시인이다. 미르히는 사랑한 대상을 소재로 대담하게 노래하였지만, 그녀의 도덕성을 의심하거나 재능을 비하하는 일은 결코 없었다.

그러나 터키 여성들은 페르시아의 문학적 영향보다는 아랍의 종교적 영향을 더 많이 받았다. 마호메트 이전에는 여러 아라비아 부족 사이에서 일부다처제가 성행하였다. 마호메트는 그러한 혼돈에서 질서를 만들어냈으며, 하렘은 명백한 법과 규율을 갖춘 어느 정도 확고한 제도로 확립되었다. 따라서 여성은 어쩌다 이른 나이에 자기의 신분을 깨닫게 되는 처지가 되고 말았다.

그러나 마호메트가 자신의 여성에 대한 태도와 그 기저를 이루는

여성관이 흔들렸던 것은 분명하였던 것 같다. 코란에서 남녀 사이의 어떤 평등에 대해 이렇게 언급하고 있기 때문이다.

"여성들은 남편들이 공정하게 아내를 대해야 하듯 그렇게 남편을 대해야 한다."

마호메트는 다시 이렇게 말하였다.

"그대 남자들은 네 아내들에 대한 권리를 지니며, 네 아내들 또한 그대들에 대한 권리가 있다."

이것이야말로 남편과 아내, 서로에게 좋은 일이 아닐 수 없다. 그런데도 마호메트는 이렇게도 주장하였다.

"여자는 밭이나 다름없다. 즉, 남편이 적절하다고 생각하는 대로 사용하거나 남용해도 되는 일종의 재산이다. 낙원에서 여성의 행복은 남편 발밑에 있다."

터키 여성들의 매력에 푹 빠진 아랍의 남자들

상업적 측면에서 보면, 여자아이가 남자아이보다 가치가 더 나갔다. 여자아이는 팔거나 아내로 삼을 수도 있으며, 아마 이슬람교로 개종도 가능하였기 때문일 것이다.

터키 노예 여성이 잡혀서 아랍 족장의 손에 넘어가면, 맨 처음 그의 눈에 띄었던 점은 사실상 그 여성의 육체적 아름다움이었다. 검은 눈을 지닌 지극히 매력적인 이런 노예들은 결국 자신들을 잡아온 아랍의 남자들을 사로잡았다. 그리하여 마침내 터키인들은 아랍의 주인이 되었을 뿐만 아니라, 아라비아 종교와 문명의 가장 열렬한 주창자가 되었다.

터키인들이 지닌 여성관은 아랍인에게서 받아들인 것이 많았다. 여성을 주로 육체적 우수성에 따라 평가한 아랍인들은, 다음과 같이 각각 '네 개의 항목'에 대한 여덟 가지 기준을 마련하였다.

"여성은 머리카락, 눈썹, 속눈썹, 검은 눈동자가 검어야 한다. 피부, 흰자위, 치아, 다리는 희어야 한다. 혀, 입술, 볼, 잇몸은 붉어야 한다. 머리, 목, 팔뚝, 발목은 둥글어야 한다. 등, 손가락, 팔, 다리는 길어야 한다. 이마, 눈, 가슴, 엉덩이는 넓어야 한다. 등 아랫부분, 허벅지, 종아리, 무릎은 굵어야 한다. 귀, 유방, 손, 발은 작아야 한다."

마호메트가 모든 이슬람 신도들에게 네 명의 아내를 허락하였기에, 마호메트의 충직한 추종자인 술탄은 정식 아내를 네 명까지 둘 수 있었다. 하지만 이 여성들 외에도 왕은 자신이 원하는 만큼의 아내를 비공식적으로 둘 수 있었다. 왕이 총애한 이 네 명의 아내를 '카딘'이라 한다. 첫 부인 배치 카딘은 '나라의 영부인'이며, 다음은 스킨디이 카딘, 즉 '두 번째 부인'이다. 다음은 '가운데 부인'이란 의미의 아르타니에 카딘이고, 마지막으로는 쿳추크 카딘, 즉 '작은 부인'이 있다. 카딘이 아들을 낳으면 하세키-술탄(왕자)으로 불리며, 딸이 태어나면 하세키-카딘(공주)으로 불린다.

재위에 있는 술탄의 어머니는 왕실에서 언제나 높은 위치를 차지하기 마련이다. 하지만 그것은 그녀가 군주의 어머니였기 때문이 아니다. 술탄의 정실부인 네 명도 왕실의 다른 여성들과 마찬가지로 왕실 법도에 따라, '왕실 여관장(女官長)에서부터 설거지 여종의 비천한 일까지' 궁중 생활을 모두 빠짐없이 겪어야 하였기 때문이다.

따라서 '발리데-술탄'이라 불린 왕의 어머니는 대개 일부일처제 군주의 아내에 버금가는 지위를 누린다. 술탄의 어머니가 사망하면, 그의 수양어머니가 이 막강한 자리를 대신한다. 술탄의 수양어머니는 높은 위치에서 상당히 보수적으로 행동하며, 하렘의 품위와 경제 상태를 면밀히 살폈다.

발리데는 간혹 '태취-울-메스토우라트'라고도 불렸는데, 이는 '베일을 쓴 여자들의 왕관'이라는 의미였다. 이는 발리데가 마호메트의 교리에 따라 한결같이 베일을 쓰는 모든 이슬람교 여성의 여왕이란 의미다. 발리데는 매우 지엄한 자리에 속한다. 어떤 여성도, 심지어는 하세키-술탄도 부르기 전에는 발리데 앞에 감히 나설 수가 없을 정도였다. 그녀 앞에 나서는 여성들은 모두가 궁중 의상을 완벽하게 갖춰 입어야 하였다. 또한 날씨에 상관없이 외투는 입지 말아야 한다. 발리데가 출궁할 경우에는 술탄에 준하는 의장병이 따랐다.

여전히 지켜지고 있는 고대 관습에 따라, 발리데는 1년에 한 번씩 쿠르반 바이람이 열리는 밤에 열두 살짜리 노예 소녀를 술탄에게 바쳐야 한다. 노예 소녀는 곧바로 할렘의 일원이 되며, 여성이 터키 궁중에서 오를 수 있는 최고의 자리까지 갈 수 있다. 그러나 이제는 통상, 이 어린 소녀들은 스쿠타리(Scutari)에 있는 학교에 보내져 교육을 받는다. 이 학교는 술탄이 이슬람 여성들의 고등교육을 위해 설립한 곳이다. 그래서 지금은 지참금을 갖고 궁중 관료나 술탄 집안의 사람과 결혼하는 어린 소녀들이 늘어나고 있다.

술탄과 그의 부인들

술탄에게는 결혼에 관한 한, 일반인들과는 다른 특권이 부여된다. 술탄은 자신이 적절하다고 생각할 경우, 기독교인이나 유대인과도 결혼할 수도 있다. 이렇게 결혼하는 여성들은 특별한 예외가 있긴 하지만, 대체로 이슬람교로 개종한다.

오르한의 아내 테오도르는 그리스인 기독교도로, 자기 조상의 종교를 고집스레 지켰던 인물로 유명하다. 그러나 오르한은 술탄 모하메드 2세와는 성격이 달랐다. 모하메드 2세는 아름다운 자신의 아내 아이린을 사랑하였지만, 그녀는 자기 종교를 버리지 않았다고 한다.

이슬람의 사제들은 마호메트의 종교를 받아들이지 않는 여자를 사랑한다는 이유로, 술탄 모하메드 2세를 호되게 비난하였다. 모하메드에게는 너무 가혹한 일이었다. 그러던 어느 날, 사제들이 왕궁의 한 장소에 모두 모였다. 이곳에는 눈부시게 하얀 베일로 신분을 감춘 아이린도 있었다. 술탄이 매우 엄숙하게 한 손으로 아이린의 베일을 들추

자, 참석한 모든 이에게 이 젊은 여인의 빼어난 미모가 드러났다. 그러자 술탄이 말하였다.

"그대들이여, 이 여인을 보라! 그녀는 그대들이 지금껏 보아왔던 그 어떤 여인보다 아름답다. 그대들이 꿈꾸는 천국의 미녀들보다 더 아름답다!"

술탄은 이렇게 말하며 이 불행한 여인의 길고 긴 금빛 머리타래를 움켜쥐더니, 손가락에 휘감고는 날카로운 언월도로 그녀의 목을 단칼에 베어버렸다.

터키의 통치자, 술탄의 결혼식

왕족의 피가 흐르는 아가씨에게도 자신의 이름 앞에 '술탄'이라는 호칭을 붙일 권리가 있었다. 설사 그녀가 황족이 아닌 신하와 결혼한다 하더라도, 술탄이라 불리는 것은 그녀의 특권인 것이다. 또한 왕가의 혈통이라는 점은 항상 인정받아 남편이라도 아내의 허락 없이는 그녀 앞에 앉지 못하였다.

터키 군주들은 대개 동양에서 성행하였던 외교혼의 가치를 다른 시각으로 바라봤다. 정치적 관계는 왕실 사이에서 결혼으로 맺어지고 강화되는 게 일반적이었다. 그러나 터키에서는 법에 준하는 관습에 따라, 술탄이 구속받지 않는 자유로운 여성과 결혼하는 것을 금하

였다. 즉, 터키 상류층 가문 출신이나 외국 왕실의 공주와의 결혼을 금한 것이다. 어떤 정치적 관계나 혈족 관계로 최고 권력자의 공명정대한 정신이 훼손되는 것을 막기 위해서였다.

이렇게 하면, 왕은 계급으로 볼 때 모든 백성의 위에 존재하게 된다. 하지만 출생으로 따지면, 적어도 자신을 낳은 어머니로 인해 열등한 위치에 서게 되기 때문이다. 그러면 술탄은 '노예 여인의 아들'이기 때문에, 오스만 제국에서 가장 신분이 낮은 백성도 이 점에서는 술탄과 동등하다고 생각할 수 있는 것이다.

술탄이 혼인을 할 때, 예식을 치르는 것은 관례가 아니었다. 터키의 술탄 가운데 오로지 세 번의 경우에만, 부인을 맞이할 때 예식을 올렸다고 한다. 그리스 공주 테오도라가 오르한과 결혼하였을 때, 록셀라나가 술탄 술레이만의 아내가 되었을 때, 그리고 이집트 공주의 양딸인 베스마가 압둘 메지드와 결혼하였을 때는 결혼식이 거행되었다.

신부는 거창한 의식과 함께 가리개를 걸고, 자신이 열등하다는 표시로 반드시 뒷문으로 부부침실에 들어가야 한다. 남자는 예법상 다른 사람의 아내가 건강한지 안부를 묻지 않는다.

또한 하렘의 어머니들은 어린 아들들이 혹시 생명의 위협을 받지 않을까 하는, 극심한 공포 속에 살아가기도 한다. 아들이 언젠가 터키의 군주가 될 가능성이 조금이라도 있는 경우라면, 그의 목숨이 항상 위태로웠기 때문이다. 아기 왕자는 하렘에서 어머니와, 또 자신의 유모와 함께 성장한다. 그러나 먼저 태어난 형제나 숙부들 때문에, 왕위 계승 문제는 종종 엄청난 혼란과 끔찍한 참사를 불러오곤 하였다.

광인으로 알려진 술탄 이브라힘 1세 때 일어났던 일

아랍의 위대한 지도자 마호메트가 죽었을 당시에는, 상속법에 대한 언급이 없었다. 이것은 분명 그에게 이슬람교도를 이끌 아들이 없었다는 사실 때문이기도 하였을 것이다. 결국, 셀주크 투르크족이 권력을 차지하였다. 그리고 셀주크 제국은 작은 독립국가들로 나뉘었다가, 다시 오스만 제국으로 통일되었다.

최근에는 현 왕조의 안정적 계승이 동양에서 가장 주목할 만한 현상이긴 하다. 하지만 터키에서는 통치권이 아버지에게서 아들로 계승되는 일반적인 관례가 일찍부터 정립되지 않았다. 이 사실은 터키의 지배계급에서 수많은 음모, 범죄, 불확실성을 야기하였던 원인이 되었다.

터키 역사의 한 장을 장식하는 유명한 이야기가 있다. 수백 명의 왕실 여성들이 왕위 찬탈을 노리는 음모를 꾸몄다는 이유로, 보스포러스 해협에서 익사당한 사건이다.

여성들이 자루에 넣어져 바다에 던져졌다. 이 사건은 광인으로 알려진 술탄 이브라힘 1세 때 일어났던 일이다. 그는 터키에서 가장 악

명 높았던 왕 중 한 명이었다. 또한 이브라힘 1세는 왕궁에서 나이든 여자들을 없애버리려는 생각을 처음 해낸 장본인이기도 하였다. 이처럼 술탄의 광기에 희생된 불행한 여인들은 밤이 되면 몰래 자루에 넣어져 바다 속에 던져졌다. 운이 좋게도 그중 단 한 명만이 자루가 풀어진 틈을 이용해 빠져나왔다. 마침 그곳을 지나가던 배가 그녀의 목숨을 구해주었다. 그 후 파리로 보내진 그녀는 하렘 여성들이 잔인하게 죽은 이야기를 세상에 전하였다.

비극으로 끝난 하렘의 음모를 가장 확실하게 보여주는 수많은 이야기 중에는 술탄 모하메드 4세의 어머니, 타르칸의 이야기도 있다. 아들이 왕이 되기를 염원하였던 타르칸은, 왕위에 오를 가능성이 있는 남자 계승자들을 모조리 죽여버렸다. 그러나 그녀 또한 교살당하는 보복을 당하였다. 라신(프랑스 극작가 - 옮긴이 주)은 자신의 비극 〈바자제〉를 통해 타르칸의 삶과 그녀의 정적(政敵)을 재구성하기도 하였다.

술탄의 하렘에 사는 여성들의 운명

술탄의 하렘과 연관된 사람은 1천5백 명 정도로 추산된다. 하렘은 '다이라'라는 수많은 작은 궁으로 이루어져 있었다. 각 궁의 중심 인물은 그곳 출신의 귀부인이었다.

왕실에는 세 가지 계급의 여성들이 있었다. 앞서 언급한 카딘은 정식으로 혼인을 올린 것은 아니지만, 그래도 술탄의 합법적 아내들을 의미하였다. 다음으로는 '이크발(총애하는 여인들)'이 있다. 카딘은 주로 이 계급에서 간택된다. 다음은 '게디클리스(보면 유쾌한 여인들)'이다. 이크발은 게디클리스 여성들에게서 뽑는다. 세 번째 계급의 여성들은 대체로 노예 출신으로, 그루지야나 체르케스인 부모들에게서 사오거나 훔쳐온 여자들이다.

훔쳐온 여자들은 주로 아주 어린 나이에, 그리고 아주 은밀하게 집에서 끌려왔기 때문에 자신들의 출신지를 거의 알지 못한다. 그러나 신분이 높은 귀부인의 경우는 대개 밝혀진다. 그런 여인이 영향력을 직접 행사하거나 음모를 꾸미며, 자기 집안을 권력과 수입이 좋은 위치로 끌어올리는 것은 드문 일이 아니었다.

이런 제3계급의 여성들 외에도 술탄 어머니의 시중을 드는 처녀들인 '우스타스(여관장)'가 있다. 또 하렘의 고위직에 오르기 위해 수련 중인 아이들을 말하는 '샤기르즈(초심자)'와 기득권층의 하찮은 일을 하는 처녀들인 '자리야스(처녀)'들도 있다.

가끔은 흥미로운 이력을 지닌 노예 소녀들이 잡혀오기도 하였다. 노예 소녀들은 거의 쉴 새 없이 잡혀 왔지만, 이런 일은 은밀하게 이루어졌다. 처음 그녀들이 하렘에서 생활할 때에는, 그녀들을 '알라이케스'라고 불렀다.

이 소녀들은 나이든 여자들을 말하는 '칼파스'들의 관리를 받는다.

어서 와,
이런 이야기는 처음이지?

칼파스들은 하렘에 처음 온 노예 소녀들을 동양 왕실의 취향에 맞도록 길러낸다. 알라이케스들은 예법, 음악, 그림, 자수를 익혔다. 이들은 후에 적당한 나이가 되면, 카딘과 왕실 공주의 시중을 들었다. 하지만 이 소녀들이 오를 수 있는 최고 자리에는 한계가 없었다. 심지어 그녀들은 술탄이 총애하는 부인이 될 가능성도 있었던 것이다.

네 번째 발자국

터키의 역사에 남은 아주 특별한 여자들

터키 가정에서 여성이 거처하는 구역은 하렘릭, 남성 구역은 이슬람릭이라고 한다. 물론 여자들의 구역은 고립되어 있다. 남성 의사는 여자가 아플 경우, 그녀의 손과 혀만 진찰할 수 있다. 의사가 방문하면, 검은 커튼을 내려 여자 환자와 남자 의사를 분리한다. 환관은 환자의 병을 진찰할 수 있도록, 병든 여자가 커튼 구멍을 통하여 손을 내미는 곳으로 의사를 안내한다.

터키에서 의사와 여성 환자를 직접 대면하게 하지 않는 것은, 여성의 수절을 매우 중요하게 여겼기 때문이다. 이런 식으로 하렘을 통제하는 것도 여성의 정절을 보장하려는 의도다. 예전에는 정숙치 못한 여자들을 물에 빠뜨려 죽이는 일도 있었지만, 지금은 사라지고 없는 풍습이 되었다.

그러나 하렘의 귀부인들은 상당한 자유를 누린다. 귀부인들은 어떤 때에는 차를 타고 외출도 하는데, 시장이나 일반 산책로를 자주 찾곤 한다. 외출할 경우에는 항상 차를 이용하며 결코 걷지는 않는다. 귀부인들은 여흥을 즐기기도 한다. 왕실 정원에서 연극을 자주 구경하기도

어서 와, 이런 이야기는 처음이지?

하는데, 그녀들이 즐길만한 가극(歌劇)이 만들어지기도 한다. 터키의 부인들은 서로의 하렘을 방문하기도 하였다. 그런데 이런 일은 남편의 허락 없이도 가능하다. 이때에는 손님을 접대하는 중이라는 사실을 남편들이 알아차리도록, 하렘 문 밖에 손님의 신발을 벗어 놓는 게 관례다.

한 통치자의 하렘은 일반적으로 후계자의 재산으로 간주된다. 그러나 이렇게 물려받은 여성들이 언제나 은혜를 받는 것은 아니다. 술탄 모하메드 2세는 형제의 하렘에 있던 모든 여성들을 익사시켜 죽여버렸다. 이런 일들을 볼 때, 실제로 하렘 여성들이 일반적으로 상당한 보호를 받는다고 보기는 어렵다. 왜냐하면 하렘의 법이 허용하지 않는 한, 경찰도 실태를 파악하거나 어떤 다른 목적에서든 하렘에 들어갈 수 없기 때문이다. 그래서 하렘의 여인들은 아내든 노예든 사실상 그들 주인의 처분에 달려 있다고 말해도 무방하다.

하렘으로 잡혀와 왕의 어머니 자리까지 오른 여인

술탄의 하렘 여인들 중에는 막강한 영향력과 실권을 행사할 수 있는 자리에 오른 여성도 있다. 그러나 그런 여성들은 일반적으로 외국 태생이었다. 1808년, 어린 나이에 왕위에 올라 개혁적인 술탄으로 명성이 자자하였던 마무드 2세의 어머니는 프랑스 여성이었다.

그리스를 속국으로 남게 하려는 마무드 2세의 노력은 성공하지 못하였다. 하지만 연합 세력에 대한 끈질긴 저항에 대해서는 찬사를 받았다. 바로 이때, 바이런 경(1788-1824, 영국 시인 - 옮긴이 주)은 자신이 사랑하던 그리스 편에 서서 모든 걸 걸고 투쟁하였던 것이다. 마무드 2세는 프랑스인 모친의 영향에 힘입어, 군대에 프랑스식 전략을 도입하였다. 하지만 아무 소용이 없었고, 결국 그리스는 자유를 얻었다.

마무드 2세의 아내, 베스마는 어린 시절 농사일을 하다가 하렘에 잡혀 온 이후, 여성으로서는 최고의 권력을 지닌 자리까지 올라 막대한 영향력을 발휘하였다. 그녀의 미모는 손쉽게 마무드 2세의 열정을 차지하였다. 그녀는 자신의 초라한 신분을 결코 망각하지 않았다. 그랬기에, 대다수 백성은 물론, 가장 신분이 낮은 천민들에게까지도 많은 사랑을 받았다.

또한 그녀는 압둘 아지즈의 어머니였으며, 자기 아들 술탄에게 가위를 건네 스스로 목숨을 끊게 하였던 비운의 여주인공이기도 하다. 아무튼 불행한 군주는 자기 방에서 죽은 채 발견되었다. 어머니는 격리되어 서서히 여위어 갔고, 자선을 베풀 때만 나타났다.

그런데 아크 사라이의 예니 칼리데 회교 사원을 건설한 사람도 마무드 2세의 아내, 베스마였다. 이 비운의 여주인공은 살아생전 좋아하던 이곳의 아름다운 정원 한가운데 잠들어 있다. 지금으로부터 약 15년 전, 그녀가 사망하였을 때 장엄한 장례식이 거행되었다. 터키

제국 전역에서 모두들 그녀의 죽음을 애도하였다.

예전에 베스마가 이 사원을 처음 건설하고 있었을 당시, 자금난으로 하나의 첨탑만 세울 수 있었다고 한다. 관례에 따라서는 두 개의 탑을 만들어야 하였다. 그녀의 아들인 술탄이 이 사정을 듣고, 베스마에게 필요한 자금을 지원하려고 하였다. 그러자 그녀는 다음과 같이 말하며 아들을 막았다.

"아들아, 안 된다. 백성들이 기도를 올리는 데는, 첨탑 하나만으로도 충분하다. 또 다른 첨탑은 단지 나를 찬미할 할 뿐이다. 그러니 가난한 자들에게는 탑이 하나 더 필요한 것이 아니라, 오히려 분수가 필요할 것이다."

결국 그녀는 백성들을 위해 분수를 건설하였다. 그리고 그 분수대는 현재에도 콘스탄티노플에서 가장 아름다운 분수 중 하나로 손꼽히고 있다.

기지와 결단력을 타고난 록셀라나 이야기

터키 역사에서 가장 훌륭하지는 않더라도, 명성만큼은 가장 높은 여성 가운데 한 명이 바로 휴렘이다. 휴렘은 '아주 기쁜'이란 뜻이다. 유럽인들은 대부분 휴렘을 록셀라나로 알고 있다. 그녀는 16세기 중엽에 재위하였던 터키 역사상 가장 위대한 인물인, 술레이만 대제의 아내였다. 록셀라나의 혈통이 정확하게 밝혀지지는 않았지만, 러시아 후손으로 알려져 있다.

그 누구보다도 의지가 강하였던 록셀라나는, 처음부터 남편 술레이만 대제에게 커다란 영향력을 행사하였다. 우선, 술레이만 대제에게 성대한 결혼식을 공개적으로 열어 달라고 강력하게 요구하였다.

그런 예식은 당시 전례가 없던 결혼식이었다. 대개는 한 여성이 앞으로 왕위를 계승하게 될 남자아이의 어머니가 될 것이라는 발표뿐이었다. 그것만으로도 술탄과의 결혼 발표로서는 충분한 것으로 여겼다. 그러나 록셀라나의 생각은 달랐다. 비록 자신이 여자 노예에서 여성이 차지할 수 있는 가장 높은 위치로 이제 막 올라서긴 하였지만, 이 제국에서 위대한 군주와의 결혼을 모든 백성들 앞에서 성대하게 치러야 한다고 생각하였다.

이 소식을 접한 백성들은 깜짝 놀랐다. 또한 다들 그 모든 일이 도대체 무엇을 의미하는지 잘 알지 못하였다. 하지만 어쨌든 대단히 흥겨운 듯한 축제가 결국 벌어졌다. 이때, 영민한 록셀라나가 타고난 기지와 결단력을 발휘하였다. 한창 축제 중인 백성들에게 수많은 노예를 보내, 돈과 비단을 선물로 베풀었던 것이다. 이때부터 그녀는 술탄에게 절대적인 영향력을 행사하였을 뿐만 아니라, 선물과 자선을 베푸는 행동으로 백성들의 환심을 사는 데 성공하였다. 그녀는 특유의 사교 능력도 빼어났다. 또 필요하다면, 목적을 달성하는 데 잔인한 방법도 주저하지 않았다.

어서 와,
이런 이야기는 처음이지?

록셀라나는 평상시에는 아주 공정하고 신중하였던 술레이만 대제에게, 가장 나이가 많고 촉망받던 아들을 제거하도록 시켰다. 그 첫째 아들은 무스타파라는 이름의 청년이었는데, 그녀의 아들 셀림이 왕위 계승자가 되는 걸 가로막고 있었기 때문이다. 그녀는 결국 자신의 계획대로 성공을 거두었다. 하지만 역사적으로 볼 때에는, 터키의 군주 가운데 가장 유약하고 무능하였던 '주정뱅이 셀림'을 왕위에 앉히고 말았던 셈이다. 이처럼 한때, 터키의 역사를 뒤흔들어 놓았던 록셀라나의 미모는 이렇게 묘사된다.

"아시아와 타타르족의 혼혈임을 입증이나 하듯, 페르시아 미인들에게서 전형적으로 볼 수 있는 까만 눈, 부드러운 속눈썹, 옅은 미색의 색조, 나른한 자태가 돋보인다. 이러한 미모는 코카서스 여성들 특유의 둥근 얼굴 형과 짧은 코, 그리고 도톰한 입술에 따뜻한 피부색과 뚜렷하게 대비가 된다."

록셀라나는 15세 되던 해, 하렘의 경이롭고 신비스런 여인이 되었다고 한다. 그녀는 궁중에서 자란 기억밖에는 없었다. 하지만 그녀의 미모뿐만 아니라, 뛰어난 명민함과 정신력은 가히 군계일학이었다. 록셀라나는 음악과 춤을 배우고, 외국어 실력도 수준급이었다. 그리고 역사와 시까지 공부하여, 넘치는 젊음에 탁월한 지성도 겸비하게 되었다.

터키의 왕들을 쥐락펴락하였던 여인들

모하메드 4세의 아내 레비아도, 터키 최고 통치자의 이성과 감성을 사로잡은 또 다른 여인이다. 레비아는 크레타 섬 출신의 그리스 처녀였다. 라마르틴은 그녀에 대해 이렇게 말한다.

"갸름한 얼굴, 윤기 흐르는 피부, 바다를 닮은 푸른 눈, 빛나는 적갈색 머리카락, 다정한 목소리, 넘치는 재치 때문에 그녀는 여전히 두려운 존재였다. 왕위에서 밀려난 군주의 동료로서, 그의 권태를 위로하면서 왕의 억류 상태를 이용해 음모를 다시 꾸밀 가능성이 있었기 때문이다."

모하메드 4세가 폐위되었을 때도 레비아는 자기 주인의 운명에 집착하였고, 그가 권력을 쥐고 있을 때에도 언제나 결정적인 영향력을 행사하였다.

이탈리아 여성들도 왕가의 하렘에서 중요한 위치에 오르기도 하였다. 베니스에서 포로로 잡혀온 아름다운 사피아가 특히 그랬다. 그녀는 1574년, 아버지 셀림의 뒤를 이어 왕위에 오른 술탄 무라드 3세의 궁에 끌려왔다.

무라드 3세는 성격이 강한 인물이 아니어서 아첨하는 자들에게 쉽게 넘어갔고, 여자들에게도 잘 휘둘렸다. 사피아도 그런 여자들 중 한 명이었다. 그녀는 베니스 바포 가문의 일원으로 바포라고도 알려졌다. 바포는 왕 위에 군림하며, 자기 조국에 도움을 주었다. 덕분에 술레이만 사후, 터키의 지배에서 벗어나려던 베니스는 결국 그 뜻을 이루게 된다.

바포는 자신의 출신을 결코 잊지 않았으며, 하세키-술탄뿐만 아니라 발리데로서도 위압적인 통치를 하였다. 그녀는 남편의 후계자로 자기 아들 모하메드 3세를 권좌에 앉혔다. 하지만 이 일은 무라드 3세의 102명 아들 중 19명의 목숨을 빼앗은 결과였다. 터키의 역사에서 아마 다시는, 그 어떤 외국 여성도 그렇게 커다란 역할을 맡지는 못할 것이다. 그러나 현재의 술탄은 사교성이 뛰어난 유럽 여성들을 좋아한다고 한다. 그는 아마 유럽 여성들을 식사에 초대한, 최초의 터키 술탄이 될 것이다.

다섯 번째 발자국

과거의 비극을 뒤로하고
역사는 흐른다

터키의 통치자인 술탄들은 아주 오랫동안 눈이 부시도록 화려한 생활을 하였다. 옛 터키 궁전이나 황제의 거처는 '고대 도시 콘스탄티노플(터키의 최대 도시 이스탄불의 옛 이름 - 옮긴이 주)이 세워진 삼각지 정점을 뒤덮은 플라타너스와 사이프러스 숲 속에' 아름답게 자리 잡고 있었다. 그러나 이제 술탄들은 왕궁의 웅장함으로도 덮을 수 없었던 그곳에서 일어났던 끔찍한 비극을 남긴 채, 새로운 거처를 건설하였다. 지난날에 대한 수많은 기억을 간직한 이들 왕궁을 뒤로하고 현재의 왕궁을 세운 것이다. 이곳의 자연은 예전과 다름없이 여전히 아름답다. 그리고 옛 왕궁 주변에 남아있던 더러움과 끔찍한 기억에서 멀리 벗어나게 된 것이다.

터키 왕궁의 여성들 구역은 가장 깊은 곳에 위치해 있다. 이곳에는 3백에서 1천2백 명에 이르는 여성들이 살고 있다. 여성들이 이보다 훨씬 더 많을 때도 있었다. 이들은 모두 외국 여성들이다. 실제로 왕궁의 호위병과 시중들도 전부 외국 출신이다. 술탄과 그의 자녀들만이 왕실 내부 깊숙한 구역에서 살 수 있는 유일한 터키인들이다. 하지만 결국 술탄이나 그의 자녀들도 모두 외국 혈통의 어머니에게서 태어

어서 와,
이런 이야기는 처음이지?

났다.

왕궁에서 여성들이 있는 구역은 경비가 삼엄하다. 옛 왕궁에는 왕비들과 그들의 자녀들을 호위하도록 특별히 임명된 장교들이 있었다. 이들이 '발타지(미늘창[9]을 든 군사)'라는 장교들로, 그 수가 4백 명에 달하였다고 한다. 그러나 장교들이 왕가의 여성을 실제로 수행한 적은 별로 없었다. 단지, 술탄이 하렘에서 여자 몇 명을 여행이나 야영에 데려가는 경우에만 수행하였을 뿐이었다.

그럴 때면 발타지들은 왕실 부인들이 타고 있는 마차 옆에서 걸었고, 밤이면 야영지를 지켰다. 일반적으로 술탄의 하렘은 흑인 환관들(2백여 명의 아프리카인들)의 보살핌을 받았다. 그리고 이들이 왕실 여인들을 특별히 담당하였다. 흑인 환관의 수장(首長)은 '소녀들의 주인'이란 의미로 키슬라 아가시라고 불렀다. 그들은 모두 제국의 주요 인물 가운데 한 사람으로 여겨졌다.

터키에서는 유럽이나 아시아와 아프리카에서 강제로 끌려온 포로 소년들과, 소녀들을 사고파는 무역이 한때 크게 융성하였다. 그 소년 소녀들 중에서 한두 가지 목적으로 사들인 일부 포로들을 술탄의 궁으로 데려왔다. 터키인들은 황제 폐하의 목숨이 술탄의 뜻에 충성하는 것 외에는 아무것도 모르는 외국인 손에 있어야 더 안전하다고 여겼던 것이다. 그래서 이 포로들은 거의 어릴 때부터 왕궁에서 성장하였던 것이다.

터키 왕자들의 '아주 특별한' 어린 시절

이제 시대가 달라졌다. 터키의 군주가 백인과 흑인 부모에게서 태어난 아이들 중 가장 우수한 아이들이 자신의 하렘을 채우기 위해 태어난 것이라고 여기는 일은 이제 불가능해졌다. 과거 중세의 영광이 상당 부분 사라져 버리고 말았던 것이다. 술탄 마무드 2세의 개혁뿐만 아니라, 하렘의 존재를 불가능하게 하는 새로운 환경 때문이다.

옛날에는 어린 왕자들은 '회양목 관목 지대'로 알려진 왕실의 일부 지역에서만 생활하도록 엄격히 제한되었다. 이곳에 있는 제각기 작은 정원을 중심으로, 12개의 별관은 술탄의 아들들이 머무는 거처로 사용되었다. 이 별관들은 높은 벽으로 에워싸여져 있었다. 어린 왕자들은 제각기 자신의 별관 내에서 보호를 받으며 지냈다. 그리고 왕의 특별한 허락 없이는 이곳을 벗어날 수 없었다.

따라서 왕자는 어린 시절을 '새장'이라는 의미의 카페(Kafe)에서 보낼 수밖에 없었다. 왕자마다 수많은 시동(侍童) 외에도, 열두어 명의 아름다운 소녀들이 시중을 들었다. 시중을 드는 이들과 스승이었던 흑인 환관들만이 어린 왕자의 유일한 친구였다. 이곳에서는 원칙적으로 아이를 낳지 못하는 여성들과 하위 환관들의 혀를 모두 잘랐다. 그래서 누군가를 죽이라는 명령이 떨어지면, 이 벙어리들이 나서서 끈을 갖고 들어가 아무 소리 없이 명령을 수행하곤 하였다.

어린 왕자는 열 살이 되면 자기 어머니와 하렘을 떠나게 된다. 그

리고 밤낮으로 자신과 동행하는 '남자 시종' 랄로의 보호를 받는다. 그런 다음에는 '사제'를 일컫는 물라가 어린 왕자를 맡아, 코란의 교리를 주로 가르치는 교육을 담당한다.

왕궁의 여성 관리 중에는 '하스나다 오우스타'라는 '의상 담당 여관장'이 있다. 보통 존경을 받고, 위엄이 있는 나이 많은 여성이 이일을 맡는다. 이 부인은 발리데 술탄이 왕실에서 직접 챙길 수 없는 일을 돌보며, 발리데 대리 역할을 한다. 이는 매우 영광스런 지위이며, '의상 담당 여관장'의 위치를 차지한 여성들은 나중에 발리데가 될 수 있는 것으로 알려져 왔다. 또 '관리자 부인'이라는 캬햐 카딘은 주로 가장 나이 많고, 가장 신뢰할 수 있는 게디클리스 계급의 여성들에게서 술탄이 선발하였다

여섯 번째 발자국

터키 여성들에게 유럽이 깃들다

왕실의 하렘 여성들은 예전에는 전적으로 동양적인 옷을 입었다. 여성들 방에 놓인 가구들도 마찬가지였다. 이런 방에는 주로 낮고 긴 의자, 값 비싼 자수, 침상 등이 있었다. 그러나 지금은 방에 놓인 가구뿐만 아니라, 특히 여성 의상에서 유럽의 풍습이 느껴진다.

파리와 비엔나에서 공수한 값비싼 의상이 하렘의 영역을 침범하였다. 여기에 동양 여성들이 몹시 좋아하는 보석이 덧붙여졌다. 그리하여 부유한 터키 집안의 여성들은 국제적인 패션 감각을 자랑하게 되었다.

하류층에서는 머리에 검은 비단으로 일종의 두건인, 이집트식 샤프샤프를 쓰는 여성이 많다. 여기에, 원할 때 얼굴에서 벗을 수 있는 검은 망사를 붙인다. 그러나 콘스탄티노플의 여성들은 세계화의 영향이 미미한, 다른 도시에 사는 여성들과는 달리, 베일 문제에 철저한 편은 아니다.

유럽의 사상과 관습은 터키의 풍습에 커다란 변화를 일으

켰다. 터키 소녀들은 결혼 적령기가 되면, '야슈맥'이라는 얼굴에 쓰는 긴 베일을 받는다. 야슈맥이란 말은 '만수무강을 기원하다'라는 의미의 동사에서 파생되었다. 베일은 얇고, 고운 론(고운 면이나 아마 사로 된 천 - 옮긴이 주)이나, 이와 비슷한 천으로 만든다. 나이가 많거나, 미모가 떨어지는 여성들은 더 두꺼운 천으로 된 베일을 쓴다. 쇼핑 공간처럼 사람들이 많은 곳에서 누가 알아보지 못하게 말이다.

겉옷으로는 '페리제'를 입는다. 이 옷은 보통 검은색 천으로 만들며, 원래부터 몸 전체를 가리기 위한 모양을 하고 있다. 그러나 페리제도 유럽인의 취향에 따라 그 모양이 많이 변형되어, 이제는 파리 여성들이 입는 야회용 외투와 크게 다르지 않다.

한때, 즐겨 애용하던 신발인 노란 터키 실내화는 유럽 숙녀들이 신는 에나멜가죽 실내화에게 자리를 내주었다. 따라서 16세기 중엽에 터키 여성들의 차림새에 대한 다음과 같은 묘사에서 볼 수 있었던 색채의 아름다움과 운치가 상당히 많이 사라지고 말았다.

"터키 여성들이 해외에 나가면, 부인들은 금실 같은 것으로 만들어 가장자리를 두껍게 하고, 번쩍이는 보석으로 정수리까지 치장한 야슈맥을 쓴다. 몸은 화려한 양단이나 벨벳 겉옷으로 감춘다. 때로는 거세 수송아지가 무려 백 대나 되는 화려하게 치장한 호화로운 금박 마차, '아라바스'를 끌고 가는 장면을 목격하는 행운이 생길 수도 있다. 마차마다 터키 귀부인들과 자녀들, 그리고 그 노예들이 함께 타고 있다. 그런 행렬은 참으로 장관이다. 각 마차에는 환관 넷이 올라타, 군중의 호기심으로부터 마차를 보호한다. 이런 행렬이 지나가면 사람들은 거의 땅바닥만 보고 있거나, 얼굴을 돌려버린다."

서양의 여성이 바라본 터키 여성들의 문화

레이디 메리 워틀리 몬터규(영국 여류 시인이자 서간문 작가 - 옮긴이 주) 역시, 1717년 말버러 공에게 보낸 서한에서 터키 왕비의 의상에 대해 매우 자세한 글을 남겼다. 레이디 메리의 설명은 이렇다.

'소매가 긴 조끼'인 '돌마', 다이아몬드가 장식된 허리띠, 목에서 무릎까지 내려오는 길고 값비싼 목걸이, '탈포쉐'라는 진주 모양의 다이아몬드 귀고리, 에메랄드와 다이아몬드로 뒤덮인 머리싸개, 다이아몬드 팔찌, 손가락 반지 다섯 개, 그중 하나는 피트 씨(윌리엄 피트 백작, 영국의 정치가 - 옮긴이 주)가 낀 것 외에 레이디 메리가 본 것 중 가장 큰 반지.
터키의 왕실 부인이 정원을 산책할 때는 화려한 양단 외투를 대령하였다. 저녁 식사에는 15종의 고기가 한 가지씩 차례대로 나왔다. 황금 나이프 손잡이에는 다이아몬드가 박혀 있었다. 호화로운 자수를 놓은 냅킨도 아끼지 않았다. 이런 왕실의 웅장함과 과시가 이제는 상당 부분은 사라졌다.

어서 와,
이런 이야기는 처음이지?

그러나 스탠리 레인풀(영국의 역사가 - 옮긴이 주)은 자신의 저서 『터키의 역사(The History of Turkey)』에서 이렇게 말한다.

"오늘날의 오스만 제국 왕실이 시대의 사조에 더욱 부응하고는 있다고 해도, 지난 세기의 왕실에 비해 매우 평범해지긴 하였다. 하지만 …… 그런데도 지금의 왕실을 은자(隱者)의 암자라고 하기는 힘들다."

옛날에는 화장품을 상당히 많이 사용하기도 하였다. 눈썹을 그리고, 손톱을 헤나로 물들이는 일은 아름다움의 표시로 간주되었다. 제국에서 멀리 떨어진 지역에서는 이러한 관습이 여전히 유행하고 있다. 하지만 콘스탄티노플에서는 완전히 자취를 감추었다. 시인들은 화장하는 모습을 아름다움의 표시로 일컫는 경우가 많으며, 푸줄리는 화장을 이렇게 묘사한다.

눈은 안티몬으로 검게 화장하고, 손은 진홍색 헤나로 물들였다.
이런 허영심 많고 방탕한 미인 중, 단 한 명도 그대의 신부처럼 보이지가 않네.
그대 눈썹은 녹색으로 칠한 활이며, 그대 눈빛은 화살을 발하도다.

한편, 이슬람 문화권에서는 어떤 국가에서나 목욕을 매우 중요하게 여겼다. 옛날에 터키의 상류층 여성들은 정기적으로 공중목욕탕을 찾곤 하였다. 하지만 일반 집들이 현대화로 개선됨에 따라, 이런 풍습은 훨씬 줄어들게 되었다.

일곱 번째 발자국

터키 여성들의 내일은
과연 '맑음'일까

터키 제국의 여인들은 끝이 없을 정도로 다양하다. 술탄이 지배하는 지역에 사는 여성들은 국적도, 인종도 다양하다. 따라서 터키인들이 여성을 대우하는 정도를 일반적으로 설명하기는 불가능하다.

　　　터키에는 집에 아내가 한 명뿐인 지역이 많다. 또 부인에 대한 대우가 좋고, 여성을 존중하는 수준도 높은 편이다. 하지만 하렘에 대한 애정이 만연한 지역도 적지는 않다. 축첩을 하는 지역에서는 여성들에게서 게으름, 학대에 의한 무기력, 무지, 부도덕 등의 폐해가 나타나고 있다.

　　터키에서는 이혼이 쉽게 이루어지기도 한다. 하지만 부모가 부당한 대우를 받게 될 여성을 보호하는 경우도 많다. 마호메트는 결혼을 한 여자도 자기 재산에 대한 권리가 있다고 생각하였다. 또한 여성이 이혼할 경우, 이런 재산에 대한 보상이 이루어져야 한다고 주장하였다. 마호메트도 이런 주장을 한 것을 보면, 결혼한 여성들을 어느 정

어서 와,
이런 이야기는 처음이지?

도 보호하기는 하였던 것 같다.

부유한 집안의 여성들을 제외한, 일반적인 터키의 여성들은 대개 자식들을 직접 키운다. 그런데 이 과정에서 많은 어린이가 하위 계층 어머니들의 무지로 유아기에 사망하기도 한다. 어떤 어머니들은 어린아이들을 아직도 단단히 여러 겹으로 감싸둔다. 아기들이 병이 나면, 전문 의사 대신 주술사인 '지혜로운 여자'를 부르는 어머니들도 많다. 하렘에서는 실제로 많은 영아가 살해되는 것으로 추정된다. 따라서 이슬람교도는 일부다처제인데도, 터키 제국에서는 기독교도에 비해 인구 증가 속도가 느리다.

가정형편이 좋은 집에서는 사내아이들을 어린아이 때부터 '다디'라는 노예 소녀에게 돌보게 하는 풍습이 있다. 그녀는 사내아이가 청년이 될 때까지 돌보게 된다. 그런데 이런 친밀감 때문에 아주 가끔은 불미스런 일이 생기곤 한다.

터키에서는 아들이든 딸이든 하렘을 벗어난 지역에 있을 때는, '랄로'라고 불리는 남자 노예의 보호를 받는다. 이처럼 수많은 터키 아이들을 맡아 키우는 노예들과 천민들이 있지만, 이들이 아이들에게 일반적으로 바람직한 영향을 미치고 있다고 하기는 어렵다.

터키 어린이들에게는 아주 어렸을 때부터 복종을 가르친다. 이렇게 교육시켜야 아이들은 순종적이고, 다루기 쉬운 태도가 형성이 된다. 그래서 터키인들이 최고로 손꼽는 성품이 되는 것이다.

'여자가 교육을 많이 받으면 못 쓴다'는 생각

현재 터키 여성의 인구는 거의 3천만에 달하고 있다. 이들 대다수의 문화 수준은 매우 낮다. 그러나 모두가 그렇다고는 할 수는 없다. 상류층과 왕실 여성 중에는 교육 과정과 과목이 다양하지는 않지만, 바람직한 수준의 교육을 받는 여성들도 많다.

이 여성들은 외국인 여자 가정교사에게 프랑스어, 독일어, 영어를 배운다. 이 때문에 대개 상류층 여성들은 외국어를 유창하게 구사한다. 이들의 교육에는 언어와 문학이 커다란 부분을 차지한다. 여성 발전이라는 문제에 있어서 터키 국민들에게 이처럼 점차 변화가 일고 있다.

그러나 아직은 교육을 많이 받은 여성들에 대해 우려하는 분위기가 존재한다. 여성이 교육을 많이 받으면, 자신의 운명에 대해 만족하지 못하기 때문에 다루기 힘들 것이라고 걱정하는 사람들도 많다. 최근 터키를 면밀하게 관찰해 온, 어느 작가가 이렇게 언급하였다. 미국 박애주의자들이 터키인들의 마음속에 공립학교의 정신을 주입하려는 노력에 관한 내용이다.

"여성은 지적인 능력이 없다는 게 일반적인 생각 같았다. 미국인들이 지적 진보와 발전에 터키 여성들을 참여시키려고 처음으로 시도하였던 노력이 반대에 직면하였다. 비웃음을 당한 경우도 종종 있었다. 미국인들은 여성 교육을 찬성하는 새로운 국민적 정서를 터키에서 만들었다. 이러한 국민 정서가 미국인들이 여성 교육을 위해 터키에 건립한 학교들을 향한 관심으로 나타나고 있다. 파샤, 고위직의 민간 군 장교, 성직자들과 각 민족의 부유층들이 이 작업에 참여하였다. 그리하여 터키 여성의 여건을 개선하려는 미국인들의 노력에 대해 진심으로 공감을 표하고 있다."

이런 노력들 덕분에, 여성들은 아버지, 남편, 남자 형제들로부터 예전보다 더 많이 존중받게 되었다. 게다가 그녀들이 인생의 동반자를 선택하는 데 있어서도 선택의 폭은 더욱 넓어지고 있다. 또한 결혼 연령도 12세에서 15세나 20세로 늦춰졌다. 어머니도 자녀들에게 공경을 더 많이 받게 되어, 여성들의 삶은 모든 면에서 그 위상이 높아지고 있다. 그렇지만 아직도 터키 제국에는 가부장제가 성행하고 있는 지역이 많이 남아있다. 이런 가부장제 속에서 살아가던 여성들은 이제는 그와 다른 환경과 제도 속에서 적응하며 조금씩 발전하고 있다.

가부장제를 넘어설 수 있을까

터키의 가부장제에서 어머니는 조모와 증조모를 따른다. 한 가정의 어머니는 무려 40명에 달하기도 하는 식구들에게 복종해야 한다. 뿐만 아니라, 말 그대로 시어머니에게는 노예나 다름없으며, 자녀들은 어머니를 제외한 거의 모든 식구에게 교육을 받는다. 그러나 터키에서 이제 가부장제도가 점차 사라지고 있다. 보수적인 지역에서조차 신혼부부들은 부모보다 서로를 더 존중하는 경향이 나타난다고 한다. 그리고 그들 나름의 가정을 꾸리며 살아가며, 부모로서의 품성을 개발하고, 자신들이 원하는 방식대로 자녀 교육에 힘쓴다.

엄격한 이슬람교에 따르면, 어머니가 된다는 것은 명예로운 일이다. 적어도 이론상으로는 그렇다. 이슬람교는 자녀를 낳아 그들을 독실하게 가르치는 여성에게는 천국에서 순교자의 지위를 부여한다. 그러나 불행하게도 이슬람 국가 여성들의 취약한 위상은 가장 중요한 순간에도 여성에게 불리하게 작용한다. 즉, 자녀를 가장 귀하고 훌륭한 인물로 키우는 순간에도 말이다. 외국 박애주의자들은 터키인들의 가정교육 수준을 높이는 데 상당한 기여를 해왔다.

스탠리 레인풀은 현대 선교사가 아닌, 솔직하고 성실한 역사 학도의 관점에서 집필한 자신의 저서, 『이슬람 사원에서의 연구(Studies in a Mosque)』에서 이렇게 말하고 있다.

"터키 여성들이 현재 상태로 남아있는 한, 그리고 가정교육이 악덕 행위를 모방하는 한, 터키인들에게는 단연코 어떤 희망도 없다."

암울한 전망이 아닐 수 없다. 그러나 터키 여성들이 서양 여성들에게 버금가는 위치에 오르게 될 때가 다시 도래할 것이다. 그렇게 되면 유대교, 기독교, 이슬람교의 탄생을 목격하였을 뿐만 아니라, 고대와 중세 역사를 자랑하며 명성이 가장 드높은 영토의 상당 부분을

국토로 차지하고 있는 이 나라의 영향력도 높아지게 될 것이다. 이런 터키에 대해 바이런은 다음과 같이 노래하였다.

삼나무와 소나무의 나라,
꽃들이 언제나 만발하고, 빛이 언제나 환히 빛나는 곳.
산들바람의 가벼운 양 날개가 향기에 눌린 곳,
만개한 장미 정원의 희미한 밀랍.

처녀들이 서로 엉킨 장미만큼 부드러운 곳,
그리고 인간의 정신 외에는 모든 것이 신성한 곳.

그렇다. 지금의 터키 땅에서도 여성의 이상이 실현되어 존경받는 날이 도래할 것이다. 이 땅에서 살던 고대 히브리 여성들과 초기 기독교 여성들도, 그들이 실현하였던 이상 덕분에 시대를 초월해 존경의 대상이 되었기 때문이다.

Oriental Women

Part II
그 옛날,
무어족 여성들이 살았다네

첫 번째 발자국

가장 매혹적인 여성,
무어족의 여자들

이제 전 세계 여성 가운데 가장 매혹적인 여성에 속하는 무어족 여성을 주목할 차례다. 무어족 여성에게 끌리는 것은 그들의 유전적 매력 때문이 아니다. 바로 그녀들이 풍기는 사랑스런 분위기 때문이다. 스페인과 모로코의 무어족 여성과 동양 여성, 특히 이슬람교 여성들은 매우 밀접한 혈연관계에 있다. 하지만 무어족의 혈통을 지닌 여성은 고려해야 할 만한 가치가 충분히 있는 고유의 역사와 문화를 자랑한다.

무어인들 덕분에 스페인이 문화적으로 더욱 풍성해졌다. 하지만 오래지 않아 무어인들이 축출된 후에는 그들로부터 배운 것들과 더불어 스페인도 쇠락의 길을 걷기 시작하였다. 이슬람교가 세계 발전에 기여를 한 것은 이슬람교도들이 서양에 진출한 시기와 일치한다.

파괴를 일삼고 있던 아라비아 문명도 인류에 커다란 기여를 할 기회를 엿보고 있었다. 무어인들은 북아프리카를 정복하고, 좁은 지브롤터 해협을 건넜다. 앞으로 무어인들은 유럽 본거지에서 놀라운 역사를 기록하게 될 운명이었다. 그들은 자신들의 문화를 스페인에 깊이 새겨 놓았다. 그랬기에 무어인들이 스페인에서 축출된 이후에도 오랫동안 무어인의 사고와 관습은 스페인에 지속적인 영향을 미쳤다. 4세기 이상이 흐른 오늘날에도, 무어인의 자취를 스페인 땅에서 찾아볼 수 있을 정도다.

무어인들은 스페인 문화를 한층 발전시키긴 하였지만, 그들이 여성들을 교육하거나 그녀들의 위상을 높이려는 직접적인 노력을 하였다고는 말하기 힘들다. 그러나 비교적 배움이 많은 민족에게서는 여성들이 교양과 지성을 갖추는 일이 가능하기도 하였다. 그리하여 여성은 자존심 강한 남성뿐 아니라, 세상 사람들의 존경과 감탄의 대상이 될 수 있었다. 무어족 여성들에게는 시적 능력과 음악적 재능은 흔한 재주였다. 그녀들은 이런 예술적 능력을 기를 만한 여가 시간이 많았다. 이런 점들 때문에 무어족 여성들은 선천적이든, 후천적이든 매력적으로 보였던 것 같다.

걸음걸이에 실린 이 우아함은,
그녀의 매력을 아무도 몰래 한층 돋보이게 한다.

무어족 여인들은 참으로 그들의 후손들처럼 예뻤다. 특히 젊었을 때는 더 예뻤다. 그녀들은 고대 이집트인들처럼 속눈썹과 눈썹을 까맣게 그렸고, 손끝을 헤나로 물들였다. 무어족이 지배하던 스페인에서 미인을 귀하게 대접한 것은 예쁜 여자가 매우 드물었기 때문이 아니다. 단지, 미모를 높이 평가하였기 때문이다.

벌꿀 빛이 도는 갈색 눈의 여자들

무어족 특유의 미인형은 오늘날에도 이베리아 반도 일부에 존재하고 있다. 리플리가 인용한 바에 따르면, 아란자디(스페인의 인류학자-옮긴이 주)는 이렇게 말하였다고 한다.

"그라나다 근처 스페인 남서부 지역에 널리 퍼져 있는 벌꿀 빛이 도는 갈색 눈은 무어인의 영향이 강하게 남아 있기 때문일 것이다."

스페인의 무어인들은 여성을 존중하였다. 이는 마호메트의 영향력이 극에 달하였던 나라에서 예상할 수 있는 수준을 뛰어넘는 것이었다. 마호메트가 분명히 천명하였던 전통은 이랬다.

"나는 천국의 문에 서 있었다. 그리고 아! 그곳의 대다수 사람들은 가난하였다. 나는 지옥의 문에 서 있었다. 그리고 아! 그곳의 대다수 사람들은 여성이었다."

아라비아의 본질은 직관적이며, 열정적이고 충동적이었다. 따라서 아름다운 여인의 미모는 사랑과 기사도 정신을 일깨웠다. 반면에, 여성은 관습에 따라 품위 있고 절제력이 강하였지만, 마음은 따뜻하였다. 관대, 용기, 환대, 노인 공경이라는 미덕이 단연 돋보이는 민족에게, 여성들이 보통 이상의 존중을 받아야 하였던 것은 전혀 이상한 일이 아니다. 그러나 이러한 미덕도 악용되면 나태, 자만, 무지, 고집, 지독한 관능으로 타락하는 경우도 많기 마련이다.

그러나 "여기 여성들을 위해 죽는 것을 아무렇지도 않게 여겼던 용감한 자들이 있도다"라고 말한, 옛 스페인의 담시(譚詩)가 전하고 있듯이, 기사도 정신에는 좋은 측면이 있었다. 아라비아 문학의 안타르, 이탈리아의 오를란드, 영국 초기 전설의 아서가 보여준 용기처럼 엘 시드의 무용담은 남녀 모두의 상상과 행동에 강력한 영향을 미쳤다.

　　이곳에서 용맹이 꽃을 피웠고
　　용감무쌍한 행동은 우리의 기쁨이 어린
　　위풍당당한 왕궁에 기품을 더하였으니.

무어족 여인들이 스페인에 남겨놓은 것들

스페인은 여러 세기 동안 그 용맹으로 이름을 떨쳤다. 실제로 '스페인은 프랑스로부터 용맹의 월계관을 빼앗았다.' 그리고 무어족 여인들이 스페인 사람들에게 새겨놓은 영향은 어떤 면에서는 오늘날까지도 이어오고 있다.

토마스 버크(영국 작가 – 옮긴이 주)는 자신의 저서 『스페인의 무어인(Moors in Spain)』에서 이렇게 적고 있다.

"그라나다 사람들의 기사도 정신의 상당 부분은 단연코 무어족 여인들 때문이다. 이 여인들이 바로 자기 동포들이 지닌 이런 용감무쌍한 정신을 탄생시키고 생생히 지켜냈다. 더불어 무어족 여인들은 동포의 과도한 사랑을 불러일으켰던 장본인들이었다. 그들의 사랑은 스페인과 아랍 역사 모두에서 찾아볼 수 있는 수많은 사례가 말해주듯, 유쾌하면서도 참으로 독특하다."

무어족 여성들이 역사가들을 매료시키고, 소설가들과 시인들의 영감을 일깨우며, 음악가들의 심장을 두근거리게 하고, 세상 사람들의 상상력을 불러일으킬 수 있을 정도로 유혹적이며 강렬한 매력을 가질 수 있었던 비결은 무엇일까?

무어족 여인들에 대한 묘사는 옛 아라비아 시대에까지 거슬러 올라간다. 남성들의 감각과 상상력에 영향을 미쳤던 무어족 여인들의 매력에 대한 비밀을 찾는 것은 흥미로운 일이 아닐 수 없다.

"그녀들은 극도로 아름다웠다. 처음 본 순간에도 지울 수 없는 인상을 남기는 그녀들의 매력에 밝음과 우아함이 더해져 벗어날 수 없는 영향력을 발휘한다. 키는 보통보다 약간 작고, 아름다운 흑발은 거의 발목까지 내려온다. 어떤 색도 그녀들의 입술보다 붉을 수 없다. 그녀들의 입에서는 대리석처럼 새하얀 이를 또렷이 드러내려는 듯이, 넋을 빼앗는 미소가 끊임없이 흘러나온다. 그녀들은 특유의 향수와 목욕제도 많이 사용하여, 다른 나라 여성들은 견주기 힘들 정도로 피부가 깨끗하고 매끈하다. 그녀들의 발걸음, 춤, 그리고 움직일 때마다 엿보이는 기품 있는 부드러움과 나른함에 다른 매력들도 배가 된다. 이렇게 매력적인 그녀들에게 빠져들 수밖에 없다. 뿐만 아니라, 가능한 모든 찬사를 쏟아 붓게 한다. 그녀들은 생기 넘치고 발랄하게 대화를 나눈다. 유쾌하고 재기에 찬 농담이나, 엄숙하고 난해한 토론에도 걸맞은 세련되고 통쾌한 재치를 날리기도 한다."

어서 와,
이런 이야기는 처음이지?

무어족 여인들은 무엇을 입고 살았을까

스페인의 그라나다 여인들이 입던 드레스는 오늘날 터키와 러시아 여인들이 입는 옷과 그렇게 다르지 않다. 주로 입던 옷은 긴 튜닉을 허리띠로 잡아준 모양이었다. 그녀들은 소매가 곧은 '돌먼'이라는 웃옷도 입었다. 커다란 속바지와 모로코 실내화로 의상을 마무리하고, 화려하게 수를 놓은 무릎까지 드리우는 값비싼 베일을 붙인 작은 보닛(뒤에서부터 머리 전체를 싸듯이 가리고, 얼굴과 이마만 드러낸 모자 - 옮긴이 주)을 썼다.

이렇게 차려입은 무어족 여인은 당시에 가장 우아하고 전형적인 여성에 속하였다. 그녀들의 옷차림에 쓰이는 물건들은 대개 품질이 뛰어났고, 장식품들은 금테나 은테를 아낌없이 두른 값비싼 것들이었다.

머리단장도 그네들의 몸치장에서 빠질 수 없는 부분이었다. 얼굴색과 어울리는 검은 머리는 땋아서 어깨 위로 흘러내렸다. 그리고 앞머리는 눈썹 위까지 내려왔다. 때로는 산호 목걸이들이 머리채와 서로 엉켜있기도 하였다. 그녀들은 대개 주로 값비싼 진주로 만든 머리장식들을 늘어뜨리고 있어서, 머리를 움직일 때마다 딸랑거리는 소리가 미묘하게 들리곤 하였다.

무어족 여성들에게는 머리에 얽힌 미신도 있었다. 그녀들은 자기 머리카락에 다른 사람의 머리카락이 붙으면 엄청난 저주가 내린다고 생각하였다. 또 누군가에게 머리카락을 보내거나, 혹은 머리를 묶은 비단 끈을 보내면 항복을 의미한다는 표시였다.

또한 무어족 여인들은 보석을 많이 애용하였으며, 지금도 장신구에 대한 사랑은 여전하다. 극빈층에 속하는 사람들조차도 예외는 아니라서, 장신구를 많이 착용한다. 어린 소녀들의 예쁜 갈색 팔에도, 손목이나 팔꿈치 위에도 놋쇠나 구리 밴드가 감겨 있다.

여자들이 걸으면 '걸을 때마다 그들이 즐겨 끼는 각종 고리와 발찌와 팔찌들이 딸랑거린다.' 이런 보석들은 그 여자의 개인 재산으로, 남편과 이혼을 해도 계속 그녀의 재산으로 남는다.

무어족 여성들과 목욕은 일심동체

> 목욕은 무어족 여성들에게는 가장 중요한 일상 가운데 하나였다. 특히 부유층에서는 목욕이 일상이면서도, 반드시 필요한 유희이기도 하였다.

코페(프랑스의 시인이자 극작가 – 옮긴이 주)는 자신의 저서, 『스페인 정복(Conquest of Spain)』에서 무어족 가정의 욕실을 이렇게 설명하였다.

"화려한 안채 중앙을 지나, 이중 아치형 입구를 통해 또 다른 파티오로 들어가면, 중앙에 길이 약 23미터, 너비 약 9미터, 최고 수심 약 1.8미터에 달하는 거대한 직사각형 탕이 나타난다. 크기와 환경이 비슷한 첫 번째 파티오와 직각을 이루는 이 탕에 맑은 물을 받아 놓고, 가열한 금속 파이프로 물의 온도를 쾌적한 상태로 높인다. 여기서 게으르고, 따뜻하고, 지친 몸들이 아주 느긋하게 목욕을 즐긴다. 여성들이 이

곳에서 장난치며 노는 동안에는 아무도 들어오지 못하게 환관들이 입구를 지킨다.

여성들은 흡족하게 목욕을 하고 나면, 복도 뒷문을 통해 나간다. 뒷문을 통해 이어지는 아름다운 정원에는 구불구불한 산책로가 나 있고, 꽃들이 만발한 화단에는 장미와 제비꽃 향기가 코를 찌른다. 이곳에서는 어디서나 물을 찾아볼 수 있다. 한여름의 지독한 열기와 가뭄을 대비해, 분수용 기둥이 정원 주위를 둘러싼 모습이 참으로 기발하다.

이런 풍요롭고도 호화로운 주택 구도를 보면, 무어인들이 물을 사치가 아닌 행복한 삶에 없어서는 안 될 절대적인 요소로 생각하였다는 사실을 짐작할 수 있다. 또한 무어인들은 계층을 막론하고, 모든 사람들이 청결한 생활 습관을 어느 정도 유지하는 편이었다.

목욕을 위해서라면 마지막 남은 한 닢마저도

빈곤 계층의 상당수는 더러운 것보다는 배고픈 것이 낫다면서, 마지막 남은 은화 한 닢으로 비누를 샀을 정도였다고 한다. 상류계급 역시 청결에 지나치게 집착해서, 인생의 상당 기간을 목욕탕에서 보냈다고 할 만큼 무어인들은 청결을 중요하게 여겼다.

스페인의 가톨릭 신자들은 자신들이 잡아온 이슬람교도들의 관습

을 최대한 받아들이지 않으려 하였다. 그런데 애당초 스페인 사람들은 대개 물을 싫어하였다. 따라서 무어인들이 목욕을 많이 해서, 스페인 사람들이 목욕을 피하였다는 일부의 주장은 설득력이 없다.

스페인 사람들은 불결한 상태를 거의 신성한 상태로 여기는 경향이 있었다. 그랬기에 더러움은 기독교 사회의 상징이 되어, 수도승들과 수녀들은 자신들의 불결함을 자랑하기까지 하였다. 기록에 따르면, 미사 때 성수를 손끝에 대본 것 외에는 쉰 살이 되도록 일평생을 물 한 방울 몸에 묻혀 본 적이 없다고 자랑한 성녀도 있었다고 한다!

스페인 전역에 흩어져 있던 목욕탕 수천 개가 영국 메리 여왕의 남편인 펠리페 2세의 손에서 파괴되었다. 물론 스페인의 부유한 도시, 코르도바에 훌륭한 시설을 갖추었던 목욕탕 9백여 개도 포함해서 말이다. 이러한 목욕 시설들은 단지, 스페인이 무어족이라는 이교도인들에게 점령당하였던 시대의 잔재일 뿐이라는 명분 때문이었다.

스페인의 아랍인들을 따라가 보면

> 마호메트는 이슬람교 여성들에게는 이슬람교도가 아닌 남자와 결혼하는 권리를 부여하지 않았다. 그러나 남자 신도들에게는 자신들이 적절하다고 생각할 경우, 기독교인이나 유대교인 여자와 결혼할 수 있는 권리를 부여하였다. 이러한 특권은 무어인이 지배하던 스페인에서 수많은 혼혈로 이어졌다.

 스페인의 자존심이 아랍인과 스페인 사람 사이의 결혼을 막을 정도는 아니었다. 이슬람 교리에 따라 무어인들은 네 명의 아내를 둘 수 있었기에, 스페인에서도 일부다처제가 성행하게 되었다. 그리하여 인종 간의 혼혈이 빠른 속도로 이루어졌다.

 따라서 스페인의 남부 지방에 가면, 어디를 가도 무어인 특유의 미

인이 눈에 띈다. 스페인은 기독교의 영향을 받기도 하였다. 이로 인해, 일부다처제가 성행하였던 지역의 가혹한 인생살이가 다소 누그러졌다. 이슬람교 여성들에 대한 비하도 이슬람교와 상반된 기독교적 시각으로 상당히 억제되었다. 당연히 무어인들도 여성을 바라보는 시선이

달라질 수밖에 없었다.

그리하여 무어인이 지배하던 스페인의 시인들과 연인들도 비록 여성의 미덕은 아니지만, 여성의 가치와 우아함에 대해서는 존경심을 나타냈다. 이는 마호메트 시대나 심지어는 초기 아랍 시대에서 여성에 대해 가졌던 부정적인 시각이 개선되었다는 뜻이다.

스페인의 아랍인들은 그들의 동양계 조상을 보면 짐작할 수 있듯이, 먹고 마시는 데 많은 시간을 할애하였다. 주식은 저녁 기도 후에 나왔다. 남자들은 혼자 식사하였으며, 여자들과 아이들은 그들의 주인이 식사를 마친 후에야 식사를 할 수 있었다. 음식을 담은 쟁반은 자수가 놓인 양탄자 위에 놓여졌다. 은그릇과 도기들은 품격이 있었고 셀 수 없을 정도로 많았다.

빵과 라임은 끼니때마다 나오는 것 같았다. 무어인들의 주식은 양고기나 닭고기에 야채를 넣어 뭉근히 끓인 음식이었다. 그런데 사실 이 요리는 지금도 무어인들이 가장 좋아하는 음식이다.

저녁 식사를 하는 사람은 책상다리를 하고 방석에 앉았다. 하인이 식사 전에 식기의 하나인 큰 그릇에 담긴 물을 그의 양손에 부었다. 그러고 나서는 식전에 은총을 기원하는 '비스말라(신에 맹세코)'라는 말과 함께 식사를 시작한다. 먹을 때는 오른손만 사용한다.

손님이 있으면, 주인은 자기 접시에 있는 음식을 골라 손님들에

게 나눠준다. 때로는 호감의 표시로 손님 입에 음식을 직접 넣어
주기도 한다. 일반적으로 스프, 삶은 고기, 속을 채운 양고기와
금기시 되지 않는 각종 고기들이 놓여 있었다. 식사 중에는 거의
물을 마시지 않았으며, 대신 식사 후에 셔벗을 마셨다. 무어인들
은 제비꽃 풍미에 매우 달달한 셔벗을 선호하였다.

아버지는 무어족,
어머니는 기독교인이었던 플로라 이야기

　무어인들이 지배하던 스페인에서는, 이슬람교도들과 기독교도들
과의 접촉은 갈등을 불러올 수밖에 없었다. 기독교인들은 순교를 자
초하며 불필요하게 목숨을 희생하곤 하였다. 이렇게 기꺼이 자신의
목숨을 내놓는 사람들 상당수는 독실한 여성들이었다. 무어인 아버
지와 기독교인 어머니를 둔 아름다운 플로라의 이야기는 깊은 연민
을 자아낸다.
　무어인들은 보편적으로 다른 종교 간의 결혼으로 탄생한 자녀들
도 이슬람교를 믿어야 한다고 생각하였다. 그러나 플로라의 어머니
는 겉으로는 마호메트의 충실한 신봉자인 척하면서, 딸에게는 은밀
히 기독교 신앙을 주입하였다.
　결국 플로라는 기독교 순교자들이 자신들의 대의를 위해 목숨을

버리는 모습에 혼란스러워졌다. 그런데다 이제 아버지도 세상을 떠나자, 플로라는 집을 나가 기독교인들과 함께 지낸다. 이슬람교도인 오빠가 그녀를 찾아 헤맸지만 헛수고였다. 기독교 사제들은 그녀를 유괴하였다는 죄로 투옥되었다.

플로라는 자신 때문에 사제들이 처벌을 받게 되자, 어쩔 수 없이 돌아와 자포자기 심정으로 자신은 이슬람교도가 아닌 기독교 신자라고 고백하였다. 기독교로 개종하려던 그녀의 갖은 노력은 모두 수포로 돌아갔다. 이슬람교 판관 앞에 나가, 배교 죄로 극형을 받는 일, 이외에는 아무 도리가 없었다. 그러나 판관은 법이 정한 사형이 아닌, 혹독한 태형을 내리는 자비를 베풀었다. 그리고 그녀의 오빠에게는 동생을 집으로 데려가 이슬람교도로 만들라는 명령이 떨어졌다.

그러나 오래지 않아, 그녀는 다시 집을 빠져나가 기독교도 친구들에게로 갔다. 그곳에는 새로운 경험이 그녀를 기다리고 있었다. 여기서 플로라는 가장 열렬한 기독교 신자인 성(聖) 율로기우스를 만난다. 율로기우스는 플로라에게 순수한 사랑을 품게 되었고, 그녀의 굳은 신앙심에 감복하기에 이르렀다.

무어족의 혈통과 기독교 신앙이 결합한 결과는

당시는 순교자들이 이교도의 손에 죽는 것을 영광으로 여기며, 자신의 목숨을 기꺼이 내놓는 시대였다. 이들은 죽음을 자초하였다. 플로라도 마찬가지였다.

어느 날, 플로라는 역시 순교자의 죽음을 갈망하였던 기독교인 하녀와 함께 판관 앞에 서게 되었다. 플로라는 절반은 무어인의 피가 흘렀지만, 기독교에 대한 독실한 신앙심으로 판관에게 욕설을 퍼부으면서 이슬람교와 마호메트를 저주하였다. 이슬람교 판관은 이 어린 두 처녀를 불쌍히 여겨 감옥에 투옥하였다.

만일 율로기우스가 플로라에게 성스런 믿음을 저버리지 말도록 부추기지만 않았다면, 판관의 선처에 그들의 마음이 약해졌을 수도 있다. 그러나 결국 사형이 내려졌고, 두 처녀는 처형장으로 끌려갔다. 세상 누구보다 더 플로라를 사랑하였던 율로기우스는 이런 글을 남겼다. 자신이 모든 왕관 중 가장 영광스러운 왕관으로 여겼던 순교의 왕관을 그녀가 차지하기를 열망하면서 말이다.

"그녀는 내게 천사처럼 보였다. 천상의 빛이 그녀를 감싸니, 그녀의 얼굴은 행복으로 빛났고 벌써 천국의 환희를 맛보는 것 같았다. 내가 그녀의 달콤한 입에서 나오는 말을 듣는 순간, 나는 그녀를 기다리고 있는 왕관을 보여주며 그녀의 결의가 꺾이지 않게 하였다. 나는 그녀에게 속삭였고, 이 천사 앞에 쓰러져 나를 위해 기도해 달라

고 애원하였다. 그녀의 말에 힘을 얻은 난, 슬픔을 가라앉히고 어두침침한 내 감방으로 돌아갔다."

이렇게 무어족의 혈통과 기독교 신앙이 결합하여, 대담하고 굴하지 않는 경이로운 인생을 탄생시켰다.

다섯 번째 발자국
무어족 여인들이 결혼할 때

오늘날 무어인들이 지배하는 국가의 여성들은 엄격하게 고립된 생활을 한다. 나태, 무지, 관능에 대한 애정은 그들의 주된 특징이다. 무어족 여인들은 남들 앞에서 베일을 쓴다. 아프리카 북부에서는 베일을 쓰는 사람의 재산과 위치에 따라, 거칠거나 고운 천으로 만든 '하이크'라는 줄무늬가 있는 흰색 숄을 쓴다. 이 천으로 머리부터 발끝까지 몸을 가리고, 얼굴은 보이지 않도록 '아자르'라는 흰색 린넨 손수건을 눈 아래로 바싹 붙여 놓는다.

세퀸[10]은 『알제[11] 주변의 산책(Walks about Algiers)』에서 이 지역 무어족 여인들을 이렇게 설명한다.

거리에서 만나는 무어족 여인들은 마치 세탁물 자루가 움직이는 것 같고, 이상하게 발을 질질 끌며 걷는 모습은 그들 주인의 야단스런 품위와는 크게 동떨어져 있다. 그들은 '자유로운' 신분이 아니다. 부유한 무어인들 집의 노예 여자들은 겉보기엔 호화로운 것 같아도, 신분은 노예일 뿐이다. 이슬람교도들은 예외 없이 돈을 주고 아내를 산다. 아내를 얻으려면 그녀의 미모 수준에 따라, 또는 가정주부로

서의 재주에 따라, 많든 적든 여자 가족에게 돈을 지불한다. 딸이 태어나면 아랍인은 애통해 하기 마련이다. 하지만 딸이 많은 남자가 딸을 처리하는 방법을 잘 알고 있을 때에는 언젠가는 부자가 되기 마련이다.

남자들과는 달리, 아랍 여성들은 키가 작고, '아자라'를 써서 코가 납작하고 안색도 창백하다. 이렇게 아랍 여인들에게 얼굴을 가리는 풍습이 생긴 것은 마호메트가 젊고 아름다운 아내 아이샤와 결혼한 이후부터다.

이런 사실은 굉장히 흥미롭다. 아이샤의 행동에 대해서 천사 가브리엘이 특별한 계시를 내린 후에야, 그녀의 남편이자 예언자인 마호메트의 불안이 사라질 수 있었다고 한다. 한 남자의 질투는 모든 이슬람교 아내와 딸이 얼굴을 1천2백 년 동안이나 감추어야 할 정도로 강하였다.

상류층 무어족 여성들을 길거리나 공공장소에서 보게 되는 경우는 거의 없다. 사실, 그들은 결혼 후 최소 12개월간은 문밖으로 나올 수 없다. 시간이 흘러도 여간해서는 밖으로 나오지 않는다. 그녀들은 목욕탕에 가거나, 금요일이면 가끔 화장품 가게에 들르기도 한다. 결혼식은 여성들 구역에서 열린다. 따라서 여성들이 특유의 권한이 생기는 결혼식 때를 제외하면, 그녀들에게 허용되는 다른 취미나 오락은 없다.

결혼 축제는 1주일간 진행된다. 이 기간에는 주로 사탕과 드레싱을 먹고, 보석으로 치장한다. 또 염색도 하고, 화장을 하면서 신부를 꾸미는 즐거운 시간을 보낸다. 신부는 대체로 열서너 살 되는 소녀이다. 그녀는 축제 동안 그 어떤 것에도 무심하게 내내 꼼짝 않고 가만히 앉아 있어야만 한다.

신부는 아마 신랑을 본 적도 없을 것이다. 또 결코 신랑의 눈에 띄어서도 안 된다. 예식이 끝날 무렵, 신랑은 여자들이 있는 구역으로 안내되어 신부의 베일을 걷게 된다. 그러나 그 경우에도 여자는 예의상 눈을 꼭 감고 있어야 한다. 게다가 신부가 혹시 실수라도 신랑을 보게 될까봐, 신부의 속눈썹을 볼까지 내려붙이는 안타까운 일을 당하기도 한다.

만일 신랑이 이렇게 신부의 얼굴을 한번 보고 난 다음, 그녀의 얼굴이 마음에 들지 않으면 신부를 거부해도 된다. 반대로 신부의 얼굴이 마음에 들면, 신랑은 신부가 따라주는 향기로운 물을 몇 방울 마신다. 그러고 나서 자신도 똑같이 신부에게 따라주면 결혼이 성사되는 것이다.

어서 와,
이런 이야기는 처음이지?

춤판에서도 베일로 얼굴을 가린 채

한때는 자신들의 강력한 적이었던 스페인 사람들과는 달리, 무어인들은 대중들이 즐길만한 오락이 없었다. 아프리카 무어인들에게 야담(野談)은 아랍인들이 아득한 옛날부터 즐겨오던 것이었다. 시를 낭독할 때에는 대개 원주민을 즐겁게 하는 '알메흐'의 춤판이 벌어진다. 이 알메흐는 주로 흑인 소녀들로 이루어진다.

이런 유흥거리는 다소 고풍스런 무어인 집의 탁 트인 마당에서 열린다. 마당 한가운데는 무희들과 음악가들이 독차지한다. 남자들은 아치형 구조물 아래 위치한 무대를 빙 둘러싸고 앉아 있다. 여자들은 다만 베일로 얼굴을 가린 채, 회랑에서 유령처럼 어른거릴 뿐이다.

오늘날의 무어 여인들은 5세기 전, 무어족의 숙녀들이 지녔던 아름다운 자태와 우아한 태도를 아직도 간직하고 있다고 보기는 어렵다. 이슬람 국가들을 널리 여행하였던 한 저명한 여성은, 오늘날 무어 여성들에 대해 다소 거슬리는 말을 하기도 하였다.

그들은 거대한 덩치에 번들거리는 피부, 온몸에는 하얗고 빨간색을 잔뜩 칠한 데다, 보석과 향이 독한 구슬을 야만스레 치렁치렁 달고 있다. 이 여자들은 먹고, 자고, 그리곤 약간의 변화를 준다. 즉, 자고 먹는다. 서로를 험담하고, 잔소리하며, 모함을 일삼는다. 그들의 가치는 몸무게에 따라 결정된다. 눈에는 흑연을 바르고,

뺨은 이세벨(성적으로는 '부정한 여자'라는 의미 – 옮긴이 주)처럼 칠하며, 노예를 때리고, 차를 마시고, 수다를 떨며 싸움질한다.

무어족 여성을 아주 매력적으로 그린 묘사는 아니다. 어쩌면 다소 비관적으로 보일 수도 있다. 하지만 스페인 남부에서 기사도 정신을 꽃피었던 당시의 무어족 여성들과 오늘날 빈곤과 굴욕에 시달리는 모로코의 여성들이 사실상 뚜렷하게 대조가 된다는 점은 엿볼 수 있다.

여섯 번째 발자국

'막후 권력자',
하렘의 무어족 여인들

옛날, 무어족 여성들은 남자들에게 강력한 영향력을 행사하였다. 실제로 역사 속에서 '막후 권력자'가 하렘 안에 존재하는 경우도 많았다. 책을 너무 좋아한 탓에, 전쟁이나 통치와 연관된 현실적 사안에는 거의 무관심하였던 하캄 2세의 치세 때가 아마 그런 시절이었을 것이다.

하캄 2세는 코르도바의 위대한 칼리프, 아브드 아르라흐만 3세의 아들이었다. 아브드 아르라흐만 3세는 자신의 아내, 에즈 자흐라를 기쁘게 할 마음으로 도시를 건설하였다. 그리고 여기에 '가장 아름다운 여인의 도시'라는 이름을 붙였다. 그래도 자신의 배우자에게 통치권을 넘기지는 않았다. 그러나 그의 아들 하캄은 왕실 여인들이 권세를 휘두르도록 그냥 내버려 두었다. 따라서 하캄이 죽자, 어린 칼리프 히샴의 어머니, 술타나 오로라가 국가의 가장 중요한 인물로 떠올랐다.

젊은 알만조르가 권력을 잡는 데 일조한 인물도 바로 오로라였다. 아부에 능하고 머리도 뛰어났던 공주들은 이 젊은이를 마음에 들어 하였다. 누구보다 오로라 자신이 출중하였던 이 젊은 남자에게 반해 모든 권세와 권력을 그에게 넘겨주었다. 이렇게 왕실 여인들은 가장 뛰어났으면서도 부도덕하였던 무어족 지도자 중 한 명을 성공리에 키워냈다. 그는 연이은 승전보로 스페인을 공포에 떨게 하였다. 그리고 마침내 죽음이 그에게 드리우자, 기독교인들은 안도의 한숨을 내쉬었다.

스페인계 무어인들의 아내는 결코 작지 않은 권력을 휘둘렀다. 1465년 왕위에 오른 알함브라의 무어계 통치자, 물리 아불 하산의 약력을 보면 부인의 영향력이 잘 드러나기도 한다. 워싱턴 어빙(미국의 역사·전기 작가─옮긴이 주)의 표현에 따르면 이렇다.

"그는 선천적으로는 잔인하였지만, 여성들에게는 쉽게 지배당하였다."

점성술의 별점에 따른 어린 왕자의 운명

하산 왕은 어린 나이에 종조부 술탄 모하메드 7세의 딸과 결혼하였다. 어빙에 따르면, 아익사 또는 아이샤라고 불린 이 여인은 남자에 버금갈 정도로 기백과 힘이 넘쳤다. 그리고 티 없이 맑았고, 범접하기 힘들 정도로 덕망이 높았다. 그래서 보통은 '순결'이란 의미의 '라 호라'로 불렸다. 드디어 그녀에게 '아부 압달라'이라고 불리는 이

름보다, '보아브딜'이라는 약칭으로 더 유명하였던 아들이 태어났다. 왕실에서는 점성가들을 불러 관례대로 아기 별점을 보도록 하였다.

운명의 책에는 "이 아이가 성장하여 언젠가 왕위에 오르겠으나, 왕국의 몰락이 그의 재위 중에 이루어질 것이다"라고 적혀 있었다. 이걸 본 점성가들은 공포에 휩싸였다. 그러자 하산 왕은 어린 왕자이자 후계자를 의혹의 눈길로 바라보았다. 심지어는 혐오에 찬 눈으로 보기도 하였다. 그리고 그런 예언을 타고난 아이를 학대하기 시작하였다. 그래서 어린 왕자에게는 '엘 조고이비(El Zogoybi, 불행한 자)'라는 별칭이 붙었다.

어린 왕자가 아무 탈 없이 젊은이로 성장할 수 있도록 끊임없이 보살피고 방패막이 되어준 사람은 바로, 대범하고 다정다감한 그의 어머니였다. 아이샤가 강인한 성격에 의지력이 남다른 여인이었던 덕분이었다. 그러나 안타깝게도 아이샤는 나이가 들어가면서 매력과 영향력을 점차 잃어가고 있었다. 그러던 중, 그녀가 하렘에서 정적을 만나고야 말았다.

어빙에 따르면, 당시 무어인들이 잡아온 포로 중에는 기독교 왕당파였던 산초 시멘스 드 솔리스의 딸인 이사벨라가 있었다고 한다.

그녀를 잡아 온 무어인들은 '파티마'라는 이름을 지어 주었다. 그러나 그녀가 성장하면서 드러난 빼어난 미모 때문에, 파티마는 '소라야(샛별)'라는 성을 갖게 되었다. 그리고 역사 속에서도 '소라야'라는 이름을 남겼다. 그녀의 매력이 결국 물리 아불 하산의 시선을 사로

잡았다. 그리하여 그녀는 이슬람교를 받아들인 후, 왕의 아내가 되었다. 소라야는 얼마 지나지 않아, 물리 아불 하산의 마음을 완전히 빼앗았다.

"소라야는 미모만큼이나 야망이 컸으며, 두 아들의 어머니가 된 이후에는 아들 중 한 명이 그라나다 왕좌에 오르게 될 날을 염원하였다."

왕좌를 둘러싼 음모 속의 여인들

소라야는 외국인이자 기독교 혈통이었다. 그녀는 이에 매력을 느낀 사람들을 주변에 끌어 모아, 파벌을 형성하였다. 이들은 보아브딜과 그의 어머니, 아이샤를 배반하였기에 소라야와 두 아들의 야심에 적극적으로 협조하였다. 그러니 아이샤에게 열렬한 지지자들이 없었던 것은 아니었다. 결국 이 사이에서 고질적인 투기와 뿌리 깊은 증오가 잉태되었다. 그리고 음모가 판을 쳤다.

소라야의 지지자들은 물리 아불 하산을 폐위시키고, 보아브딜을 아버지의 왕좌에 앉히려는 아이샤의 음모를 우려하였다. 그래서 왕자를 그의 어머니와 함께 시마레스 탑에 가두었다. 하산 왕은 이들을 멸시하면서 점성술에서 나왔던 별점의 예언이 사실임을 입증하려고 하였다. 뿐만 아니라, 사형 집행자의 검으로 아들 보아브딜의 야심을 완전히 잠재우기로 결정하였다. 그러나 여기서 아이샤의 능력이 다

시 빛을 발하였다. 그녀는 즉시 자신의 아들 보아브딜을 구할 방도를 찾기 시작하였다.

"아이샤는 한밤중에 아들이 갇혀 있는 감옥에 접근하여, 숄과 스카프를 자신과 하녀의 몸에 묶었다. 그리고 아들인 보아브딜을 알함브라 궁전의 발코니에서 다로 강으로 길게 이어진 가파른 바위 언덕에 내려놓았다. 이곳에는 아이샤의 헌신적인 추종자들이 그를 맞이하러 기다리고 있었다. 보아브딜은 이곳에 도착하자마자 준마를 타고 재빨리 빠져나갔다."

야심이 가득한 친구들과 친족들의 충고에 따라, 보아브딜은 전쟁 준비에 돌입하였다. 보아브딜의 모친, 아이샤도 언월도를 그의 옆구리에 정성스레 매주며, 축복을 내려 그에게 용기를 불어넣었다. 그리고 전투 채비를 하게 하였다. 그러나 보아브딜의 어린 신부는 불리할 수밖에 없는 전투에서, 그에게 닥칠지 모를 불행을 떠올리며 눈물을 흘렸다.

"왜 우는 것이냐, 알리 알타르의 딸이여?"

불굴의 여인, 아이샤가 며느리에게 물었다.

"그런 눈물은 전사의 딸도, 왕의 아내의 눈물도 아니다. 나를 믿어라. 무너지기 쉬운 천막 안에 있는 것보다는, 견고한 성벽에 둘러싸인 군주에게 더 많은 위험이 도사리고 있는 법이다. 네 남편이 왕위를 확보하려면 전장의 위험을 극복해야 할 것이다."

그래도 알리 알타르의 딸, 모라이마의 마음은 위로가 되지 않았다.

자신의 남편이며 한 왕국의 왕자가 알함브라의 궁전을 떠나가자, 그녀는 언제까지나 망루에 선 채 베가 평야를 하염없이 내려다보았다. 사랑하는 남편이 떠나는 모습을 한없이 바라보던 그녀는, 다시는 남편을 보지 못할 것 같은 생각이 들었다. 이윽고 남편이 이끄는 부대가 시야에서 사라지자, 그녀는 "산들바람을 타고 군가(軍歌)가 들려올 때마다 솟구치는 슬픔에 몸서리쳤다."

스페인의 마지막 무어 왕이 될 운명을 타고 났던 이 인물과 관련된 이런 숙명적인 사건의 연속을 여기서 다시 설명하는 이유는 이렇다. 이런 사건들을 통해 무어 여인들의 열정적인 사랑과 독기어린 증오, 헌신과 배반, 희망과 두려움이 지닌 성격적 장점과 약점을 파악할 수 있기 때문이다.

일곱 번째 발자국

한 여인이 스페인을
그들에게 돌려주다

오랫동안 무어인들이 차지하였던 영토를 스페인 백성들에게 돌려주게 될 인물은, 이사벨라를 아내로 두었던 페르디난드였다. 보아브딜의 폐위 사건은 기사도 정신과 비애가 절로 느껴지는 이야기다.

알푸자라스 언덕에 올라선 보아브딜은 어머니, 아이샤와 함께 잃어버린 자신의 왕국을 되돌아보았다. 알함브라 궁전의 탑들이 거대한 모습을 드러냈다. 그리고 풍요롭고 비옥한 베가 평원도 마지막으로 그의 눈앞에 펼쳐졌다. 보아브딜이 비통하게 "알라후 아크바르(신은 위대합니다!)"라고 외치며, 울음을 터뜨렸다. 그러자 어머니, 아이샤가 말하였다.

"사내답게 지켜내지 못하였으니, 여인네처럼 울기라도 해야겠지."

스페인의 마지막 무어족 왕이 마지막으로 서 있던 이곳이 바로, 지금의 '엘 울티모 소스피로 델 모로(무어인의 마지막 한숨)'라는 명소가 되었다. 기독교의 십자가를 편들었던 카스티야와 아라곤의 군기가 이슬람교의 초승달 깃발을 대체하였다. 페르디난드와 이사벨라는 알함브라 궁전에서 무릎을 꿇고, 신께 감사의 기도를 올렸다. 그들 뒤에 있던 스페인 군대와 왕립 합창단은 '테데움(찬미의 노래)'을 불렀다. 만일 이사벨라가 좀 더 자비로웠고, 이교도와의 신의를 지켰더라면 패배한 자들의 운명이 그렇게 비참하지는 않았을 것이다.

7백여 년 동안 무어족의 땅이었던 그라나다의 몰락

무어인들이 7백여 년이란 파란만장한 세월을 지배하였던 고향에서 쫓겨나게 되었을 때, 자존심 강한 무어족의 여인들보다 더 고통스러워하였던 사람은 없었다. 그러나 이 여인들이 패잔병 무어인들의 수많은 남자를 고유의 민족 문학으로 계승할 수 있었던 이유 는, 스페인의 승자들 덕분이었다. 무어족의 '죽은 셀린을 위한 애가(Lament for the Slain Celin)'에는 과거의 영광을 잃고, 오래도록 지켜왔던 자리에서 쫓겨 가며 울부짖던 처녀와 어머니를 표현한 구절이 있다.

무어족 여인은 격자문에 서 있고, 무어족 사내는 문간에 서서
어떤 처녀는 양손을 비틀고, 어떤 처녀는 아프도록 울고 있네.
사내들은 자신들의 머리를 가까스로 지탱하니, 검은 재는
자수를 놓은 그들의 진홍색, 녹색, 푸른색 옷 위로 흩날리도다.

어서 와,
이런 이야기는 처음이지?

민족이 몰락하자, 늙은 여인네들도 희망이 무너졌다.

한 늙디 늙은 여인이 앞으로 나오니, 백성들이 울부짖는 소리가
들리네,
그녀의 머리카락은 은처럼 하얗고, 눈은 텅 빈 뿔처럼 멍할 뿐이
구나.

그라나다의 몰락은 수많은 가슴에 고통을 안겼다. 바이런 경이 스
페인어를 영어로 번역한 '아, 슬프도다(Woe is me!)'라는 담가에는
당시의 감정을 다음과 같이 훌륭하게 묘사한다.

왕들이 그들의 자녀를 잃었도다 ― 부인들은,
그들의 주인을, 그리고 용맹한 사내들은 그들의 목숨을.

고령의 무어인이 왕 앞에서 이리저리 서성이며 통곡을 쏟아낸다.

나는 그 시각에 처녀를 잃었습니다,
천하에 가장 사랑스러운 꽃을.
나는 금화 백 개를 지불하며,
그녀의 몸값이 당시에는 싸다고 여기곤 하였습니다.
아, 슬프도다. 알함브라여!

경쾌한 캐스터네츠는
그대 언덕에서 침묵을 지키고

어느 누군가는 이렇게 적었다.

아름다운 그라나다, 어떻게 그대의 영광이 사라졌는가! 그대 기사도 정신의 꽃은 이방인의 땅에서 눈에 띄지도 않는구나. 비바람블라 광장에서는 이제 더는 말발굽 소리도, 트럼펫 소리도 울리지 않으며, 기창(騎槍) 시합에 맞춰 근사하게 정렬하는 젊은 귀족들이 더는 붐비지 않는다.

아름다운 그라나다여! 류트(기타 비슷한 초기 현악기 - 옮긴이 주)의 부드러운 음도 더는 달 밝은 거리에서 울리지 않고, 그대의 발코니 아래에서도 세레나데가 너 이상 들리지 않는다. 경쾌한 캐스터네츠는 그대 언덕에서 침묵을 지키고, 우아한 잠브라 춤도 그대의 나무 그늘 밑에서 더는 보이지 않는다.

아름다운 그라나다여! 왜 알함브라 궁전은 저토록 황량하고 적막한가? 오렌지와 머틀(관목의 하나 - 옮긴이 주)은 아직도 비단 침실로 향기를 흘려보내고, 나이팅게일도 여전히 수풀 속에서 노래하고, 대리석 건물들은 퐁퐁거리는 분수와, 졸졸 흐르는 맑은 실개천으로 아직도 상쾌하구나!

아아! 왕의 얼굴도 그런 건물 안에서 더는 반짝이지 않는다. 알

어서 와,
이런 이야기는 처음이지?

함브라의 빛이 영원히 지고 말았도다!

안녕, 안녕, 그라나다! 타의 추종을 불허한 그대, 도시여!
슬프도다, 슬프도다, 그대, 이교의 자존심이여! 7백여 년의 세월이
충직한 자가 그대 제왕의 홀을 처음 잡고 난 이후 흘렀도다!
그대는 명망 높은 민족의 행복한 어머니였으며,
그대 안에 지금 그들의 자리에서 시작된 오만한 계보가 거주하였도다.

여기 용맹한 자들은 대수롭지 않게 여겼으니 여자를 위해 죽는 것을,
혹은 예언자 마호메트의 명예와 이슬람교의 자존심을 위해.
이곳에서 용맹이 꽃을 피웠고 용감무쌍한 행동은
우리의 기쁨이 어린 위풍당당한 왕궁에 기품을 더하였으니.
그대 베가의 정원들과 들판과 꽃이 만발한 정자여,
슬프도다, 슬프도다! 그 아름다움이 사라지고, 그 모든 꽃들이
흩어지는 장면을 내가 목격하는구나!

 Oriental Women

Part 12
중국과 조선에도
여성들이 살았다네

중국을 지배하는 것은 '가부장제'

한때는 한없이 평온하였던 중국이 최근 몇 년 사이 엄청난 변화를 겪었다. 중국에서 근래에 일어난 변화에서 간과해서는 안 될 요인은 바로 여성이다. 일반적으로 각 나라의 여성들은 구심력을 발휘한다. 그런데 이 세상 수많은 민족 중에 중국만큼 보수적인 나라도 없을 것이다. 이런 보수주의를 형성하는 데 있어서, 중국 여성은 매우 중요한 역할을 하고 있다.

조상 숭배는 아득한 먼 옛날부터 중국 민족의 특징이었다. 중국인의 민족성 중에서 가장 커다란 특징은, 바로 부모에 대한 효도이다. 효도를 가르치는 일은 어린 시절에 끝나는 것이 아니라, 성인이 된 뒤에도 계속된다. 천민에서 황제에 이르기까지 효도에 관한 한, 예외는 없다.

황제는 중국 민족의 아버지이므로, 아버지처럼 공경해야 한다. 또한 황제는 하늘의 아들이기도 하다. 공자가 제자들에게 심어주고자 하였던 덕목도, 앞선 현자들이 백성들에게 독려하였던 바로 그 효심이었다. 중국인의 삶에서 최선의 덕목도 효도에 대한 가르침에서 비롯된다.

따라서 토대는 땅에 두고, 머리는 하늘을 뚫는 거대한 가부장제는 중국을 떠받치는 근본적인 제도다. 맹자는 효에 대해 다음과 같이 분명히 밝혔다.

"효자의 지극한 도리로서는 부모를 높이는 것보다 더한 것은 없다. 부모를 공경하는 데 지극한 것으로는 천하를 가지고 봉양하는 것보다 더한 것은 없다. 천자의 아버지가 되었으니, 그보다 더한 봉양은 없다."

이를 두고 『시경(詩經)』에서는 이렇게 말하였다.

"늘 효도하기를 생각하여, 효도하는 것이 법도가 되었다."

인생 만사를 이루는 근본이 효이다. 누군가 맹자에게 상고 시대의 대표적인 인물인 순(舜) 임금이 부모에게 상의하지 않고 결혼을 한 것은 어찌 된 일인지 물었다.

"부모에게 고해야 한다면, 순처럼 해서는 안 될 일이기 때문입니다."

이에 맹자가 답하였다.

"순(舜)이 부모에게 알리면 결혼을 할 수 없었을 것이다. 남녀가 한 방에서 거처하는 것은 사람으로서의 큰 도리인데, 만약 고한다면 인륜의 큰일을 폐하여 부모를 원망하게 될 것이다."

맹자는 훌륭한 순 임금의 효심을 이렇게 설명하였다.

사회적 또는 종교적 이상이 어느 민족에서나 여성의 삶을 형성하는 데 가장 커다란 역할을 할 가능성이 있다. 그래서 중국의 초기 역사부터 효도는 당연히 여성관 형성에도 중요한 덕목이 되었다. 이에 따라,

노인 공경은 중국의 미덕 가운데 가장 중요한 덕목으로 손꼽힌다.

이러한 사실은 중국인들의 일상적인 수많은 관습에서 드러난다. 가령, 사람들이 함께 걸어갈게 될 때 연장자가 맨 앞에 선다. 그리고 나머지 사람들은 나이에 따라 짝을 이루어 그 뒤를 따르게 된다.

여성에 대한 공자의 입장은

여성과 여성의 행실에 대한 공자의 직접적인 언급은 거의 없었다. 하지만 그의 가르침이 여성들과의 관계에 있어서 중국 남자들의 사고와 행동에 영향을 미친 것은 분명하다. 결혼과 축첩 허용에 관한 그의 정리되지 않은 생각은, 공자가 남긴 사회적 가르침에 대한 오점에 속한다. 초기 중국 문학의 중심을 살펴보면, 여성에 관한 고대의 이상을 가장 확실하게 알 수 있다. 그리고 중국 민족의 고루한 보수주의로 인해, 이런 고대의 이상이 아직도 영향력을 발휘하고 있을 가능성이 크다.

『예기(禮記)』에는 중국 민족이 일상에서 지켜야 할 수많은 예법이 담겨 있다. 여기에는 여성, 아내, 첩, 어머니들의 생활은 물론 정혼, 혼인, 가정의 의무와 효에 관한 내용도 많다.

일반적으로 중국인들을 감정적인 민족으로는 생각하지 않는다. 그러나 중국 고대 시 중에는 낭만적 요소가 넘치는 시들도 상당히 많다. 그 같은 감정을 표출한 작품의 내용은 이렇다.

　아! 상냥한 아가씨, 너무나 아름답고 수줍어 하는구려,
　모퉁이에서 내가 그대를 기다리고 있다오.

　초기 시는 상당히 다양한 감정적 고민을 보여준 후, 여성의 가치와 성격에 대한 보다 심오한 명상으로 이어졌다.

　『시경』은 공자가 3백 편 이상의 시를 집대성한 중국 시가집이다. 여기에는 신부의 덕목을 자세히 노래하였고, 훌륭한 결혼 축시도 들어 있다. 여왕의 근면함, 사모하는 처자의 매력과 고결한 행실, 배우자에 대한 애정을 노래한 시들도 있다. 도리를 다하려고 집을 떠난 남편의 부재를 애통해 하는 아내나, 외면당한 아내가 억울함에 통곡하는 내용도 있다. 남편의 가혹함을 한탄하기도 하고, 소박한 애인이 하는 꾸밈없는 칭찬을 타박하는 여인이나, 남편의 귀가에 위로를 받는 아내 이야기도 담겨 있다.

　제후들이 왕과 공사(公私)를 논하였던 봉건제 초기 시대에 탄생한 이런 노래에는, 아득한 옛 시절의 향기가 난다. 이런 자리에는 악관(樂官)들도 참석하였다. 그중 한 악관이 이렇게 말하였다.

　"전 백성들의 법을 누가 만드는지에 대한 관심은 없으니, 백성들의 노래를 기록하도록 하겠습니다."

　악관들에게 백성들이 부르는 노래를 살펴보라는 임무가 주어졌고,

왕의 음악관이 승인한 노래들은 고전으로 보전되었다. 이렇게 모인 노래들을 공자가 간추렸다. 또한 중국 여성을 노래의 소재와 영감의 대상으로 삼은 노래 상당수도 공자를 통해 전해졌다. 문왕의 신부가 지닌 덕을 노래한 축가에서도 여성의 아름다움과 미덕에 대한 고대인들의 생각을 엿볼 수 있다. 뿐만 아니라, 이 축가는 결혼 잔치에 따르는 옛 풍습을 전하는 수많은 시 가운데 하나다.

착하고 정숙하고 수줍은 아가씨에게
거문고와 비파를 연주해주고 싶네.
들쭉날쭉한 마름 나물을
이리저리 삶았네.
착하고 정숙한 아가씨를
종과 북으로 즐겁게 하도다.

사실, 중국에서 현대적인 것은 전혀 없는 것 같다. 하지만 상당히 현대적인 예술인 중국의 연극은 여성의 장단점을 묘사하곤 한다. 여기에는 진솔한 연애 감정도 담겨 있다. 『한궁추(Sorrows of Han)』에는 나약한 시대를 노래한 역사적 비극이 전해진다.

사랑은 군주의 보살핌에서나 수월하였지,
회의 때도 어렵고, 전쟁 중에는 결코 아니구나.

두 번째 발자국

여자아이를
환영하는 경우는 거의 없다

중국 한(漢)나라의 원제(元帝) 시절, 왕소군은 후궁이 될 신분이었지만, 왕의 얼굴은 본 적이 없었다. 농부의 딸이었던 그녀는 여덟 살에 궁궐로 오게 되었다. 하지만 정승의 모함으로 냉대와 괄시를 당하고 있었다. 화관(畵官)은 그녀를 추녀로 그린 그림을 왕에게 바쳤다. 뿐만 아니라, 화관은 다른 여자들에게서 뇌물을 받았기에 그녀들이 왕의 간택을 받게 하였다.

왕소군의 아버지는 가난하여 뇌물을 바칠 형편이 아니었나. 그러넌 어느 날, 우연히 왕은 어둠 속에서 그녀가 타던 비파소리를 듣게 된다. 음악에 매료된 왕은 그녀의 얼굴을 보길 청하고, 왕소군의 얼굴을 보게 되었다. 그때 왕은 그녀의 미모에 넋을 빼앗긴다. 왕은 왕소군에게서 화관의 음모를 전해들은 즉시, 그의 목을 베도록 명한다.

그러나 간신히 위기를 벗어난 화관은 한나라를 위협하던 타타르족의 땅으로 도망가 그들을 돕는다. 타타르족의 왕자는 왕소군의 초상화를 보고 반해버린다. 그리고 이 아름다운 여자를 넘기는 조건으

로 한나라의 왕에게 평화를 제안한다. 한나라의 왕은 애통하지만 달리 왕국을 구할 길이 없었다. 그래서 그녀를 적에게 넘겨버린다. 왕소군 스스로도 자신의 나라를 구하기 위해 희생양이 될 것에 동의한다. 그러나 자신의 사랑을 굳게 지키고자 하였던 그녀는, 타타르 왕자의 손아귀에 오래 잡혀 있지 않았다.

왕소군은 기회를 틈타 물살이 높아지던 강에 뛰어들었다. 그리고 강가에서 야영을 하던 타타르군도 함께 수장되었다. 타타르의 왕자 칸이 자신의 노획물이 손아귀에서 빠져나가자, 한나라의 왕에게 화관을 다시 보내 벌을 받도록 한다. 그날 밤, 왕은 꿈속에서 죽은 왕소군의 모습을 본다. 왕은 일어나 그녀를 품에 안으려 하였지만, 그녀는 다시 사라지고 만다. 희곡으로도 만들어진 이 이야기는, 왕실에 깊은 슬픔을 안겨주었던 화관의 머리를 베라는 명령으로 극 속에서는 끝을 맺는다.

그러나 일반 중국 여성들의 사랑 이야기도 초기의 시대를 전하는 책들 속에 담겨 있다. 중국 여성들이 당장은 그런 사실을 깨닫지 못한다 해도, 대다수 중국 여성들의 삶은 슬픔으로 시작한다. 일반적으로 중국에서 여자아이를 환영하는 경우는 거의 없다. 따라서 사람들 속에서 그녀는 분명 거칠고 힘든 인생을 시작한다.

결혼한 여성들은 더 심한 노예 생활을 한다

중국의 딸은 고립된 여건 속에 냉대를 받으며 성장한다. 남동생들도 그녀에게는 벗이 아니다. 그녀와 남동생들과의 관계는 주인과 노예 사이보다 나을 바가 없다. 딸은 결혼하면 다른 가족의 사람이 된다고 여겼기에, 그녀의 이름은 호적에도 오르지 않는다.

누군가 중국에도 연애라는 것이 있냐고 묻는다. 중매인이 맺어주는 관계를 연애로 볼 수 없다면, 사실 중국에 연애 같은 것은 없다. 여자들은 처녀 시절의 마지막 며칠을 큰소리로 울부짖으며 보내며, 그들의 여자 친구들도 함께 눈물을 흘린다. 그러는 게 차라리 나을지도 모른다. 결혼은 신부에게는 행복한 경험이기보다는 그 자체가 오히려 고통이 된다. 이런 결혼을 하고 나면, 여성들은 더 참혹한 노예 생활을 한다. 다른 여성에게 종속된 비참하고, 비정한 노예 생활이다.

중국에서는 시어머니가 며느리를 엄격하게 다루기 때문에, 아내의 앞날은 남편 자신보다 시어머니의 성격에 따라 좌우된다. 그리고 며느리가 아들을 출산하는 것은 당연한 일로 여겨진다. 하지만 딸은 16세가 되면 다른 가족의 일원이 될 뿐이고, 그저 가끔씩 친정을 방문할 뿐이라고 여겨 환영받지 못한다. 어머니는 아들에게 기대야 위신이 선다고 생각한다. 그래서 시어머니는 자신의 딸보다는 차라리 자기 아들의 아내인 며느리의 보살핌을 받으려 한다. 왜냐하면 시집

을 간 딸은 그 집안의 시어머니 시중을 끊임없이 들어야 하기 때문이다.

약혼은 아주 어릴 때 성사되기도 한다. 그러나 약혼도 결혼만큼 구속력이 있어서, 지혜롭게 뒤로 미루는 일도 종종 있다. 따라서 여자아이들은 대개 혼인 한두 해 전에 약혼한다. 그리고 열다섯 살 즈음에 혼인하는 게 보통이다. 가난한 계층의 경우에는 약혼 비용을 줄이기 위해 어린 여아를 사거나, 선물로 받아 아들의 아내로 키우는 어머니도 있다.

그러나 중국에서도 다른 나라처럼 결혼은 여성의 인생에서 한번쯤은 치러야 하는 중대한 일로 인식된다. 그런데도 중국에서는 신부가 혼사에 참여하는 경우가 드물다. 청혼과 수락, 이 모두 결혼 당사자들 모르게 진행되는 경우가 종종 있다. 겁먹은 어린 신부에게는 결혼식 날의 행사도 늘 즐겁지가 않다. 신부는 결혼식 때까지 비교적 격리된 채, 하루하루를 보낸다.

일부다처제와 축첩의 전통 속에서

신부는 어느 날 갑자기, 낯선 사람들 속으로 던져진다. 그래서 그녀는 당연히 거의 공포에 가까운 두려움에 기가 죽게 된다. 그러나 그녀가 겪는 이런 시련에 누구도 안타까운 심정을 표하는 것 같지는 않다. 마침내 신부가 시부모님 집에 도착하면, 그곳에서는 새사람에 대한 인상을 노골적으로 말하는 등 그녀에 대한 이런저런 평이 들려온다.

중국의 여러 지역에서는 미혼의 아가씨들이 길가에 늘어서, 신부가 지나가면 기름먹인 검은 머리카락에 잘 들러붙도록 쌀 대신 풀씨나 왕겨를 몇 움큼씩 던지는 풍습이 있다. 여자는 부모의 결정에 따라 결혼해야 할 뿐만 아니라, 남자는 부모에게 자신의 결혼 의사를 알려 조언을 구해야 한다. 『시경』에서는 이렇게 표현한다.

"아내를 데려오는 절차는 어떻게 해야 합니까?"

"먼저 부모님께 고해야 한다."

결혼한 여성들은 자신의 원래 이름을 거의 유지하지 못한다. 성씨가 두 개인 부인도 있는데, 하나는 남편의 것이고 다른 하나는 그녀외가의 성이다. 아들이 생기면, '누구 누구 엄마'로 불리기도 하며, 사람들 앞에서 자기 남편을 직접 언급하지도 않는다. 남편과의 관계를 말할 때는 직접적인 거론을 피하고 에둘러 표현한다.

중국 경제학자들은 일부다처제와 축첩이 일부일처제보다 더 건강한 인종을 출산하는 경향이 있다는 근거로, 이들 제도를 옹호할지도 모른다. 부유층의 첩들은 대개 튼실한 노동자 계층 출신이므로, 이들의 강인한 체질이 유약한 상류 계층에 새로운 활력을 불어넣고 있다는 주장이다. 그러나 이런 제도의 물리적 장점보다는 도덕적 악폐가 단연코 더 많은 게 현실이다.

요람에서 무덤까지 암울한 삶

중국 여성의 인생에서 아이의 출생은 커다란 전환점으로 작용한다. 아이
가 없으면 계속해서 봉양을 감당해야 하는 신분에 머무른다. 그러나 어
머니가 되면 그 즉시 실권을 차지한다. 따라서 아내들은 아들을 낳게 해
달라고 신께 기도한다. 그녀들의 염원이 실현되면, 아들이 태어나 새로
운 기쁨을 주신 신께 감사한다.

어머니가 된 여자는 자기 주인과 아들을 제외한 모든 식구를 휘어
잡을 수 있다. 신부가 자신의 새로운 집에 들어선 순간을 『시경』에는
이렇게 묘사하고 있다.

"싱싱하고 파릇한 복숭아나무 / 그 잎이 푸르고 무성하다 / 아가씨
가 시집가니 / 집안이 화목하겠구나."

그러나 무엇보다 중국 여성들은 어머니가 되어야 한
다는 사실을 명심해야 한다. 중국 여성의 삶에서 가장 큰
행복이자, 가장 커다란 위안은 그녀의 아들이다. 여성은
아들을 통해서만 오직 공경의 대상으로 확실히 올라설
수 있다. 그렇다고 해도 중국 현자들의 가르침에 따라,

여성은 남편뿐만 아니라 아들에게도 예속되어야 한다. 지식인에 해당하는 한 중국인이 최근 이렇게 말하였다.

"중국 여성들이 인생에서 찾아볼 수 있는 긍정적인 점 하나는, 힘든 상황에서도 나름대로 최선을 다하며 기꺼이 견디게 하는 체념이다."

그야말로 중국 민족, 특히 중국 여성에게는 맞는 말이 아닐 수 없다. 중국 여성들은 분명 남성들보다 훨씬 힘든 운명을 타고난다. 서양인의 관점으로 본다면, 요람에서 무덤까지 중국 여성의 삶은 암울하고 우울하다. 그녀들의 격리된 삶을 뚫고 들어가는 외적인 기쁨은 거의 없다. 중국 소녀들과 여성들이 남성들과 지적으로나 사회적으로 동등한 능력이 있다고 하더라도, 실제로 여성들이 남자 형제들이나 남편과 동등하다고 말하기는 힘들다.

중국 여성들이 대체로 동등한 동반자로 성장하지 못한 이유는 교육의 부족에 있나. 물론 예외도 있지만 밀이다. 현재 여성들이 지신의 능력을 더 넓은 영역에서 발휘하지 못하는 것은 이들에게 자유가 턱없이 부족한 탓도 있다. 그러나 서양식 학교가 문을 연 곳마다 중국 소녀들에게 교육과 훈련을 통해 인생을 더 넓게 바라볼 수 있는 기회가 주어지고 있다.

중국 남편들이 아내를 대하는 태도

공자는 『논어』에서 이렇게 이야기한다.

"다른 누구보다 여자 하인들과 남자 하인들을 다루기가 가장 힘들다. 그들은 친근하게 대하면 불손하게 굴고, 멀리하면 원망을 한다."

이 말은 중국 여성들이 적어도 어느 정도는 자유롭게 외부 세계와 어울릴 수 있는 위치에 있다는 점을 보여준다. 그들은 아마 여건이 허락하는 한, 많은 자유를 누리고 있을 것이다. 아무튼 외부 세계와 여성들을 단절시키면 온화한 기질을 형성하는 데, 도움이 되지는 못하는 듯하다. 그녀들의 얼굴에서 즐거움이나 희망에 찬 기색을 찾아보기 힘들기 때문이다.

그렇다면 중국 남편들이 아내를 대하는 태도는 어떠한가? 당연히 아내를 자신보다 열등한 존재로 여긴다. 사실 일반적으로도 중국의 남편들은 그렇게 생각한다. 유아 때부터 중국 어디를 가나, 여성의 삶에 드리워진 한계 때문에 달리는 생각할 수가 없다. 소녀들은 밥 먹는 입을 줄이는 차원에서 시집을 가야만 한다. 그리고 아내들은 주로 자식을 키우는 수단으로서만 여겨진다. 이런 일들이 조상을 위한 신성한 의무로 여겨지는 상황에서, 양성평등이란 개념은 꿈도 꿀 수 없을 것이다.

중국에서도 전 세계 어느 나라와 마찬가지로, 아내들이 냉대를 당하는 일이 많다. 요즘뿐만 아니라, 중국 초기 문학에서도 아내들의 슬픈 탄식 소리가 들려온다. 어느 시인이 천대받는 아내의 입을 빌어, 남편이 그녀에게 전혀 위안이 되지 않는다는 사실을 이렇게 표현한다.

하늘은 먹구름으로 어둡고, 우르릉 천둥소리마저 들리네.
이런 바깥 날씨는 내 힘든 영혼을 잘도 표현하는구나.
자다가 깨어서 잠 못 이루니,
남편을 생각하면 슬프고 가슴이 아프도다.

두 번째 남편과 아내는 식량이 바닥나면 갈라선다

중국 여성들이 새혼을 하는 경우도 종종 있긴 하다. 하지만 중국에서는 재혼에 대한 인식이 좋은 편은 아니다. 재혼 때에는 첫 결혼처럼 사랑이 샘솟을 가능성도 떨어진다. 중국인들은 기러기를 남녀간의 사랑의 상징으로 보는데, 특히 부부 간의 깊고 영원한 정을 의미한다. 왜냐하면 기러기는 짝이 죽으면 새 짝을 찾지 않는다고 알려진 새이기 때문이다.

이런 이유로, 중국의 신혼부부들은 기러기 모형을 숭상한다. 중국인들 사이에는 두 번째 남편과 두 번째 아내는 식량이 떨어지지 않을 때에만 남편과 아내라는 말이 있다. 식량이 바닥나면 부부는 갈라

서고, 각자 서로의 길을 갈 뿐이다. 남편들은 진실한 사랑을 하지 않아도 전혀 부당하다고 생각하지 않는다. 반면에, 남편이 그 이유와 상관없이 아내가 학대를 당해도 싸다고 생각할 경우, 아내는 가차 없이 심한 학대를 당하기도 한다.

그야말로 가혹한 팔자를 타고난 첩들이 특히 이런 경우에 해당한다. 집안에 아내가 한 명 이상이 있는 경우에는 질투, 다툼, 불화, 모함 등의 갈등은 불을 보듯 뻔한 일이다. 『시경』에서는 부인의 질투를 짧은 시로 이렇게 노래하고 있다.

녹색 저고리에
노란색 안감
마음에 이는 근심이여
언제나 그치려나.

중국에는 "여자보다 더 질투심이 많은 존재는 없다"는 속담이 있다. 중국의 '질투'란 말은 발음은 같지만, 억양은 다른 '독'이란 의미의 단어를 연상시킨다. 이 속담을 보면, "질투는 무덤만큼 잔인하다"고 하였던 히브리 현자의 말이 떠오르기도 한다.

중국에서 여성들이 알아야 할 것들

중국에서 아내는 길거리에서 남편과 함께 다니지도 않고, 식사도 함께하지 않는다. 집안 남자들이 식사하고 나서야, 비로소 여자들이 먹을 차례가 된다. 여자들은 병에 걸려도 안타깝게 생각하는 사람이 거의 없다. 여성들이 겪는 고통에는 별 관심이 없는데다가, 가난 때문에 의사의 진찰을 받을 형편도 못 되기 때문이다. 그나마 치료를 할 때조차도 역시 상당히 잔인하고 지독하게 한다. 이 경우, 미신에 의존해 치료할 때가 많다.

골드스미스(아일랜드 태생의 영국 시인이자 소설가-옮긴이 주)는 자신의 저서 『세계의 시민(Citizen of the World)』에서 주인공 격인 중국인 학자, 리엔 치 알탕기는 다음과 같이 풍자한다. 젊은 여성들이 다닐 수 있도록 학교를 열려는 자신의 목적을 잠으로 암울하게 묘사하고 있다.

이곳에서 나는 여성들에게 지금껏 알 수 없었던 부부간의 수수께끼를 가르치려고 하였다. 말하자면, 부인들은 남편들을 다루는 법을 배우고, 처녀들은 자신에게 맞는 남편을 고르는 능력을 배우게 될 것이다.

나는 부인들이 남들에게 혐오감을 주지 않고도 아파할 수 있는 적당한 선을 알려줄 것이다. 고통스런 위에서 나오는 담즙과 불손한 태도가 때로는 장점도 있다는 것을 배워야 하기 때문이다.

한편으로, 처녀들은 좋은 구혼자를 구별할 줄 아는 비법을 배워야 한다. 행상인과 학자, 시민과 사기꾼, 지주와 그의 말(馬), 남자 친구와 그의 원숭이를 구별할 수 있어야 한다.

하지만 무엇보다 처녀들은 업신여기듯 히죽거리는 멍청한 웃음부터, 오랫동안 큰 소리로 웃는 웃음에 이르기까지 자유자재로 웃을 수 있는 기술을 익혀야 할 것이다.

네 번째 발자국

공자의 사상이
부부 관계에도 적용되었더라면

공자의 가르침을 이루는 근본 가운데 하나는 '호혜'였다. 그러나 공자가 실질적인 부부 관계에 대한 언급을 거의 혹은 전혀 한 적이 없는 걸 보면, 이 기본적인 개념을 부부 관계에 적용하려고 하였던 것 같지는 않다. 공자의 호혜주의를 결혼생활에 적용하였더라면, 중국에서 젊은 아내들이 스스로 목숨을 끊는 비극은 훨씬 줄어들었을 것이다. 아내를 크게 상하게 하거나, 죽이기까지 하는 잔인한 남편들은 심지어 처벌을 면할수도 있다. 특히 ,아내가 시부모에게 불효를 저질렀다는 그의 주장이 법정에서 받아들여질 경우에는 말이다.

중국의 아내도 당연히 이혼의 폐단에서 자유롭지 않다. 아내가 잔소리, 불순, 음탕, 절도, 살인에 버금가는 죄 등을 저질렀을 경우, 또는 나병에 걸리거나 불임일 경우에 목숨이 붙어 있다면 친정으로 돌려보낼 수 있다. 중국에서 여성이 이혼을 당하는 여러 가지 원인 중 첫 번째는 아이를 출산하지 못하는 죄다. 그런데 간혹 재혼을 하는 과부들도 있기는 하다. 그러나 중국의 일부 지역에서는 과부의 자기희생을 강요한다. 즉, 남편이 죽으면 아내 스스로 목을 매도록 종용한다. 그리

고 과부가 죽은 후에는 시신을 화장한다.

여성의 모성 본능은 갓난아기를 보살필 때 가장 강하게 표출된다. 그런데도 중국에서는 영아 살해가 유난히 성행한다. 중국 여성을 괴롭히는 최대 위험은 아이를 출산할 때 나타난다. 그렇지 않아도 사람이 넘쳐나는 나라에서, 먹여 살리기 힘들다는 이유로 갓난아기를 죽이는 관습이 더욱 성행한다고 해도 이상한 일은 아니다. 물론, 이때 죽이는 갓난아기는 딸일 경우에만 해당한다.

게다가 중국에서의 인구 과잉 상태가 남자들의 해외 이주로 다소 완화되고 있는 반면에, 여자들은 중국을 떠나지 않고 있어서 남아도는 추세다. 그래서 아직 아들을 낳지 못한 어머니는 딸을 낳으면 곧 잘 죽이곤 한다. 그렇게 해야 가능한 빨리 아들을 가질 수 있다는 생각에서다. 이와는 달리, 아들이 한 명 이상 있는 어머니는 두세 명의 딸을 살려두기도 한다. 이런 어머니들도 만일 딸이 계속해서 더 태어나면, 그 딸들을 주저 없이 질식시켜 죽이기도 한다. 최근 한 작가는 이렇게 말하였다.

"중국에서는 어쩌다 태어난 아이의 성별이 아들이면, 그는 한 집안의 신(神)이 된다. 하지만 태어난 아이의 성별이 어쩌다 딸이면, 끔찍한 짐을 짊어진 채 쉽게 죽임을 당하거나 학대를 당할 것은 뻔한 일이다."

그래도 중국 여성들은 다른 동양 여성들보다는 낫다

중국 당국에서는 이 영아 살해라는 끔찍한 관습을 없애려고 부단히 애쓰고 있다. 또 이런 악습을 비난하는 책들도 출판되어 유통되고 있다. 영아 살해 같은 형태의 살인을 줄이고, 버려진 아이들을 보살필 수 있는 양육원들도 문을 열었다. 또 그런 양육원들은 중국에 계속해서 세워지고 있다. 더불어 강둑이나 연못처럼 갓난아기들을 살해할 만한 장소나, 아이들의 시신을 버릴 것 같은 장소에는, 이를 방지하는 석판도 세우고 있다.

반란과 빈곤의 시대를 거치며, 절망에 찬 수많은 어머니들이 자기 아이들을 들개나 새의 먹이가 되도록 길가에 내다버린다. 그런 어머니들의 마음을 위로하기 위해 아기 시신들을 버렸을 것 같은 지점에 '아기 탑'들을 세웠다.

여자아이는 영아기 때 살해의 위기를 모면하면, 목숨을 붙이고 계속 살아갈 수 있다. 하지만 고통스러운 빈곤이 찾아오면 딸을 팔아버리기도 하고, 다른 곳으로 보내버리기도 한다. 중국에는 아기들을 거래하는 상인들이 활동하는 지역들도 있다. 비록 여자아이가 성인이 되면 가정에 여러모로 도움이 되겠지만, 상당수는 팔려가 치욕적인 삶을 살아야 한다.

중국의 작가, 훼이 귀는 중국인들과 영아 살해를 논하며 다음과 같이 말하였다.

갓난아기를 익사시키기 전에 생각해야 할 게 있다. '이런 일은 예(禮)에서 크게 어긋난 일이다. 그리고 더 높은 곳에는 신도 있다. 내가 어떻게 신들을 속일 수 있는가? 조상이 옆에 있는데, 내가 어떻게 그들 앞에 나설 수 있겠는가?'

오래지 않아 아기는 '맘마'라고 하면서 먹을거리를 찾을 것이다. 또 몇 달 안에 옹알이로 말을 시작하고, 처음으로 아버지와 어머니를 부르며 겨우 기어 다닐 것이다.

여러 해가 지나면 부모가 하는 힘든 일을 도울 것이며, 결혼하여 아들을 낳으면 또 얼마나 기쁠 것인가. 여러분이 사위를 얻고 손주들이 잘 자라면, 얼마나 자랑스럽고 좋을 것인가. '현재의 어려움을 잘 견디면, 곧 딸이 차려주는 밥을 먹을 수도 있다'는 걸 기억하자.

그러나 이런 수준 낮고 이기적인 동기들도, 특히 중국 남부에서 성행하는 영아 살해를 막기에는 역부족이다. 북부 지역에서는 영아 살해가 전혀 없다고는 할 수 없으나, 알려진 사례는 극히 적은 편이다.

중국 법에서 여성의 위상은 여권(女權) 신장을 주장하는 나라에서만큼 높지 않을 것이다. 여성의 재산권은 남자 친척들을 통해 그 권리를 누리는 경우를 제외하면, 사실상 전무한 상태다.

그러나 이들이 처한 모든 한계에도, 어떤 면에서는 중국 여성들이 동양의 다른 나라 여성들에 비해 앞서 있는 편이다. 중국 여성은 터키 여성처럼 하렘에 갇혀 있지도 않는다. 또 인도 여성처럼 가혹한 카스트 제도에 속박당하고 있지도 않다. 게다가 버마 여성들처럼 영혼이 없는 존재로 인식되지도 않는다.

어디 그뿐인가. 중국 여성들은 티베트 여성들처럼 일처다부제의 저주로 수모를 당하고 있지도 않다. 일본을 제외한 동양의 어떤 나라에도, 중국의 여성보다 영향력을 더 발휘하고, 인격을 더 수양할 수 있는 기회가 많은 여성도 없다.

다섯 번째 발자국
중국 여성들은 항상 비슷한 옷을 입는다

어떤 나라 여성들은 중국 여성의 옷이 아름다움과 우아함에서 부족하다고 생각하기도 한다. 그러나 적어도 검소하고, 건강에 좋고, 경제적이기 때문에 여러 면에서 매우 실용적이다. 또한 중국 여성의 옷은 사람의 몸을 효과적으로 감춘다. 이 점이 바로 중국인들이 옷을 디자인할 때 주안점을 두는 기준이기도 하다.

중국 여성의 옷은 헐렁하여 팔다리는 물론, 몸의 다른 주요 부분들도 움직이기 수월하다. 흔히, 같은 두께의 직물로 몸 전체를 감싼다. 그리고 중국 여성의 옷은 옷감을 재단해서 버리는 부분이 거의 없고, 불필요한 장식이나 부속물도 전혀 없다. 폭이 약 7.5미터가 되는 천만 있으면, 완벽한 겨울옷 한 벌을 장만할 수 있다.

서양 여성들이 옷의 디자인을 선택하고, 재단하고, 시침질하면서 겪는 정신적인 어려움이 중국에는 없다. 중국 여성들은 항상 같은 디자인의 옷을 선택하거나, 할머니가 대신 선택해주기 때문이다. 그래서 서양 옷을 입으면 맵시가 나지 않는 사람도, 중국옷을 입으면 손해 볼 일은 없다. 집에 마루도, 창문도 없는 비위생적인 여건에도, 중국에서 장수하는 여성들이 많은 것은 무엇일까. 그것은 바로 중국의 위생적인 옷 덕분이라고 생각하는 사람들도 있다.

중국의 북부 지역에서는 겨울에 다소 어색하고 불편해 보이는 누비옷을 입는다. 모직 내의를 입는 경우는 흔치 않다. 누비옷을 입으면 마치 몸에 자루가 매달린 것처럼 보인다. 누비옷을 입은 아이들이 넘어지면, 누가 일으켜주지 않는 한 전혀 일어나지 못하기도 한다. 두말할 필요 없이 중국의 여성용 겨울옷은 우아하지도, 편하지도 않다. 또 서양인들에겐 주머니가 필수품이지만, 중국 남자들은 잘 사용하지 않는다. 하물며, 여성들의 옷에 그런 쓸 만한 구석이 있었을 것 같지는 같다.

일반적인 여성 옷은 두 벌로 구성된다. 상의는 미국 여성의 짧은 화장복과 매우 비슷한데, 길이만 다소 길고 소매는 물이 흐르는 듯 매끄럽다. 품은 상당히 넉넉한 편이다. 여미는 부분이 목에서 오른팔 아래에 이르는 곡선을 따르다가, 그 옆에서 직선으로 떨어진다. 하의는 헐렁한 바지다. 겉옷과 속옷은 모양에서 거의 또는 전혀 차이가 없다. 다만, 날씨에 따라 더 껴입거나 더 적게 입거나 할 뿐이다.

광둥 지역에서는 신부가 결혼식을 올리는 때를 제외하고는, 여자들이 치마를 입는 경우가 거의 없다. 그러나 이런 풍습은 중국의 지역에 따라 매우 달라진다. 예를 들어, 상하이에서는 오히려 치마를 입지 않은 여성들을 찾아보기가 더 힘들다. 결론적으로 말해서, 중국

어서 와,
이런 이야기는 처음이지?

옷의 재단이 모두 같거나 비슷하기는 하지만, 미적인 면을 전혀 고려하지 않는 것은 아니다.

중국 여성들이 가장 좋아하는 게 무엇이냐는 질문을 받은, 어느 중국 신사가 이렇게 대답하였다.

"첫째는 자신들을 매력적으로 보이게 하는 아름다운 옷과 장신구들이고, 둘째는 유유자적하게 사는 것이고, 셋째는 자신의 시중을 드는 하인을 두는 일이다."

이 대답은 지나치게 만연한 도덕적 나약함을 시사한다. 한번은 자하가 공자에게 자주 인용되곤 하는 다음 구절의 의미를 물었다.

곱게 웃으니 보조개가 생기고,
아름다운 눈은 검고 반짝이네.
오, 그녀의 얼굴은 잠시
흰 비단에 붉은 장미처럼
채색한 듯하구나.

이에 공자가 말하였다.

"채색을 하려면 순수하고 깨끗한 바탕이 있어야 한다."

이런 식으로 대학자는 진정한 아름다움에는 인격이 꼭 필요한 소양임을 강조하였던 것이다. 그러나 이런 공자의 가르침은 요즘 대부분 잊히고 말았다.

여섯 번째 발자국

'전족'의 유래와
야심찬 여인들 이야기

중국 여자아이의 발을 묶는 전족(纏足)은 생각만큼 보편적인 풍습은 아니다. 전족이 거의 일반화된 지방도 많지만, 여러 지역, 특히 농촌 지역에서 여성의 발은 정상적으로 성장한다. 전족은 일부 지역과 계층에서만 만연한 상태다. 이런 지역에서 전족이 여자아이들에게 야기하는 고통과, 이들이 성인이 되어 겪는 불편함은 이루 말할 수 없을 정도로 극심하다. 그러나 중국 여성들은 서양 여성들만큼 편리함을 중요하게 여기지 않는다. 그뿐만 아니라, 자신들이 겪는 고통을 체념하며 받아들인다.

선족의 유래에 대한 실명은 다양하다. 인기기 많던 여제의 내반족(태어날 때부터 기형으로 굽은 발 – 옮긴이 주)을 흉보지 못하도록 전족의 풍습이 생겼다는 설도 있고, 연약한 발을 선호하여 이를 모방하였다는 설도 있다. 또는 남편들이 어린 아내가 도망가지 못하도록 강제로 전족을 하게 하였다는 설명도 있다.

또한 서기 583년에 진(陳)나라 황제 후주가 첩들에게 금으로 만든 백합만큼 작게 발을 묶도록 명령하였다고 한다. 그는 금으로 만든 백합을 뿌려 첩들이 그 주변을 거닐도록 하였다. 왕을 흉내 내 이러한 풍습이 생겨났으며, 이후 널리

퍼졌다는 것이다. 이 이야기가 가장 그럴듯한 설명으로 보인다. 왜냐하면 '여성들의 작은 발'을 뜻하는 '황금 백합'과, '여성의 걸음걸이'를 의미하는 문자 그대로 '백합 같은 걸음'과 동일한 표현이 지금도 통용되기 때문이다.

처음에는 여성의 발을 그토록 어린 나이에 묶지도 않았고, 심하게 동여매지도 않았다고 한다. 그러던 이 풍습이 지금은 중국의 여러 지역에서 상당히 다양한 모습으로 전해지고 있다. 현재의 만주족 정부에서 이 풍습을 없애려는 노력을 기울이고 있지만, 아직까지는 별 효과가 없다. 만주족들은 전족을 하지 않는데다, 그런 전통을 막기에는 역부족이기 때문이다. 중국인들은 이렇게 말하기도 한다.

"유행이 황제보다 강하다."

중국인들은 서양의 특색이라고 할 수 있는 남녀 간의 자유로운 교제를 이해하기 힘들어한다. 그러한 사회적 자유가 겸손과 도덕과의 조화를 방해한다고 생각한다. 대체로 중국 여성들은 겸손하며 정숙하다. 그러나 여성의 사회적 자유를 제한해야만, 이런 미덕들을 더 잘 지켜나갈 수 있다고 믿는다.

중국의 거리를 걷는 여성들은 음란한 여성들을 제외하면, 모두들 얌전하고 단정해 보인다. 여성의 영향력을 제한함으로써 나타나는 이점에도 불구하고, 중국 여성들은 자신들이 살아가는 시대의 역사를 형성하는 데 두드러진 영향력을 발휘한 사례가 많다.

여성들은 고립된 상황을 겪으며 자연스레 남성들보다 더 미신에 집착하게 되었다. 따라서 여성이 중국 고대 종교의 강력한 토대였다는 사실을 추론해볼 수 있다. 그러나 인구의 절반을 차지하는 여성들의 위상을 높이려 하였던 고대 종교나 중국 철학은 존재하지 않는다. 불교의 승려가 독실한 여성에게 전해줄 수 있는 최선의 가르침은, 다음 세상에 환생하면 남자로 태어날 수 있다는 희망뿐이다.

보이지 않는 손, 수렴청정

중국 황실에는 정치적으로 막강한 자리를 차지하였던 여성들도 있다. 여성이 국사를 장악하는 권력을 쥘 수 있는 여부는 당대 왕조의 성격에 달려 있었다. 중국에서는 아들만이 왕위에 오를 수 있기 때문에 여왕은 나올 수가 없다. 하지만 중국 역사상 최고의 권력을 쥐었던 여성들이 사실상 있었다고 한다. 황후가 수렴청정(垂簾聽政)을 하는 경우가 많았기 때문이다.

최근의 섭정으로는 청나라 때 두 번의 사례가 있었는데, 그중 한 번의 섭정이 역사적으로 가장 유명하다. 1861년 8월 22일, 청 왕조의 황제인 함풍제가 사망하자, 뒤를 이어 즉위한 그의 아들 재순은 여섯 살의 나이로 아직 어렸다. 그래서 8명이 번갈아 섭정하였다. 즉, 함풍제의 동생 혁흔이 정변을 일으켜 실권을 잡았고, 이후에는 다시 군대의 힘을 빌려 혁흔을 몰아낸 두 명의 황후가 새로운 섭정을 위

해 나섰다. 바로 함풍제의 정실부인 동태후와 셋째 부인이자, 어린 재순의 생모 서태후였다. 두 황후 모두 만주어를 몰랐기에, 혁흔이 막후 실세가 되어 두 황후 아래의 재상 자리에 올랐다.

그러나 얼마 지나지 않아, 혁흔의 권세와 오만이 날로 거세지자 이를 두려워한 두 황후는 그를 몰아냈다. 바로 이 부분에서 혁흔이 세상에서 가장 드세고 공격적인 여성 가운데 한 명으로서, 반세기에 걸쳐 위세를 떨친 서태후를 상대하였다는 증거가 나타난다.

어느 덧 어린 황제의 나이는 16세가 되었고, 결혼한 지도 4개월이 지났다. 그러자 섭정을 그만두지 말아야 할 이유를 댈 수 없었던 황후들은 이제 동치제로 불리는 재순에게 국사를 책임지는 권리를 부여하는 칙령을 반포하였다. 그러나 그의 재위 기간은 짧았다. 재순이 재위한지 3년 정도가 지났을 때, 언급한 바대로 동치제가 "용의 등에 올라타고 하늘의 손님이 되었기 때문이다."

그렇다면 누가 다음 왕위를 계승해야 할까?

동치제가 죽임을 당하였다는 추측이 난무하였지만, 두 황후에게 유리한 결과를 낳았던 것만은 분명하다. 그런데 죽은 동치제의 어린 황후, 아로득씨를 학대한 이야기는 더욱 끔찍하다. 동치제가 죽을 당시, 아로특씨는 출산이 임박해 있었다. 그러나 황후들은 이를 위기이자, 기회로 생각하였다. 아로특씨가 아들을 낳는다면 그 아들은 합법적인 지배자가 될 것은 물론, 그의 어머니도 언젠가 권력을 장악하게 될 게 뻔하였기 때문이다. 그래서 아로특씨는 반드시 제거되어야 하였다. 어쨌든 아로특씨는 곧 병이 들었다. 남편의 죽음으로 인한 슬픔 때문이라고 하는 이들도 있었다. 하지만 황후들이 온갖 위험을 무릅쓰고 권력을 유지하려고 작정하였기 때문이라고 생각하는 이들도 있었다. 그렇다면 누가 다음 왕위를 계승해야 할까? 황후들은 혁흔의 이복동생인 혁혁의 아들 재첨을 옹립하였다.

이로 말미암아, 어떤 대가를 치르더라도 권력을 유지하려 하였던 야심찬 두 여인의 은총으로 혁흔은 다시 권력을 장악한다. 행운인지 불행인지, 재첨은 계승이 아닌 선택에 의해 명목상의 황제 자리에 올랐다. 더불어 '광서(光緖)'라는 연호가 주어졌다.

중국 황제의 미망인이 국성을 동치하고, 정직들을 없애고, 징치적 지지를 얻고, 정책을 실행할 수 있는 일이 가능하였던 방식은 현대 정치사의 불가사의 가운데 하나다. 이런 일이 대개 배후에 여성이 머물러야 하였던 나라에서 나타났다는 사실은 정말 미스터리한 일이다. 그리고 이런 기이한 상황은 시대적으로 급변하고 중대 사건들이 소용돌이쳤던 시기에는 특히 두드러진 현상이었던 것 같다.

그러므로 미국의 군사령관이 빅토리아 여제는 물론, 중국의 서태후를 당대 가장 유능하였던 여성으로 표명하였던 것이 크게 틀린 말은 아니었다.

어서 와,
이런 이야기는 처음이지?

조선의 여성들은
'은둔의 나라'에서 '은둔의 존재'다

중국과 지역적으로 가깝고, 풍속과 관습도 밀접한 관계에 있던 나라로는 조선이 있다. 조선의 통치자는 본국 내에서는 절대군주이긴 하였지만, 여러 세기 동안 중국에겐 신하나 다름없었다. 조선의 지식층은 책을 쓰고 서신을 교환할 때 한자(漢字)를 사용한다. 조선이 청의 종주권을 부인하였던 1984년에 청일전쟁이 일어났으며, 그로 인해 조선은 주로 일본의 영향권 하에 놓여 있는 상태다.

조선인들은 자신들의 나라를 '고요한 아침의 나라'로 즐겨 부른다. 조선인은 몽골족에 속한다. 따라서 아득한 옛날부터 사회적 또는 정치적 친분을 쌓으며 교류해온 중국을 비롯해, 일본과 밀접한 관계를 형성한다. 조선의 여성들이 사리분별을 잘 못하는 어린아이 같은 존재로 인식되고 있다는 사실을 떠올리면, 여성들의 지위가 어느 정도인지 가늠할 수 있다.

그러나 조선의 여성에게 이름이 없다는 사실은 이해하기 어렵다. 아주 어린 여자아이에게는 친척이나 가까운 친구들이 부를 수 있도록 임시로 성만 붙여 부른다. 사춘기가 되면 친구들은 더 이상 이 호칭을 사용하지 않는다. 딸아이가 결혼하면 친정 부모는 아이 때 불렀던 이름으로 딸을 부르지 않고, 시집간 지역의 이름을 따서 부르게 된다. 하지만 시부모는 며느리를 출신지에 따라 그곳 이름을 붙여 부른다.

조선에는 서구의 관점에서 보면, 가족생활이란 게 없다. 남자들과 여자들이 서로 별도의 구역에서 생활하기 때문이다. 남편이 절대적으로 자신보다 못하다고 생각하는 아내와 말을 섞는 모습은 거의 찾아보기 힘들다. 남녀 어린이들도 함께 어울리지 않는다.

조선의 여성은 암호나 마찬가지다

조선의 아이들은 아홉 살이나 열 살이 되면, 여자아이들은 여자들의 거처로 가고, 남자아이들은 남자들과 함께 지낸다. 남자아이들은 여성들 구역에는 발도 들이지 못하게 되어 있다. 또 여자아이들은 남자들에게 얼굴을 보이는 것을 부끄러운 일이라고 배운다. 따라서 남자아이나 성인 남자가 가까이 다가오면 몸을 피한다.

조선 여성들에게는 법적 지위가 거의 또는 전혀 없다. 여성들은 전적으로 남편의 권한 속에서 살아간다. 그래도 조선의 남편들은 아내를 내다 팔아서도, 아내에게 지나칠 정도로 가혹하게 굴어서도 안 된다. 퍼시벌 로웰(미국의 천문 학자 - 옮긴이 주)은 자신의 저서 『조선, 조용한 아침의 나라(Chosön : the Land of the Morning Calm)』에서 이렇

게 강조하고 있다.

"정신적으로나, 도덕적으로나, 사회적으로 그녀(조선 여성)는 암호나 마찬가지다."

그러나 예외는 있다. 사실, 동양 전체에서 여성의 종속적 신분이 보편적으로 동양의 사회생활을 저술한 작가들이 묘사하는 것과 완벽하게 들어맞는다고 추론할 수는 없다. 캠벨(영국의 외교관 - 옮긴이 주)은 자신의 저서 『조선 여정(Journey through Corea)』에서 다음과 같은 사례를 통해, 여성들이 간혹 막강한 힘을 발휘하기도 한다고 설명한다.

"내가 원하였던 인부들을 고용하려는데, 엎친 데 덮친 격이라고 도움을 기대하였던 책임자가 자리에 없었다. 그러나 그의 아내가 부재한 남편을 대신해 훌륭하게 일 처리를 해주는 것 같았다. 그녀는 협박도 하고, 달래도 가며, 주저하는 남자 스무 명을 순식간에 일을 하도록 만들었다. 동양의 확고한 이념이라고 할 수도 있는 여성의 종속적 신분과는 다른 이 모습에, 난 신선한 충격을 받았다. 실제로 이 나라 여성들은 자신들에게 부여되는 것보다 훨씬 더 높은 위상을 누리며, 더 강력한 영향력을 발휘하고 있다."

조선의 여성은 결혼 후에도 때로는 아이로 여겨진다

조선의 여성들은 전혀 존중을 받지 못하는 것 같지는 않다. 남성들은 적어도 겉으로는 여성들을 존중한다. 사회적 신분에 상관없이 거리에서 여성을 만나면 지나가도록 옆으로 비켜서기도 하고, 여성에게는 가장 정중한 어조로 말을 한다. 아이들은 아버지를 더 공경해야 하지만, 어머니도 공경하도록 배운다. 어머니가 죽으면 자녀들은 적어도 2년 상을 치르며, 아버지의 경우에 그 기간은 더 길어진다.

"조선의 여성에는 3계급이 있다고 하는 사람도 있다. 첫 번째는 보이지 않는 여성들, 즉 항상 안채에만 있거나 외출할 때도 가마를 타고 다녀서 모습을 전혀 볼 수 없는 여성들이다. 두 번째는 보일 듯 말 듯 보이지 않는 여성들, 즉 가진 재산이 많지 않아 걸어서 외출을 하지만 남들 눈에는 옷 뭉치가 움직이는 것으로밖에 보이지 않아, 보고도 그 모습을 알 수 없는 여성들이다. 세 번째는 보여도 눈에 띄지 않는 여성들, 즉 모습은 분명히 볼 수 있지만, 이목을 끌지 못하는 가난한 계층의 여성들이다. 이들은 일하는 여성들로서, 그녀들을 쳐다보는 것은 예의에서 벗어난 일이다."

조선의 여성들이 지내는 안채는 인도의 제나나와 크게 다르지 않다. 미혼 여성들은 가능한 사람들이 접근하지 못하도록 차단된 안채에서 부모와 친구들을 맞이한다. 그리고 그들과 함께 공동 관심사에 관해 이야기하거나, 놀이를 하며 시간을 보낸다. 조선의 여성들은 결혼 후에 생활이 훨씬 더 제한되어 누구도 만날 수 없다. 그리피스(미국의 목사이자 동양 학자 - 옮긴이 주)는 이렇게 이야기한다.

"조선의 법도는 너무 엄격하여 모르는 이가 손끝으로 여자를 건드리기라도 하면, 아버지가 딸자식을, 남편은 아내를 죽이기도 하며, 부인은 스스로 목숨을 끊는 일이 발생하기도 한다."

남편의 눈에 의혹을 살만한 행동을 한 아내에게는 애통한 일이 벌어지기도 한다.

'은둔의 나라'에서 남자는 나이에 상관없이 결혼하기 전까지는 아이로 여겨진다. 그러나 일반적인 정서상 젊은 남자는 자신의 생활을 넉넉하게 꾸려나가거나, 적어도 함께 생활할 배우자 없이 오랫동안 혼자 지낼 수는 없다. 여성은 결혼하기 전까지 아이로 취급되며, 때로는 결혼 후에도 오랫동안 아이로 여겨지기도 한다.

'은둔의 나라'에서 결혼이란

조선의 여성은 대개 자신이 성장한 마을 출신이 아닌 남자와 결혼한다. 혼인은 여성의 의사와는 전혀 상관없이 성사된다. 혼사는 부모와 중매쟁이가 진행한다. 신부는 그야말로 결혼식 내내 아무 말도 하지 않고 가만히 있어야 한다. 조선의 사회에서 결혼식과 장례식은 매우 중요한 행사다. 결혼 잔치가 끝날 즈음이 되면, 잘사는 집안에서는 신부를 가마에 태워 신랑 집으로 보내고, 가난한 경우에는 말에 태워 보낸다.

조선에서는 합법적인 부인은 한 명이지만, 첩을 여럿 두는 경우도 많으며, 첩의 숫자는 주로 남편의 재산에 따라 결정된다. 그리고 정실부인의 자녀가 합법적인 상속자가 된다. 그 외의 자녀는 치욕적인 처지는 아니지만, 상속 문제에 있어서 법적 지위를 보장받지는 못한다. 그러나 합법적인 후계자가 없는 경우에는, 첩의 자식도 정식 자녀로 인정되기도 한다.

달레(프랑스 선교사 – 옮긴이 주)의 저서 『조선의 모든 것(History of the Church in Corea)』에서 발췌한 다음 이야기는 조선의 풍습에 대한 자세한 설명뿐 아니라, '은둔의 나라'에서 결혼 관계가 얼마나 낮은 수준에 머물러 있는지를 잘 보여준다.

자신의 딸과 죽은 형의 딸이 훌륭한 젊은이에게 시집가길 바라는 어떤 양반이 있었다. 두 처녀는 동갑이었다. 양반은 둘 다 시집을 잘 가길 바라면서도, 특히 자신의 딸이 그렇게 되길 바랐다. 이런 생각 때문에 웬만한 혼사 자리는 이미 몇 차례 거절하였던 참이었다. 그러다 가문도, 재산도 모두 훌륭한 집안에 혼인을 청하였다. 양반은 두 처녀 가운데 누구를 먼저 시집보내야 할지 망설이다, 결국 자신의 딸을 먼저 보내기로 하였다.

혼사를 치르기 사흘 전, 그는 점쟁이로부터 신랑이 될 젊은이가

어리석고 지독히 못생긴 데다, 아주 무식하기 짝이 없다는 소식을 전해 들었다. 과연 그 양반은 어떻게 하였을까? 이미 정해진 혼사를 물릴 수도 없었다. 혼인 약속을 지키지 않을 경우 무자비한 법의 심판을 받아야 하였기 때문이다. 혼례 당일에 그는 안채에 들어가, 자신의 딸이 아닌 조카에게 엄명을 내렸다. 혼인에 어울리는 머리 모양에, 예복을 입고 혼례 자리에 나오도록 말이다. 그날 신부였던 딸은 깜짝 놀랐지만, 아버지의 말을 순순히 따를 수밖에 없었다. 두 사촌은 키도 비슷하였기에 바꿔치기는 쉬웠고, 예식은 관례대로 진행되었다. 그런데 새신랑은 남자들의 거처에서 오후를 보냈는데, 그곳에서 장인이 될 사람을 만났다. 늙은 양반은 점쟁이의 설명과는 달리, 젊은이가 인물이 좋고 체격도 좋은 데다 총명하고 사교적이며 예의도 발라 깜짝 놀라고 말았다.

이렇게 훌륭한 사위를 놓치게 되는 게 몹시 안타까웠던 양반은, 다시 신부를 바꿔치기 하기로 하였다. 그는 신부를 소개할 때 조카가 아닌 딸이 나와야 한다고 은밀하게 명을 내렸다. 또한 젊은이가 전혀 눈치 채지 못하리란 것을 잘 알고 있었다. 혼례를 올리는 동안 신부는 항상 예복과 장신구로 몸을 감싸고 있기에, 얼굴을 구별하기란 불가능하였다. 모든 게 늙은 양반이 원하는 대로 풀려나갔다. 새 식구가 된 사위와 이삼일을 보내면서, 양반은 출중한 사위를 보게 된 것을 자축하였다.

사위 역시 더욱 더 멋진 모습을 보여줘, 장인의 마음을 얻는 데 성공하였다. 그러자 사위를 믿는 마음이 너무 넘친 장인은 모든 사연을 고백해버렸다. 그는 사위에 관한 점쟁이 이야기며, 조카와 딸을 바꾸고, 다시 딸을 조카와 바꿨다는 이야기를 모두 털어놓았다. 사위는 처음에 할 말을 잃었지만, 곧 평정을 되찾고 말을 꺼냈다.

"잘 알겠습니다! 그러니까 장인어른께서 아주 솜씨 좋게 속임수를 쓰셨군요. 그러나 분명한 점은 두 처자 모두 제 사람이 되었으니, 제가 두 사람을 모두 차지할 권리가 있다는 것입니다. 조카딸은 저와 정식으로 절을 하였으니 저의 합법적인 부인이며, 따님은 장인어른이 직접 결혼식에 데리고 나왔으니 합법적인 제 첩이 된 것입니다."

잔꾀를 부렸던 늙은이는 제가 놓은 덫에 자기가 잡힌 신세가 되어 할 말이 없었다. 그리하여 두 젊은 여성은 새 남편이자 주인의 집으로 보내졌고, 늙은 양반은 자신의 어리석음과 정직하지 못한 행동으로 양가(兩家)의 조롱거리가 되었다.

과부가 된 조선 여성들의 운명이란

극동의 다른 지역과 마찬가지로, 과부가 된 조선의 여성들은 극도로 가혹한 삶을 산다. 재혼은 거의 못하는 편이다. 실제로 양반이나 그들을 흉내 내는 부자들이 지키는 예절과 법도를 대개 무시하는 하류층 사람들을 제외하면, 재혼을 좋게 보는 일은 없다.

양반 가문의 과부는 남편을 잃어 슬픈 마음을 눈물뿐만 아니라, 평생 상복을 입는 것으로 표현하는 것 같다. 또 유복자로 태어난 자녀는 적자로 간주하지 않는다.

그러나 합법적 재혼이 금지된 과부들이 욕정과 폭력의 희생자로 전락하기도 한다. 하지만 정절을 지키기로 한 과부들은 자신들의 덕목이 위태롭게 될 경우, 많이들 자살을 선택한다. 대개 스스로 목을 찌르거나, 가슴을 찔러 자결한다.

전 세계 대다수 여성과 마찬가지로, 옷은 조선 여성의 삶에서 결코 하찮은 부분이 아니다. 아마 가장 공을 들여 단장하는 부분이 머리일 것이다. 조선에서는 일반적으로 자연 모발만으로는 이상적인 미인이 되는 게 힘들다고 여겨, 가체(加髢)를 많이 이용한다. 또한 잔치 자리에는 여자들을 제외한 남자들만 참석한다.

Oriental Women

Part 13
벚꽃 나무 아래에
일본 여성이 살았다네

첫 번째 발자국

아주 어릴 때부터
자제력을 배우는 일본의 여성들

최근 몇 년 동안 일본 여성만큼 세계의 이목을 사로잡은 동양 여성도 없었다. 이러한 관심은 열풍에 가까울 정도라 해도 과언이 아니다. 머리가 비교적 약삭빠른 면에서 일본 남성들을 '동양의 양키'라고 한다면, 일본 여성은 그 매력 면에서 보면 '남부의 미인'에 비유할 만하다. 지금까지 일본 여성에 관해 발표된 수많은 책을 통해 전 세계인들은 깊은 감명을 받아왔다.

일본 문명은 상당히 현대적이다. 섬나라인 일본이 자국의 문자와 세련된 문화를 발전시킬 수 있었던 것은 조선과 중국의 덕이 크다. 몽골족 중에서도 일본은 조심스럽고 수용적인 민족성이 두드러진 나라다. 기질적으로는 남성들보다 여성들이 더 유연하며, 일본인들이 매력적인 이유는 바로 이러한 정신적 특징 때문이기도 하다.

다른 나라와 마찬가지로, 일본에서도 여러 사회 계층에 따라 여성들은 뚜렷한 차이를 나타낸다. 계층 간 차이가 지금보다 엄격하게 규정되었던 봉건주의 시대에는 더욱 더 그랬다. 봉건 제도의 영향은 지금도 찾아볼 수 있으며, 앞으로도 오랫동안 지속될 것으로 보인다. 그러나 왕실 여성, 무사 계급 여성, 수공업자와 농민 계급 여성들과 평민들은 모두가 아주 다른 생활 규범에 따라 살았다. 이런 차이는 어쩔 수 없고, 변치 않는 운명일 따름이다.

모든 일본 여성은 아들을 낳은 어머니가 되었을 때 최고의 영광을 누린다. 다른 동양 민족처럼 딸들을 환영하지 않는 것은 아니다. 하지만 딸의 탄생이 아들을 낳았을 때만큼 경사스러운 일은 아니었다. 아들이 태어나면 전령들이 오가고, 친구들의 쪽지가 전달되며, 친지와 친구들 모두 아기가 탄생한 집을 방문한다. 방문객들은 축하와 함께 행운을 상징하는 건어물이나 달걀 외에도 장난감, 옷가지 등을 선물로 가져가야 한다.

출산으로 이미 힘이 한계에 달한 산모는 안타깝게도 손님을 맞이하고 그들의 축하를 받는 고생을 해야 한다. 아기의 이름은 아버지나 가까운 친구가 정한다. 딸을 낳으면 자연에서 매력적인 대상을 찾아 그 이름을 선택한다. 그런데 이름을 붙일 때는 딱히 어떤 적절한 기준이 정해져 있는 것도 아니다. 그렇다고 해서, 친구나 사랑하는 사람의 이름을 붙여 찬사를 하려는 의도도 없다.

아기가 태어난 지 7일째 되는 날에는 이름을 짓고, 13일째가 되면 신사에 데려가 신의 특별한 후견을 받게 한다. 이렇게 하고 나면, 아기는 먹고 자고 우는 일상적인 일에 익숙해진다. 곧이어 언니나 오빠 등에 업혀 길거리나 사람들이 많은 곳에 나오기도 한다. 또 얼마 지

어서 와,
이런 이야기는 처음이지?

나지 않아, 아기들도 자기들을 등에 꼭 업은 큰 아이들이 하는 놀이에 흥미를 보인다.

일본 여성은 항상 아버지나 남편, 또는 아들에게 의존해야 한다

유아기에서 벗어난 여자아이는 자신 앞에 밝고 행복한 인생이 활짝 열려 있다고 생각한다. 그러나 유아기에서 노년에 이르기까지 예의범절로 제한된 인생에서 일본 여성은 언제나 남성의 지배 아래에 있어야 한다. 일본에서 여자는 젊었을 때 진심에서 우러난 복종, 상대의 비위를 맞추는 예절, 개인적 청결과 정숙을 지키는 교훈을 제대로 익혀야만 한다. 그래야만 명예가 따르고, 존중을 받는다. 일본 여성의 의무는 집안을 돌보는 일이다. 또 농민 계층에 속하는 여성일 경우에는 농장을 돌보는 일을 해야만 한다. 일본 여성에게 개방된 직업이나 직장은 없다.

따라서 일본 여성은 항상 아버지나 남편, 또는 아들에게 의존해야 한다. 게다가 일본 여성은 지적 능력을 배양하는 것이 아니라, 남성들에 비해 훨씬 강도 높게 요구되는 자제력을 일찍부터 습득해야 최대의 행복을 누릴 수 있다. 이러한 자제력은 슬픔, 분노, 고통과 같은 불쾌한 감정을 단순히 겉으로 표시하지 않는 것이 아니라, 극도로 괴로운 상황에서도 밝은 미소와 상냥한 태도를 유지해야 하는 것을 의미한다.

일본의 모든 가정에서는 여자아이들에게 아주 어릴 때부터 이런 자제력을 가르친다. 자제력은 여자들의 가장 중요한 도덕적 덕목으로서, 집안의 윗사람들에게 귀에 박히도록 늘 듣게 되는 이야기다. 어린 여자아이는 모든 이기심을 버리고, 언제나 다른 사람을 배려해야 하며, 주변 사람들을 기쁘게 하려는 것 이외에는 어떤 감정도 표현해서는 안 된다.

이것이 바로 일본 여성의 특징인, 진정한 공손의 비결이다. 존중받으며 행복하게 살고 싶은 일본 여성이라면, 이러한 점을 꼭 몸에 배도록 익혀야 한다. 이런 가르침으로 일본 여성들은 항상 매력적이면서도 품위 있는 행동을 하게 된다.

심지어는 아주 어린 여자아이들에게서도 이런 공손한 모습이 보인다. 그들은 앞으로 나서거나 재촉하지도 않고, 어설프게 수줍어하지도 않는다. 또 일본의 여자아이들은 자의식이 없지만, 그렇다고 해서 사교적인 재치가 부족한 것은 전혀 아니다. 어린아이 같은 단순함에, 여성적 배려가 합쳐져 주변 사람들을 모두 편안하게 한다.

일본 아이들은 포악하거나 야만적인 습성이 거의 없는 것처럼 태어난다. 예의바른 사회에서 힘들게 살지 않아도 될 수 있게끔 맞춤으로 태어나는 셈이다. 그래서 인생의 첫 10년에서 15년 동안 예의범절을 갈고 닦으며 보낼 필요는 없는 것 같다. 아무튼 일본인들의 공

손한 태도가 여러 세대에 걸쳐 개화된 조상들에게서 어느 정도까지 물려받은 것인지는 딱히 말하기 힘들다.

그러나 세상에 태어난 아기들은 예절에 관한 한 출발이 좋으며, 주변 사람들로부터 늘 다정하고 정중한 대우를 받는다. 게다가 자제력과 타인에 대한 배려에 대한 원칙을 끊임없이 듣고 자란다. 덕분에 단연 예의 바른 국민으로 성장하는 데, 거의 어려움이 없다는 인상을 받는다.

먼저 태어난 아기가
모든 일에서 우선권을 가진다

일본 가정에서 흔히 볼 수 있는 한 가지 신기한 점은, 형제자매 간의 격식과 모든 식구가 나이 많은 어른에게 인사하는 모습이다. 할머니와 할아버지는 모든 일에서 제1순위다. 어떤 경우든, 누구도 그들보다 먼저 식사를 하지 못한다. 할아버지와 할머니의 식사가 끝나면, 아버지와 어머니 순서다. 마지막으로는 나이 순서대로 아이들이 식사한다.

어린 여동생은 손위 형제자매가 방에 들어갈 때도 먼저 들어가도록 예의 바르게 기다린다. 아랫사람보다는 손위 형제자매의 바람과 편의가 먼저 해결되며, 아이들은 이런 교훈을 일찍부터 터득해야 한다. 나이 터울이 심하지 않더라도, 먼저 태어난 아기가 모든 일에서 우선권을 가진다. 일본 여성이 살아가는 데 필요한 것은 어릴 때부터 배운 예절, 절차, 자제력이 가장 중요한 요인들이다.

남자 형제들은 여자 형제에게 상당한 경의를 표한다. 일본인들의 천성적이고 상투적인 공손함은 어린이들이 서로를 부르는 호칭에도 나타난다. 부모는 어린 아이를 부를 때 존칭을 빼도 된다. 하지만 형

제자매와 하인들은 어린 여자아이를 공손히 대해야 하며, 장녀인 경우에는 특히 더하다.

일본 여성들은 자신의 사회적 신분에 따라 어떤 준비를 해야 할까? 그녀는 훗날에 주어질 의무를 다할 수 있도록 자신에게 맞는 노력을 적절히 기울이면 된다. 한 집안의 딸은 아주 어린 나이에도 집을 관리해야 하는 책임을 느낀다. 형편이 넉넉한 집안에서도 차를 직접 끓여 손님을 대접하게 하는 의무를 딸에게 맡기는 경향이 있다. 그 집안의 딸이 나와 접대하면, 하인이 접대할 때보다 손님은 더 커다란 영광으로 여긴다.

집안의 장녀는 부모가 없을 때 손님이 방문하거나, 동생들이 윗사람의 보살핌과 관리가 필요할 때 부모를 대신해야 한다. 일본 여자 어린이들은 방 청소, 식사 준비, 실거지, 식품 구매와 바느질 등의 일을 한다. 즉, 아내와 어머니가 되었을 때 주부에게 요구된 삶을 준비하기 위한 실질적인 교육을 받는 셈이다.

여자 어린이들은 어린 나이에 익히는 이런 실질적인 교육 이외에도, 간단한 산수나 문학과 시를 어느 정도 배우기도 한다. 일본의 고전 시와 특히 남녀노소 모두에게 널리 알려진 우수한 단편시에도 정통한 것 같다. 좀 더 엄밀한 의미의 교육이 일본의 청소년뿐만 아니라, 여성에게까지 확대되고 있다.

전통적인 학교 외에도, 일본에서는 기독교 국가의 선교사들이 여성들을 위한 학교를 설립하고 있다. 고베여자대학의 경우처럼 여성의 고등교육도 매우 빠르게 발전을 하고 있다. 그러나 지난 십여 년 간 국공립 교육의 향상 덕에 외국 학교의 필요성이 다소 줄어든 편이다. 유복한 가정의 소녀들을 담당하였던 개인교습 역시, 외형이 큰 국공립학교에서 흡수하고 있다.

요즘에는 일본 여자 어린이들이 교육면에서 남학생들과 동등한 대우를 받고 있다는 말이 나올 정도다. 일본은 공립초등학교라는 새로운 개념을 받아들임으로써 교육 분야에서 놀라운 성과를 거두었다. 그러나 국민의 사회적 이상과 관습도 신교육의 등장에 따라 조정될 필요가 있다. 이 중에서 바꾸기 가장 어렵고 당혹스러운 관습은 딸의 조혼이라는 낡은 개념이다. 조혼을 폐지하여 여성 교육의 수요를 증가시키고, 여성들에게 교육의 기회를 확대해야 한다.

어서 와,
이런 이야기는 처음이지?

일본 여성은 인생을 즐길만한 기회가 더 많다

일본 여성은 대다수 동양 여성에 비해 인생을 즐길만한 기회가 더 많다. 게다가 일본에는 새해맞이, 꽃 행사, 인형 축제 등의 연례 축제처럼 즐길 거리도 풍부하고 다양하다. 그중에서도 특히, 인형 축제에 대한 재미있는 설명이 있다.

연중행사 중 일본에서 가장 사랑받는 축제는 바로 인형 축제다. 3월 3일이 되면, 수백 년간 명맥을 이어온 오래된 가문에서 대형 창고에 보관해 두었던 소중한 인형들을 꺼낸다. 자기에 은색 옻을 칠한 작은 장신구들과 함께, 집에서 제일 좋은 방에 마련된 붉은 천이 덮인 단 위에 이 인형들을 올린다.

특히 눈에 띄는 인형은 고대 황실 복을 입은 채, 근엄한 자세로 각각 옻칠한 단에 앉아 있는 황제와 황후의 인형이다. 이 인형들 근처에는 관복에 각자 악기를 들고 있는 궁중 악사 인형 다섯 개를 놓는다. 늘 축제의 중심을 차지하는 이 인형들 외에도, 하단

에는 서민적이지만 더 사랑스러운 여러 인형이 놓이게 된다.

이런 행사에서 선보이는 인형 장식들은 믿기 힘들 정도로 훌륭하다. 황제와 황후 앞에는 쟁반, 주발, 컵, '사케(일본 청주)' 주전자, 쌀통 등 옻칠한 멋진 상이 완벽하게 차려지고, 그릇마다 각양각색의 음식이 담긴다. 순은과 황동 히바치(화로)가 부젓가락과 숯통, 말하자면 실제 사용하기라도 할 것처럼 정교하게 만들어진 부엌 용품들이 일본 최고의 잔치를 마련하는 데 필요한 온갖 물건들과 함께 놓인다.

빗과 거울, 그리고 치아를 검게 칠하고, 눈썹을 다듬고, 입술을 붉게 하고, 얼굴을 하얗게 하는 등의 미용기구들도 구경 나온 어린 여자 어린이들을 즐겁게 한다.

행사가 열리는 사흘 동안, 황제 부부의 인형은 식사 때마다 호화로운 밥상을 받는다. 식구 중 어린 여자아이들은 황제 부부를 즐겁게 대접한다. 그러나 축제가 끝나면 인형들과 그 부속물들은 다시 상자에 넣어져 창고에서 내년을 기약해야 한다.

이런 특별한 축제와 휴일 이외에도 여자 어린이들은 재미있기도 하고, 움직임도 상당히 멋있는 공놀이나 배틀도어(배드민턴의 전신-옮긴이 주)나 셔틀콕 등의 놀이를 하며 즐거운 시간을 보낸다. 신기한 이야기를 듣는 것도 언제나 즐거운 일이다. 일본에는 '거인을 죽인 잭(Jack, the Giant Killer, 영국 민화-옮긴이 주)'에 해당하는 소년의

신기한 모험담을 그린 '모모타로, 복숭아 소년(Momotaro, the Peach Boy)'을 비롯해, 어린이들의 상상력을 불러일으킬 만한 수많은 이야기가 전해오고 있다.

여기에는 조국에 대한 사랑을 생생하게 들려주는 초기 선조들의 무용담을 담은 이야기들도 있다. 극장에는 어머니와 자매들과 함께 바닥에 앉아 있는 일본 소녀들도 가끔 보이는데, 이들은 선조들의 애국심과 열정을 보여주는 역사극을 보며 영웅주의와 자기희생 정신에 깊은 감명을 받는다. 따라서 일본 소녀들은 성년이 되는 시기가 영국이나 미국의 소녀들보다 5에서 6년 빠르다. 그래서 16세나 18세가 되면, 일본의 여성들은 인생을 스스로 책임질 나이가 된 것으로 여겨진다.

일본 여성들은 풍성하고 곧은 흑발을 자랑한다

일본 소녀들은 관찰과 기억이라는 특별한 능력, 재치와 심미적 취향, 능숙하고 민첩한 솜씨 등을 갖추며, 여성이 되는 준비 과정을 마친다. 하지만 이성적 능력을 키우고, 종교적이며 정신적인 성격을 기를 수 있는 여지가 거의 없다는 점에서는 당연히 비난도 받아왔다.

음악은 거의 여성 전유물과 같은 분야다. '코토(피아노의 원리와 다르지 않은 현악기의 일종)'와 '샤미센(일본식 기타)'을 아주 우아한 손길과 자세로 연주하는 여성들도 많다. 그러나 동양과 서양의 음악 기준이 다르기 때문에, 서양인의 귀에는 그다지 음악처럼 들리지는 않는 것 같다. 일본 여성들이 지극히 사랑하는 꽃꽂이도 있다. 이처럼 일본 여성들의 교육과 일상적인 일들은 인생의 지적인 측면은 배제한 채, 감성적 측면만을 길러내는 경향이 있다. 따라서 세련미는 상당하나 너무 연약해서, 영리하고 재주가 많은 일본 여성들은 감탄의 대상이라기보다는 매력이 있는 존재로만 여겨진다.

일본 여성들의 자그마한 체구, 예쁘장한 손발, 몸을 맵시 있게 치장하는 취향은 비견할 만한 대상이 거의 없는 그들만의 매력이다. 일본인들의 작은 키가 그들의 습관을 형성하는 데, 어느 정도 영향을 주었는지는 판단하기 어렵다. 키가 작은 것은 주로 팔다리가 짧기 때문이다. 일찍부터 수직이 아닌 수평으로 다리를 꼬고 앉는 책상다리 자세가 불가피하게 사지의 성장을 방해하였던 것이다.

일본 여성들은 풍성하고 곧은 흑발을 자랑한다. 서양 여성들이 소중하게 여기는 구불거리는 머리카락이 일본 여성들의 눈에는 아름답게 보이지 않는다. 따라서 곱슬머리는 분명 보기 싫게 보일 것이다. 일본 여성들은 상당한 공을 들여 머릿단을 매만진다. 머리를 꾸미는 방식도 정교하다. 빈민층 여성들도 미용실에 자주 들리곤 한다. 일본 여성들은 우선 머리채에 준비한 기름을 바르고, 전통적인 형태로 다듬고는 6일에서 8일 동안 건드리지 않고 내버려둔다. 이러한 일본 여성들의 머리 모양은 서양 사람들이 사진을 통해 익숙하게 보

아온 바로 그런 형태다.

　요즘에는 결혼한 여성은 물론, 어린 여자아이들이나 성인 여성 모두 취향과 상황에 따라 다양한 머리 모양을 한다. 그러나 옛날에는 여자 어린이의 경우, 여덟 살까지 머리카락을 목 길이에서 짧게 잘라 풀어 놓았다. 이런 관습은 일부 보수적인 지역에 아직까지 남아있다. 여자아이가 열두 살이나 열세 살이 되면, 대개 머리를 묶어 올린다. 하지만 부인이 되기 전까지는 그냥 내버려 두는 경우도 많았다. 무시마로의 『우나히의 처녀(the Maiden of Unahi)』에는 구혼자의 눈을 피해, 어린 소녀를 격리하는 풍습에 대한 내용이 나온다.

　　그들은 그녀를 여덟 살 어린 나이에 가두었네,
　　그녀의 머리가 아직 풀어져 있던 때이네.
　　그리고 이젠 그녀의 머리채를 틀어 올리니
　　더는 제멋대로 흩어지지 않는구나.

　대체로 일본의 여성들은 화려한 머리 장신구 이외에는, 어떤 것도 머리에 쓰지 않는다. 그러나 날씨가 추워지면 머리쓰개로 우아하게 머리를 감싼다. 앙증스러운 손에 장갑을 낀 여성들은 거의 찾아보기 힘들며, 신발은 실외에서만 신는다.

화려한 나비 같은 일본 여성의 옷차림

일본 여성들의 의복은 옛날이나 지금이나 재단이 단순하고, 똑같은 게 특징이다. 드레스를 좋아하기 때문에 옷 모양이 달라진 게 전혀 없다. 그러나 옷감과 색을 다양하게 사용하여, 그들만의 독특한 취향과 개성, 그리고 부유함을 마음껏 드러낸다. 일본 여성은 복장에 따라 매우 정확하게 나이가 드러나는데, 이런 점에는 전혀 예민하게 굴지 않는다.

여자아이에게는 아주 밝은 색에, 커다란 무늬가 있는 옷을 입히는데, 그 모습이 마치 화려한 나비나 열대의 새와 비슷하다. 나이가 들수록 색도 차분해지고, 그림도 작아지고, 줄무늬는 가늘어진다. 그러다 할머니가 되면 작은 회색 나방이나 무늬가 없는 참새처럼 보인다.

머리 모양과 장식도 나이에 따라 변하므로, 이런 점을 잘 아는 사람은 여자 친구의 나이를 몇 년 차이 나지 않게 알아보기도 한다. 일본에서는 한결같이 V형 목선이 유행이며, 전통 의상을 제대로 차려입은 상류층 여성은 너무나 우아하고 매력적이다. 예의에 맞는 경우에는 끈으로 고정하는 일종의 겉옷을 입기도 한다.

일본 전통 옷 '기모노'는 앞부분을 겹치고 넓은 띠로 여민다. 그런

데 기모노의 평범함에 멋을 더하기 위해, 이 띠를 등 뒤로 두른 후 커다랗게 묶어 옷을 고정한다. '오비'라고 하는 이 띠와 '에리'라고 하는 깃은, 대개 자기 형편에서 살 수 있는 가장 좋은 비단으로 만든다. 이런 것들은 옷에서 가장 화려한 부분이라고 할 수 있다. 잔뜩 멋을 부린 일본 여성은 특히, 우산이나 초롱불을 들고 있을 때가 있다. 그럴 때면 일본 여성들은 마치 부채 그림 속에서 방금 걸어 나온 사람처럼 보일는지도 모른다.

그러나 빈곤층의 여성들은 간신히 몸을 두르는 경우도 많아, 체면을 지키지 못할 때도 있다. 그들은 물건을 팔러 다니거나 들판에서 거의 벌거벗은 채, 맨발로 일을 한다. 일본 여성의 신발은 집에 들어갈 때 신을 벗는 관습에 따라 벗기 좋도록 만들어졌다. 신발을 신기 전에, 먼저 '다비'라는 일본식 버선을 신는다. 다비는 발목 위로 살짝 올라오며 뒤에서 고정한다. 다비는 발가락 사이에 끈을 꿰어 신는 '게다(신발)'를 신기 위해, 벙어리장갑처럼 엄지발가락과 나머지 부분으로 나누어져 있다.

게다에는 여러 모양이 있다. 비가 오는 날에 발가락을 감싸기 위해 가죽을 일부 사용한 것도 있고, 단순히 짚으로만 만든 것도 있다. 나무로 만든 게다는 투박하고 상당히 높은 편이라, 이 신발을 신고 거리를 걸으면 따각따각 하는 소리가 요란하게 난다.

네 번째 발자국
벚꽃의 나라, 소녀의 결혼식

일본에서는 동양의 일부 나라와는 달리, 결혼을 하지 못하는 치욕이 어린 소녀에게 일찍 찾아오는 편은 아니다. 하지만 비록 그렇더라도, 스물다섯 살이 되도록 결혼의 신과 화해하지 않고 기다리는 여성은 거의 없을 것이다. 일본 여성에게 죽음만큼이나 당연한 일인 결혼은 열여섯이나 열여덟 살에 치르게 된다.

이곳 벚꽃의 나라, 소녀에게는 자신의 인생 동반자를 선택하는 문제에 있어서, 동양의 일반적인 수준보다 더 많은 자유가 부여된다. 하지만 결혼은 반드시 해야 한다. 동양에서 빠질 수 없는 '중매쟁이'가 이곳에서도 중요하다.

일본식 구혼의 첫 단계는 중매쟁이와 혼사를 문의한 남자다. 그리고 이 남자를 행복하게 해줄 것이라고 여겨지는 소녀의 부모와 논의를 시작한다. 때가 되면 양쪽이 모두 아는 친구 집에서 두 사람이 만나 상대의 자질을 살펴본다. 서로가 마음에 들어 할 경우나, 정말로 말하자면 이 젊은이들이 결혼하지 않을 특별한 이유가 없는 한, 신랑이 띠를

어서 와,
이런 이야기는 처음이지?

만들 수 있는 비단을 약혼 선물로 보내면 마침내 결혼할 준비가 끝난 것이다.

결혼식은 신부 집이 아닌, 신부를 데려 갈 신랑 집에서 치러진다. 그리고 서랍장, 책상, 침구, 쟁반, 식탁, 젓가락 등의 신부 물품은 결혼식 전에 미리 보낸다. 선물을 해야 할 곳이 상당히 많을 때도 있다. 결혼식에서 챙겨야 될 사람들이 신랑, 신부만은 아닌 것이다. 최고 연장자에서 최연소자에 이르는 신랑 가족들, 하인들, 심지어는 가장 변변치 않은 식솔에게도 신부 집에서 선물을 해야 한다.

신혼부부에게 하는 선물은 옷을 짓는 비단이나 가재도구 같은 아주 실용적인 물건이 많다. 또한 신부가 평생을 쓰고도 남을 옷감을 선물 받는 경우도 드물지 않다. 결혼식 자체는 간단하고 인상적이다. 친구와 친지들은 참석하지 않는 게 일반적이다. 물론, 신랑과 신부는 참석을 해야 한다. 이들 외에도 신혼부부를 맺어준 중매인과 어린 소녀가 참석한다. 그런데 이 소녀는 앞으로 있을 결혼 생활의 고락을 나타내는 뜻으로, 일본의 전통주 '사케' 잔을 들고 있다가 신혼부부의 입에 차례로 갖다 댄다.

이제 옆방에서 기다리던 결혼 하객들이 축하의 말을 던지며 등장하면, 즐겁고 흥겨운 잔치가 이어진다. 결혼한 지 3일째 되는 날, 신부 부모는 신혼부부에게 다시 결혼 잔치를 베풀어야 한다. 이 날에는 신부의 친척들이 결혼식 당일에 신랑 집에 보낸 여러 선물에 대한 답례품을 받는다. 결혼 소식은 두세 달이 지난 후, 신랑과 신부가 손님들을 집에 초대해 대접하며 알린다. 물론 친구들이 신부에게 보낸 선물에 대한 감사도 표하고, 이에 대한 답례로 '카와메쉬(붉은 쌀)'를 선물로 보낸다.

자식은 아버지의
핏줄이라고 여긴다

일본에서는 결혼식을 올렸다고 법적이나 종교적 승인을 받은 것으로 보기는 힘들 것 같다. 신부 이름을 친정아버지의 호적에서 지우고, 남편 호적에 올리는 일이 규정된 유일한 의례. 신부는 이제 친정 족보에서 사라지고 신랑 가족의 일원으로 살아가게 된다. 이런 풍습에서 예외가 되는 경우를 '요시이(젊은 남자)'에서 찾아볼 수 있다. 요시이는 처가집 식구가 되어, 자기의 원래 성 대신 아내의 성을 따른다. 재산이나 이름을 물려받을 수 있는 아들이 없는 가정에서는 이렇게 하기도 한다.

보통 일본에서 요시이를 구할 때면, 어떤 집안의 어린 남자아이를 찾는다. 그리고 나서는 자기 집안을 버리고 남자 형제가 없는 집안의 딸과 결혼하여 요시이가 되라고 설득한다. 요시이는 자기 집안사람들과의 관계를 완전히 끊고, 아내 집안의 후계를 잇게 된다. 그러나  요시이에게는 그 집안 여자의 남편이라는 지위와 권위가 없다. 그저 장모의 하인 노릇을 할 뿐이다. 왜냐하면 처가 사람들이 인정할 수 있도록 처신하지 못하거나, 그들이 요시이의 존재를 탐탁지 않게 여길 경우, 자기 집으로 돌려보내기도 하기 때문이다.

일본에서 자식은 일반적으로 아버지의 핏줄로 여긴다. 그래서 어머니의 자식으로 생각하는 경우는 거의 없다. 따라서 어머니의 사회적 지위가 낮다고 해서, 그 아이들의 지위나 품위가 손상되는 법은 없다. 지난 수십 년간 일본은 급격한 변화를 수없이 겪어왔다. 그리하여 결혼 관계의 만족도와 지속성을 높이게 될 법안을 추진하고 있다. 특히, 여성들이 이혼으로 크나큰 어려움을 겪는 경우가 많다. 일본의 여성들은 일단 결혼관계가 깨지고 나면, 생계를 제대로 꾸릴 수 없기 때문이다. 일본의 가정생활은 비교적 온전한 상태를 유지하지만, 그 대가는 막대하다.

행실이 좋지 못한 여인은 그저 제 할 일을 하는 것이겠지만, 그런 일을 계속 하다 보니 부끄럼 없이 대놓고 방탕한 짓을 하였다. 순결은 남성보다는 여성들 사이에서 훨씬 높은 가치로 인정된다. 그러나 일본 여성들은 북서부 민족처럼 정절을 최고의 미덕으로 꼽지는 않는다. 대신, 남편의 뜻에 순종하는 것이 제1의 미덕이다. 따라서 일본 여성들은 남편을 빚이나 수모에서 구하기 위해 자신들의 정절을 판다고도 한다. 일본에서는 정절까지 팔아 남편에 대한 신의를 지킨 여인들을 칭송한다.

아내는 남편이 다른 여자를 집으로 끌어들여도

　동양에서는 여성들이 남편과 동등한 존재로 사람들 앞에 나서는 일이 설사 있다 하더라도, 그런 일은 극히 드문 편이다. 그러나 하위 계층의 일본 여성들은 배우자와 외출할 때, 짐을 들고 뒤를 따라간다. 기차나 붐비는 대기실에서도 서 있는 사람은 남자가 아닌 여자다. 미국과는 달리, 여성을 정중하게 대하는 예의에서는 일본식 용맹스러움을 찾아보기 힘들다.

　일본에서는 아내 스스로도 남편과 동등하다는 생각을 갖고 결혼 생활을 시작하지 않는다. 법적으로도 남편은 아내보다 상당히 우월하다. 하지만 다행히도 남편이 어머니를 여의게 되는 경우는 예외다. 시부모에 대한 의무 다음으로, 아내의 최대 관심사는 남편의 동반자보다 좋은 주부가 되는 일이다. 아내는 남편이 다른 여자를 집으로 끌어들여도, 자제력과 웃음 띤 얼굴로 주인의 변덕과 부도덕한 행동을 달래야 한다.

　그러나 일본 남편들은 합법적인 아내가 아이들 엄마로서 자신의 의무를 다하는 한, 그에 준한 존경과 경의를 표한다고 한다. 일본 여성들이 아내로서 갖는 세 번째 관심은 자녀다. 일본의 어머니들은 자녀를 키우며 행복을 느낀다. 또한 일본의 어머니들은 화를 내거나 아이를 꾸짖는 법이 거의 없다. 이런 걸 보면, 요람에 있을 때부터 배웠다고 할 수 있는 여성의 자제력이 유용하고도 제대로 효과를 나타내는 듯하다.

부유층 여성들도 자녀와 가깝게 지내며, 그들의 삶을 직접 이끌어 준다. 여자아이들의 교육은 거의 전적으로 어머니 손에 달려있으며, 일상적인 집안일도 능숙하게 처리한다. 시골에 사는 여성은 작물 재배, 농지 관리, 차 생산, 곡물 수확, 누에 키우기, 생산물을 시장에 내다팔기 등 많은 일을 한다. 그러나 농촌 여성들은 이런 식으로 자유를 누리기도 하지만, 고된 노동이라는 고충이 따르기 마련이다. 그러나 일본의 도시 여성들은 이러한 어려움을 잘 알지 못하는 편이다.

어서 와,
이런 이야기는 처음이지?

일본의 노래하는 소녀들, '게이샤'

일본의 노래하는 소녀들인 '게이샤'는 자연 법칙상 여성의 우아함을 보여주는 가장 매력적인 경우에 속한다. '게이샤'라는 말은 '예술의 달인'이라는 뜻이며, 이 소녀들은 자신들이 즐기며 할 수 있는 기술을 배운다. 게이샤들은 음악, 노래, '사미센(일본의 대표적인 현악기 – 옮긴이 주)' 연주, 재치 있는 대화에 능하며, 그 모습 또한 아름답다. 게이샤는 고정적인 직업으로 춤이나 흥을 돋우는 일을 한다.

'게이샤'라고 불리는 소녀들이 상류계급 출신은 아니지만, 결혼을 잘해 평판이 좋은 집안의 어머니가 되는 소녀들도 있다. 그러나 상당수는 이 직업에 따른 유혹을 이기지 못하고, 부유한 남자의 첩이 되거나 도덕적으로 타락한 생활을 하기도 한다.

일본의 여성들이 갖는 특이한 직업으로 배우를 꼽을 수도 있으며, 모든 역을 여성들이 도맡아 하는 여성 전용극장도 있다. 남녀가 같은 무대에 오르는 일은 없다. 문학에서는 두 명의 여성 작가가 일본의 최대 걸작 두 편(일본 최고의 작품들이 확실함)의 저자라는 영광을 차지한다. 바로 『겐지 이야기(Romance of Genji)』와 『베갯머리 서책(Book of the Pillow)』이며,

이 두 걸작품의 저자는 둘 다 11세기에 살았던 궁녀 무라사키 시키부와 세이쇼나곤이다.

그들 이름에 동시대의 뛰어난 여류 작가, 이세노 다이후를 추가할 수도 있다. 당대의 황제로서, 문학을 후원하였던 군주로 유명하였던 이치조는 주변에 남녀 문학인들을 많이 두었다. 그리고 당시에 탄생한 불후의 명저들은 여성들이 저술한 작품이었다. 이런 뛰어난 여성들의 작품은 전개가 평이하고 우아하며, 어휘가 유려하고, 예술적 느낌이 가벼운 게 특징이다.

무라사키 시키부는 명문가 출신으로, 젊어서는 재상의 딸을 보좌하였다. 재상의 딸, 지오토 모닌은 이치조 황제의 부인이 되었다. 그리고 이런 막강한 지위에 오른 모닌은 재능이 뛰어난 여류 작가 무라사키의 최대 후원자가 되었다. 무라사키도 귀족과 결혼하였으며, 그들의 딸도 『좁은 소매(Narrow Sleeves)』라는 소설을 남긴 유명한 작가가 되었다.

무라사키의 『겐지 이야기』

무라사키의 주요 작품으로는 역사 소설이라고도 할 수 있는 『겐지 이야기』가 있다. 이 작품 속에서 저자는 10세기 황실의 상황을 날카로운 시각으로 그리고 있다. 일본의 한 비평가는 『겐지 이야기』를 바

탕으로 다음과 같은 평을 내놓았다.

사회는 진정한 도덕성을 크게 상실하였고, 백성들의 나약함이 시대의 주요 특징을 이루고 있다. 남자들은 기회가 날 때마다 감상적 모험을 감행하려 하였으며, 여자들은 그들을 말릴 마음이 없었다. 황실은 사회의 중심이었고, 여성의 최대 야심은 그곳에 들어가는 것이었다.

이런 초기 시대의 일본에서는 여성이 실망이나 절망 상태에서 종교적 은둔자로서의 삶을 서약하는 경우도 흔한 일이었다. 사마노카미는 이렇게 말한다.

그녀가 돌이킬 수 없는 맹세를 할 때, 그녀의 양심은 맑고 순수하였다. 그리고 어떤 것도 그녀를 자기가 버린 세상으로 다시 불러 올 수 없는 것 같았다. 그러나 세월이 흐르고, 집안의 하인이나 나이 많은 유모가 안타까운 소식을 전해준다. 그녀의 애인이 연인을 잊지 못해 소식을 들을 때마다 소리 없이 눈물만 흘린다는 것이다.
그녀는 애인의 변치 않는 사랑을 전해 듣고는, 자신의 기꺼운 희생이 아무 소용이 없다고 생각한다. 그러면서 이마에 내려온 머리를 돌돌 말아 올리며 후회에 빠진다. 그래도 그녀는 애써 자신의 굳은 결심을 지키려고 마음을 다잡아본다. 그러나 그런 마음도 잠시 뿐, 뺨을 적신 게 겨우 한 방울의 눈물이라 해도 이제 더는 신성한 자신의 서약을 굳게 지키지 못할 듯하다. 부처의 삶에서는 속세를 떠나지 못하는 자들이 저지르는 죄보다 이런 종류의 나약함이 더 나쁜 죄다. 그리하여 결국 그녀는 다시 세상으로 돌아간다.

사랑의 숨결이 느껴지는 단편시

일본에는 사랑의 숨결이 느껴지고, 여성의 매력을 전해주는 단편시도 많다. 이들 단편시는 대단히 높은 평가를 받으며, 상당수는 대다수 국민들에게 널리 읽히고 있다. 사랑의 시를 쓴 작가로 유명한 여성들 중에는 8세기에 살았던 오토모노 사카노우에노가 있다.

그녀는 신분이 높았던 여성으로, 재상의 딸이자 시코쿠 섬 총독의 아내였다. 그녀의 시는 일본 문학에서 가장 널리 알려진 작품에 속한다. 그 가운데 어떤 시에는 수준 높은 상상력이 담겨 있기도 하다.

'일본 정신이 살아있는 단 하나의 독창적인 상품'으로 표현되는 일본의 시에는 여성과 여성의 사랑, 슬픔, 정열, 해악을 언급한 내용이 수도 없이 등장한다. 『만엽집(Manyoshu)』에 들어있는 사카노우에노의 시에 나와 있듯이, 처녀의 사랑을 노래하기도 한다.

어서 와,
이런 이야기는 처음이지?

걸핏하면 그는 진심어린 부드러운 억양으로 맹세하였으니,
'세월이 흘러도 내 사랑은 결코 늙지 않을 것이오,'
그래서 그에게 내 마음을 내주었으니,
광을 낸 순금 거울처럼 맑디맑은 마음을.

사랑을 노래한 시 중에는 관능적인 내용의 시도 상당히 많다. 그러나 사카노우에노의 '소녀의 슬픔(A Maiden's Lament)'과 자신의 아내를 소재로 한 니비의 '애가(Elegy)'에서 보듯이, 순수한 사랑을 노래한 시도 많다. 시인 소세이 역시 심금을 울리는 시를 썼다.

나는 물었다, 내 영혼에게 어디서 잘못된 관을 쓴 씨앗이 솟아오르는지
흐릿한 망각이라는 약초를 품고 있는.
솔직한 대답이 나왔다. 저주받은 잡초는
다정함을 모르는 마음속에서 자란다네.

고대 일본의 남편과 아내가 보여주는 서로에 대한 관심이 만요수의 무명 시에서 아름답게 피어난다. 아내는 다른 여자들의 남편들이 당당하게 말을 타고 오는데, 자신의 남편은 맨발로 지친 몸을 이끌고 터벅터벅 오는 모습을 보며 애통해 한다.

자, 거울과 베일을 가져가세요,
친정어머니께서 제게 주신 이별 선물입니다
바꿔 쓰면 유용하게 쓰일 것이니
그대를 태워갈 말이라도 사세요.

그런 사심 없는 사랑에 남편이 고맙게도 화답한다.

나를 위해 말을 사야겠지,
아내가 계속 슬퍼하며 걸어선 안 되잖아?
그렇지, 그래, 우리 가는 길이 험해도,
우리는 즐겁게 얘기하며 터벅터벅 걸을 것이오.

어서 와,
이런 이야기는 처음이지?

일곱 번째 발자국
일본의 능력 있는 여성들

일본에는 능력 있는 여성들이 많으며, 일본인들은 여성들의 통치력도 인정해왔다. 이 점은 일본을 통치하였던 여제가 9명이나 된다는 사실로도 확인할 수 있다. 남달리 총명하고 막강하였던 여제들도 있었다. 가령, 일본의 역사에는 신화적 요소가 많이 포함되어 있다. 이런 신화를 보면, 영웅적인 진구 황후가 신라를 정복하였다는 것과 함께, 일본 여성의 최고 상징이었다는 내용이 나온다.

일본 전설에 등장하는 여성 중에는 '우나히의 처녀'도 있다. 그녀의 고귀한 삶과 죽음에 얽힌 이야기는 시인들의 노래에 담겨 자주 불려졌다. 현재 고베와 오사카 사이의 셋쓰 지방에 가면, 그녀의 무덤으로 알려진 곳이 있다. 초기 시대의 여자 영웅들은 여러 세대 동안 일본 여성들의 영감을 불러일으켰다. 일본 여성들이 가정생활에 대해 기대하는 것은 대개 슬프도록 낮은 수준의 생활을 하는 다른 나라 여성들이 생각하는 수준보다 훨씬 더 높은 편이다.

일본의 현세대는 '매력적이고, 지적이며, 세련되고 사랑스러울 뿐만 아니라 성격도 고상하고 아름답다'고 묘사되는 황후에게 깊은 영향을 받았다. 귀족인 부모에게서 태어난 하루코는 1868년 왕비가 되었다. 그리고 그녀의 남편은 17세의 나이에 왕의 자리에 올랐다. 드디어 막부시대가 몰락하고 일왕의 권력이 회복되었다.

교토에서 외로운 성장기를 보내긴 하였지만, 어린 왕비는 즉각 자신에게 주어진 소임을 다하기 시작하였다. 그리고 일본 여성의 지위 향상을 위해 영향력을 발휘하였다. 그녀는 주저 없이 백성들과 어울리며 자선을 베풀었다. 하루코는 왕비의 자리에 오른 지 얼마 지나지 않은 1871년에, 다섯 소녀의 말을 경청하게 된다.

이 소녀들은 새로운 일본에서 훗날 여성으로서 더 큰 임무를 수행하기 위해 미국 유학을 떠나는 군부 계급의 딸들이었다. 이를 계기로 하루코는 일본에서 중요한 역할을 담당할 귀족 집안의 딸들을 위한 학교의 발전에 지대한 관심을 보이기 시작하였다. 이 학교가 개교할 때부터 말이다.

고대 종교들이 여전히 여성들의 삶에 영향을

한편, 일본 여성의 종교생활은 추측한 바대로 매우 뒤떨어진 상태다. 일본 신사의 주랑 현관에는 이런 글귀가 새겨져 있다.

'말, 소, 여자는 이곳에 입장 불가함.'

이는 일본에서 종교적으로는 여성에게 거의 기대하는 게 없다는

사실을 암시하는 말로 받아들여지기도 한다. 불교의 도입은 일본 역사상 획기적인 사건이었다. 그러나 여성은 고대 종교에서 그랬듯이, 불교에서도 높은 위치를 차지하지 못하였다. 따라서 불교가 여성을 위해 기여한 일도 거의 없었다. 신도(神道, 조상과 자연을 섬기는 일본 토착 종교 - 옮긴이 주)에도 여사제가 있고, 불교에도 여승이 있기는 하였다. 하지만 이들 중 어떤 종교도 일본 여성에게 뚜렷한 축복이 되지는 못하였다.

일본에서는 아직도 고대 종교들이 여성들의 삶에 많은 영향을 미치고 있다. 국민들도 수많은 신사에서 여전히 참배를 올리고 있다. 교토가 기독교를 받아들인 중심지로 명성을 크게 떨치고 있긴 하지만, 서구의 정신은 이제야 벚꽃의 나라로 들어가는 입구만을 발견하였을 뿐이다. 그 덕분에 일본의 전통적인 관습도 서구의 영향으로 점차 사라졌다. 그리고 뿌리 깊던 편견도 줄어들고 있다.

기독교적 이상이 일본에서 최근 몇 년 사이에 눈부시게 발전하였고, 서양의 종교적 가르침도 장족의 발전을 거두었다. 최근에는 이혼을 다소 어렵게 만들어, 가정의 안정을 꾀하는 법이 제정되기도 하였다. 또 첩의 자녀가 귀족 칭호를 물려받지 못하도록 하였다.

그리고 황제에게도 이 법을 적용하여, 이후로는 황제의 아들만이 왕위를 물려받을 수 있었다. 그리하여 일본에서 축첩을 금지하게 된 것이다. 벚꽃과 모과나무의 나라에서 이뤄진 이런 새로운 법 제정은 여성의 지위를 향상시키는 데 상당한 의미로 남을 것이다.

 Oriental Women

Part 14
문명의 흐름에서 빗겨난 여성들도 살고 있었다네

"가장 행복한 여성은 가장 행복한 나라처럼 역사가 없다"

동양 여성에 관한 책이라면, 문명의 거대한 흐름에서 동떨어진 삶을 살아왔고, 문명화가 덜 된 민족의 여성들에 대한 설명이 있어야 완전한 것으로 평가될 것이다. 이 여성들의 영역은 세계와 접촉할 수 있는 기회가 부족하였던 탓에 축소될 수밖에 없다. 당시 세계와의 접촉은 단순히 사회적 이상도, 특권도 아닌 진보를 향한 추진력이었기 때문이다. 대표적으로 남태평양과 일부 아프리카 부족의 여성들이 여기에 해당될 수 있으며, 이들을 전형적인 사례로 소개할 예정이다.

조지 엘리엇은 "가장 행복한 여성은 가장 행복한 나라처럼 역사가 없다"고 단언하였다. 천박한 야만성에서 고상한 문화에 이르는 세계 문명의 진보에 있어서까지, 여성의 역할은 헤아릴 수 없는 가치를 지니고 있다. 하지만 일반적으로 말해, 예고된 일은 아니었다. 유사 이래, 무거운 짐을 감당해 온 여성은 앞서 나가는 남성에 비해 처음부터 부수적인 위치를 차지해왔다. 그러나 세상에 알려지지 않은 민족에서조차 여성은 자신의 역할을 아주 기꺼이 감수해온 것이다.

특히, 전 세계의 섬 지역에 사는 여성들이 더 그런 것 같다. 바다의 민족들은 대륙에 속한 거대한 나라들의 긴박한 상황과 가혹한 갈등에서 벗어나 있었다. 따라서 더 오래된 나라 상당수에서 찾아보기 힘든 자유로운 상태(이런 단어를 저개발 민족에게 적용해도 된다면)를 유지하고 있다. 물론, 섬이나 여행과 상업이 활발하게 이루어지는 행로에서 벗어난 육지에 사는 민족들 사이에서도 다양한 혈통, 관습, 발전을 향한 각오를 다지고 있다. 그리고 전 세계에서 남태평양보다 더 다양한 민족이 서로 뒤섞여 있는 지역도 없을 것이다.

세계 문명의 흐름에서 벗어났다고 해서

인도양과 서태평양 해역의 여성들은 인류의 어떤 거대한 부류나 십난에 속한다. 우선, 아시아가 남동쪽으로 연장된 듯한 거대한 대륙이자 섬에 사는 호주 원주민들이다. 이들은 세상에서 가장 문명화가 덜 된 인종으로 여겨지기도 한다. 또한 피부는 검지만, 모발은 양털 모양이 아닌 독특한 민족으로 분류된다.

두 번째는 파푸아 여성들이다. 이들은 어느 모로 보나 흑인이다. 또 키가 크고 양털처럼 꼬불거리는 머리카락에, 피부는 검고 몸매가 예쁜 뉴기니 민족을 비롯해 인종이 다양한 아프리카 흑인들과 닮았다. 안다만 제도의 피그미족, 말레이반도와 필리핀 제도의 민족들은 인종은 같지만, 민족성은 상당히 다르다.

세 번째는 갈색 피부의 폴리네시아인들로, 이들은 지구상에서 가장 잘생긴 민족에 속한다. 하와이에서 뉴질랜드, 그리고 이스터 섬에서 사모아에 이르는 태평양 주변의 작은 섬에서 사는 사람들을 말한다.

네 번째이자 마지막은 말레이 사람들이다. 이들은 동남아시아와 자바, 수마트라, 보르네오, 필리핀 제도 주변의 거대한 섬들에 거주하는, 작지만 강단 있고 힘이 넘치는 민족이다. 나중에 설명하겠지만, 필리핀 제도에 사는 8백만 민족(필리핀 사람들)은 혼혈 민족으로 갈색인, 흑인, 황인, 백인 등 이 지역의 아메리카 인디언의 혈통 등 인류에 속하는 모든 인종을 섞어놓은 것과 같다. 인종이 다양하게 섞인 혈통의 여성들은 후천적 특성뿐 아니라, 외모나 타고난 기질에서 커다란 차이를 보인다.

이들 일부 인종의 여인들을 선택해 그들 개개인이 태어나 죽을 때까지 겪는 다양한 인생 경험, 어린 시절과 작명, 소녀 시절과 결혼, 가족생활과 사회적 지위, 종교 그리고 마지막 순간을 살펴본다면 크게 도움이 될 것이다.

이번 연구의 관심 영역이 연구 대상 여성들의 삶과 활동 범위를 훨씬 넘어서기 때문이다. 모든 인종은 하나다. 이 말이 이들 낙후된 여성들의 활동과 사회생활이 발전 초기 단계에 있는 자기 인종의 위치를 대변한다는 타당한 추론을 방해하는 요소는 아니다. 그러나 사실 인도양과 서태평양 해역의 기준에서 보자면, 우리 서양이 세계의 변방이나 다름없다.

그러므로 호주 원주민들의 비참한 상황이 백인들의 과거 상태를 정확하게 보여주는 판박이라는 결론을 내리는 일은 신중을 기해야 한다. 이들 인종은 세계적인 진보의 흐름에서 뒤처졌다. 또한 여러 세기 동안 고립된 상태로 머물며, 진보가 아닌 퇴보의 길을 걸었다. 하지만 각 인종에 대한 별도의 연구에서 볼 수 있듯이, 이들의 예술과 사회 관습은 더 높은 수준임이 분명하다.

이곳 여성들의 인생에 환희를 안겨주는 것은

이 부족들에 대한 연구는 그들이 세계에서 가장 문화 수준이 낮은 민족이라는 사실에도 불구하고, 각 인종이 원만하게 잘 살아가고 있다는 점에서 더욱 흥미롭다. 공예, 미술, 말, 사교 예법과 사회적 관습, 사물에 대한 설명, 신조와 숭배 등 모든 것이 조화롭게 어우러져 있다. 이곳 민족의 여성이 살아가며 보여주는 거의 모든 행동이 문명사회의 여성에게는 견딜 수 없게 느껴질지도 모른다. 그러나 이곳 여성에게는 모두 해야 할 일들이다. 또 그와 다른 행동은 생각할 수도 없다. 인생의 환희는 현재의 질서와 여러 세대 동안 어머니들로부터 전해 내려온 오랜 관습과 전통에 복종하는 일에서 생겨난다.

호주 원주민 여성의 평균 키는 약 157센티미터 정도다. 가장 키가 큰 여성도 약 165센티미터를 넘지 않는다. 손발은 작고, 손 한 뼘의

길이는 최장 약 15센티미터다. 피부색은 검정 초콜릿색이며, 입술은 두껍고, 코는 넓고 안으로 굽었다. 또한 두상은 길고, 머리카락은 검지만 곱슬거리지는 않으며, 길이는 대체로 짧다.

예쁘장하게 생긴 어린 소녀들도 있는데, 머리로 무거운 짐을 나르는 탓에 곤추선 자세를 하고 있다. 그러나 호주 원주민들은 미모가 아름다운 인종은 아니다. 여자가 서른이 되면, 만일 그런 나이가 되도록 살아 있는 여성이 있다면, 쭈그렁 할망구 취급을 받는다. 이곳의 인기 있는 풍습에 따라 앞니를 빼고 나면, 표현할 수 없을 정도로 못생긴 여자의 극치를 보여준다.

호주에서 태어난 여자아이는 생명을 유지하는 데 필요한 것 이외의 보살핌은 거의 받지 못한다. 아기뿐만 아니라 산모도 버림받은 거나 다름없다. 산모는 덤불에 마련된 거처에 따로 떨어져, 친척뻘 되는 늙은 여인의 시중을 받는다. 딸아이를 낳은 곳도 불결하기 이를 데 없다. 게다가 어머니들이 태어난 아이를 죽이는 일도 간혹 발생한다.

태어나자마자 죽은 아이는 어머니 자궁으로 돌아가 다시 태어날 수 있다는 믿음(니코데모[12]의 말처럼) 때문이다. 산모가 아기에게 몇 년씩이나 젖을 물려야 하는 인생의 짐을 더 이상 감당할 수 없기에, 이런 괴이한 짓을 저지르는 것이다. 쌍둥이는 기괴하게 여겨 태어난 즉시 죽임을 당한다. 그런데 가끔은 건강한 아기가 비슷한 운명을 맞이하기도 한다. 건강한 아기의 생명력을 약한 아이에게 주기 위해서 말이다

호주에는 '어머니'라는 호칭이 없다

아기의 이름은 어머니나 아버지로부터 물려받는다. 호주의 모든 부족은 제각기 이름이 있는 반족(半族)으로 나누어지므로, 아기 이름은 단지 같은 반족임을 나타낼 뿐이다. 혈통이 여자 쪽이면, 같은 반족 사람들은 모두 어머니로부터 같은 이름을 물려받는다. 그리고 혈통이 남자 쪽인 경우에는, 같은 반족에 속한 아버지들은 이름이 모두 같다.

호주에는 우리가 말하는 의미의 '어머니'라는 호칭이 없다. 여기서 이야기하는 여자아이에게는 그 반족의 같은 세대에 속하는 여성의 수만큼이나 많은 어머니가 존재한다. 호주 원주민 소녀가 한 명 있다고 한다면, 그녀에게는 몇 명, 아니 수많은 어머니가 있을 것이다. 그녀의 생모, 이모들, 어머니 세대와 어머니 반족에 속하는 모든 방계 여자 친척이 있을 것이기 때문이다.

가령, 브라운과 스미스라는 두 반족으로 이루어진 부족이 있다고 가정해 보자. 브라운이라는 남자는 전부 스미스라는 여자와 결혼해야 할 것이다. 그 반대도 마찬가지다. 스미스는 스미스와 결혼하지

않을 것이며, 감히 하려고도 하지 않는다. 마찬가지로 브라운은 브라운과 결혼하지는 않을 것이다.

이제, 모권(母權)이 우세하다면 브라운 어머니들의 자녀들은 모두 브라운이 될 것이다. 또한 스미스 어머니들의 자녀들은 모두 스미스가 될 것이다. 그러나 부권(父權)이 우세할 경우에는 브라운 어머니들의 자녀들은 모두 스미스가 될 것이고, 스미스 어머니들의 자녀들은 모두 브라운이 될 것이다. 호주의 결혼 관계는 너무나 느슨하여, 가족은 단지 단체로 존재할 뿐이다. 어린 여자아이는 '미스 브라운'이 아닌, '브라운 사람' 즉 브라운 부족의 일원일 뿐이다.

원칙은 여기서 설명한 것과 같다. 하지만 실상을 자세히 들여다보면 무척 혼란스럽다. 갓 태어난 어린 여자아이는 단순히 '미스 S' 혹은 '미스 B'가 아니다. 두 반족 또는 두 종류로 이루어진 그녀 부족은 각기 여섯 개의 토템을 지니고 있을 수도 있다. 두 반족, 맷휴리와 키라롸로 이루어진 우라브린나 부족을 살펴보자.

아버지가 딩고 맷휴리이고, 어머니가 워터 헨 키라롸이다. 그러면 우리의 어린 여자아이는 어머니의 이름을 갖게 될 것이다. 또한 워터 헨 어머니들의 다른 모든 딸도 그럴 것이다. 그들의 자손들은 물론, 먼 후세까지 그렇게 전해질 것이다. 같은 세대의 이 소녀들은 사실상 자매들이다. 이들은 자신들을 낳은 세대 전체를 어머니 계급으로 간주하며, 그것이 그들이 할 수 있는 최선이다.

호주 원주민의 이름에 얽힌 이야기

독특한 형식으로 분류하는 부족도 있다. 모든 남자는 수많은 가족이나 부류 중 하나에 속한다. 그런데 편의상 A, B, C, D로 표시하기로 한다. 모든 여자도 E, F, G, H라는 부류 중 하나에 속한다. 이제 A족에 속한 모든 남자는 네 부류의 여성 중 한 명과 결혼해야 한다. 그들의 자녀는 규칙에 따라 가장 혼란스러우면서도 흥미로운 방식을 통해, A 이외의 이름으로 분류된다. 이 방식은 미국 인디언의 방식보다 훨씬 더 복잡하다.

이런 종족이나 토템 이름 외에도 호주 원주민 여자아이에게는 각기 모든 사람이 자유롭게 부를 수 있는 개인 이름이 있다. 하지만 남자아이의 개인 이름은 관습에 따라 터부시된다. 여자아이는 미국의 인디언 소녀들처럼 별명이 있기도 하다. 부족의 모든 여자아이에게는 전통적으로 전해 내려온 유명 여성의 이름을 딴 비밀 이름이 있다. 그런 이름은 매우 엄숙한 경우 외에는, 결코 입에 올리지 않는다. 오직 새로 들어온 사람들에게만 알린다. 이름을 말할 때도 작은 소리로 속삭이곤 한다. 왜냐하면 낯선 사람이 이름을 알게 되면, 마법을 부려 해를 입힌다고 믿기 때문이다.

호주 원주민 여자아이는 아주 어린 나이에, 결국 적자생존이 되고 마는 혹독한 과정을 치르고 나서야 여성으로 인정받는다. 여성으로의 거듭남을 의미하는 이런 의식들은 어린 소녀의 생명력을 떨어뜨

리고, 때로는 생명을 앗아가기도 한다. 어린 여자아이는 걷자마자 교육을 받기 시작한다. 놀이는 어머니가 하는 일이나 흥밋거리를 흉내 내는 것이다.

가끔씩 여자아이들은 무리를 지어 손으로 작은 연극 놀이를 하며 즐겁게 보내기도 한다. 이들 놀이 중에는 문명화된 민족들이 하는 놀이도 많다. 놀다가 아무 의미 없이 주먹을 쌓는, '주먹 쌓기(Take it off, or I'll knock it off)'라는 놀이는 꿀 나무를 찾아 베어 넘어뜨리고, 꿀을 모아 물에 타서 마시는 놀이의 일부분이다.

호주 원주민 남자가 결혼하는 네 가지 방법

호주 원주민의 결혼 관계는 기독교 국가들과는 다르다. 이슬람 민족들의 일부다처제와도 비슷하지 않고, 단체 결혼의 변형이라고 할 수 있다. 호주 원주민 남성은 네 가지 방법 중 한 가지로 아내를 얻는다. 남자 아버지가 소녀 아버지와 협의해서 아내를 얻어주는 방법, 남자가 좋아하는 여자를 주술로 매혹하는 방법, 전투에서 적군의 여자를 잡아오거나, 여자가 스스로 따라오는 방법들이다. 물론 결혼이 가능한 종족에 그 여성이 속한다고 가정할 때 이야기다.

호주 원주민들은 이런 점에서 매우 특별하다. 아내를 얻는 첫 번째이자, 가장 보편적인 방법은 모든 여자가 어떤 남자의 아내가 될 수 있도록 하는 법과 관련되어 있다. 이곳에는 혼례와 관련된 의식이 거의 또는 전혀 없다. 그저 남자가 아내를 구하면, 여자는 남자의 개인 재산이 될 뿐이다.

예를 들어, 한 남자가 적당한 무리 속의 한 여성을 마음에 품고 있다고 가정해 보자. 아내를 얻기 위한 주술에는 여러 가지 방법이 있다. 이런 계통의 학문에서 최고 권위자로 꼽히는 스펜서와 길런은 이렇게 설명한다. 한 남자가 어떤 여자를 아내로 삼고 싶으면, 다음과 같은 방법이 있다. 물론 그녀가 다른 남자에게 이미 점지되었는지의 여부와는 상관없이 말이다. 남자는 작은 나무 조각을 가져다, 한끝에 줄을 달아 자신의 토템을 표시한다. 그리고 악기(미국 소년들은 '버저'라고 부름)를 들고, 친구들과 덤불로 들어간다. 밤새도록 남자들은 연모의 구절을 낮게 노래하며 읊조린다. 날이 밝으면 남자는 홀로 일어나 자기 악기를 흔든다. 악기 소리와 공중에서 떠돌던 노래가 주술로 여성의 귀에 전달되면, 여성들은 이 남자와 결혼하기 위해 약 80킬로미터 떨어진 곳에서도 찾아 온다고 한다.

또 공개 행사에서 야한 머리띠를 한다든가, 뿔을 부는 등 남자가 마음에 품은 여성을 매혹시키는 다른 방법들도 있다. 여자와 함께 도망가는 것도 또 다른 형태의 주술일 뿐이다. 아내를 구하는 방법 중, 여자를 잡아오는 세 번째 방식이 호주 원주민들의 보편적인 결혼 방법으로 알려져 왔다. 하지만 요즘 작가들은 그런 방법으로 아내를 구하는 호주 원주민들은 거의 없다고 주장한다.

어서 와,
이런 이야기는 처음이지?

세 번째 발자국

혈통은 주로
어머니를 통해 전해온다

호주 원주민, 폴리네시아인, 말레이인과 그 밖의 여러 인종에서는 혈통이 한결같이 주로 어머니를 통해 전해져왔다. 부족들이 한 곳에 머물러 살게 되고, 개인마다 재산을 보유하고 나서야 가족 중 남자들에게 그 재산이 상속되었다.

소위 모계 혈통은 어떤 종족이나 집단(이들을 뭐라 부르든 간에)을 형성하는 각 개인이 오래 전에 살았던 한 여성의 자녀라는 믿음에 근거한다. '모계 혈통'이라는 이런 풍습은 물론 실제적이라기보다, 일종의 법적 의제(擬制)일 뿐이다. 왜냐하면 남성들이 항상 세상을 지배해왔기 때문이다. 다만, 이런 형태의 가계에는 두 가지의 장점이 있다. 하나는 모계 혈통의 확실성이며, 또 다른 하나는 수많은 자매의 자녀들은 사촌 간이 아닌, 모두가 형제자매가 될 수 있다는 것이다. 그러므로 모든 개개인에 대한 가족의 지원이 전폭적이었다는 점이다. 이런 집단에선 어느 누구에게 식량이 생기기만 하면, 나머지 일원들에

게도 음식이 돌아갔다. 이렇게 어머니를 통한 혈통은 여러 신기한 방법으로 살아남았다. 그리고 아프리카의 여러 부족에서도 찾아볼 수 있다.

심지어는 오늘날 무어족의 피가 상당히 흐르고 있는 스페인 사람들에게도, 어머니 이름을 아버지 이름에 붙여 혈통의 정당성을 보여주는 관습이 남아있다. 말이 나온 김에, 이 한 가지를 더 알아두면 흥미로울 것이다. 스미스소니언 협회[13]의 창립자 제임스 스미스선도 아버지 노섬벌랜드 공작의 뜻에 따라, 성년이 될 때까지 어머니 이름을 사용하였다는 사실이다. 그리고 성년이 된 이후에야 스미스선이라는 공작 집안의 성을 사용할 수 있었던 것이다.

이것은 고대의 관습이 얼마나 뿌리 깊게 전해지고 있는지를 잘 보여주는 최근의 사례일 뿐이다. 유목 생활과 공동소유 대신에 정착 생활과 재산권 확보가 그 자리를 차지하자마자, 모권이나 모계제도는 점차 가부장제의 일부가 되었다. 미국 인디언들이 발견되었을 당시에도, 미국 원주민 사이에서 이런 변화가 모든 방면에서 일어났다는 것은 신기한 일이다.

부족과 씨족을 조심스럽게 구별해야 하는 것도 이러한 이유 때문이다. 모든 미개 부족은 씨족으로 보면 이족(異族) 결혼이다. 그리고 부족으로 보면 동족 결혼을 하기 때문이다. 사람들이 부족 내에서 결혼하려는 경향을 보이자, 씨족에 따라 분류하는 초기 단계에서 벗어나 재산에 따라 분류하는 단계로 넘어간 것이 분명하다.

우리 식의 표현을 빌자면, 부족 내의 결혼은 '가족의 재산'을 지키는 데 필요하였다. 수준이 가장 높은 문명뿐 아니라, 가장 낮은 단계의 문명의 상당수 민족에서도 여자 친척과의 결혼을 반대하는 것은 관례가 되었다. 미국에서도 젊은 여성이 결혼을 한 후에도 자기 이름을 바꾸지 않으면 항상 화제가 되곤 한다. 씨족 간의 이족 결혼이란 것은 오랜 관습을 조용히 인정하는 일이기 때문이다.

호주 원주민 여성들은 어떤 생활을 할까?

호주 원주민 여성들은 몸을 따뜻하게 하거나, 보호하는 용도로 옷을 입지는 않는다. 앞치마를 하는 경우도 흔치 않다. 그러나 이들의 가슴 속에도 미적 감각은 살아 있다. 그래서 예쁜 머리띠, 목걸이, 씨앗, 동물 이빨로 만든 가슴 장식과 황토색 끈에도 아름다움이 저절로 드러난다. 남자들도 거의 옷을 입지 않는다. 그러나 이 맥락에서 남자들의 의상에서 없어서는 안 될 중요한 물건이 있다. 이 한 가지를 빠뜨리면 안 된다. 바로 여성을 때리는 채찍이다.

자신 이외의 또 다른 부인들, 그리고 자녀들과 함께 살아가는 호주 원주민 여성의 집은 덤불로 만든 피난처에 불과하다. 집은 그저 식구들이 거센 바람을 피하는 바람막이일 뿐이다. 이 피난처에서 일하고 먹고 자며, 서로 이야기를 나눈다. 아침이면 작은 동물들을 불러 모으려고, 뒤지개(화전민 등이 화전을 일굴 때 사용하는 끝이 뾰족한 막대기 - 옮긴이 주)와 나무통을 들고 나간다.

　그들은 먹을 게 귀하기 때문에, 무엇을 먹을 것인지는 고민하지 않는다. 남자들이 작은 캥거루를 사냥할 때면, 여자들은 사냥감을 둘러싼 채 남자들이 잠복해 있는 곳으로 몰아간다. 먹을 수 있는 것은 뭐든 식량으로 사용한다. 여성들은 많은 양의 씨앗을 모아, 채를 치고 맷돌에 갈아 반죽을 만든다. 그리고 뜨거운 재로 음식을 준비한다. 남자들은 여성들이 준비한 고기 음식을 먹지 못하기 때문에, 고기 요리는 남자들이 하고 여성들은 채소 음식을 준비한다. 일정한 나이가 넘은 여성들은 식사를 따로 하는 지역이 많다. 하지만 이런 원칙이 보편적인 것은 아니다.

　만일 아기가 영아기 초기 단계가 지나도록 살아있다면, 그 아기를 출산한 호주 원주민 여성은 대개 헌신적인 어머니들이다. 호주 원주민 여성은 일할 때도 아기를 어깨에 짊어지고 다니는 경우가 많고, 심지어는 대여섯 살이 넘은 아기도 그렇게 짊어지고 다닌다. 어린 아기가 죽은 경우에도 아기 엄마는 계속해서 그 죽은 애를 짊어지고 다니기도 하는데, 곧 시작되는 부패 같은 것에는 아랑곳하지 않는 듯하다. 죽은 아이의 시신을 몇 주일이나 매달고 다니는 아기 엄마들도 있다고 한다.

　남자아이들뿐만 아니라 여자아이들도 아주 어린 시절부터 살아있는 동물들의 흔적을 알아보는 훈련을 받는다. 노련한 여성들은 재

미삼아 모래에 동물 흔적을 흉내 내놓고, 서로가 그린 발자국을 알아맞히기도 한다.

스펜서와 길런의 말에 따르면, 모든 여성은 약 30에서 90센티미터 길이의 나무통을 들고 다닌다고 한다. 마치 짐도 나르고 사람도 나르는 짐승처럼, 통 속에 온갖 물건은 물론 심지어는 애도 넣고 다닌다. 사냥을 할 때면 그 나무통을 삽처럼 이용해 곧잘 흙을 치우기도 한다. 그 이외의 유일한 도구로는 땅을 파는 원시적인 뒤지개로, 곧고 끝이 뾰족한 막대기다.

이 뒤지개를 이용해 일할 때면, 오른손에는 뒤지개를 들고 땅을 파헤치며, 왼손은 삽처럼 이용한다. 이런 식으로, 맛있는 진드기를 찾아 꿀개미가 사는 땅을 계속해서 파헤친다. 어린 여자아이들은 어머니와 함께 다닌다. 어머니가 해충과 곤충을 파고 있는 동안, 아기들은 작은 막대기를 들고, 자신의 생업이 될 일에서 첫 교훈을 얻게 된다.

미개인들 사이에서는 여성 고유의 영역인 직물 기술이 거의 활성화되어 있지 않다. 1606년, 호주가 발견되기 이전에 사용된 방추는 끝이 굽은 작은 나뭇가지에 불과한 가장 원시적인 형태다. 아직도 미개 부족들 사이에서 사용되고 있다. 여자들은 사람 머리카락, 주머니쥐 털, 캥거루 털, 에스키모처럼 힘줄이나, 식물 섬유로 자루나 그물뿐만 아니라, 묶을 때 쓰는 노끈을 만든다. 이들은 땅바닥에 앉아 왼손으로는 실패를, 오른손으로는 방추를 다 드러낸 허벅지에 놓고 능숙하게 돌린다. 줄이 약 30센티미터 정도 되면, 실패로 쓰는 방추 고리에 감는다. 이 중 두 가지가 끝나면, 막대기가 땅속에 박히고 거친 밧줄 작업장이 세워진다.

여성들은 또 여러 가지 식물을 이용해 염색을 한다. 노끈을 이용해 바구니, 그물, 자루, 매듭도 만들고, 간단한 레이스 뜨개나 가장자리 뜨개 같은 여러 장식을 만들기도 한다. 그야말로 호주 원주민들은 인간의 손가락을 이용해 돌리고, 짜고, 엮는 가장 원시적인 방식으로 직물을 만들고 있다.

다른 인도양과 서태평양 해역의 부족들은 야한 옷을 입거나, 피부에 동물 이빨 모양의 문신을 한다. 이와는 달리, 호주 원주민 여성들은 가슴이나 다른 신체 부위에 끔찍한 흉터를 낸다. 그들은 부싯돌이나 유리로 피부에 상처를 내고, 반흔[14]이 크고 뚜렷하게 남도록 벌어진 상처에 재를 문질러 넣는다. 그들은 이런 고문을 기꺼이 감수한다. 가끔은 개인적인 경험을 기억하거나, 죽은 자를 기리기 위해 상처를 더 내기도 한다.

제명에 죽는다고 생각하는 호주 원주민 여성은 없다

호주 원주민 여성들은 놀이나 운동을 좋아한다. 퀸즐랜드에 있는 호주 원주민의 북부 보호 기관의 로스 박사는, 제법 긴 노끈만 있으면 성인 여자들이 같은 자리에서 몇 시간씩 다들 재미있게 논다고

설명한다. 노끈은 아주 긴 줄을 사용하는데, 유럽인들에게는 '실뜨기 놀이'라고 알려져 있다. 수백 가지 아주 복잡하고 정신없는 모양이 입, 무릎, 발가락과 손을 이용해 만들어진다. 지독히 복잡한 모양들도 있다. 로스 박사가 삽화를 통해 보여주는 완성된 모양들은 매혹적이다. 비록 섬세하지 못한 손들이 만들었지만, 어떤 작품 못지않게 멋스럽다.

호주 원주민 여성들은 쾌활하고 유쾌하다. 하지만 때로는 뒤지개를 들고 사납게 싸우며, 남자들처럼 치고받기도 한다. 이들을 관찰한 사람들의 증언에 따르면, 대다수 부족은 여성들을 아주 잔인하게 취급하지는 않는다고 한다. 그렇게 취급한다면 부족의 수명, 생식 능력, 노동력에 치명적인 영향을 미치게 될 것이기 때문이다. 여성들은 적든 많든, 자기 몫의 자원을 받는다. 때때로 잔인하게 보이는 행동은 풍습일 뿐이거나 유행이라고도 한다. 그런데 파리에 비해, 호주에서는 유행에 뒤떨어지면 사람들과 어울리기가 더욱 더 힘든 셈이다.

호주 원주민 여성들은 평생 사회적으로 매우 비참한 상태에서 지낸다. 부족의 의례의식에서는 옆에서 돕거나 시중드는 일을 할 뿐이다. 식량을 구해오는 온갖 일을 도맡아 하지만, 죽음과 연관된 신성한 장소에는 얼씬도 할 수 없다. 말하자면, 풍습에 호주 원주민 여성의 손과 발이 모두 묶여 있는 형국이다.

제명에 죽는다고 생각하는 호주 원주민 여성은 없는 것 같다. 근처에 있는 일신의 적이나, 멀리 떨어져 있는 위대한 주술사든, 모든 사람은 주술에 의해 죽음을 맞이한다고 믿는다.

호주 원주민 여성이 죽으면, 즉시 무릎을 턱에 닿도록 굽혀 앉은 자세로 만든다. 그렇게 준비된 시신을 둥그런 구덩이에 넣거나, 나뭇가지로 만든 단 위에 올려놓는다. 그리고 시신에서 살이 어느 정도 사라지면, 무덤 속에 뼈를 넣는다. 이때, 어떤 물건도 시신과 함께 묻지 않는다. 오직 시신에 곧바로 흙을 덮는다. 천막을 향하는 쪽의 흙이 약간 움푹 들어가도록, 나지막한 무덤을 만든다.

매장이 끝나면 곧바로 그녀가 살던 천막을 완전히 태워버린다. 그리고 함께 지내던 무리는 또 다른 장소로 이동한다. 영혼을 달래는 마지막 의식이 끝난 후에는, 친족들이 그녀의 이름을 다시는 언급해서도, 그녀의 무덤에 가까이 가서도 안 된다.

그런데 여성이 죽은 지 1년 정도가 지난 후에 거행되는 마지막 의식이 있다. 그 의식은 무덤 위를 밟는 일로 이루어진다. 그녀의 어머니와 가까운 친족들은 고령토를 몸에 칠한 채, 같은 부족 남자 형제들과 함께 무덤을 찾는다. 의식이 진행되는 도중 어머니가 바닥에 몸을 던지면, 지켜보던 참석자들이 그녀가 심하게 자해하지 않도록 막을 뿐이다. 무덤 근처는 모든 추모객이 자해한 상처에서 흐르는 피로 흥건하다. 이런 피 흘리는 의식이 끝나면, 부적을 무덤가에 파묻는다. 그리고 자해하다가 반쯤 죽은 어머니가 자기 몸을 마구 문질러, 피가 묻은 하얀 점토를 털어내면 무덤이 다시 정리된다. 이 나라의 풍습이 그러하듯 모든 의식은 즐겁게 치러진다.

한편, 죽은 남자의 과부(또는 과부들)는 자신의 머리카락, 얼굴, 가슴을 백색 파이프 점토로 문질러 오랫동안, 1년 가까이 말하지 않고 몸짓으로만 소통한다. 그녀는 죽은 남편을 위한 의식을 열심히 이행하며 천막에서 지낸다. 그야말로 어쩌다 그녀가 예전에 하던 여가 활동이라도 한다면, 남편의 남동생이 그녀를 만난 즉시 창으로 찔러버리는 사태가 벌어질 수도 있다. 침묵 기간이 끝나면 몸에 고령토를 새로 바르고, 음식을 가득 담은 커다란 쟁반을 준비한다. 그리하여 여자 친구들과 함께 자기 천막을 분리하였던 경계선으로 간다.

죽은 남편의 일가친척들은 그들과 함께 어떤 복잡한 의식을 치른다. 그 후 그녀를 자신의 맹세에서 해방시키고, 그녀가 과부로서 해야 할 도리를 다하였음을 인정한다. 죽은 자의 무덤 위를 밟는 의식에는 여성들도 참여한다. 특히 죽은 자의 아내는 자기 몸에서 고령토를 긁어내며, 자신의 애도 기간이 끝났음을 보여준다.

어린 아기가 죽으면 아기 '엄마'는 자신을 칼로 베는 것은 물론, 그녀의 모든 자매도 같은 의식을 치른다. 친척이 죽으면 여성들은 자기 몸에 깊은 상처를 낸다. 그렇게 만들어진 상처는, 앞서 설명한 가슴 전체를 장식한 반흔과는 아무 관계가 없다. 여성들은 스스로 만든 상처들이 죽은 자에 대한 자신들의 정절을 영원히 기록한다고 생각한다. 이 같은 의미에서, 여성들은 이 상처를 특히 자랑스러워한다.

네 번째 발자국

세상에서 가장 키가 작은 여성들

이제 세상에서 가장 작은 여성들에게 관심을 돌려 보자. 역사, 민족학, 고대 신화를 보면, 모두 동양의 피그미족이 세상에서 가장 흥미로운 민족으로 등장한다. 피그미족들은 작은 민족인 데다, 더 크고 더 억센 민족들에게 시달리는 고통을 받는다. 그들은 그 틈바구니에서 여러 세기 동안 생존해왔다. 피그미족들은 아시아와 아프리카 및 남태평양의 섬들에서 발견되고 있다. 이들의 원래 고향은 분명 아프리카였다. 하지만 이들 니그리토(동남아·오세아니아 등에 사는 키 작은 흑인─옮긴이 주)족이 아주 먼 옛날 아마 카누를 타고, 동쪽으로 퍼져나가 남태평양의 여러 섬에서 살게 되었을 것이다.

니그리토족 여성들은 남자들보다 훨씬 키가 작다. 니그리토족에서도 가장 눈길을 끄는 종족은 안다만 제도의 민코피족이다. 이들은 방랑 기질로 인해 다소 한시적인 움막 생활을 한다. 어떤 특정 지역에서 오래 머물 경우에는 여자들이 움막을 짓는다. 그리고  그보다 더 오래 머무는 경우에는 남자들이 짓는다. 남녀 아이들은 결혼한 사람들과 한 움막에서 자는 게 아니라, 아이들을 위해 특별히 세운 움막에서 잔다. 여성들은 손으로 도기를 만드는 재주가 뛰어나다. 또한 이 그릇들은

어서 와,
이런 이야기는 처음이지?

바닥이 둥그렇고, 물결선이나 나무 같은 걸로 그린 줄 모양이 새겨져 있다.

남녀 아이들 모두 태어나 처음 몇 년 동안은 거의 벌거벗은 채 지 낸다. 6세 정도가 되면 어린 여자아기는 나뭇잎으로 앞을 가리는데, 이것이 유일한 옷이다. 그러나 나이가 들면 장식에 대한 여성적 본능이 저절로 드러나, 목걸이나 허리띠 등을 한다. 판다누스 나뭇잎으로 만든 허리띠 비슷한 것을 차는데, 특히 결혼한 여성들 특유의 장식품이다.

남자는 물론 여자들도 몸 전체에 문신을 한다. 거의 모든 여성이 문신을 할 줄 안다. 차돌이나 유리 조각으로 피부를 수평과 수직으로 번갈아 절개한다. 원래 이런 풍습에는 어떤 종교적 의미가 담겨 있었을 것이다. 남자들이 멧돼지를 잡는 화살로 피부를 절개해 문신을 시작한다. 그리고 문신하는 남자는 상처가 아무는 동안에 멧돼지 고기를 먹지 않는다.

여성들은 얼굴이 아름답지 않다. 하지만 몸매는 대개 균형이 아주 잘 잡힌 편이다. 남자들뿐만 아니라, 여성들도 몸통이 거의 일정하다. 그리하여 둔부가 조금이라도 큰 여성은 거의 없다. 니그리토족은 동족 간의 결혼으로 혈통이 비교적 순수하고 유형이 매우 균일하다.

카트르파지(프랑스의 박물 학자이자 인류 학자 - 옮긴이 주)에 따르면, 남녀가 하는 일은 거의 비슷하며, 남녀 간에 서로 대비되는 특성 차이도 몹시 근소하다고 한다. 어린 소녀는 남자 형제와 대등한 자유를 누리지만, 행동은 아주 얌전하다. 한편, '젊은이들의 후견인'이라는 관리가 젊은이들의 행동을 세심히 살핀다. 그러고 나서 겸손과 순결을 해치는 잘못된 행동은 가능한 올바르게 바로 잡으려고 한다.

안다만 사람들에게 결혼이란

이곳에서는 결혼 관계도 잘 지켜진다. 중혼이나 일부다처제는 엄격히 금지된다. 아주 어린 나이에 종종 정해지는 약혼은 사실상 결혼과 다름없다. 그래서 약혼을 깰 수 없다고 생각한다. 결혼을 앞둔 젊은 부부는 자신들이 결혼을 알아서 하는 것이 아니다. 결혼이라는 중요한 인간사에서, 만물을 합리적으로 분간하는 안목을 지녔다는 '젊은이들의 후견인'이 이런 의무를 떠안는다.

결혼은 전적으로 부족의 일이기에, 부족 추장의 오두막에서 치러진다. 신부가 자리에 앉고, 그녀 옆에 한 명 이상의 여자가 있다. 신랑은 젊은 남자들에게 둘러싸인 채 서 있다. 추장이 신랑에게 다가와, 양다리가 여러 여자에게 붙들려 있는 어린 소녀 신부에게로 그를 이끈다. 양측에서 약간 저항하는 척하고 나면, 신랑이 신부 무릎에 앉는다. 그러면 참석한 모든 사람이 규정대로 의식이 진행되었다는 사실을 확인하도록 횃불을 밝힌다.

마지막으로 추장은 젊은 부부가 적절한 절차에 따라 결혼하였다

어서 와,
이런 이야기는 처음이지?

는 사실을 선언한다. 그러면 그들은 미리 준비된 오두막으로 물러간다. 그 안에서 신혼부부는 서로를 쳐다보지도 않고 말없이 며칠을 보낸다. 그런데 이 기간에 먹을 것과 살림에 필요한 가재도구 등 아주 실질적인 선물들을 친구들에게서 받는다. 이런 조용하지만 득이 되는 기간이 지나면, 마을 전체가 참여하는 결혼식 춤판이 벌어진다. 단지, 이런 축제에는 정작 가장 관련이 있는 신랑, 신부 두 사람은 제외된다.

"안다만 사람들 사이에서 결혼이란 단지 여자 노예를 얻는 것에 불과한 일이라고 한다면, 이것은 정확한 표현이 아니다. 이들의 사회적 관계를 보여주는 가장 뚜렷한 특징 중 하나는 남편과 아내 사이에 존재하는 평등과 애정이다. 이것은 확실히 그들과 함께 있다. 여러 해 동안의 면밀한 관찰에 따르면, 남편의 권위는 다소 명목적인 것에 지나지 않는다. 왜냐하면 안다만 남자들은 아내들의 말을 그대로 따르는 게 흔한 일이기 때문이다."

안다만 제도 사람들을 전문으로 연구하는 한 작가는 다음과 같은 의미 있는 말을 한다. 이렇게 문명이 덜 발달된 민족들에게도 여성의 도덕적 영향력이 존재한다는 사실에 대해서 말이다.

"경험상 이런 야만인들과 알고 지내려고 할 때, 신뢰를 높이는 가장 효과적인 방법이 있다. 그중 하나는 우리가 여자와 함께 있다는 모습을 보여주는 것이다. 그렇게 하면 우리의 의도가 무엇이든, 적어도 호전적이라고 여기지는 않기 때문이다."

이들 안다만 제도 원주민들의 결혼 생활은 대체로 아주 행복하다고 할 수 있다. 여성들은 한결같고 성실하다. 남편들 역시 매우 충실하다. 평등과 상호주의의 정신이 다른 미개한 민족보다, 사실 여러 개화된 민족보다도 이례적일 정도로 높다.

산모가 아이를 낳기 전에도 아기는 성(性)에 적합한 이름을 받는다. 아기는 이삼년간 이 이름을 지니게 된다. 그 후에 붙이는 또 다른 이름을 남자아이는 성인식을 치를 때까지, 여자아이는 사춘기 징후가 나타날 때까지 사용한다. 그때가 되면 어떤 나무나 꽃의 이름을 붙인다. 그러나 소녀가 결혼을 하면, 자신의 '꽃 이름'을 버린다.

어머니들은 역시 자녀에 대한 애정이 지극하여 젖이 나오는 한, 젖을 물린다. 이때 세 아기가 동시에 엄마 젖을 먹는 일도 드물지 않다. 그러나 대다수 어린이는 다섯, 여섯 살이 되면 부모로부터 떼어져, 또 다른 가정의 일원이 되는 이상한 풍습이 있다. 이런 입양 풍습은 친구들이 서로에 대한 우정을 표현하고 다지는 방법이다.

카르트파지의 표현을 빌자면 이렇다.

"한 가족으로 받아들여진 모든 기혼 남자들은 그 가족의 자녀 가운데 한 명을 입양하는 특권을 감사의 표시와 우정의 징표로 간주한다."

부모는 입양 간 자녀들을 만날 기회가 거의 없다. 가끔씩 자녀들을 찾아가기도 하지만, 집으로 다시 데려오는 일은 영원히 없다. 다만, 허락을 받고 한시적으로 데려올 수 있을 뿐이다. 참으로 이상한 일은 또 있다. 양아버지가 자신의 입양아를 친 자식인 것처럼 마음대로 다

른 친구에게 넘기기도 한다는 것이다.

형의 아내는 어머니를 대하듯 존중한다

그런데 옷을 거의 입지 않는 여성들이 단정하다는 것은 주목할 만한 사실이다. 안다만 사람들에 대해 아주 세세하게 기록을 하였던 만(Man, 식민지 행정관이자 안다만 제도 관련 책 저자 - 옮긴이 주)에 따르면 다음과 같다. 어떤 여성이 친구에 대한 선물로 자신의 허리띠 중 하나를 풀어야 한다면, 그녀는 내숭을 떤다고 할 정도로 수줍어하며 그것을 풀어준다. 다만, 앞가리개는 동행인 앞에서가 아닌, 어떤 은밀한 장소로 물러나 갈아입는다고 한다. 또 같은 가족 내에서도 남녀가 서로를 대하는 태도는 단정하고 섬세하다. 남자는 사촌이나 동생의 아내를 정중하게 대하며, 제3자를 통해서만 말을 건다. 형의 아내는 어머니를 대하듯 존중한다.

필리핀 루손 섬의 니그리토족들도 남녀 관계를 매우 바르게 인식하는 것으로 밝혀졌다. 그래서 간통이 벌어지는 일은 매우 드물다. 만약 그런 일이 생기면, 절도나 살인과 마찬가지로 사형에 처해진다. 젊은 처녀들도 순결에 의혹이 있을 경우, 결혼에 방해가 될 수 있기에 매우 예의 바르게 행동한다. 젊은 남자들도 순결 문제에는 까다로워, 아내들은 순결에 대한 어떤 오점이나 오명을 남겨선 안 된다.

결혼을 할 때가 된 젊은 남자가 자기가 좋아하는 여자를 찾게 되면, 그 여자의 부모에게 결혼하고 싶다는 뜻을 알린다. 여자 부모는 절대 거절은 하지 않는다고 한다. 그러나 그들은 공식적이든, 비공식적이든 딸을 바로 구혼자에게 넘기지 않는다. 그 대신 아침 일찍, 해가 뜨기도 전에 그녀를 숲 속으로 보내 몸을 숨기게 한다. 이 귀한 진주를 찾는 게 구혼한 젊은이가 해야 할 일이다. 또 그렇게 하지 않으면 그녀를 차지할 자격을 상실하게 된다. 그리하여 그녀에 대한 모든 권리를 영원히 포기해야 하는 것이다.

이 방법은 울창한 숲에 숨지 않을 수도 있는 선택권이 여자에게 있다는 사실과 곧 같은 뜻이다. 즉, 결혼 문제의 전체를 여자에게 맡기는 또 다른 방식일 뿐이다. 드디어 결혼하는 날이 다가왔다. 연인들은 서로에게 가깝고 쉽게 휘어지는 두 어린나무에 올라간다. 한 노인이 디기와 젊은 부부의 머리가 서로 닿도록 나뭇가지들을 누른다. 그러면 그들은 이제 남편과 아내가 된 것이다. 잔치와 춤이 이어지고, 그런 다음 부부는 현실 생활에 본격적으로 접어들게 된다. 남편이 장인에게 선물을 주는 것은, 돈을 주고 부인을 사오던 시절부터 내려오는 풍습이다. 장인이 딸에게 지참금으로 주는 선물은 그녀의 개인 재산이 된다. 한편, 아에타족은 아내가 한 명뿐이다. 만일 자녀가 다 성장한 후에 남편이 사망하면, 가족들은 살던 집에서 계속 살아간다. 하지만 자녀가 아주 어린 경우에는, 부인이 대개 아이들을 데리고 친정집으로 돌아간다.

어서 와,
이런 이야기는 처음이지?

아마존 이야기의 진실

일부 니그리토 부족에서 초기 문학이 발견되기도 한다. 다음은 몬 타노(프랑스 학자 - 옮긴이 주)가 아에타족에서 발견한 사랑 노래다.

나 떠나가네, 오, 나의 사랑아,
매우 신중하시오, 그대 사랑하는 이여.
아! 나는 아주 멀리 가오, 내 사랑하는 사람아,
그대가 당신 집에 있는 동안은
결코 마을을 잊지 않을 것이오.

아프리카가 고향일지 모르는 이 피그미족보다는, 아프리카 아마존 (그리스 신화에 등장하는 여전사 부족 - 옮긴이 주)들의 고대 전통이 떠오 를지도 모른다. 그리스 저자들이 그런 여전사 사회를 암시하는 이런 시적 표현이 가능하였던 것은 분명 어떤 근거가 있었을 것이다. 이 것 역시 이야기 속 상상의 요소를 모두 고려한 것이다.

전설에 따르면, 이 아프리카 여전사들은 강력한 여성 군대였다. 이 들은 여왕 미리나의 지휘 아래, 고르곤(그리스 신화에서 두 발과 허리띠 에 뱀을 두른 괴물 세 자매 - 옮긴이 주)과 아틀라스(어깨에 지구를 짊어지 고 있는 거인 - 옮긴이 주)를 향해 진군하여 진압하였다. 그리고 마침내 이집트와 아라비아를 거쳐, 트리토니스 호(리비아의 지중해 연안에 있었다는 전설상의 호수 – 옮긴이 주)에 수도를 건설하였다. 하지만 결국 헤라클레스에 의해 전멸당하였다고 한다.

이 아마존 이야기의 진실은 강인한 신체와 용감한 아프리카 여성들이 군에 입대하여 여성 지휘관의 명령을 받아 몇몇 지역 사회를 강력히 규제하는 일이 흔한 풍습이라는 사실을 말해주고 있는 게 분명하다.

다호메이(아프리카 서부의 베냉 인민공화국의 옛 이름 – 옮긴이 주) 사람들의 경우, 여자 포로들이 왕의 '여전사' 군에 들어가는 일이 종종 있었다. 이들의 전투에 대한 열정은 남다르다고 한다. 또, 죽음이란 처벌 때문에 평생을 독신으로 지내며 순결을 지켜야 한다. 이들이 전투에 용감하게 임하는 것으로 유명세를 타고는 있지만, 이들의 주된 용도는 남자 병사들의 반역을 예방하기 위한 것이다. 이들은 여성 장교의 지휘를 받는 별도의 조직으로 왕에게 충성을 바친다.

그리하여 '부족의 여왕'이 된다

남아프리카의 호텐토트족이 세상에 알려진 지도 이미 오래되었다. 호텐토트족 여자들은 남아프리카 피그미족에 해당하는 이웃 부시먼족 여자들보다 키도, 몸집도 더 크다. 호텐토트족의 여자는 상당한 권한이 있는 지위를 차지하는 경우가 많다. 특히 가정에서 가장 막강

한 힘을 행사한다. 집 밖에서는 남편이 여자 위에 군림하며, 아내를 곧잘 거의 노예로 취급하기도 한다. 하지만 일단 집에 들어오면 자신의 권한을 포기한다. 아내 허락 없이는 고기 한 점도 먹지 못하고, 우유 한 방울도 마시지 못한다.

이런 규칙을 어기려고 할 경우, 이웃들이 남편을 처리한다. 이런 남편들은 종종 양이나 소 몇 마리를 내야 할 정도의 벌을 받기도 하는데, 이것들은 아내의 순수 재산이 된다. 만일 부족의 추장이 죽게 되면, 그에게 성인이 된 아들이 없는 한, 아내가 남편의 자리와 권한을 물려받는다. 그리하여 '부족의 여왕'이 된다. 이런 여성 중에는 자신의 영광된 이름을 그들의 전설에 남긴 여자들도 있다.

호텐토트인들은 관습에 따라 자식들을 자기 부모의 이름으로 부른다. 상호 교환과 유사하게 딸들은 아버지 이름을, 아들들은 어머니 이름을 갖는데, 이름의 접미사로 남녀 성을 나타낸다. 장녀에게는 특별한 권한과 명예가 부여된다. 소젖을 짜고, 어떤 의미에서는 소를 통제하는 것이 장녀이기 때문이다. 장녀에게 우유를 달라는 부탁을 해야 하는 걸 보면, 한때 우유를 짜는 여자였던 아리아인 '우드-도우터'가 떠오른다.

호텐토트족 여성들은 미모가 특별히 뛰어나지는 않았다. 그들은 흑인의 특징인 얽히고설킨 머리카락에, 납작한 코와, 두툼한 입술과, 도드라진 광대뼈를 하고 있다. 얼굴은 특별히 아름답지는 않지만, 처녀일 때는 몸매가 특히 균형이 잘 잡혀있고 통통하며 매력적이다. 그러나 성년이 된 지 몇 년이 지나면 통통하였던 젊음에도 주름이 잡히고 모든 매력이 사라진다. 그러면 여위어 초췌해지거나, 소위 과학계에서 둔부에 지방이 쌓인다고 하는 특유의 변화가 나타난다. 호텐토트족 사이에서는 그런 여성의 모습이 상당히 인기가 있다고 한다.

그 유명한 '호텐토트의 비너스'는 바로 이런 유형의 미인을 보여주는 한 사례이기도 하다. 등은 둔부 주변에 지방이 축적되어 굴곡이 심하며, 둔부는 딱딱하게 굳긴 하였지만 걸을 때면 젤리처럼 흔들린다. 이런 특이한 모습은 호텐토트족 여성에게는 미적 가치가 있을 뿐만 아니라, 아기를 거기에 올려놓고 돌볼 수도 있어서 효용성도 좋다.

다섯 번째 발자국
여자의 일생을 나타내는 지표,
'LTE급 노화'

> 민족의 문화 수준이 떨어질수록 장식이 지닌 중요성은 더욱 커진다. 문명화가 덜 된 수많은 민족을 보면 여성은 물론, 남자들도 치장을 좋아한다. 하지만 장식은 특히 여성들의 취약점이다. 미개한 여성들은 옷을 완전히 불필요한 짐으로 여기면서도, 장신구는 반드시 지니고 다닌다.

여성들이 하는 치장 방법 중 하나는 몸에 문신을 하는 것이다. 거의 몸 전체를 예술적 문양으로 뒤덮는 부족들도 있고, 팔 주위에 그린 고리처럼 신체 일부에만 문신을 하거나, 뉴질랜드 토착 여성들처럼 입술을 뚫는 부족들도 있다. 껍데기, 쇠고리, 띠, 구슬, 깃털, 깔개 등의 사용은 야만의 흔적 가운데 하나다.

한 여행객이 어느 카피르(깜둥이, 흑인을 가리키는 대단히 모욕적인 말 - 옮긴이 주)의 결혼식을 목격하고 이렇게 설명하였다.

카피르 추장과 그의 14번째 아내와의 결혼식이었다. 부인은 '뚱뚱하고 착한 소녀'였다. 단, 비만은 아프리카 부족에서 높이 평가된다. 그 소녀는 반들거리는 검은색 옥양목을 둘둘 감고, 머리부터 발끝까지 꽃, 구슬, 깃털로 치장하였다. 일단 마을 내에서 여자들이 신부를 중심으로 두 줄로 서서 활기찬 곡조를 연주하기 시작하였다. 그러자 무장한 카피르들이 마을 이곳저곳에서 달려나와 방패를 두들기며 악마 같은 소리를 질러댔다. 그러고 나서는 미소를 지으며 건장한 전사들과 활기차게 노래하는 소녀들에게 곧장 달려들었다.

그러면 마을 전체가 악령들이 가득한 혼돈의 도가니가 되어버린다. 거친 전쟁 노래와 날카로운 사랑 노래를 큰소리로 마구 질러댔다. 한 시간 동안의 춤이 끝나고 '조일라(카피르 맥주)'가 나오면, 사랑스러운 신부는 사람들이 만든 둥그런 원 한가운데 서 있다. 모두가 신부를 쳐다보면 그녀도 사람들을 쳐다보다가, 자신이 존경해마지 않는 주인에게로 눈길을 돌린다. 신부가 천천히 앞으로 나아가며 구경꾼들의 외침 속에 신랑 앞에서 춤을 추고, 목청껏 노래를 부른다. 그리고 고기를 써는 커다란 칼을 휘두르며, 격렬한 춤으로 달아오른 머리에서 그 칼로 커다란 땀방울들을 긁어냈다.

어서 와,
이런 이야기는 처음이지?

부족들의 결혼 관습은 다양하다

일반적으로 아프리카 부족들에게 여성의 가치는 암소와 같은 조건으로 평가된다. 인도에서는 여성보다 소를 더 신성하게 여기지만, 아프리카에서는 여자 한 명을 소 여러 마리와 거래하기도 한다. 남자가 아내를 원하면 아내를 구하는 길이 그리 어렵지는 않다. 돈을 주고 사든, 훔치든 아니면 좀 더 감정적인 방법을 통해 구할 수도 있다. 여성 중매쟁이들을 이용하는 부족도 있고, 진정한 구혼을 통해 아내를 얻는 부족들도 있다. 그러나 구혼이 오랫동안 지속되는 경우는 거의 없다.

아프리카와 인도양·서태평양 해역의 부족들에게 결혼은 그런 정도의 문화 수준에서 예상하였던 것보다 훨씬 더 심각한 문제다. 이들부족의 결혼 관습은 상당히 다양하다. 하지만 순결한 생활은 대체로 결혼한 여성에게만 엄격하게 적용된다. 그리고 대다수 여성들은 어린 나이에 결혼한다. 그러나 일반적으로 방탕한 생활은 크나큰 죄로 여기지는 않는다. 종종 사형을 당하기도 하는 불륜에 비해서는 말이다. 문명 수준이 더 높은 민족들에 비해, 약혼은 훨씬 더 신성하고 구속력이 있는 것으로 생각한다.

타히티 섬에서는 원주민들이 약혼을 너무 심각하게 받아들였다. 그래서 약혼한 젊은 여자는 친정아버지의 집에 꽤 높은 연단을 세워 놓고, 그 위에서 살게 할 정도였다. 부모나 식구들이 밤낮으로 그녀

의 시중을 들어야 하며, 그녀는 부모의 허락이나 동행 없이는 이곳을
벗어나지 못한다.

욤바 국에서는 대개 남성 친척보다 여성 친척을 통해 구혼이 이
루어진다. 그리고 남녀 모두 어린 사람에게 먼저 청혼할 수 있다. 사
실 모든 미개한 민족과 문명이 발달한 많은 민족들 사이에서도 조혼
은 그야말로 퇴보의 가장 큰 원인이라고는 할 수 없다. 하지만 그렇
다고 하더라도 조혼은 민족의 미개한 상황을 낳는 가장 중요한 요인
중 하나다. 여성들은 신체적으로나, 다른 어떤 의미에서도 그런 어린
신부의 역할에 아직 준비가 되어 있지 않았다. 그러나 그녀들은 어린
나이에 어머니로서의 의무를 감당해야 한다. 또한 미성숙한 산모에
게서 태어난 아이들은 신체적으로나 정신적으로 건강하게 성장하기
어렵다.

몇 명의 부인이 있느냐에 따라

라이베리아의 토착 부족 중 하나인 크루족은 결혼을 인생에서 가
장 높은 야망이라고 생각한다. 그들은 돈을 지불할 능력이 되는 만큼
많은 아내와 결혼한다. 따라서 또 다른 아내를 살만한 돈을 마련하기
위해 집을 떠나는 일도 많다. 몇 개월간 새로운 관계를 즐기고 나면,
야심에 찬 남편은 집을 나가 다시 재산을 모으고 집으로 돌아온다.

그리하여 또 다른 배우자를 사고, 다시 결혼식을 치른다.

따라서 고단한 삶을 살아야 하는 여성들의 수도 늘어난다. 중년쯤 되면 크루족 남자는, 대개 노동을 안 해도 될 만큼 아내라는 형태로 재산을 축적한다. 그렇게 되면, 남편을 기꺼이 봉양하는 아내들의 노동에 기대어 남자는 편안한 삶을 살아간다. 그는 이제 '대단한 남자'로서 알려진다. 또한 안락한 생활뿐만 아니라, 제힘으로 은퇴 생활을 하게 된 사람이란 평판과 명예까지 누리게 된다.

저급한 인종들 사이에서 여자의 일생을 나타내는 또 다른 특징은, 결혼 이후 신체가 급속도로 빨리 노화된다는 것이다. 이것은 폴리네시아뿐 아니라, 아프리카 부족 여성들도 마찬가지다. 이런 점에서 그들은 상당히 비슷하다. 유럽과 미국 여성들이 육체적 아름다움과 생명력을 한창 꽃피울 나이에, 이런 여성들은 전성기가 이미 지나버린 것이다. 게다가 보기 흉하게 꺾여 시들고 만다.

이러한 신체적 급락의 주요 원인은 두 가지다. 하나는 이들 인종의 공통점인 조기 결혼이다. 또 다른 하나는, 여성들이 너무 일찍 가혹한 생활을 떠맡아야 한다는 점이다. 여성은 출산은 말할 것도 없고, 짐승처럼 짐도 나르고, 농사일도 한다. 말하자면, 기계공에다 '만능 일꾼'의 역할까지 하고 있다.

이곳에선 남녀가 노동을 나누긴 하지만, 여성들끼리 노동을 나누어 하고 남성들은 훨씬 가벼운 일만 하는 게 사실이다. 특히 일부다처제가 성행하는 지역이 더 그렇다. 이곳 집안의 여러 부인들은 자신의 노예 같은 처지를 당연하게 받아들인다. 그중에서도 카피르들이 사는 지역의 여성들은 남편이 집안일을 하면 한심하고, 나약하게 여기도록 배우면서 자란다. 여자들은 일반적으로 남편에게 몇 명의 부인이 있느냐에 따라, 남편의 위엄과 품위가 결정된다고 생각한다. 그러므로 일부다처의 관계를 기꺼이 감수한다.

여섯 번째 발자국

미개한 민족들의 여성은
'모든 일에 능한 하녀'

인종의 문명 수준이 낮을수록 여성이 전문적으로 다룰 수 있는 영역도 적어진다. 미개한 민족들의 여성은 '모든 일에 능한 하녀'이다. 실도 짜고, 그릇도 만들고, 바구니도 짜고, 요리도 하고, 농사도 짓고, 물도 기르며, 짐도 나르는 등 온갖 일을 한다. 단지, 남자들은 사냥과 낚시를 하며, 먹고 자기만 한다.

일반적으로 야만 민족들의 남녀 사이에 체격의 크기와 매력의 상대적 차이가 더 크게 난다고 한다. 이것은 분명 여성들이 아주 어린 나이에 고된 일을 함에 따라, 몸이 상하고 성장이 멈췄기 때문이다.

여성의 신체적 또는 사회적 지위가 열등한 것을 인정하는 상태이긴 하다. 하지만 아프리카 부족 사이에서도 여성이 적지 않은 영향력을 발휘하고, 큰 권력을 행사한 사례는 있다. 따라서 호전적인 여성들이 지배한 부족들을 언급할 때는 이 점에 주목해왔다. 안다만 제도의 피그미족 여성들의 경우와 마찬가지로, 여성의 영향력은 가정생활 영역 내에서 특히 강력하나.

어머니들, 그리고 특히 시어머니들이 두드러진 권한을 행

사한다. 그러나 이것은 여성이라는 성(性) 자체에 대한 본질적인 존중이라기보다는, 지위에 따른 것이다. 여성이 더 강력한 힘을 발휘한 별도의 사례도 있다.

열등한 인종의 여성들은 대체로 부족을 통치하는 데 전혀 관여하지 않는다. 그러나 일부 예외도 있다. 샌드위치 제도(하와이 제도의 옛 이름 – 옮긴이 주)에서는 널리 알려진 바대로, 세습 통치권이 남자뿐만 아니라 여자에게도 부여된다. 그러므로 샌드위치 제도에는 수많은 여왕이 배출되었다. 미국도 그들의 마지막 여왕을 권좌에서 몰아냈던 일에 일조하기도 하였다.

특히 미개한 인종들 사이에서 '여성의 영역'이라고 일컬어졌던 분야를 공부하는 학생들도 있을 것이다. 이 학생들은 모두 여성들이 처한 환경, 즉 인종과 무관하게 여성의 활동과 영향이 미치는 영역이, 그 민족의 문명 수준을 가늠할 수 있는 최고의 지표 중 하나라는 결론에 도달할 게 분명하다.

인종의 진화를 이끌어 온 것은 여자다

해블록 엘리스(영국의 심리학자 – 옮긴이 주)는 자신의 저서 『남자와 여자(Man and Woman)』에서 자신의 견해를 이렇게 밝히고 있다.

여성에게 더 강력하게 나타나는 특질들이 사회 발전의 특징일 뿐

만 아니라, 여성이 그러한 발전을 더 정확하게 인식한다는 의미에서 인종의 진화를 이끌어 온 것은 여자다.

"문명이란 무엇인가?"라는 질문에 에머슨(미국의 평론가이자 시인이며 철학자 – 옮긴이 주)은 "선한 여성들의 힘이다"라고 답한다.

미개 인종 여성들에게는 영아 살해라는 안타까운 특징도 있다. 태평양 제도에 살고 있는 일부 원주민들과 아프리카 일부 지역에 남아 있는 또 다른 풍습도 있다. 바로 아이들을 정기적이고 체계적으로 제물로 바치는 것이다. 이 관습은 이들 민족의 사회생활을 보여주는 가장 뚜렷하고, 잔인한 특징에 속한다. 특히 여자아이인 경우에는 틀림없는 사실이다.

전쟁은 미개 인종들의 삶에서 빠질 수 없는 중요한 요소다. 여성들은 보통 무기를 감당하지 못하는데다가, 전쟁을 치른 뒤 얻을 수 있는 가장 커다란 보상에 속한다. 이 때문에 여성의 존재는 힘보다는 나약함의 원천이다.

엘리스는 자신의 『폴리네시아인 연구(Polynesian Researches)』에서 태평양 제도의 원주민들에게 나타나는 자연에 어긋난 이런 모성을 암울하게 묘사한다.

타히티에서는 인간 제물을 불에 태워 죽이는 일이 자주 벌어졌다. 그러나 이런저런 이유로 사람을 죽이는 수가 죽임을 당하는 영아의 수에는 미치지 못하였다. 아기가 태어나기도 전에 치밀하게 그런 행동을 하기로 한 부모의 가슴에는, 어떤 흔들림과 공포도 존재하지 않는 듯하였다.

이런 부모들은 외부인의 거처에도 자주 방문하며, 자신들의 잔인한 목적을 매우 만족스럽게 얘기하였다. 이 경우, 선교사들은 모든 방법을 동원하여 아기를 죽이지 말도록 설득한다. 그리고 살아 계신 하나님의 이름으로 경고한다. 때로는 모정에 호소하고, 어린 아기를 맡아 교육도 시키겠다고 제안하였다. 그러나 그것은 그저 풍습이라는 말 이외에, 돌아오는 대답은 없었다.

선교사들의 이런 노력에 대한 유일한 결과는 단 한 가지다. 자신들이 쏟은 그 어떤 인간적인 노력도 아무 소용이 없다는 사실만을 뼈아프게 깨달았을 뿐이다.

아이를 살해한 부모들은 손에 묻은 자녀의 피가 채 지워지기도 전에, 집에 돌아와서는 무감각한 잔인함보다 더 잔인하게 그런 행동에 관한 이야기를 먼저 꺼낸다. 또는 자신들의 풍습이 선교사들의 설득을 이겨내고, 승리를 거둔 것에 대해 자랑스럽게 떠벌렸던 것이다.

여성들은 평생 모진 수모의 대상이었다

태어난 모든 아이 가운데, 적어도 3분의 2가 자기 부모의 손에 목숨을 빼앗겼다. 엘리스의 말에 따르면 다음과 같다.

태어난 지 3개월 된 영아들이 곧잘 살해되었다고 하였다. 쌍둥이가 태어날 경우, 둘 다 살아남는 일은 거의 없다. 대가족인 경우에도 아이들이 두셋 이상 되는 일이 드물었다.

따라서 살해되는 아이들의 수는 믿을 수 없을 정도로 많았다. 자녀를 키우지 않고 죽여버리는 환경 때문에, 실제 자녀는 지금보다 훨씬 많았을 것으로 보인다.

수많은 부모의 고백이나 그들의 친구나 친지들의 증언에 따르면, 비인간적인 죽음으로 일찍 보내버린 아이들의 수가 넷, 여섯, 여덟, 열 명에 이르기도 한다. 혹은 그보다 훨씬 많기도 하였다.

그러나 이 글을 쓴 이래 많은 변화가 일어났다. 한 세대가 흐르지도 않았는데도, 아이들의 3분의 2가 자기 어머니 손에 살해되지 않아도 되었다. 또 자기 자식의 피에 가책을 느끼는 어머니도 분명히 존재하는 듯하다. 이런 종류의 살해가 만연하게 된 것은, 엘리스의 연구에 나오는 다음 내용을 보면 확실하게 설명된다.

여성들은 평생 모진 수모의 대상이었다. 그들의 성(性)은 태어나 자마자 죽게 되는 원인이었다. 비인간적인 부모가 아무리 성숙 치 못한 의도를 품고 있었다고 해도, 여자아이로 태어난 아기의 상황만으로도 아기를 죽이겠다는 그들의 결심을 굳히기에 충분 하였다.

우리가 그 부모들에게 무엇 때문에 그리 끔찍하게 성(性)의 구 별을 하느냐고 물을 때마다, 그들은 대개 이런 대답을 내놓았다. 어업, 신전의 예배, 그리고 특히 전쟁 때문에 아이를 키우고 있 기 때문에 여성은 상대적으로 쓸모가 없고, 그래서 여자아이는 굳이 고통을 당하며 살 필요가 없다는 것이다. 그리고 그 실상을 알면, 이런 말이 맞다는 확신이 생길 것이라고 말이다.

지독한 미신 역시, 이런 영아 살해 풍습에 일조하기노 하였다. 가 령, 중앙아프리카에서는 쌍둥이를 살려둬서는 안 된다고 믿는 종교 적 맹신이 있다. 기형아가 태어나면, 으레 죽여 버리듯이 말이다.

그러나 이런 모든 끔찍한 일에도 불구하고, 심지어는 가장 비천한 엄마들의 본능은 자기 자녀에 대한 사랑과 보존으로 향한다. 역사 초 기 시절부터 영아와 노약자에 대한 이런 관심은 비정상적인 자기 본 위를 바로 세울 수 있는 가장 강력한 힘으로 작용하였다. 자기희생과 자기 본위라는 두 가지 특징은, 모든 인류의 인종이 발전하는 데 있 어서 가장 강력한 요인이다.

어서 와,
이런 이야기는 처음이지?

일곱 번째 발자국

필리핀 제도의 여성들은
세상에서 가장 흥미롭다

최근에는 필리핀 여성들이 새로운 주목을 받고 있다. 필리핀 제도의 여성들은 세상에서 정말 가장 흥미로운 여성들이다. 루손 섬의 산악지대와 여타 오지에는, 앞부분에서 언급하였던 니그리토족이 살고 있다. 이 작은 부족은 생명을 유지해야 하는 한, 먹고 살 수 있는 자원이 빈약한 산악지대로 떠밀려 들어갔다. 해안으로의 접근이 보다 용이한 군도(群島)의 저지대에서는 옛 말레이－폴리네시아 인종의 후손들을 발견하게 될 것이다. 원시적인 산업 생활이 이들의 특징이다.

섬에 들어온 말레이-폴리네시아계 사람들이 알파벳과, 남자들이 하던 야금술(冶金術)과, 여자들이 하던 직조기술과 바느질을 발전시켰다. 이런 일들을 가까이 따라가다 보면, 상업적 기회가 생겼다. 이 때문에, 혈통이 더 원시적인 이들 인종과 뒤섞인 중국인, 일본인, 샴 사람, 심지어는 힌두인 등 동아시아의 보다 세련된 인종들이 등장하였다.

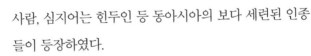

12세기에는 이슬람교의 말레이인들이 필리핀 군도의 남부 지역을 차지하였는데, 이들을 모로족이라 한다. 다른 인종과의 혼혈 비율이 매우 낮은 니그리토인들을 제

외하면, 언급된 다른 민족들은 16세기 이후 유입된 스페인과 포르투갈 사람들과 피가 섞였다.

최근 필리핀 사람들은 이런 혼혈에 호의적이다. 그리고 혼혈 여성들을 우아하고 아름답다고 생각하는 사람들도 많다. 인종이 상당히 다양한데도, 말레이 유형은 혼혈 얼굴에서 가장 강력한 요소로 작용하기 때문에 마닐라 여성들의 생김새는 비슷하다. 많은 필리핀 여성에게서 황인종의 여러 특징도 상당히 두드러지게 나타난다.

문화 수준이 동일한 다른 인종에서도 그렇듯, 결혼 관계는 사회제도에 속한다. 그런 관계를 뭐라고 부르든, 씨족 관계가 배우자의 선택을 결정한다. 이 섬에서는 씨족 관계가 상당히 느슨하다. 그리하여 남녀가 아무렇지도 않게 관계를 청산하고, 새로운 관계를 형성하는 것이 드문 일은 아니다. 같은 민족이라도 구성 요소가 다양하기 때문에, 결혼 문제에서도 차이가 큰 것 같다.

결혼을 원하는 젊은 남자의 자발적 노예 생활

루손 섬의 원주민인 이고로트족은 원시적인 상태에 머물러 있지만, 일부일처제를 이루고 있다. 씨족 체제는 무너졌고, 젊은 남자는 거의 격식을 차리지 않고 자신이 선택한 여자를 데려올 수 있다. 그렇게 그들은 남편과 아내가 된다. 물론 이런 민족들에게도 아직 놀라

운 풍습이 남아 있다. 예컨대, 알프레드 마르쉐(프랑스의 박물학자이자 탐험가 – 옮긴이 주)가 언급한 일종의 자발적 노예제가 관심을 불러 모으고 있다.

그것은 바로 결혼을 원하는 젊은 남자의 자발적 노예 상태를 말한다. 결혼을 원하는 남자는 약혼녀의 아버지 집에서 단순한 집안일을 하며 이삼년을 보내야 하는 지역이 많다. 이 기간에 음식은 제공되지만, 결혼 당사자인 젊은 아가씨와 같은 식탁에 앉을 수는 없다. 그녀와 함께 걷고, 같은 지붕 아래서 잠을 자도 되지만, 그녀와 함께 식사는 할 수 없다.

젊은 남자가 이 단계를 통과하면, 결혼식 전에 집을 짓는다. 그리고 필요한 가재도구들을 장만하고, 결혼식에 드는 모든 비용을 지불해야 한다. 그러나 세상만사가 늘 원하는 대로 풀리는 것은 아니다. 여자 아버지가 예식이 막 시작되려는 순간, 사위가 될 젊은이에게 싸움을 건다. 그리고 새로운 구혼자에게 결혼을 허락하기도 한다. 새로 들어온 남자는 아무런 거리낌 없이, 그를 대신해 일을 시작한다. 별 가치는 없지만, 집 한 채만이 때 지난 약혼자에게 위안거리로 달랑 남은 전부다.

루손 섬의 여성들은 항상 차림새가 깔끔하다

스페인 정부를 대신해 필리핀 제도를 여행한 후, 책을 출간하였던 안토니오 데 모르가(스페인의 법률가이자 역사가 – 옮긴이 주)는 1609년 멕시코시티에서 3백 년 전 원주민 여성들을 다음과 같이 설명한다.

루손 섬의 여성들은 그들이 '바로스'라고 하는 온갖 색깔의 소매를 입는 것으로 묘사된다. 흰 면직물을 허리부터 발까지 둘둘 감거나 겹쳐 입는다. 때로는 그 위에 우아하게 겹쳐진 얇은 망토를 걸치기도 한다. 상류 계급 사람들은 면 대신 비단이나, 질 좋은 고유의 옷감에 금줄, 팔찌, 귀고리, 반지를 하기도 한다. 지독하게 까만 이들의 머리카락은 뒷머리에 멋지게 묶여 있다.

데 모르가가 주목한 이런 특징 중 상당수가 아직도 루손 섬 여성들에게 전해지고 있다. 필리핀 제도가 본토, 무엇보다 서구의 상업과 문명과 더욱 밀접한 관계를 형성하고 있다. 이에 따라, 풍습은 물론 여성들의 생각에도 수많은 변화가 급속도로 일어나게 될 것이다. 비록 그녀들이 여러 세기 동안 삶과 일상에서 보수적 사고를 견지해왔지만 말이다.

루손 섬의 여성들은 항상 차림새가 깔끔하고, 우아하며, 매력적이면서 아름답다. 그들은 머리를 단장하는 데 상당한 시간을 들인다.

어서 와,
이런 이야기는 처음이지?

그리고 머리를 자주 감고, 사향이 들어간 참기름도 항상 바른다. 그녀들은 치아에도 많은 시간을 쏟는데, 예전에는 풍습에 맞는 모양이 되도록 어린 나이에는 이를 묶어 놓기도 하였다. 게다가 이를 검게 물들이기도 한다. 무어족 여인들처럼 필리핀 사람들도 목욕을 좋아한다. 강이나 개울에 자주 가서, 일 년 내내 목욕을 한다. 온화한 기후이기에 목욕을 자주 하는 여가생활을 즐길 수 있다.

문명 수준이 낮은 다른 나라들이 흔히 그렇듯, 필리핀에서도 산업에 종사하는 사람들은 주로 여성들이다. 군도의 매우 섬세한 천을 실로 짜서 최고급 옷감으로 만드는 방적 일은 여성들의 몫이다. 식재를 구하고, 맷돌로 갈고, 음식을 차리는 일 등 먹을거리를 준비하기도 한다. 그리고 고구마, 콩, 플랜테인, 구아바, 파인애플, 오렌지 등과 같은 채소와 과일 등을 요리해 먹기도 한다. 가금류와 가축도 키우고, 식구들과 집안을 돌보는 일도 여성들이 도맡아 한다.

모든 나라의 여성들은 언제나 고대의 가르침과, 인종에 따른 풍습을 가장 원형 그대로 끈질기게 보존해 온 장본인들이다. 하지만 새로운 세계의 정치, 무역, 풍습과 접하게 되면서, 필리핀 부족에게도 결국 뚜렷한 사회적 변화가 나타날 것으로 예상한다. 이러한 변화는 궁극적으로 필리핀 여성들이 삶에 대한 시각을 폭넓게 넓히도록 도와줄 것이다. 또한 인생의 짐을 짊어질 만한 새로운 권한도 거머쥐게 될 것이 분명하다. 〈끝〉

주

1   길르앗 가족의 시조.

2   야곱의 다섯 째 아들.

3   드보라를 돕지 않고 방관하다 저주받은 도시.

4   가나안 땅에 살고 있던 족속.

5   메주자는 원래 '문설주'라는 뜻이지만, 성경 구절이 적힌 양피지와
    그 양피지를 넣은 통도 각각 '메주자'라고 부른다.

6   잘 닦은 은판에 요오드 가스를 뿜어 빛을 쬔 뒤, 수은 증기 속에서 현상하는 사진법.

7   인도의 종교 의례에서 다양하게 이용되는 성초(聖草)라고 하는 식물로
    다루바초라고도 한다.

8   보통 실크나 리넨으로, 양면에 무늬가 드러나게 짠 두꺼운 직물.

9   도끼와 창을 결합시킨 형태의 옛날 무기.

10 영국의 여류 소설가.

11 알제리아의 수도.

12 바리새인으로 '너는 다시 태어나리라'는 말을 처음으로 들은 사람이다.
    이 말을 곧이곧대로 받아들여 예수에게 자궁 속에 들어가 다시 태어나는 것이
    가능한지 물었다고 함.

13 과학 지식의 보급 향상을 위해 영국의 화학자이자 광물학자인
    제임스 스미스슨(James Smithson)의 유산을 기금으로 하여
    1846년, 미국에 창립된 학술 협회.

14 상처나 부스럼 따위가 다 나은 뒤에 남은 자국.

이방인의 눈으로 본,
동양 여성에 대한 흥미로운 시선

저자 E. B. 폴라드가 「작가의 말」에서 밝히고 있듯이, 여성의 위상은 그야말로 한 나라의 문화 수준을 가늠할 수 있는 좋은 잣대다. 『어서 와, 이런 이야기는 처음이지?(Oriental Women)』가 출간된 지 1백여 년의 세월이 흘렀다. 지난 20세기는 두 차례의 세계대전, 전례 없는 경제 성장, 눈부신 기술 발전으로 전 세계가 단일 생활권으로 묶이는 등, 인류 역사상 가장 급격한 변화가 일었던 기간이었다.

지금도 그 변화의 속도는 앞날을 예측할 수 없을 정도로 가속화되고 있다. 이런 점에서 1백 년 전이란 과거가 아득히 멀게 느껴질 수 있을 것 같다. 그렇다면 여성의 위상 역시, 1백 년 전과 비교할 수 없을 정도로 크게 달라졌을까? 기술이 발전하고 문화 수준이 높아진만큼, 여성의 지위도 크게 높아졌을까?

이 책의 저자는 여성의 지위 향상은 점진적으로 이루어져야 한다고 주장하기도 한다. 급격한 변화에 밀려 많은 것들을 잃어버린 경험이 우리에게도 있다. 그러나 과연 여성의 지위 향상도 점진적 변화로 이루어야 할 문제에 해당하는 걸까? 지구상에 존재하는 인류의 절반, 동양에 사는 인구의 절반, 그리고 우리나라 인구의 절반가량에 해당하는 사람도 바로 여성이다.

그런데 아직도 수많은 여성이 수천 년 동안 받아 마땅한 지위를 누리지 못하며, 고단한 삶을 살아가고 있다. 이런 현실에서도 과연 지금도 '점진적인 변화'에 기대를 걸어야 하는 걸까?

앞으로는, 아니 지금 당장 이 지구상의 모든 나라에서 여성이 남성과 동등한 인간으로서 대접받는 일이 인권 운동으로 쟁취해야 하는 사명이 아니길 바란다. 이 세상 어느 나라건, 민족에서건 '여성의 지위'나 '여성의 권리'라는 말을 군이 언급할 필요도 없이 당연한 일이 되기를 바란다.

제 삼자의 시선으로 바라보는
그 낯설음의 프레임

이 책은 서양인의 시선으로 과거 동양 여성의 생활을 그리고 있다. 그러나 그 점이 오히려 더 객관적인 제 삼자의 시선으로 자신을 바라보는 기회가 될 수도 있다. 동양인의 눈에는 너무나 익숙하였던 것들이, 이방인의 눈에는 어떻게 비치는지 몹시 흥미롭다.

또한 우리가 학교에서 배우고, 혹은 책에서 만나는 역사는 주로 남성 중심의 사건들과 내용들이다. 그런데 이렇게 동양의 역사를, 그것도 오로지 여성을 중심으로 살펴보는 것 자체가 신선한 접근인 것 같다. 그런 맥락에서 동양 여성의 현재 위치를 파악하는 데도 도움이 될 수 있다.

이 책의 저자인 E. B. 폴라드(Edward Bagby Pollard)는 볼티모어 시티 칼리지에서 예비 교육을 받고, 1884년과 1886년에 각각 학사와 석사 학위를 받았다. 그는 켄터키 주의 남침례 신학교를 졸업하고, 곧이어 1890년 침례교 목사로 서품을 받았다. 예일 대학원을 다니던 1890년에서 1893년에는 뉴헤이븐의 하워드 침례교회에서, 1893년과 1896년 사이에는 버지니아주 로아노크 제일침례교회에서 목사 생활을 하기도 하였다.

이처럼 이 책의 저자, 폴라드는 1864년 10월 9일 버지니아주 킹 앤퀸 카운티 스티븐스빌에서 출생하여, 1927년 7월 12일 펜실베이니아 주 델라웨어 카운티 체스터에서 사망할 때까지 서양의 남성 지식인으로서 살아왔다. 그래서 더욱 그의 눈으로 바라본 오래 전 동양 여성들의 삶은 충격과 놀라움이 컸을 것 같다. 그리하여 이런 책이 탄생한 것이 아닐까.

그러나 사실 따지고 보면, 그렇게 오래 전도 아니다. 이 책에 나오는 조선의 여성들 이야기는 불과 1백여 년 전의 일일 뿐이다. 요즘 백 세 인생이라는데, 현대로 봤을 때 1백여 년이라는 시간은 한 사람이 지나온 삶의 길이밖에 되지 않는다.

어쨌든 『어서 와, 이런 이야기는 처음이지?(Oriental Women)』에는 기원전에서 역사 초기 시대, 그리고 근세에 이르기까지 동양에 살았던 여성들의 삶이 담겨 있다. 즉, 이 책은 역사 태동기에서 19세기 말까지 서아시아, 극동 아시아, 동남아시아, 호주 등 방대한 지역을 다루고 있다. 이 거대한 역사에 담긴 전설, 풍습, 문학 등을 번역하는 작업이 쉽지 않았음을 인정해야 할 것 같다. 그러나 앞에서 혹은 뒤에서 그 위대한 바퀴를 끌고 밀었던 인물이 바로 여성이었다는 사실을 독자 여러분이 조금이나마 이해한다면 작은 위안이 되겠다. 그리고 이 책이 현대를 살아가는 이 시대 여성들, 아니 우리 모두의 위치를 돌아보는 계기가 되기를 바란다.

금수저든, 흙수저든 '여성'이라는 이름의 굴레

『어서 와, 이런 이야기는 처음이지?(Oriental Women)』는 미국 Rittenhouse Press에서 총 10권으로 출간한 'Woman: In All Ages and In All Countries' 시리즈의 제4권에 해당한다.

그리스 여성, 로마의 여성, 초기 기독교 여성 등 시대와 국가에 따른 여성들의 특징과, 당대를 살았던 여성들의 삶을 보여주고자 하였던 기획물이었던 것 같다. 『어서 와, 이런 이야기는 처음이지?(Oriental

Women)』 또한 이 대규모 작품집의 일부로서, 동양 여성의 삶을 역사 초기부터 근세까지 들여다본다. 신화와 문학은 물론, 역사의 현장에서 한 시대를 풍미하였던 영웅적인 여성들의 이야기까지 매우 다양하다.

이 책의 주인공들은 뛰어난 여성들뿐만 아니라, 풍습과 관례라는 굴레 속에서 혹독한 삶을 살아야 하였던 보통의 여성들, 모두라고 봐야 할 것이다. 우리가 그동안 이름도 잘 몰랐던 어느 부족의 여성들 이야기도 오롯이 담겨 있다. 그러나 그 척박한 삶은 우리 앞에 살다 간 조선 여인들의 삶과 어딘가 모르게 닮은 구석이 있다.

이들의 발걸음 하나하나가 지금 우리 여성들이 서 있는 삶의 토대가 되었다. 이 토대를 밟고, 도약하여 지금보다 더 나은 세상을 후대 여성들에게 전하는 것이 현대 여성의 또 다른 숙명인 것 같다.

2016년 2월
이미경

어서 와, 이런 이야기는 처음이지?
(Oriental Women)

초 판 1쇄 인쇄 | 2016년 2월 12일
초 판 1쇄 발행 | 2016년 2월 22일

지은이 | E. B. 폴라드(Edward Bagby Pollard) • 옮긴이 | 이미경
펴낸이 | 조선우 • 펴낸곳 | 책읽는귀족

등록 | 2012년 2월 17일 제396-2012-000041호
주소 | 경기도 고양시 일산동구 호수로 336 (백석동,
브라운스톤 103동 948호)

전화 | 031-908-6907 • 팩스 | 031-908-6908
홈페이지 | www.noblewithbooks.com
E-mail | idea444@naver.com

출판 기획 | 조선우 • 책임 편집 | 조선우
표지 & 본문 디자인 | twoesdesign

값 24,000원
ISBN 978-89-97863-63-1 (03900)

이 도서의 국립중앙도서관 출판예정도서목록(CIP)은
서지정보유통지원시스템 홈페이지(http://seoji.nl.go.kr)와
국가자료공동목록시스템(http://www.nl.go.kr/kolisnet)에서
이용하실 수 있습니다.(CIP제어번호: CIP2016003547)